高等学校土木工程专业"十四五"系列规划教材·应用型

通风安全与照明

（第 2 版）

蒋亚龙　肖峻峰　编著

四川大学出版社
SICHUAN UNIVERSITY PRESS

图书在版编目（CIP）数据

通风安全与照明 / 蒋亚龙，肖峻峰编著 . -- 2 版 .

成都：四川大学出版社，2025. 6. -- ISBN 978-7-5690-
7873-2

Ⅰ . U453

中国国家版本馆 CIP 数据核字第 20254UU925 号

书　　名：通风安全与照明（第 2 版）

　　　　　Tongfeng Anquan yu Zhaoming（Di-er Ban）

编　　著：蒋亚龙　肖峻峰

选题策划：王　睿

责任编辑：王　睿

特约编辑：孙　丽

责任校对：蒋　玙

装帧设计：开动传媒

责任印制：李金兰

出版发行：四川大学出版社有限责任公司

　　　　　地址：成都市一环路南一段 24 号（610065）

　　　　　电话：（028）85408311（发行部）、85400276（总编室）

　　　　　电子邮箱：scupress@vip.163.com

　　　　　网址：https://press.scu.edu.cn

印前制作：湖北开动传媒科技有限公司

印刷装订：武汉乐生印刷有限公司

成品尺寸：200 mm×270 mm

印　　张：21

字　　数：608 千字

版　　次：2025 年 6 月 第 2 版

印　　次：2025 年 6 月 第 1 次印刷

定　　价：77.00 元

四川大学出版社
微信公众号

前　言

  本书是按照高等学校土木工程学科专业指导委员会颁布的《高等学校土木工程本科指导性专业规范》教学基本要求,根据新形势下教育改革趋势和土木工程类院校的教学特点,参考《公路隧道照明设计细则》(JTG/T D70/2-01—2014)、《公路隧道通风设计细则》(JTG/T D70/2-02—2014)以及《建筑照明设计标准》(GB/T 50034—2024),结合编写组教师的长期教学经验编写而成。本书注重与后续课程的衔接,对后续课程影响不大的内容或与后续课程重复的内容进行适当的压缩和精简,突出重点内容;在理论上力求简明,强调对学生的工程计算能力和分析问题能力的培养。

  全书共 13 章,分为上、下两篇,系统阐述了隧道、地铁等典型地下交通工程中存在的通风、照明、崩塌、火灾、粉尘、水灾、瓦斯灾害等安全问题。

  本书由安徽新华学院蒋亚龙、安徽建筑大学肖峻峰编著。具体编写分工为:安徽新华学院,蒋亚龙(第 9 章、第 10 章);安徽建筑大学,肖峻峰(第 1 章、第 2 章、第 7 章);安徽新华学院,刘雪莉(第 3 章);安徽建筑大学,姚尚文(第 4 章);安徽理工大学,秦红平(第 5 章、第 6 章);安徽建筑大学,周泽平(第 8 章);安徽建筑大学,刘红宇(第 11 章、第 12 章、第 13 章)。

  安徽工程大学卢平教授做了本书的审稿工作,并对本书的编写提出了许多宝贵的建议,特致谢意。在本书编写过程中,得到了安徽建筑大学孙强、吴德义、张霖、代长青、余陶、战婧、陈鲜展、秦荣水等多位老师,以及安徽省消防工程有限公司高级工程师朱涛和刘辉的指导与支持,在此一并表示感谢。樊世星、陈洋洋等也对本书提供了帮助,在此同样致以谢意。本书在编写过程中参考了有关书籍,并从中引用了部分例题和习题,在此对相关作者表示感谢。

  由于编著者水平有限,不妥之处在所难免,敬请读者批评指正。

编著者

2025 年 2 月

特别提示

  教学实践表明,有效地利用数字化教学资源,对于学生学习能力以及问题意识的培养乃至怀疑精神的塑造具有重要意义。

  通过对数字化教学资源的选取与利用,学生的学习从以教师主讲的单向指导模式转变为建设性、发现性的学习,从被动学习转变为主动学习,由教师传播知识到学生自己重新创造知识。这无疑是锻炼和提高学生的信息素养的大好机会,也是检验其学习能力、学习收获的最佳方式和途径之一。

  本系列教材在相关编写人员的配合下,逐步配备基本数字教学资源,主要内容包括:

  文本:课程重难点、思考题与习题参考答案、知识拓展等。

  图片:课程教学外观图、原理图、设计图等。

  视频:课程讲述对象展示视频、模拟动画,课程实验视频,工程实例视频等。

  音频:课程讲述对象解说音频、录音材料等。

数字资源获取方法:

① 打开微信,点击"扫一扫"。

② 将扫描框对准书中所附的二维码。

③ 扫描完毕,即可查看文件。

更多数字教学资源共享、图书购买及读者互动敬请关注"开动传媒"微信公众号!

目　录

上篇　通风与安全工程

数字资源目录

上篇

通风与安全工程

上篇

通风与安全工程

1 空气物理学

【内容提要】

本章主要内容包括：空气的物理性质与状态变化、热湿交换的基本理论和地下工程中的有害气体及安全标准。本章的教学重难点为空气湿度的表示方法、湿空气的焓湿图及其物理意义、热传导、热对流、复合传热、空气与水之间的热湿交换等。

【能力要求】

通过本章的学习，学生应掌握空气的主要物理参数、湿空气的焓湿图、稳态与非稳态条件下的温度场、地下工程的复合传热及空气与水的热湿交换原理，热交换量的计算；了解地下空间气候的舒适性及地下工程中的主要有害物质及安全标准。

本章拓展资源

地下工程通风是保证地下空间人员安全与气候舒适性的主要技术手段，其基本任务就是向地下空间各个地点供给足够数量的新鲜空气，稀释和排除各种有害物质，同时起到除湿、调温的作用，以保证地下工程内部气候条件满足要求，为人类创造舒适的地下空间环境。

为此，本章先阐述通风工程中主要工质（空气）的成分及物理性质、空气热湿交换的基本理论、地下空间内各种常见的有害气体及其安全标准，以及地下空间气候条件等主要内容，为进一步学习地下工程通风理论奠定基础。

1.1 空气的物理性质与状态变化

1.1.1 空气的组成

环绕地球的空气是多种气体的混合物。分析表明，此种混合物的组成如表 1-1 所示，除表中所列之外，空气中还有少量氨、二氧化硫和一氧化碳的存在。氧和氮的含量保持恒定值，变化在 0.004% 以内，但所有其他成分可以有一定量的变化。在接近地球表面部分，各种杂质以尘埃、细菌、病毒、烟雾、废气和化学排放物等形式悬浮在空气中。多数尘埃直径的数量级为 $10^{-4} \sim 10^{-2}$ cm。表 1-2 为 1 cm³ 空气中的颗粒数表示的有代表性的尘埃浓度。

表 1-1　　　　　　　　　　　　　　空气的组成成分

组分	体积百分比	组分	体积百分比
氮气(N_2)	78.084%	甲烷(CH_4)	0.00010%
氧气(O_2)	20.946%	钾(K)	0.00010%
氩气(Ar)	0.934%	氢气(H_2)	0.00005%

续表

组分	体积百分比	组分	体积百分比
二氧化碳(CO_2)	0.033%	一氧化二氮(N_2O)	0.00003%
氖气(Ne)	0.00180%	氙气(Xe)	0.000008%
水蒸气(H_2O)	0.001%	臭氧(O_3)	0.000001%(随高度的增加而增加)
氦气(He)	0.00053%	氡气(Rn)	0.6×10^{-18}%(随高度增加而减少)
氪气(Kr)	0.00010%		

表1-2　　　　有代表性的尘埃浓度

地点	颗粒数/(个/cm^3)
大城市	50000
小乡镇	50000
乡村	10000
山区和森林区	1000

总之,地下工程具有许多地面工程无法比拟的优点,阻碍其发展的重要原因之一是地下潮湿,空间狭小。改善地下工程内空气品质的最佳途径是有效地采取通风与空调措施。地下工程通风与空调系统设计的好坏,直接关系地下工程的成败。因而地下工程通风与空调技术的发展是城市地下空间工程发展的重要前提。

1.1.2　空气的物理性质

(1)密度

单位体积空气所具有的质量称为空气的密度,用 ρ 表示。空气可以看作均质气体。故:

$$\rho = \frac{m}{V} \tag{1-1}$$

式中　m——空气的质量,kg;

　　　V——空气的体积,m^3;

　　　ρ——空气的密度,kg/m^3。

一般来说,当空气的温度和压力改变时,其体积会发生变化。所以空气的密度是随温度、压力而变化的,从而可以得出空气的密度是空间点坐标和时间的函数。如在大气压 P_0 为101.325 Pa、气温为0 ℃(273.15 K)时,干空气的密度 ρ_0 为1.293 kg/m^3。湿空气的密度是1 m^3 空气中所含干空气质量与水蒸气质量之和:

$$\rho = \rho_d + \rho_v \tag{1-2}$$

式中　ρ_d——1 m^3 空气中干空气的质量,kg;

　　　ρ_v——1 m^3 空气中水蒸气的质量,kg。

由理想气体状态方程和道尔顿分压定律可以得出湿空气的密度计算公式:

$$\rho = 0.003484\frac{P}{273+t}\left(1-\frac{0.378\varphi P_s}{p}\right) \tag{1-3}$$

式中　P——空气的压强,Pa;

t——空气的温度,℃;

P_s——温度为 t 时饱和水蒸气的分压,Pa;

φ——相对湿度,%。

（2）比容

空气的比容（也称比体积）是指单位质量空气所占的体积,用符号 $\upsilon(m^3/kg)$ 表示,比容和密度互为倒数,它们是一个状态参数的两种表达方式,即:

$$\upsilon = \frac{V}{M} = \frac{1}{\rho} \tag{1-4}$$

地下工程通风中,空气流经隧道时,其温度和压力将会发生一系列的变化,这些变化都将引起空气密度的变化。在实际应用中,应考虑什么情况下可以忽略密度的这种变化,而在什么条件下又不可忽略。

（3）比热容

为了计算热力过程的热交换量,必须知道单位数量气体的热容量或比热容。单位物量的气体,升高或降低绝对温度 1 K 时所吸收或放出的热量称为比热容,定义式:

$$c = \frac{dQ}{dT} \tag{1-5}$$

比热容的单位取决于热量单位和物量单位。表示物量的单位不同,比热容的单位也不同。通常采用的物量单位有:质量（kg）、标准容积（Nm^3）和千摩尔（kmol）。因此,相应地就有质量比热容、容积比热容和摩尔比热容之分。

质量比热容的符号是 c,表示 1 kg 空气升高或降低 1 K 时所吸收或放出的热量,单位是 $J/(kg^3 \cdot K)$。

容积比热容的符号是 c',表示 1 Nm^3 体积空气升高或降低 1 K 时所吸收或放出的热量,单位是 $J/(Nm^3 \cdot K)$。

摩尔比热容的符号是 C 或 MC,表示 1 kmol 空气升高或降低 1 K 时所吸收或放出的热量,单位是 $J/(kmol \cdot K)$。

三种比热的换算关系是:

$$c = \frac{MC}{22.4} = c'\rho_0 \tag{1-6}$$

式中　M——气体的分子量;

ρ_0——气体在标准状态下的密度,g/m^3。

热量不是气体状态参数,所以质量比热容 c 也不是状态参数,而是气体热力变化过程的函数。影响其大小的主要因素是物质的性质、热力过程、物质所处的状态等。

气体的比热容与热力过程有关,工程中最为常见的是定容过程和定压过程。比热容相应分为比定容热容（c_V）和比定压热容（c_P）。c_V 和 c_P 值分别表示为:

$$c_V = \left(\frac{dQ}{dT}\right)_V, \quad c_P = \left(\frac{dQ}{dT}\right)_P$$

在等容过程中,气体不能膨胀做功,所吸收的热量全部用来增加气体的内能,使内能增加,温度升高;在等压过程中,气体可以膨胀,所吸收的热量除用来增加气体分子的内能外,还应克服外力做功,因而对相同质量的气体升高同样的温度,在等压过程中所需的热量要比等容过程多,故比定压热容 c_P 总是大于比定容热容 c_V。理想气体的比热容也是温度的单值函数,比热容随温度的升高而增大。不同温度时,空气的 c_V 和 c_P 的数值见表 1-3。

表1-3   空气的比热容

比热/ [kJ/(kg·K)]	温度/℃				
	−10	0	15	30	80
比定容热容 c_V	0.7076	0.7118	0.7118	0.7159	0.7201
比定压热容 c_P	0.9965	1.0006	1.0006	1.0006	1.0009

令 $c_P/c_V = \gamma$，这个比值称为气体的比热比，或称为绝热指数，每种气体各有一个几乎不变的 γ 值，对于空气，$\gamma = 1.41$。

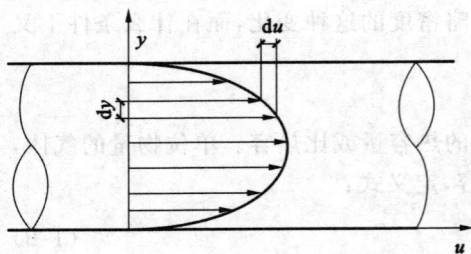

图1-1 流体的黏性

（4）黏性

流体内部质点间或流层间因相对运动而产生内摩擦力以抵抗相对运动的性质，称为黏性。例如地下送风管道中，空气等流体在管内流动时，紧贴管壁的流体质点黏附在管壁上，流速为0。位于管轴上的流体质点，离管壁的距离最远受管壁的影响最小，因而流速最大。介于管壁与管轴之间的流体质点，将以不同的速度向右移动。它们的速度将从管壁至管轴线，由0增加至最大的轴心速度，如图1-1所示。

在垂直流动方向上，设厚度为 $dy(m)$，速度为 $u(m/s)$，速度增量为 $du(m/s)$ 的分层，在流动方向上的速度梯度为 du/dy，由牛顿内摩擦定律得：

$$f = \mu \cdot S \cdot \frac{du}{dy} \tag{1-7}$$

式中　f——内摩擦力，N；

　　　S——流层之间的接触面积，m^2；

　　　μ——动力黏度（或称绝对黏度），随着气温和气压变化而变化，Pa·s。

另外，在通风工程中还常用运动黏性系数，用符号 $\nu(m^2/s)$ 表示气体的运动黏度，这个系数和动力黏度 μ 有以下关系：

$$\nu = \frac{\mu}{\rho} \tag{1-8}$$

式中　ρ——气体的密度，kg/m^3。

流体的黏度随温度和压强变化而变化。由于分子结构及分子运动机理不同，气体和液体的变化规律是截然相反的。

气体分子间距较大，内聚力较小，但分子运动较剧烈，黏性主要源于流层之间分子的动量交换。当温度升高时，分子运动加剧，所以黏性增大；而当压强升高时，气体的动力黏度和运动黏度都减小。液体黏度大小取决于分子之间的距离和分子引力，当温度升高或压强降低时，液体膨胀，分子间距增加，分子引力减小，黏度降低；反之增大。空气与水的黏度随温度的变化规律如图1-2所示。

在实际应用中，压力对流体的黏性影响很小，可以忽略。在考虑流体的可压缩性时常采用动力黏度 μ 而不用运动黏度 ν。表1-4为几种有关流体的黏度。

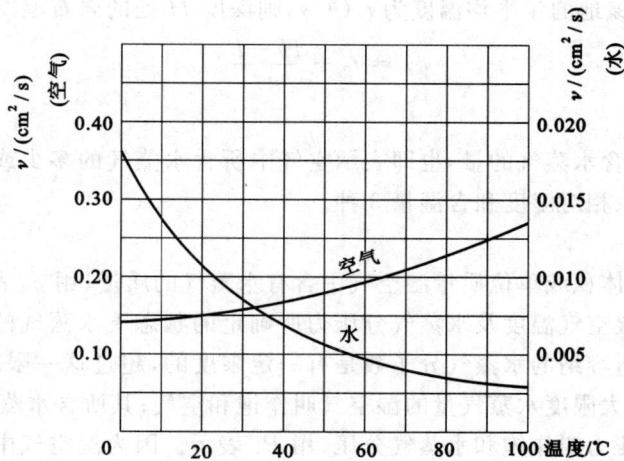

图 1-2　空气与水的黏性随温度的变化规律

表 1-4　　　　　　　　　　几种流体的黏度(0.1 MPa,20 ℃)

流体名称	动力黏度/(Pa·s)	运动黏度/(m²/s)
空气	1.808×10^{-5}	1.501×10^{-5}
氮气(N₂)	1.76×10^{-5}	1.41×10^{-5}
氧气(O₂)	2.04×10^{-5}	1.43×10^{-5}
甲烷(CH₄)	1.08×10^{-5}	1.52×10^{-5}
水	1.005×10^{-5}	1.007×10^{-6}

（5）温度

温度是气体状态的参数之一。气体分子的运动是热运动,气体分子热运动的动能大小,表示这种热运动的强弱程度,体现出气体的冷热程度;而表示这种冷热程度的参数是温度,温度的高低用"温标"来衡量。目前国际上常用的有绝对温标(开氏温标)T,单位为 K;摄氏温标 t,单位为℃,两者之间的关系为:

$$t = T - 273.15 \approx T - 273 \tag{1-9}$$

地下工程一般处于地表以下不深的地带,所以地下工程空气的温度受地面气温的影响较大。而地面空气温度取决于地球的纬度和气候情况,一年四季都不同。当地面空气进入地下工程以后,空气会受到压缩或膨胀的影响;当空气在地下隧道或巷道流动时,随着深度的增加,每下降 100 m,气温升高 1 ℃左右;当空气向上流动时,则因膨胀而吸热,平均每增高 100 m,气温下降 0.8～0.9 ℃。

另外,当地下工程深度较大时,空气进入地下工程过程中势必造成岩石与空气的充足热交换,空气的温度受岩石的温度影响比较大。地下岩石按温度的变化可分为三带,深 0～15 m 范围因受地面温度的影响比较大,称为温度变化带;距地表 20～30 m 范围内,温度基本不受地面空气温度的影响,称为恒温带;在恒温带以下,空气每升高 1 ℃相对应的下降深度(称为"地温率")不尽相同,此带称为增温带。

若某一地下工程距地表的垂深为 H(m),该地层的地温率为 g_r(m/℃),恒温带的深度为

$h(\mathrm{m})$，恒温带的温度或该地的年平均温度为 $t_0(\text{℃})$，则深度 H 处的岩石温度 $t(\text{℃})$ 可按下式计算：

$$t = t_0 + \frac{H - h}{g_r} \tag{1-10}$$

（6）湿度

湿度是指空气中所含水蒸气的量，也即表示空气中所含水蒸气的多少或潮湿程度。表示空气湿度的方法有绝对湿度、相对湿度和含湿量 3 种。

① 绝对湿度。

绝对湿度是指单位体积或单位质量湿空气中含有水蒸气的质量，用 ρ_v 表示。其单位与密度的单位相同，其数值等于湿空气温度及水蒸气分压力所确定的状态下水蒸气的密度。在温度不变的条件下，单位体积空气所容纳的水蒸气分子数是有一定限度的，超过这一限度，多余的水蒸气就会凝结出来。这种含有最大限度水蒸气量的湿空气叫作饱和空气；其所含水蒸气叫作饱和湿度，用 ρ_s 表示，此时的水蒸气分压力叫作饱和水蒸气分压，用 P_s 表示。因为湿空气中水蒸气可视为理想气体，故有：

$$P_v V = \frac{m_v}{M_v} R_0 T \tag{1-11}$$

$$\frac{m_v}{V} = \frac{P_v M_v}{R_0 T} \tag{1-12}$$

则

$$\rho_v = \frac{m_v}{V} = \frac{P_v}{R_v T} \tag{1-13}$$

式中　ρ_v——绝对湿度，$\mathrm{kg/m^3}$；

　　　　V——湿空气中的水蒸气体积，$\mathrm{m^3}$；

　　　　m_v——湿空气中的水蒸气质量，kg；

　　　　M_v——湿空气中的水蒸气分子量；

　　　　R_0——普氏气体常数；

　　　　P_v——湿空气中的水蒸气分压，Pa；

　　　　T——湿空气的温度，K；

　　　　R_v——水蒸气的气体常数。

绝对湿度只能说明空气中实际含有的水蒸气量（$\mathrm{kg/m^3}$），并不说明其饱和程度。例如，对于温度为 18 ℃的空气，如果含水蒸气量为 0.01535 $\mathrm{kg/m^3}$，它已是饱和空气，或者说 18 ℃时饱和湿度为 0.01536 $\mathrm{kg/m^3}$。但对于温度为 30 ℃的空气，当含水蒸气量为 0.01536 $\mathrm{kg/m^3}$ 时，它因有相当大的容纳水分的能力而被认为是比较干燥的空气，故 30 ℃时的饱和湿度为 0.03037 $\mathrm{kg/m^3}$。所以在通风与空调中常用相对湿度表示空气的干、湿程度（即饱和程度）。

② 相对湿度。

相对湿度是指湿空气中实际含有水蒸气量（绝对湿度 ρ_v）与同温度下的饱和湿度 ρ_s 之比的百分数，用 φ 表示：

$$\varphi = \frac{\rho_v}{\rho_s} \tag{1-14}$$

式中　ρ_v——绝对湿度，$\mathrm{kg/m^3}$；

　　　　ρ_s——在同一温度下空气中的饱和湿度，$\mathrm{kg/m^3}$。

相对湿度 φ 反映空气所含水蒸气量接近饱和的程度，也叫饱和度。φ 值小则空气干燥，吸收水分的能力强;$\varphi = 0$ 时为干空气。φ 值大则空气潮湿,吸收水分的能力弱;$\varphi = 1$(即 100%)时为饱和空气。这样,不论气温高低,由 φ 值的大小可直接看出其干湿程度。水分向空气中蒸发的快慢直接和相对湿度有关。

由以上导出:

$$\rho_v = \frac{P_v}{R_v T} \tag{1-15}$$

$$\rho_s = \frac{P_s}{R_v T} \tag{1-16}$$

故

$$\varphi = \frac{P_v}{P_s} \times 100\% \tag{1-17}$$

将不饱和空气冷却时,随着温度的下降,其相对湿度逐渐增大。冷却达到 $\varphi = 100\%$ 时,此时的温度称为露点;如再继续冷却,就会有部分水蒸气以雾或露的形式凝结成水。

③ 含湿量。

因为湿空气中干空气的质量不随空气的状态变化而变化,故采用 1 kg 的干空气作为计算基础。在含有 1 kg 干空气的湿空气中,所携带的水蒸气质量,称为湿空气的含湿量(d)。

$$d = 1000 \frac{m_v}{m_d} = 1000 \frac{\rho_v}{\rho_s} \tag{1-18}$$

式中　d——湿空气的含湿量,g/kg;

　　　m_v——水蒸气的质量,g;

　　　m_d——干空气质量,kg。

若按理想气体状态方程式(1-13)近似计算,则有:

$$m_v = \frac{P_v V}{R_v T} \tag{1-19}$$

$$m_d = \frac{P_d V}{R_d T} \tag{1-20}$$

即

$$\frac{m_v}{m_d} = \frac{P_v}{P_d} \cdot \frac{R_d}{R_v} \tag{1-21}$$

把干空气和水蒸气的气体常数 $R_d = 287.1\ \text{J/(kg·K)}$ 及 $R_v = 461.5\ \text{J/(kg·K)}$ 代入式(1-21),即可按式(1-18)将含湿量近似地表示为:

$$d = 0.622 \frac{P_v}{P_d} \tag{1-22}$$

作为理想气体的混合物,有 $P_d = P - P_v$,于是可得

$$d = 0.622 \frac{P_v}{P - P_v} \tag{1-23}$$

又按相对湿度的关系式 $\varphi = P_v / P_s$,上式可表示为

$$d = 0.622 \frac{\varphi P_s}{P - \varphi P_s} \tag{1-24}$$

式中　P_s——饱和水蒸气分压,Pa。

(7) 焓

空气的焓值是指空气中含有的总热量,通常以干空气的单位质量为基准,称作比焓。工程中简

称焓,是指 1 kg 干空气的焓和与它相对应的水蒸气的焓的总和。在工程上,可以根据一定质量的空气在处理过程中比焓的变化,来判定空气是得到热量还是失去热量。空气的比焓增加表示空气中得到热量;反之,则表示空气中失去热量。

焓用符号 h 表示,单位是 kJ/kg。因湿空气的各种过程主要是考虑湿空气中水蒸气含量发生变化时的有关问题,故湿空气过程分子主要是按单位质量干空气所对应的湿空气进行计算。这时湿空气焓值等于 1 kg 干空气的焓值与 d g 水蒸气焓值之和,即

$$h = h_a + 0.001d \cdot h_v \tag{1-25}$$

式中,h、h_a、h_v 的单位为 kJ/kg(干空气);d 的单位为 g/kg(干空气)。若规定 0 ℃时干空气的焓及饱和水的焓为 0,则按焓的表达式可得:

$$h_a = c_{p0,a} \cdot t = 1.004 \text{ kJ/(kg} \cdot \text{K)} \times t \tag{1-26}$$

$$h_v = L_{0℃} + c_{p0,v} \cdot t = 2501 \text{ kJ/(kg} \cdot \text{K)} + 1.859 \text{ kJ/(kg} \cdot \text{K)} \times t \tag{1-27}$$

把这两个关系式代入焓的表达式可得:

$$h = 1.004 \text{ kJ/(kg} \cdot \text{K)} \times t + 2501 \text{ kJ/kg} + 1.859 \text{ kJ/(kg} \cdot \text{K)} \times t$$

$$= (1.004 + 1.859) \times t \text{ kJ/(kg} \cdot \text{K)} + 2501 \text{ kJ/kg} \tag{1-28}$$

由上式可以看出:$(1.004+1.859)t$ 是随温度变化的热量,即"显热";而 2501 kJ/kg 则是 0 ℃时水的汽化潜热,它仅随含湿量而变化,与温度无关,即"潜热"。由此可见,湿空气的焓将随着温度和含湿量升高而加大,随其降低而减小。

1.1.3 湿空气的焓湿图

为了分析计算湿空气的状态变化及其水蒸气含量的变化,除应用公式进行计算外,还可应用根据有关计算式制成的工程用的线图。我国常用的线图是焓-含湿量图,或称焓湿图、h-d 图,图 1-3 所示为湿空气的焓湿图。

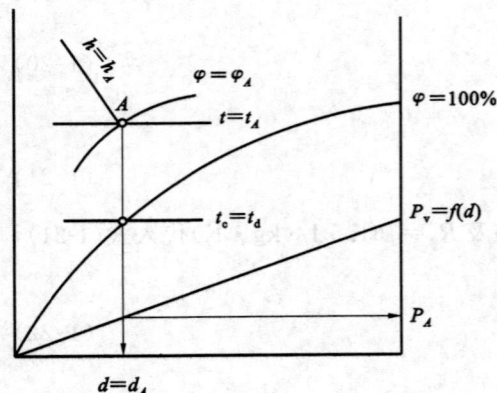

图 1-3 湿空气 h-d 图的示意图

在此介绍焓湿图上各曲线的物理意义:

① 定含湿量线。如图上 $d = d_A$ 线所示,它是一条垂直线。

② 定焓线。如图上 $h = h_A$ 线所示,它是与垂直相对成 135°的一条直线。

③ 定温线。如图上 $t = t_A$ 线所示。由式 $h_w = h_d + d \cdot h_v$ 可知,当温度保持为定值时,焓 h 和含湿量之间保持线性关系,故定温线为一直线,但不同温度的定温线其斜率不同。

④ 定相对温度线。如图上 $\varphi = \varphi_A$ 线所示,它是一条曲线。$\varphi = 100\%$ 的曲线即为饱和曲线,$\varphi < 100\%$ 的区域则为未饱和湿空气区。图中 $\varphi = 100\%$ 曲线以下的部分是无意义的,故为空白。

⑤ 含湿量与水蒸气分压力的换算关系线,即 $P_v = f(d)$ 线。该线给出了 P_v 与 d 的对应数值。

本书附录 1 中的焓-含湿量图是按湿空气压力等于 0.1 MPa 的条件绘制的,若用于分析湿空气压力范围为 (0.1 ± 0.025) MPa 的湿空气性质,所得结果的误差小于 2%。

利用焓湿图可以确定湿空气的各种参数,也可以表示和分析湿空气的变化过程。

【例 1-1】 设大气压力为 0.1 MPa,温度为 30 ℃,相对湿度为 60%,试由 h-d 图求湿空气的露

点温度、焓、含湿量及水蒸气的分压。

【解】 查附录 1 中湿空气的 *h-d* 图,当 $t=30\ ℃$ 及 $\varphi=60\%$ 时有:

含湿量:$d=16.2\ g/kg$(干空气);

焓:$h=71.5\ kJ/kg$(干空气)。

水蒸气的分压 P_v:由 $d=16.2\ g/kg$(干空气)线和 $P_v=f(d)$ 线的交点,得 $P_v=2.5\ kPa=2.5\times10^{-3}\ MPa$。

露点温度 t_d:由 $d=16.2\ g/kg$(干空气)线和 $\varphi=100\%$ 的饱和曲线的交点,得该点温度为 21.5 ℃,即 $t_d=21.5\ ℃$。

1.1.4 气候条件的舒适性

新陈代谢是人类生命活动的基本过程之一。人从食物中摄取营养,在体内进行缓慢氧化而生成热量,其中一部分用来维持人体自身的生理机能活动以及满足对外做功的需要,其余部分必须通过散热的方式排出体外,才能保持人体正常的生理功能。

人体散热主要是通过人体皮肤表面与外界的对流、辐射和汗液蒸发这三种基本形式进行的。对流散热取决于周围空气的温度和流速,辐射散热主要取决于环境温度,汗液蒸发散热取决于周围空气的相对湿度和流速。在正常情况下,人体依靠自身的调节机能使产热量和散热量之间保持动平衡,体温维持在 $36.5\sim37\ ℃$。人体的这种热平衡关系可表示如下:

$$q_m-q_w=q_d+q_z+q_f+q_{ch} \tag{1-29}$$

式中　q_m——人体在新陈代谢过程中的产热量,取决于人体活动量的大小;

　　　q_w——人体用于做功而消耗的热量,q_m-q_w 为必须从体内排出的多余热量,它因人体的活动强度不同而异;

　　　q_d——人体对流散热量,当空气温度低于人体表面温度时,q_d 为正,反之为负;

　　　q_z——汗液蒸发和呼出水蒸气所带出的热量;

　　　q_f——人体与周围物体表面间的辐射换热量,q_f 可能为正,也可能为负;

　　　q_{ch}——由热量转化而来没有排出体外的能量。

当人体处于热平衡状态时,$q_{ch}=0$,这时人体因保持了热平衡而感到舒适;当受外界环境影响,人体这种热平衡受到破坏时,就将导致人体的体温升高($q_{ch}>0$)或降低($q_{ch}<0$),从而产生种种不舒适的症状,严重时甚至可能导致疾病和死亡。

因此,地下工程内气温不宜过高或过低。地下工程作业面的温度以不超过 28 ℃ 为宜。散热条件的好坏与空气的温度、湿度和风速有关。气候条件是温度、湿度和风速三者的综合作用,单独用某一因素评价气候条件的好坏是不够的。

目前,评价气候条件的舒适程度常用的指标是卡他度。卡他度是 1916 年由英国 L.希尔等人提出的。卡他度用卡他计测定。卡他计是一种酒精温度计。卡他计下端有一个比普通温度计大的贮液球,上端有一个小空腔,玻璃管上只有 35 ℃ 和 38 ℃ 两个刻度,这两个温度的平均值恰好等于人体的正常体温(36.5 ℃)。测定时,先把贮液球置于热水中加热,当酒精柱上升至小空腔的一半时取出,擦干贮液球表面水分,然后将其悬挂于待测空气中,此时由于液球散热,酒精柱开始下降,用秒表记下从 38 ℃ 降到 35 ℃ 所需时间 τ,即可用下式求得干卡他度 K_d(W/m^2)。

$$K_d=41.868\frac{F}{\tau} \tag{1-30}$$

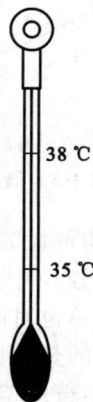

图 1-4　卡他计

式中 F——卡他常数,每只卡他计玻璃管上都标有 F 值。

干卡他度反映了气温和风速对气候条件的影响,但没有反映空气湿度的影响。为了测出温度、湿度和风速三者的综合作用效果,需要采用湿卡他度 K_w。湿卡他度是在卡他计贮液球上包裹一层湿纱布时测得的卡他度,其实测和计算方法完全与干卡他度相同。

卡他计的设计者是想利用贮液球来模拟人体的散热效果,并取 1 卡他度等于 41.868 W/m²,即相当于每小时从 1 m² 的表面积上散失掉 150.7 kJ 的热量,而成年男子的体表面积约等于 1.7 m²,所以 1 卡他度就约等于每小时从体内散发掉 256.2 kJ 的热量。作为一个评价气候条件的指标,卡他度比用一个单一的温度指标要好一些。但与人体相比,它的尺寸太小,其散热效果和人体有很大的差别。有研究资料表明,空气对卡他计的冷却能力是空气对人体冷却能力的 2～3 倍。

1.2 热湿交换的基本理论

物体间或物体中凡有温度差,就有热量转移现象发生,热总是自发地从高温处传到低温处,使温度最终达到一致,这种热移动的现象称为传热。热能的传递有三种基本方式:热传导、热对流与热辐射。热辐射指的是物体因热发出辐射能而又不断被周围的物体吸收的现象。除特殊情况外,热辐射很少在地下工程中起作用,所以本书主要讨论热传导和热对流。

1.2.1 热传导

物体各部分之间不发生相对位移时,依靠分子、原子及自由电子等微观粒子的热运动而产生的热能传递称为热传导,简称导热。例如,固体内部热量从温度较高的部分传递到温度较低的部分,以及温度较高的固体把热量传递给与之接触的温度较低的另一固体都是导热现象。地下工程、围岩内部热量向巷壁的热移动,以及通过掘进面风管管材的内外传热,都是热传导过程。

(1)傅立叶定律

通过对大量实际导热问题的经验提炼,导热现象的规律已经总结为傅立叶(Fourier)定律。考察如图 1-5 所示的两个表面均维持均匀温度的平板的导热。这是个一维导热问题,即温度仅在 x 方向上发生变化。对于 x 方向上任意一个厚度为 dx 的微元层来说,根据傅立叶定律,单位时间内通过该层的导热热量与当地温度变化率及平板面积 A 成正比,即:

$$\Phi = -\lambda A \frac{dt}{dx} \tag{1-31}$$

式中 λ——比例系数,称为导热率,又称导热系数,负号表示热量传递方向与温度升高的方向相反。

式(1-31)是计算通过平板导热量的速率方程。

按《有关量、单位和符号的一般原则》(GB 3101—1993)的规定,物理量的负号代表其量值,即数值×单位。例如,式(1-31)所示 Φ 的单位为 W,单位 W 已隐含在符号 Φ 中。

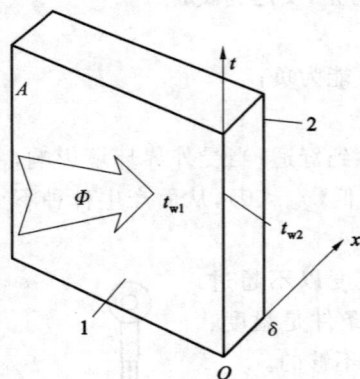

1—高温等温面;2—低温等温面。
图 1-5 通过平板的一维导热

单位时间内通过某一给定面积的热量称为热流量,记为 Φ,单位为 W。单位时间内通过单位面积的热流量叫作热流密度或称为面积热量,记为 q,单位为 W/m²。当物体的温度仅在 x 方向变化时,按照傅立叶定律,热流密度的表示式为

$$q = \frac{\Phi}{A} = -\lambda \frac{dt}{dx} \tag{1-32}$$

傅立叶定律又称导热基本定律。式(1-31)和式(1-32)是一维稳态导热时傅立叶定律的数学表达式。由式(1-32)可见,温度 t 沿 x 方向增加时,$\dfrac{dt}{dx}>0$,而 $q<0$,说明此时热量沿 x 减小的方向传递;当 $\dfrac{dt}{dx}<0$ 时,$q>0$,说明此时热量沿 x 增加的方向传递。

导热系数是表征材料导热性能优劣的参数,即一种热物性参数,单位为 W/(m·K)。不同材料的导热系数不同,即使是同一种材料,导热系数也与温度等因素有关。

（2）稳态热传导与非稳态热传导

在介绍稳态热传导与非稳态热传导之前,先介绍温度场的概念。像重力场、速度场一样,物体中存在温度的场,称为温度场,它是各个时刻物体中各点温度所组成的集合,又称为温度分布。一般来说,物体的温度场是坐标和时间的函数,即

$$t = f(x,y,z,\tau) \tag{1-33}$$

温度场可以分为两大类:一类是稳态工作条件下的温度场,物体中各点的温度不随时间变化,称为稳态温度场或定常温度场;另一类是工作条件变动时的温度场,物体中各点的温度分布随时间而变,称为非稳态温度场,亦称非定常温度场或瞬态温度场。

稳态温度分布的表达式简化为:

$$t = f(x,y,z) \tag{1-34}$$

温度场中同一瞬时相同温度各点连成的面称为等温面。在任何一个二维的截面上等温面表现为等温线。温度场习惯上用等温面或等温线图来表示,图 1-6 是用等温线表示温度场的实例。

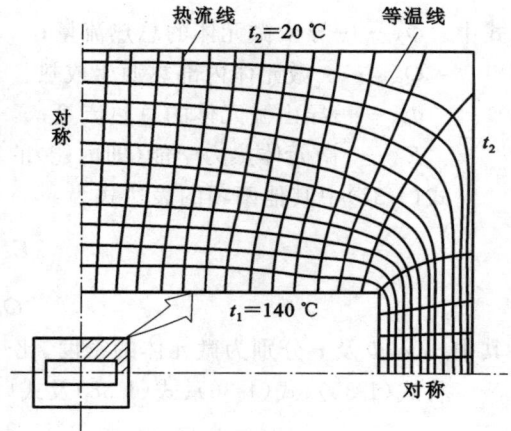

图 1-6　温度场图示

根据等温线的上述定义,物体中的任一条等温线,要么形成一个封闭的曲线,要么终止在物体表面上,它不会与另一条等温线相交。当等温线图上每两条相邻等温线间的温度间隔相等时,等温线的疏密可直观地反映出不同区域导热热流密度的相对大小。

为了获得导热物体温度场的数学表达式,必须根据能量守恒定律和傅立叶定律来建立物体中的温度场应当满足的关系式,称之为导热微分方程。

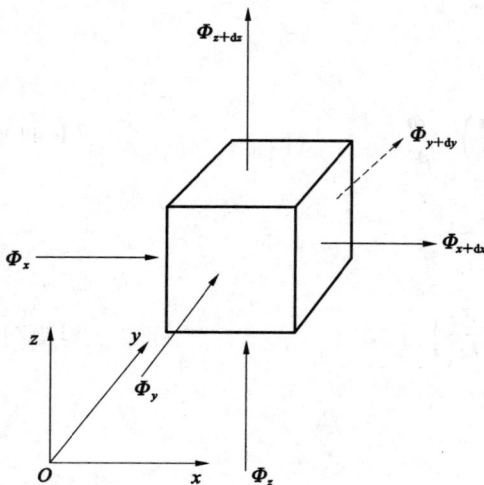

图 1-7　微元体的导热热平衡分析

（3）导热微分方程

下面从导热物体中任意取出一个微元平行六面体来做该微元能量收支平衡的分析。设物体中有内热源,其值为 Φ,它代表单位时间内单位体积产生或消耗的热能(产生取正号,消耗取负号),单位是 W/m³。假定导热物体的热物理性质是温度的函数。与空间任一点的热流密度矢量可以分解为三个坐标方向的分量一样,任一方向的热流量也可以分解成 x、y、z 坐标轴方向的分热流量,如图 1-7 中 Φ_x、Φ_y 及 Φ_z 所示。通过 $x=x$、$y=y$、$z=z$ 三个微元表面而导入微元体的热流量可根据傅立叶定律写出:

$$(\Phi_x)_x = -\lambda \left(\frac{\partial t}{\partial x}\right)_x \mathrm{d}y\mathrm{d}z \left.\vphantom{\begin{array}{c}1\\1\\1\end{array}}\right\}$$

$$(\Phi_y)_y = -\lambda \left(\frac{\partial t}{\partial y}\right)_y \mathrm{d}x\mathrm{d}z \qquad (1\text{-}35)$$

$$(\Phi_z)_z = -\lambda \left(\frac{\partial t}{\partial z}\right)_z \mathrm{d}x\mathrm{d}y$$

式中,$(\Phi_x)_x$ 表示热流量在 x 方向的分量 Φ_x 在 x 点的值,其余类推。通过 $x=x+\mathrm{d}x$、$y=y+\mathrm{d}y$、$z=z+\mathrm{d}z$ 三个表面而导出微元体的热流量亦可按傅立叶定律写出:

$$(\Phi_x)_{x+\mathrm{d}x} = (\Phi_x)_x + \frac{\partial \Phi_x}{\partial x}\mathrm{d}x = (\Phi_x)_x + \frac{\partial}{\partial x}\left[-\lambda\left(\frac{\partial t}{\partial x}\right)_x \mathrm{d}y\mathrm{d}z\right]\mathrm{d}x$$

$$(\Phi_y)_{y+\mathrm{d}y} = (\Phi_y)_y + \frac{\partial \Phi_y}{\partial y}\mathrm{d}y = (\Phi_y)_y + \frac{\partial}{\partial y}\left[-\lambda\left(\frac{\partial t}{\partial y}\right)_y \mathrm{d}x\mathrm{d}z\right]\mathrm{d}y \qquad (1\text{-}36)$$

$$(\Phi_z)_{z+\mathrm{d}z} = (\Phi_z)_z + \frac{\partial \Phi_z}{\partial z}\mathrm{d}z = (\Phi_z)_z + \frac{\partial}{\partial z}\left[-\lambda\left(\frac{\partial t}{\partial z}\right)_z \mathrm{d}x\mathrm{d}y\right]\mathrm{d}z$$

对于微元体,按照能量守恒定律,在任一时间间隔内都有以下热平衡关系:

$$\Phi_{\text{入}} + Q_{\text{内部}} = \Phi_{\text{出}} + E_i \qquad (1\text{-}37)$$

式中　$\Phi_{\text{入}}$——导入微元体的总热流量;

　　$Q_{\text{内部}}$——微元体内部热源生成热;

　　$\Phi_{\text{出}}$——导出微元体的总热流量;

　　E_i——微元体热力学能(即内能)的增量。

式(1-37)中其他两项的表达式为:

$$E_i = \rho c \frac{\partial t}{\partial \tau}\mathrm{d}x\mathrm{d}y\mathrm{d}z \qquad (1\text{-}38)$$

$$Q_{\text{内部}} = \Phi \mathrm{d}x\mathrm{d}y\mathrm{d}z \qquad (1\text{-}39)$$

其中,ρ、c、Φ 及 τ 分别为微元体的密度、比热容,单位时间内单位体积中内热源生成热及时间。

将式(1-35)、式(1-36)、式(1-38)及式(1-39)代入式(1-37)中,经整理得

$$\rho c \frac{\partial t}{\partial \tau} = \frac{\partial}{\partial x}\left(\lambda \frac{\partial t}{\partial x}\right) + \frac{\partial}{\partial y}\left(\lambda \frac{\partial t}{\partial y}\right) + \frac{\partial}{\partial z}\left(\lambda \frac{\partial t}{\partial z}\right) + \Phi \qquad (1\text{-}40)$$

这是笛卡儿坐标系中三维非稳态带热微分方程的一般形式,其中,ρ、c、Φ 及 λ 均可以是变量。现针对一系列具体的情形来导出式(1-40)相应的简单形式。

① 导热系数为常数。

此时式(1-40)可以化为:

$$\frac{\partial t}{\partial \tau} = a\left(\frac{\partial^2 t}{\partial x^2} + \frac{\partial^2 t}{\partial y^2} + \frac{\partial^2 t}{\partial z^2}\right) + \frac{\Phi}{\rho c} \qquad (1\text{-}41)$$

式中　a——热扩散率或热扩散系数,$a = \lambda/(\rho c)$。

② 导热系数为常数、无内热源。

此时式(1-41)化为:

$$\frac{\partial t}{\partial \tau} = a\left(\frac{\partial^2 t}{\partial x^2} + \frac{\partial^2 t}{\partial y^2} + \frac{\partial^2 t}{\partial z^2}\right) \qquad (1\text{-}42)$$

这是常物性、无内热源的三维非稳态导热微分方程。

③ 常物性、稳态。

此时式(1-41)可改写为:

$$\frac{\partial^2 t}{\partial x^2} + \frac{\partial^2 t}{\partial y^2} + \frac{\partial^2 t}{\partial z^2} + \frac{\Phi}{\lambda} = 0 \tag{1-43}$$

数学上,式(1-43)称为泊松方程,是常物性、稳态、三维且有内热源问题的温度场控制方程式。

④ 常物性、无内热源、稳态。

这时式(1-40)简化为以下拉普拉斯方程:

$$\frac{\partial^2 t}{\partial x^2} + \frac{\partial^2 t}{\partial y^2} + \frac{\partial^2 t}{\partial z^2} = 0 \tag{1-44}$$

1.2.2　热对流

热对流是指由于流体的宏观运动而引起的流体各部分之间发生相对位移,冷、热流体相互掺混所导致的热量传递过程。热对流仅能发生在流体中,而且由于流体中的分子同时在进行着不规则的热运动,因而热对流必然伴随热导现象。工程上比较感兴趣的是流体流过一个物体表面时流体与物体表面间的热量传递过程,并称之为对流传热,以区别一般意义上的热对流。

就引起流动的原因而论,对流传热可区分为自然对流与强制对流两大类。自然对流是由流体冷、热各部分的密度不同而引起的,暖气片表面附近受热空气向上流动就是一个例子。如果流体的流动是由水泵、风机或其他压差作用造成的,则称为强制对流。地下工程风流的流动大部分是由风机驱动,它们都属于强制对流。另外,工程上还常遇到液体表面上沸腾及水蒸气在表面上凝结的对流传热问题,分别简称为沸腾传热及凝结传热,它们都伴随有相变的对流传热。

对流传热的基本计算式是牛顿(Newton)冷却公式:

流体被加热时

$$q = h(t_w - t_f) \tag{1-45}$$

流体被冷却时

$$q = h(t_f - t_w) \tag{1-46}$$

式中　t_w, t_f——壁面温度和流体温度,℃。

如果把温差(亦称温压)记为 Δt,并约定永远取正值,则牛顿冷却公式可表示为

$$q = h\Delta t \tag{1-47}$$

$$\Phi = hA\Delta t \tag{1-48}$$

式中　h——表面传热系数(以前又常称为对流换热系数),$W/(m^2 \cdot K)$。

式(1-48)是计算对流传热的速率方程。

表面传热系数的大小与对流传热过程中的许多因素有关。它不仅取决于流体的物性(λ、ρ、c_P等)以及换热表面的形状、大小与布置,还与流速有密切的关系。式(1-43)并不是揭示影响表面传热系数的种种复杂因素的具体关系式,而仅仅给出表面传热系数的定义。研究对流传热的基本任务,就在于用理论分析或实验方法具体给出各种场合下 h 的计算关系式。

表 1-5 给出了几种对流传热过程表面传热系数数值的大致范围。在传热学的学习中,掌握典型条件下表面传热系数的数量级是很有必要的。由表 1-5 可见,就介质而言,水的对流传热比空气强烈;就对流传热而言,有相变的优于无相变的,强制对流高于自然对流。例如,空气自然对流传热的 h 为 $1\sim10$ 的量级,而水的强制对流的 h 的量级则是"成千上万"。

表 1-5   **对流传热表面传热系数的大致数值范围**

过程		$h/[\mathrm{W}/(\mathrm{m}^2 \cdot \mathrm{K})]$
自然对流	空气	1～10
	水	200～1000
强制对流	气体	20～100
	高压水蒸气	500～35000
水	水的相变换热	1000～1500
	沸腾	2500～35000
	蒸汽凝结	5000～25000

1.2.3 复合传热

  实际工农业生产中,单一的传热方式反而少见,更多的是多种传热方式的复合。比如,对流传热过程中可能会引入热传导和热辐射,而热辐射有时也要借助对流传热的作用,等等。所谓复合传热,是指将导热、对流传热、辐射传热有机地组成传热体系,比如换热器、加热炉等。

  在许多工业换热设备中,进行热量交换的冷、热流体也常分别处于固体壁面的两侧,这种热量由一侧的流体通过壁面传到另一侧流体中去的过程称为传热过程。这里的传热过程有特定的含义,传热过程是工程技术中经常遇到的一种典型的热量传递过程。

  下面来考察冷、热流体通过一块大平壁交换热量的传热过程,导出传热过程的计算公式并加以讨论。分析仅限于稳态的传热过程。一般来说,传热过程包括三个串联着的三个环节:① 从热流体到壁面高温侧的热量传递;② 从壁面高温侧到壁面低温侧的热量传递,亦称穿过固体壁的导热;③ 从壁面低温侧到冷流体的热量传递。由于这是一个稳态过程,通过串联着的每个环节的热流量 $\varPhi$ 应该是相同的。

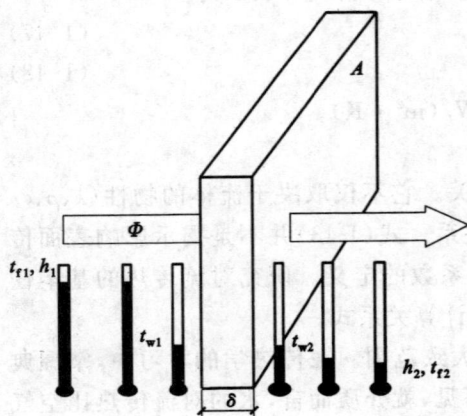

图 1-8   通过平壁的传热过程

  设平壁表面积为 A,参照图 1-8 中的符号,可以分别写出上述三个环节的热流量的表达式:

$$\varPhi = Ah_1(t_{\mathrm{f1}} - t_{\mathrm{w1}}) \tag{1-49a}$$

$$\varPhi = \frac{A\lambda}{\delta}(t_{\mathrm{w1}} - t_{\mathrm{w2}}) \tag{1-49b}$$

$$\varPhi = Ah_2(t_{\mathrm{w2}} - t_{\mathrm{f2}}) \tag{1-49c}$$

将式(1-49)改写成温压的形式,即

$$\left. \begin{array}{l} t_{\mathrm{f1}} - t_{\mathrm{w1}} = \dfrac{\varPhi}{Ah_1} \\[2mm] t_{\mathrm{w1}} - t_{\mathrm{w2}} = \dfrac{\varPhi}{A\lambda/\delta} \\[2mm] t_{\mathrm{w2}} - t_{\mathrm{f2}} = \dfrac{\varPhi}{Ah_2} \end{array} \right\} \tag{1-50}$$

  将三式相加,消去温度 t_{w1}、t_{w2},整理后得:

$$\varPhi = \frac{A(t_{\mathrm{f1}} - t_{\mathrm{f2}})}{\dfrac{1}{h_1} + \dfrac{\delta}{\lambda} + \dfrac{1}{h_2}} \tag{1-51}$$

也可以表示成

$$\Phi = Ak(t_{f1} - t_{f2}) \tag{1-52}$$

1.2.4 空气与水之间的热湿交换

（1）热交换原理

空气与水直接接触时，在贴近水表面的地方和水滴周围，由于水分子作不规则运动，故形成了一个温度等于水表面温度的空气边界层，而且边界层内水蒸气分子的浓度或水蒸气分压力取决于边界层的饱和空气温度。

如果边界层温度高于周围空气温度，则由边界层向周围空气传热；反之，则由周围空气向边界层传热。如果边界层内水蒸气分子浓度大于周围空气的水蒸气分子浓度，边界层内水蒸气分子就要向周围空气扩散，而水中的水蒸气分子也不断脱离水面进入边界层，即水不断向空气中蒸发。反之就出现凝结过程，即边界层中过多的水蒸气分子将回到水面。

从上面的分析可以看到，在未饱和空气与边界层之间，如果存在水蒸气浓度差（或水蒸气分压力差），水蒸气的分子就会从浓度高的区域转移，从而产生湿（质）交换。即正如温度差是产生热交换的推动力一样，浓度差是产生湿交换的推动力。

水的蒸发过程属于空气与水之间的湿交换过程，湿交换量可用下式表示：

$$W = \frac{K_1}{B}(P_s - P_{sh})F \tag{1-53}$$

式中　W——湿交换量，kg/s；

　　　P_s——饱和空气层的水蒸气分压，Pa；

　　　P_{sh}——空气的水蒸气分压，Pa；

　　　B——实际的大气压强，Pa；

　　　F——水与空气接触的表面积，m^2；

　　　K_1——湿交换系数，kg/（$m^2 \cdot s$）。

由于湿交换与风速 v 有关，因此 K_1 可以用下面的经验公式计算：

$$K_1 = 4.8 \times 10^{-6} + 3.63 \times 10^{-6} v \tag{1-54}$$

（2）热交换量的计算

空气掠过水表面时，便与水表面之间发生热湿交换。根据水温的不同，可能仅发生显热交换；也可能既有显热交换，又有湿（质）交换，而与湿交换同时将发生潜热交换。显热交换是由于空气与水之间存在温差，因导热、对流和辐射而进行换热的结果，而潜热交换是空气中的水蒸气凝结（或蒸发）而放出（或吸收）汽化潜热的结果。总热交换量是显热交换量与潜热交换量的代数和。

当空气与水在一个微小表面 dF 上接触时，显热交换量将是：

$$dQ_1 = \alpha(t_w - t)dF \tag{1-55}$$

式中　α——空气与水表面的换热系数，W/（$m^2 \cdot ℃$）；

　　　t_w——边界层的空气温度，℃；

　　　t——周围空气的温度，℃。

在微小表面 dF 上，单位时间内水蒸气的水量（kg/s）为：

$$dW = \frac{K_1}{B}(P_s - P_{sh})dF \tag{1-56}$$

当大气压强为常数时，从湿空气含湿量计算式可看出，空气中的水蒸气分压是空气含湿量 d

的单值函数,即

$$P_{sh} = f(d) \qquad (1-57)$$

在比较小的温度范围内,P_{sh} 与 d 的关系近似线性。因此可用含湿量差代替分压差并相应改变比例系数,所以 dF 上的湿交换量可写成:

$$dW = \sigma(d_w - d)dF \qquad (1-58)$$

式中 σ——空气与水表面之间按含湿量差计算的湿交换系数,$kg/(m^2 \cdot s)$;

   d_w——边界层的空气含湿量,kg/kg;

   d——周围空气的含湿量,kg/kg。

和湿交换同时发生的潜热交换量将是:

$$dQ_2 = \gamma dW = \gamma\sigma(d_w - d)dF \qquad (1-59)$$

式中 γ——水的汽化潜热,J/kg。

因为总热量 $dQ = dQ_1 + dQ_2$,于是,可以写出:

$$dQ = [\alpha(t_w - t) + \gamma\sigma(d_w - d)]dF \qquad (1-60)$$

通常空气中的热湿交换,存在下面的关系:

$$\sigma = \frac{\alpha}{c_P} \qquad (1-61)$$

式中 c_P——空气的定压比热,$J/(kg \cdot ℃)$。

这个关系称为刘易斯关系,即热质交换类比律。它说明已知对流换热系数和定压比热 c_P 可以求出湿交换系数 σ。

根据刘易斯关系,则式(1-60)将写为:

$$dQ = \sigma[c_P(t_w - t) + \gamma(d_w - d)]dF \qquad (1-62)$$

又可写成:

$$dQ = \sigma[(c_p t_w + \gamma d_w) - (c_p t + \gamma d)]dF \qquad (1-63)$$

因为空气的焓 $h \approx c_p t + \gamma d$,所以上式也可写成:

$$dQ = \sigma(h_w - h)dF \qquad (1-64)$$

式中 h_w——边界层空气的焓,kJ/kg;

   h——周围空气的焓,kJ/kg。

由此可见,在热湿交换同时进行时,推动总热交换的动力是焓差而不是温差。

(3) 空气与水直接接触时的状态变化过程

当空气流经水面或水滴周围时,就会把边界层中的饱和空气带走一部分,补充新的空气以继续达到饱和,因而饱和空气层将不断与流过的空气相混合,使整个空气状态发生变化。空气状态的变化主要取决于水温这一参数。与空气接触的水温不同,空气的状态变化过程也将不同。所以随着水温不同,可以得到图 1-9 所示的典型的空气状态变化过程。

在这七种过程中,A-2 过程是空气加湿与减湿的分界线,A-4 过程是空气增焓与降焓的分界线,而 A-6 过程是空气升温与降温的分界线。下面用热湿交换理论和式(1-60)分析这三个过程。

① A-2 过程。

以温度等于空气露点温度的冷水与空气直接接触,便可实现 A-2 过程。这时,尽管空气与水接触,但是 $d_A = d_2$,所以湿交换量 $d_w = 0$,空气既未加湿也未减湿。但是由于 $t_A > t_2$,空气将向水传热而使空气温度下降。结果空气状态的变化是等湿冷却过程。

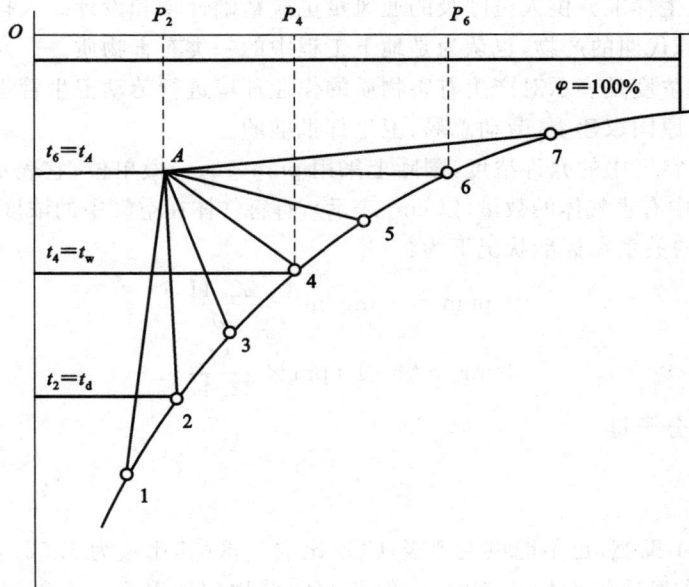

图 1-9　与水直接接触时的空气状态变化过程

② A-4 过程。

以温度等于空气湿球温度的水与空气直接接触,便可实现 A-4 过程。这时,空气的状态变化为等焓加湿或绝热加湿过程。因此,总热交换 $dQ=0$。但是,由于 $t_A > t_4$ 和 $d_A > d_4$,说明还存在热交换和湿交换,空气将被加湿而使空气的潜热量取自空气本身。

③ A-6 过程。

以温度等于空气干球温度的水与空气直接接触,便可实现 A-6 过程。这时,由于 $t_A = t_6$,空气与水不发生显热交换。但是,$d_A < d_6$,说明空气将被加湿,空气的潜热量也将增加。结果空气的状态变化是等温加湿过程。

1.3　地下工程中的有害气体及安全标准

在开挖地下工程时多用凿岩爆破的方法进行,而爆破后的炮烟主要由一氧化碳和氮氧化合物组成,它们是对人体危害较大的有毒气体。在风道作业时,近年来多采用柴油发动的装运设备。有的地下工程作为汽车库使用,而汽车有柴油发动机和汽油发动机;有些重要的地下工程,如地下医院、地下车间,往往也设有柴油发动机,作为地下工程自用电或紧急用电的动力。柴油机废气中包括 CO、CO_2、NO_x、SO_2、甲醛、丙烯醛等有害气体。此外,在岩石中掘进风道会产生大量游离二氧化硅的粉尘,这些粉尘也是地下工程的有害物质之一。地下工程内的空气是由地面送入的,在环境污染较严重的工业城市和工厂附近的空气中含有大量烟尘,如 SO_2、CO、H_2S 及其他有机物质。若地下空间或地下车间距污染区较近,则其进风中可能含有大量的有毒物质。在战争中,敌人施放原子、化学、细菌等战剂,如滤清净化不利,也会严重污染地下空间。这也构成了地下工程中的一类有害物质。防止有害物质对人体造成危害,最主要的措施是通风稀释和排出,使地下工程中的有害物质不超过卫生标准规定的允许浓度,以保证地下工程中劳动条件舒适及工作人员身体健康。

另外,要准确计算消除这些有害物质的通风风量,为设计通风所用动力、设备提供重要参数。

在人员集中的地下工程中(如人防工程),为了让人员呼吸,特别应保持氧气的最低安全浓度和使二氧化碳不超过卫生标准。供人员呼吸的通风量也应精确计算和设计。人排出的二氧化碳气体和蛋白质分解、人新陈代谢的产物,也认为是地下工程中的一类有害物质。

有害物质的允许浓度是表示对产生有害物质的作业环境进行劳动卫生管理的一种标准。我国现行的卫生标准是由原国家建委、劳动总局、卫生部批准的。

表示有害气体在空气中的允许浓度,国际上采用 ppm(10^{-6})做单位,它表示体积比的百万分之一,相当于 1 m^3 空气中有害气体的数量(以 cm^3 表示),有害气体在空气中的浓度还可以用 mg/m^3 表示。ppm 与 mg/m^3 的关系在标准状况下为:

$$1 \text{ ppm} = 1 \text{ mg/m}^3 \times \frac{22.41}{M} \tag{1-65}$$

$$1 \text{ mg/m}^3 = 1 \text{ ppm} \times \frac{M}{22.41} \tag{1-66}$$

式中 M——物质的分子量。

1.3.1   二氧化碳

二氧化碳(CO_2)不助燃,也不能供人呼吸,CO_2 比空气重(其比重为 1.52),在风速较小的隧道底板附近浓度较大;在风速较大的隧道中,一般能与空气均匀地混合。在新鲜空气中含有微量的 CO_2 对人体是无害的。CO_2 对人体的呼吸中枢神经有刺激作用,如果空气中完全不含有 CO_2,则人体的正常呼吸功能就不能维持。所以在抢救遇难者并进行人工输氧时,往往要在氧气中加入 5% 的 CO_2,以刺激遇难者的呼吸机能。但当空气中 CO_2 的含量过高时,也将使空气中的氧浓度相对降低,轻则使人呼吸加快,呼吸量增加,严重时也可能造成人员中毒或窒息。地下空间中的 CO_2 含量不应大于 0.5%~1%。空气中 CO_2 对人体的危害程度与浓度的关系如表 1-6 所示。

表 1-6   **CO_2 中毒症状与浓度的关系**

CO_2 浓度(体积)	主要症状
1%	呼吸加深,但对工作效率无明显影响
3%	呼吸急促,心跳加快,头痛,人体很快疲劳
5%	呼吸困难,头痛,恶心,呕吐,耳鸣
6%	严重喘息,极度虚弱无力
7%~9%	动作不协调,大约 10 min 可发生昏迷
9%~11%	几分钟内可导致死亡

1.3.2   一氧化碳

一氧化碳(CO)是一种无色、无味、无臭的气体。其相对密度为 0.97,微溶于水,能与空气均匀地混合。CO 能燃烧,当空气中 CO 含量在 13%~75% 范围内时有爆炸的危险。

血红素是人体血液中携带 O_2 和排出 CO_2 的细胞。CO 与人体血液中血红素的亲和力比 O_2 大 250~300 倍。一旦 CO 进入人体,首先就与血液中的血红素相结合,因而减少了血红素与氧结合的机会,使血红素失去输氧的功能,从而造成人体血液"窒息"。所以,医学上又将 CO 称为血液窒息性气体。人体吸入 CO 后的中毒程度与空气中 CO 浓度和时间的关系如表 1-7 所示。由于 CO 与血红素结合后,生成鲜红色的碳氧血红素,故 CO 中毒后最显著的特征是中毒者黏膜和皮肤均呈樱桃红色。

表 1-7	CO 中毒症状与浓度的关系
CO 浓度(体积)	主要症状
0.02%	2～3 h 内可能引起轻微头痛
0.08%	40 min 内出现头痛、眩晕和恶心;2 h 内发生体温和血压下降,脉搏微弱,出冷汗,可能发生昏迷
0.32%	5～10 min 内出现头痛、眩晕;半小时内可能发生昏迷并有死亡危险
1.28%	几分钟内发生昏迷或死亡

我国规定,地下工程中和矿井正常空气中的 CO 含量不得超过 0.0024%(即 24 ppm);爆破过程在通风机连续运转的条件下,CO 浓度降到 0.02% 以下,才允许人员进入工作地点,但仍需通风达到正常含量。

1.3.3　氮氧化物

氮氧化物(NO_x)主要包括 NO 和 NO_2,NO 在常温常压下不稳定,容易与氧气反应转化为 NO_2。NO_2 是一种褐红色的气体,有强烈的刺激气味,相对密度为 1.59,易溶于水。

NO_2 溶于水后生成腐蚀性很强的硝酸,对眼睛、呼吸道黏膜和肺部有强烈的刺激及腐蚀作用,严重时可引起肺水肿。NO_2 中毒有潜伏期,有的在严重中毒时尚无明显感觉,还可坚持工作。但经过 6～24 h 后发作,中毒者指头出现黄色斑点,并出现严重的咳嗽、头痛、呕吐甚至死亡。NO_2 中毒症状与浓度的关系如表 1-8 所示。

表 1-8	NO_2 中毒症状与浓度的关系
NO_2 浓度(体积)	主要症状
0.004%	2～4 h 内可能出现咳嗽症状
0.006%	短时间内感到喉咙刺激,咳嗽,胸疼
0.01%	短时间内出现严重中毒症状,神经麻痹,严重咳嗽,恶心,呕吐
0.025%	短时间内可能出现死亡

我国对煤矿和金属矿都有规定,氮氧化物换算为 NO_2 不得超过 0.00025%(2.5 ppm),地下工程作业面也可以参考该标准。美国、日本、德国等国家规定地下工程的空气中 NO_2 的允许浓度不超过 5 ppm。

1.3.4　二氧化硫

二氧化硫(SO_2)无色,有强烈的硫黄气味及酸味,空气中浓度达到 0.0005% 即可嗅到。其相对密度为 2.22,易积于地下空间的角落风速较小处。SO_2 易溶于水,在常温、常压下一个体积的水可溶解 4 个体积的 SO_2。

SO_2 遇水后生成硫酸,对眼睛及呼吸系统黏膜有强烈的刺激作用,可引起喉炎和肺水肿。当空气中 SO_2 浓度达到 0.002% 时,眼睛及呼吸器官感到有强烈的刺激;浓度达 0.05% 时,短时间内有致命危险。因此,地下工程中的 SO_2 含量不得超过 0.0005%(5 ppm),表 1-9 列出了 SO_2 中毒症状与浓度的关系。

表 1-9   **SO_2 中毒症状与浓度的关系**

SO_2 浓度/ppm	主要症状
0.5～1	闻到臭味
2～3	变为刺激味
5～10	刺激鼻、喉,咳嗽
20	眼睛受刺激,咳嗽激烈
30～40	呼吸困难
50～100	喉咙痉挛,有窒息感,眼睛受到强烈刺激,可能出现失明等严重后果,还可能引发心脏骤停等危及生命的状况
400～500	短时间接触,生命危险

1.3.5 硫化氢

硫化氢(H_2S)无色、微甜,有浓烈的臭鸡蛋味,当在空气中浓度达到 0.0001% 即可嗅到,但当浓度较高时,因嗅觉神经中毒麻痹,反而嗅不到。H_2S 相对密度为 1.19,易溶于水,在常温、常压下一个体积的水可溶解 2.5 个体积的 H_2S。H_2S 能燃烧,当空气中 H_2S 浓度为 4.3%～45.5% 时有爆炸危险。

H_2S 有剧毒,还有强烈的刺激作用,能引起鼻炎、气管炎和肺水肿;能阻碍生物氧化过程,使人体缺氧。当空气中 H_2S 浓度较低时,主要以腐蚀刺激作用为主;当空气中 H_2S 浓度较高时,能使人体迅速昏迷或死亡,腐蚀刺激作用往往不明显。H_2S 中毒症状与浓度的关系如表 1-10 所示。

表 1-10   **H_2S 中毒症状与浓度的关系**

H_2S 浓度(体积)	主要症状
0.0025%～0.003%	有强烈臭味
0.005%～0.01%	1～2 h 内出现眼及呼吸道刺激症状,臭味"减弱"或"消失"
0.015%～0.02%	出现恶心、呕吐、头晕、四肢无力、反应迟钝;眼睛及呼吸道有强烈刺激症状
0.035%～0.045%	0.5～1 h 内出现严重中毒症状,可引起肺炎、支气管炎及肺水肿;有死亡危险
0.06%～0.07%	很快昏迷,短时间内死亡

地下工程中,空气里 H_2S 的含量不得超过 0.00066%(6.6 ppm)。

1.3.6 甲醛

甲醛(HCHO)是一种无色、有强烈刺激性气味的气体。易溶于水、醇和醚。HCHO 在常温下是气态,通常以水溶液形式出现。35%～40% 的 HCHO 的水溶液叫作福尔马林。

HCHO 有刺激性气味,主要危害表现为对皮肤黏膜的刺激作用。低浓度即可嗅到,人对 HCHO 的嗅觉阈通常是 $0.06～0.07\ mg/m^3$。但个体之间有较大的差异性,有人可达 $2.66\ mg/m^3$。一般情况下大于 $0.08\ m^3$ 的 HCHO 浓度可引起眼红、眼痒、咽喉不适或疼痛、声音嘶哑、打喷嚏、胸闷、气喘、皮炎等。长期、低浓度接触 HCHO 会引起头痛、头晕、乏力、感觉障碍、免疫力降低,并出现瞌睡、记忆力减退或神经衰弱、精神抑郁等症状;慢性中毒对呼吸系统的危害也是巨大的,长期接触 HCHO 可引发呼吸功能障碍和肝中毒性病变,表现为肝细胞损伤、肝辐射能异常等。不同浓度的 HCHO 对人体的影响如表 1-11 所示。

表 1-11　　　　　　　　　　　　　　不同浓度 HCHO 对人体的影响

HCHO 浓度/ppm	主要症状
0.0448~0.052267	儿童会发生轻微气喘
0.074667	有异味和不适感
0.37333	可刺激眼睛,引起流泪
0.448	咽喉不适或疼痛;浓度更高时,可引起恶心、呕吐、咳嗽、胸闷、气喘甚至肺水肿
22.4	立即致人死亡

地下工程中有关场所空气中 HCHO 的浓度可根据《室内空气质量标准》(GB/T 18883—2022)的规定,取 1 h 内均值为 0.08 mg/m³,即 0.05973 ppm。

1.3.7　粉尘与气溶胶

粉尘是指能在空气中浮游的固体微粒,此种微粒分散在空气中所构成的分散系统称为气溶胶。地下工程在凿岩、爆破、装运、破碎等工序中都会产生大量的粉尘。其中游离 SiO_2 含量在 10% 以上的烟尘叫作硅尘,容易导致人体硅肺病。粉尘的颗粒一般比较小,很多粉尘颗粒用肉眼是看不到的,肉眼能看到的粉尘颗粒直径在 10 μm 以上的,叫作可见尘粒;而通过显微镜能看到的粉尘叫作显微尘粒,它的直径为 0.1~10 μm;直径小于 0.1 μm,要用高倍显微镜或电子显微镜才能看到的尘粒,叫作超显微尘粒。矽尘指的是游离 SiO_2 含量超过 10% 的无机性粉尘。

粉尘粒径小,粒子在空气中不易沉降,也难以被捕集,会造成严重的空气污染,同时易于随空气吸入人体的呼吸道深部而对人体健康构成很大威胁。近年来,为人们所熟知的粉尘主要有 PM2.5、PM10、PM1.0 等颗粒物。全国科学技术名词审定委员会于 2013 年 2 月将 PM2.5 的中文名称命名为细颗粒物,它主要是指能呼吸性颗粒物中粒径小于 7 μm 且 $D_{50} = 2.5$ μm 的颗粒物(D_{50} 指的是颗粒物浓度分布曲线中,颗粒物的累积质量占颗粒物总质量 50% 时所对应的空气动力学粒径),这主要是针对儿童、老人和心肺疾病高发人群而言的。它能较长时间悬浮于空气中,输送距离远且与较粗的大气颗粒物相比比表面积大,活性强,易附带有毒、有害物质,因而对人体健康和大气环境质量的影响很大。2013 年 10 月 17 日,世界卫生组织下属国际癌症研究机构发布报告,首次指认大气污染对人类致癌,并将 PM2.5 视为普遍和主要的环境致癌物;另外,在粒径小于 30 μm 的颗粒物(又称胸部颗粒物,是指可吸入颗粒物中能穿过咽喉的颗粒物,直径一般小于 30 μm)中,质量累积占颗粒物总质量 50% 时的空气动力学粒径在 10 μm 左右,故称为 PM10,PM10 又称为可吸入颗粒物。其能够进入上呼吸道,但部分可通过痰液等排出体外,另外也会被鼻腔内部的绒毛阻挡,对人体健康危害相对 PM2.5 较小。相比 PM2.5 和 PM10,PM1.0 显得有点生僻,其粒径相比 PM2.5 还要小,主要来自化石燃料的燃烧。富含大量的有毒、有害物质且在大气中的停留时间长、输送距离远,因而对人体健康和大气环境质量的影响更大。PM2.5 可以进入人的肺部,而 PM1.0 甚至可以进入人的血液。

放射性气溶胶被人体吸入肺内,特别是小于 10 μm 的,往往形成对人体的内照射,促使白细胞数降低,呼吸功能紊乱,剂量大且时间久时能使人患支气管癌和肺癌。不能进入呼吸系统的较大颗粒则对人体产生外照射的危害。

我国政府对控制大气污染高度重视,规定空气中游离 SiO_2 含量在 10％以上的粉尘,浓度不得超过 2 mg/m³,一般粉尘浓度不得超过 10 mg/m³。2018 年 8 月 14 日颁布《环境空气质量标准》(GB 3095—2012)修改单,该标准将 PM2.5 年平均和 24 h 平均浓度限值分别定为 15 μg/m³ 和 35 μg/m³。

本章小结

(1) 空气是构成地球周围大气的无色、无味的气体,主要成分是氮气和氧气,还有极少量的氦、氖、氩、氪、氙、氡等稀有气体和水蒸气、二氧化碳和尘埃等。通常情况下,根据空气中水蒸气含量的不同,可以把空气分为干空气与湿空气,在标准状态下可视为理想气体,其摩尔体积为 22.4 L/mol,空气的比热容与温度有关,300 K 时,空气的定压比热容 $c_P = 1.005$ kJ/(kg · K)。

(2) 气体分子间距较大,内聚力较小,但分子运动较剧烈,黏性主要源于流层之间分子的动量交换。当温度升高时,分子运动加剧,所以黏性增大;而当压强升高时,气体的动力黏度和运动黏度都减小。

(3) 地下工程空气的温度除了受地面气温的影响以外,自身在流动过程中的压缩与膨胀也会影响其温度,地下岩层与空气之间的温差与岩层的热传导系数也会影响空气的温度。

(4) 地表以下岩石根据温度的变化可分为三带:0~15 m 为温度变化带,20~30 m 为恒温带,40 m 以下为增温带。

(5) 空气中的焓值是指空气中含有的总热量,通常以干空气的单位质量为基准,是指 1 kg 干空气的焓和与它相对应的水蒸气的焓的总和。在工程上,可以根据一定质量的空气在处理过程中比焓的变化,来判定空气是得到热量还是失去热量。空气的比焓增加表示空气中得到热量;反之,则表示空气中失去热量。

(6) 地下工程气候条件是指地下空间空气的温度、湿度和风速这三个参数的综合作用状态。这三个状态的不同组合,便构成不同的气候条件,其对地下施工人员的身体健康与劳动安全有重要影响。

(7) 热能的传递有三种基本方式:当物体各部分间不发生相对位移时,仅依靠分子、原子及自由电子等微观粒子的热运动而产生的热能传递称为热传导;由于流体的宏观运动而引起其各部分之间发生相对位移,冷热流体相互掺混所导致的热量传递过程称为热对流;物体因热而发出辐射能的现象称为热辐射。

(8) 物体中各个时刻各点温度所组成的集合称为温度场,又称为温度分布。一般来说,物体的温度场是坐标和时间的函数,即 $t = f(x,y,z,\tau)$。温度场中同一瞬时相同温度各点连成的面称为等温面。在任何一个二维的截面上等温面表现为等温线。

(9) 复合传热是指将导热、对流传热、辐射传热有机地组成传热体系。

(10) 空气掠过水表面时,便与水表面之间发生热湿交换。根据水温的不同,可能仅发生显热交换;也可能既有显热交换,又有湿(质)交换,而与湿交换同时将发生潜热交换。显热交换是由于空气与水之间存在温差,因导热、对流和辐射而进行换热的结果,而潜热交换是空气中的水蒸气凝结(或蒸发)而放出(或吸收)汽化潜热的结果。总热交换量是显热交换量与潜热交换量的代数和。

(11) 表示有害气体在空气中的允许浓度,国际上采用 ppm(10^{-6})做单位,它表示体积比的百万分之一,相当于 1 m³ 空气中有害气体的数量(以 cm³ 表示)。

习题与思考题

1-1 地面空气的主要成分是什么？

1-2 影响地下工程气候舒适性的主要因素有哪些？

1-3 试简述卡他度的概念，并就其反应气候条件的局限性进行讨论。

1-4 已知地下工程内空气压力 $P=103958$ Pa，空气温度 $t=17$ ℃，空气的相对湿度为 60%，求空气的密度。

1-5 湿空气的压力为 0.1 MPa，温度为 30 ℃，相对湿度为 90%。现欲得温度为 20 ℃、相对湿度为 76% 的湿空气，试用 h-d 图求解该空气调节过程。

1-6 湿空气的压力为 0.1 MPa，温度为 10 ℃，相对湿度为 50%。现欲得到温度为 20 ℃、相对湿度为 70% 的湿空气，试用 h-d 图求解空气调节过程，并求所需的加热量及加入的水分。

1-7 一块厚度 $\delta=50$ mm 的平板，两侧表面系数分别维持在 $t_{w1}=300$ ℃、$t_{w2}=100$ ℃。试求在以下条件下通过单位截面面积的热量：① 材料为膨胀珍珠岩散料，$\lambda=0.021\sim0.062$ W/(m·K)；② 材料为水泥，$\lambda=0.30$ W/(m·K)；③ 材料为混凝土板，$\lambda=0.79$ W/(m·K)。

1-8 由于地下工程中人员呼吸及其他作业产生的 CO_2 量为 5.52 m^3/min，求稀释 CO_2 到允许浓度所需的风量。

1-9 地下工程总进风量 $Q=2500$ m^3/min，地表大气压力为 101.3 kPa，进风温度 $t_1=5$ ℃，空气相对湿度 $\varphi_1=70\%$，空气密度 $\rho=1.267$ kg/m^3。地下工程排风口气温 $t_2=20$ ℃，相对湿度 $\varphi_2=90\%$，求每昼夜风流由地下工程中带走的水蒸气量。

1-10 计算某风道中一条宽 0.3 m、长 200 m 的排水明沟的水蒸气蒸发量。已知水温为 30 ℃，空气温度为 20 ℃，空气的相对湿度 75%，1 个大气压下（103896 Pa），风速为 3 m/s。

1-11 地下工程中常见的有害气体有哪些？我国相关的规定与规范对有害气体的最高容许浓度有哪些具体规定？

2 空气流动基本理论

【内容提要】

　　本章主要内容包括：空气压力及测定、空气流速及测定、风流能量和能量方程，以及能量方程在地下工程通风中的应用。本章的教学重点为空气压力和风流速度，风流能量和能量方程；教学难点为点压力之间的关系，能量方程的推导和能量方程在地下工程通风中的具体应用。

【能力要求】

　　通过本章的学习，学生应了解静压、动压、全压的基本概念；掌握抽出式和压入式的相对静压、相对全压和动压的关系；根据热力学第一定律和能量守恒及转换定律，结合风流流动的特点，能够推导出空气流动过程的能量方程，以及了解能量方程在地下工程通风中的应用。

本章拓展资源

　　空气流动基本理论是通风工程的基础。本章主要研究地下工程空气流动过程中宏观力学参数的变化规律以及能量的转换规律。压力与能量是本章中两个重要的基本概念，它们既密切相关又有区别。正确理解和掌握两者之间的关系不仅有助于空气流动过程中的能量方程的推导和应用，还为以后章节的学习打下坚实的基础。

2.1 空气压力及测定

2.1.1 空气压力

（1）静压

空气的静压是气体分子间的压力或气体分子对容器壁所施加的压力，用 P 表示（单位为 N/m² 或 Pa）。空气的静压在各个方向上均相等。空间某一点空气静压的大小，与该点在大气中所处的位置和受扇风机所造成的机械压力有关。

大气压力是地面静止空气的静压力，它等于单位面积上空气柱的重力。无论是静止的空气还是流动的空气都具有静压力。

地球为空气所包围，空气圈的厚度高达 1000 km。离地球表面越远，空气密度越小，不同海拔标高处上部空气柱的重力是不一样的。因此，对不同地区来讲，由于它的海拔标高、地理位置和空气温度不同，其大气压力（空气静压）也不相同。各地大气压力主要随海拔标高不同而变化，其变化规律如表 2-1 所示。

表 2-1　　　　　　　　　　　不同海拔高度的大气压力

海拔高度/m	0	100	200	300	500	1000	1500	2000
大气压力/kPa	101.3	100.1	98.9	97.7	95.4	89.8	84.6	79.7

在地下工程中,随着深度增加,空气静压相应增加。通常,垂直深度每增加 100 m 就要增加 1.2~1.3 kPa 的压力。

根据量度空气静压大小所选择的基准不同,压力可以分为绝对静压和相对静压。

绝对静压是以真空为测算零点(比较基准)而测得的压力。绝对静压恒为正值,用 P 表示。

相对静压是以当地当时同标高的大气压力为测算基准(零点)测得的压力,即通常所说的表压力,用 h 表示。如果容器或井巷中某点的绝对压力大于大气压 P_0,则称为正压,反之称为负压。相对压力随选择的基准 P_0 变化而变化。

风流的绝对静压(P)、相对静压(h)和与其对应的大气压(P_0)三者之间的关系如下式所示:

$$h = P - P_0 \tag{2-1}$$

某点的绝对静压只能为正,它可能大于、等于或小于该点同标高的大气压,而相对静压可以为正,也可以为负。

(2)动压

流动的空气具有一定的动能,因此风流中任一点除有静压外还有动压,用符号 h_v 表示,单位为 Pa。动压因空气运动而产生,它恒大于 0 并具有方向性。在同一流动断面上,由于风速分布的不均匀性,各点的风速不相等,所以其动压值不相等。某一断面动压即为该断面平均风速计算值。风流的动压计算公式为:

$$h_v = \frac{1}{2}\rho v^2 \tag{2-2}$$

式中　h_v——风流动压,Pa；

　　　ρ——空气密度,kg/m³；

　　　v——风流速度,m/s。

(3)全压

风流中任一点风流,在其流动方向上同时存在静压和动压,因此,某一点的风流全压由该点的静压和动压叠加,即全压=静压+动压。根据压力的两种计算基准,静压分为绝对静压和相对静压;同理,全压也可分绝对全压和相对全压,分别表示为 P_t 和 h_t。

① 绝对全压:

$$P_t = P + h_v \tag{2-3}$$

② 相对全压:

$$h_t = h + h_v \tag{2-4}$$

2.1.2　风流点压力及其相互关系

(1)风流点压力

风流点压力是指测点的单位体积(1 m³)空气所具有的压力。地下空间通风管道中流动的风流的点压力可分为静压、动压和全压。以通风管道中风流为例,来说明全压、静压和动压三者之间的关系。

图 2-1(a)为压入式通风,在压入式通风时,风筒内任一点 i 的相对全压 h_{ti} 恒为正值,所以称为正压通风;图 2-1(b)为抽出式通风,在抽出式通风时,除风筒的风流入口断面的相对全压为 0 外,风筒内任一点 i 的相对全压 h_{ti} 恒为负值,故又称为负压通风。

在风筒中,断面上的风速分布是不均匀的,一般中心风速大,随距中心距离增大而减小。因此,在断面上相对全压 h_{ti} 是变化的。

无论是压入式还是抽出式,其绝对全压均可用式(2-5)表示:

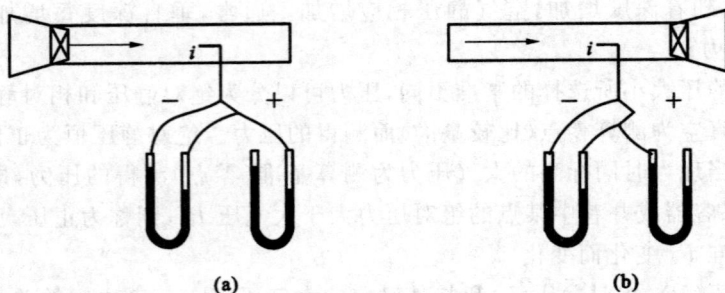

图 2-1 压入式和抽出式通风管道
(a) 压入式通风;(b) 抽出式通风

$$P_{ti} = P_i + h_{vi} \tag{2-5}$$

式中　　P_{ti}——风流中 i 点的绝对全压,Pa;

　　　　P_i——风流中 i 点的绝对静压,Pa;

　　　　h_{vi}——风流中 i 点的动压,Pa。

由于 $h_v > 0$,故由式(2-5)可得,风流中任一点(无论是压入式还是抽出式)的绝对全压恒大于其绝对静压:

$$P_{ti} > P_i \tag{2-6}$$

风流中任一点的相对全压为:

$$h_{ti} = P_{ti} - P_{0i} \tag{2-7}$$

式中　　P_{0i}——当时当地与送排风通道中 i 点同标高的大气压,Pa。

在压入式送风通道中($P_{ti} > P_{0i}$):

$$h_{ti} = P_{ti} - P_{0i} > 0$$

在抽出式送风通道中($P_{ti} < P_{0i}$):

$$h_{ti} = P_{ti} - P_{0i} < 0$$

由此可见,风流中任一点的相对全压有正负之分,它与通风方式有关。而对于风流中任一点的相对静压,其正负不仅与通风方式有关,还与风流流经的管道断面变化有关。在抽出式通风中,其相对静压总是小于 0(负值);在压入式通风中,一般情况下,其相对静压大于 0(正值)。

(2) 风流点压力的相互关系

由上面讨论可知,风流中任一点 i 的动压、绝对静压和绝对全压的关系为:

$$h_{vi} = P_{ti} - P_i \tag{2-8}$$

h_{vi}、h_i 和 h_{ti} 三者之间的关系为:

$$h_{ti} = h_i + h_{vi} \tag{2-9}$$

由式(2-9)可知,无论是压入式还是抽出式通风,任一点风流的相对全压总是等于相对静压与动压的代数和。

对于抽出式通风,式(2-9)可以写成:

$$h_{ti}(负) = h_i(负) + h_{vi} \tag{2-10}$$

在实际应用中,习惯取 h_{ti}、h_i 的绝对值,则:

$$|h_{ti}| = |h_i| - h_{vi}, \quad |h_{ti}| < |h_i| \tag{2-11}$$

图 2-2 清楚地表示了不同通风方式风流中任一点各种压力之间的相互关系。

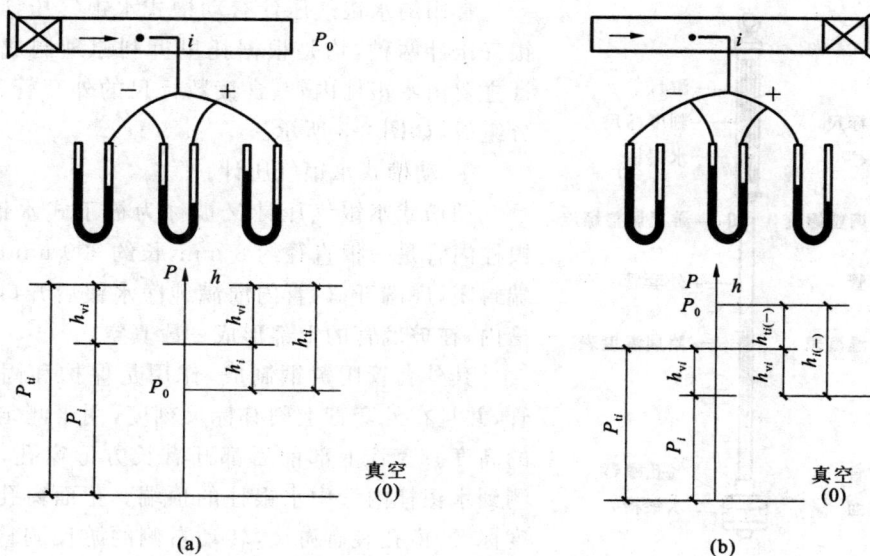

图 2-2　不同通风方式风流中任一点各种压力间的相互关系

(a) 压入式通风；(b) 抽出式通风

【例 2-1】　如图 2-2(a)所示，某地下空间采用压入式通风，在风筒中某点 i 的 $h_i = 1100$ Pa，$h_{vi} = 180$ Pa，风筒外与 i 点同标高的 $P_{0i} = 101332$ Pa，求：

（1） i 点的绝对静压 P_i；

（2） i 点的相对全压 h_{ti}；

（3） i 点的绝对全压 P_{ti}。

【解】　（1） $P_i = P_{0i} + h_i = 101332 + 1100 = 102432$(Pa)。

（2） $h_{ti} = h_i + h_{vi} = 1100 + 180 = 1280$(Pa)。

（3） $P_{ti} = P_{0i} + h_{ti} = P_i + h_{vi} = 101332 + 1280 = 102612$(Pa)。

【例 2-2】　如图 2-2(b)所示，抽出式通风风筒中某点 i 的 $h_i = 950$ Pa，$h_{vi} = 150$ Pa，风筒外与 i 点同标高的 $P_{0i} = 101332$ Pa，求：

（1） i 点的绝对静压 P_i；

（2） i 点的相对全压 h_{ti}；

（3） i 点的绝对全压 P_{ti}。

【解】　（1） $P_i = P_{0i} + h_i = 101332 - 950 = 100382$(Pa)。

（2） $|h_{ti}| = |h_i| - h_{vi} = 950 - 150 = 800$(Pa)。

（3） $P_{ti} = P_{0i} + h_{ti} = 101332 - 800 = 100532$(Pa)。

2.1.3　空气压力的测定

（1）绝对静压的测定

通常使用水银气压计和无液气压计测定地下空间内外空气绝对静压。无液气压计主要有空盒气压表、气压计、电测气压传感器等。日常使用水银气压计来测量气压，气压计用来连续记录气压的变化，进行野外观测时通常使用空盒气压表。电测气压传感器主要有振筒式气压传感器和膜盒式电容气压传感器，用于气压的自动观测。

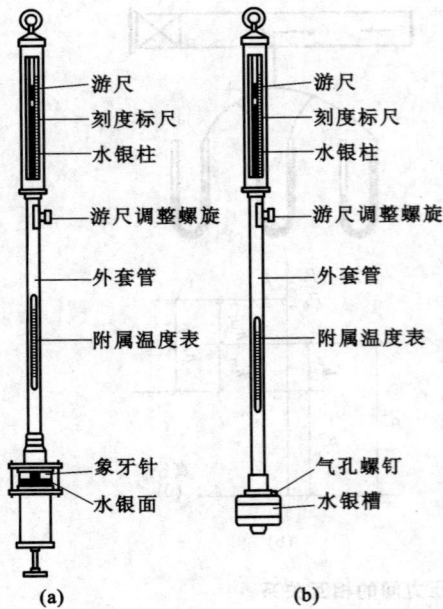

图 2-3 常用的水银气压计
(a) 动槽式;(b) 定槽式

常用的水银气压计有动槽式水银气压计和定槽式水银气压计两种,均是根据托里拆利原理制成。水银气压计主要由水银柱内管、含读数标尺的外套管、水银槽三部分组成,如图 2-3 所示。

① 动槽式水银气压计。

动槽式水银气压计又被称为福丁式水银气压计,水银柱内管是一根直径约 8 mm、长约 900 mm 的玻璃管,顶端封闭,底端开口,管内灌满纯净水银后开口端插入水银槽内,在玻璃管的上部形成一段真空。

其外套管用黄铜制成,作用是保护和固定水银柱内管,并且在外套管上刻有标尺刻度,用于测定水银柱顶端的高度。套管上部前后都开有长方形窗孔,可以直接观测到水银柱内管中水银柱的顶端。正面窗孔的右侧有刻度标尺,窗孔装有游尺,转动右侧的游尺调整螺旋可以使游尺上下移动。在外套管的中部装有一支附属温度表,简称附温表,用来测量气压表表身的温度。外套管的下端与水银槽连接。水银槽分上、下两部分,中间有一个玻璃圈,通过玻璃圈可以看见槽内水银面。水银槽上部有一个上木杯,木杯上部用羊皮囊与水银柱内管包扎联结,上木杯下部有一个针尖朝下的象牙针,以象牙针尖作为气压表刻度尺的基点。水银槽下部有一个下木杯,木杯下部包扎有一个圆袋状的羊皮囊,用来盛装水银,羊皮囊用木托托住,借助水银槽底部的水银面调整螺旋可以升降羊皮囊,使水银槽内的水银面恰好与象牙针尖接触。

动槽式水银气压计应安装在温度变化小变、光线充足、既通风又无太大空气流动的气压室内。气压计应牢固、垂直地悬挂在墙壁、水泥柱或坚固的木柱上,切勿安装在热源(暖气管、火炉)和门窗、空调器旁边,以及阳光直接照射的地方。气压室内不得堆放杂物。安装前,应将挂板牢固地固定在准备悬挂动槽式水银气压计的地方。再小心地从木盒(皮套)中取出气压计,槽部向上,稍稍拧紧槽底调整螺旋 1~2 圈,慢慢地将气压计倒转过来,使气压计直立,槽部在下。然后将槽的下端插入挂板的固定环里,再把表顶悬环套入挂钩中,动槽式水银气压计自然下垂后,慢慢旋紧固定环上的三个螺丝(注意不能改变气压计的自然垂直状态),将气压计固定。最后旋转槽底调整螺旋,使槽内水银面下降到象牙针尖稍下的位置为止。安装后要稳定 4 h,方能观测使用。

移运动槽式水银气压计的步骤与安装相反。先旋动槽底调整螺旋,使内管中水银柱恰达外套管窗孔的顶部为止,切勿旋转过度。然后松开固定环的螺丝,将表从挂钩上取下,两手分持气压计的上部和下部,徐徐倾斜 45°左右,就可以听到水银与管顶的轻击声音(如声音清脆,则表明内管真空状态良好;若声音混浊,则表明内管真空状态不良),继续缓慢地倒转气压计,使之完全倒立,槽部在上。将气压计装入特制的木盒(皮套)内,旋松调整螺旋 1~2 圈(使水银有膨胀的余地)。在运输过程中,始终要按木盒(皮套)箭头所示的方向使动槽式水银气压计槽部在上进行移运,并防止震动。

动槽式水银气压计的观测方法如下:

a.读取附属温度。观测附属温度表,读数精确到 0.1 ℃。

　　b. 调整水银槽内水银面。调整时旋动水银槽底部的水银面调整螺旋,使水银面自下而上缓慢地升高,直到象牙针尖恰好与水银面相接,水银面上既无小涡,也无空隙。

　　c. 调整游尺与读数。旋动游尺调整螺旋,先使游尺稍高于水银柱顶,再慢慢下降游尺,直到游尺环的前后下缘与水银柱凸面顶点刚刚相切。此时,游尺下缘零线所对标尺的刻度即为整数读数,再从游尺刻度线上找出一根与标尺上某一刻度相吻合的刻度线,则游尺上这根刻度线对应的数字就是小数读数。

　　d. 降低水银面。读数后,旋动水银槽底部的水银面调整螺旋来降低水银面,使水银面离开象牙针尖 2~3 mm。

　　动槽式水银气压计的维护方法如下:

　　a. 应经常保持气压计的清洁。

　　b. 动槽式水银气压计槽内水银面产生氧化物时,应及时清除。

　　c. 动槽式水银气压计必须垂直悬挂,应定期用铅垂线在相互成直角的两个方向上检查校正。

　　d. 动槽式水银气压计水银柱凸面突然变平并不再恢复,或其示值明显不正常时,应报请上级业务主管部门处理。

　　② 定槽式水银气压计。

　　定槽式水银气压表又被称为寇乌式水银气压表,定槽式水银气压表的构造与动槽式水银气压表大体相同,由水银柱内管、含读数标尺的外套管、水银槽三部分组成,不同之处是刻度尺零点位置不固定,槽部无水银面调整装置,采用补偿标尺刻度的办法,可以解决零点位置的变动问题。

　　定槽式水银气压计与动槽式水银气压计的安装步骤基本相同。不同点是当气压计倒转挂好后,要拧松水银槽部上的气孔螺丝,表身应处在自然垂直状态,槽部不必固定。

　　移运定槽式水银气压计时,先将气孔螺丝拧紧,从挂钩上取下气压计,将气压计绕自身轴线缓缓旋转,同时徐徐倒转使槽部在上,装入木盒(皮套)内。运输过程中的要求同动槽式水银气压计。

　　定槽式水银气压计的观测方法如下:

　　a. 观测附属温度表,读数精确到 0.1 ℃。

　　b. 用手指轻击气压表表身。

　　c. 调整游尺与读数,旋动游尺调整螺旋,使游尺环的前后下缘与水银柱凸面顶点刚刚相切,并进行读数。

　　定槽式水银气压计的维护方法如下:

　　定槽式水银气压计的水银是定量的,所以要特别防止漏失水银。其余同动槽式水银气压计维护中 a、c、d 条。

　　无液气压计的传感器是抽成一定真空度的皱纹金属模盒。由机械传动机构带动读数指针的无液气压计称为空盒气压表;由电信号使表盘显示数值的无液气压计,称为数字式精密气压计。空盒气压表又称固体金属气压表、变形气压表或弹性压力表,如图 2-4 所示。空盒气压表是一种便携式的气压观测仪器,便于携带和使用,适合野外观测使用。数字式精密气压计如图 2-5 所示,该仪器在瓦斯隧道测风速时常用,是根据瓦斯隧道防爆要求专门设计的一种便携式本质安全型精密数字气压计。

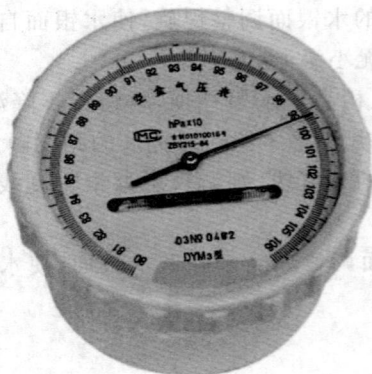

图 2-4　空盒气压表

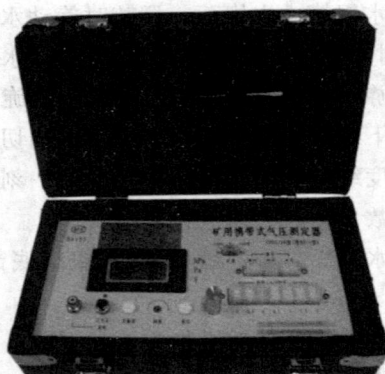

图 2-5　数字式精密气压计

空盒气压表利用金属空盒的弹性力与大气压力相平衡的原理制成,其测压原理是:由于盒内抽成真空(实际上还有少许余压),当大气压力作用于盒面上时,盒面被压缩,并带动传动杠杆使指针转动,根据指针转动的幅度即可获得大气压力数值。

空盒气压表由感应部分、传递放大部分和指示部分构成。感应部分是一个或一组有弹性的密闭圆形金属空盒,金属空盒内近似真空,盒的两面都有圆形波纹,用以增大金属空盒的弹性。气压增大时,盒面内凹;气压减小时,盒面外凸。金属空盒的一端固定在底座上,另一端与传递放大部分连接。传递放大部分由传动杆、水平轴、拉杆、游丝等部件组成,将感应部分的微小变形进行传递放大 1000 倍以上,并带动指针偏转。指示部分由指针、刻度盘和附属温度表组成,根据指针在刻度盘上的位置,即可读取当时的气压值。附属温度表用于读取附属温度。

空盒气压表的观测及订正方法如下:

① 观测附属温度表,读数精确到 0.1 ℃。

② 用手指轻击空盒气压表表面。

③ 待指针静止后,读取指针所指示的气压值,读数精确到 0.1 Pa。

④ 刻度订正:为了消除空盒气压表的刻度误差。对照气压读数值在空盒气压表检定证中查出刻度订正值,用气压读数值和刻度订正值相加得到的代数和,即为经过刻度订正后的气压值。

⑤ 温度订正:为了消除温度的变化对金属空盒的影响。在空盒气压表检定证中查出温度变化 1 ℃时的气压订正值,与附属温度值相乘得到温度订正值,再用经过刻度订正后的气压值和温度订正值相加得到的代数和,即为经过温度订正后的气压值。

⑥ 补充订正:为了消除空盒气压表的残余变形引起的误差。在空盒气压表检定证中查出补充订正值,经过温度订正后的气压值和补充订正值相加得到的代数和,即为实际的气压值。

数字式精密气压计由气压探头组件、面板组件、电源组件和机壳、机箱组成,其工作原理如图 2-6 所示。其中,气压感受装置是由真空波纹管和环形弹性元件构成的弹性系统,机电转换装置采用应变电桥,信号放大部分采用低漂移集成运算放大器,这三部分构成气压探头组件,其电路部分全部用硅橡胶灌封。数字显示采用 UP5035 液晶数字面板表,它和信号调节部分一起构成面板组。电源部分是一个全封闭的蓄电池组。

无液气压计是一种携带式仪表,使用前必须校正,一般用于风道内外非固定地点概略地测量大气压力。用空盒气压表测量时,将盒面水平放置在被测地点,停留 10～20 min,待指针稳定后再读数。读数时视线应该垂直于盒面。数值式精密气压计在闲置不用时,一定要关闭电源,且应定期充电;在使用时,仪器的进气口应避免迎着风流,且应放置平稳,待稳定一段时间后再读数。使用时

图 2-6　数字式精密气压计工作原理

选两台温度特性相近的仪器比较好。数值式精密气压计既可以测定绝对压力,也可测定相对压力或压差。

(2) 相对压力的测量

通常用 U 形压差计、单管倾斜压差计或补偿式微压计与皮托管配合测量风流的静压、动压和全压。

① U 形压差计,亦称 U 形水柱计或 U 形压力计,有垂直和倾斜两种类型,它们都是由一内径相同、装有蒸馏水或酒精的 U 形玻璃管与刻度尺所构成,图 2-7 为垂直类型的 U 形压力计。

它的测压原理是当 U 形管两侧液面承受相同压力时,液面处于同一水平;当两侧压力不同时,压力大的一侧液面下降,另一侧液面上升。对于垂直 U 形水柱计来说,两液面的高差就是两侧压力差 H($H = l$ mmH$_2$O)。

对于倾斜 U 形压差计来说,两侧施加不同压力后,液面所错开的距离为 l,则两侧的压力差为

$$H = l\sin\alpha \tag{2-12}$$

式中　α——U 形管倾斜的角度。

图 2-7　U 形压力计

垂直 U 形压差计精度低,多用于测量较大的压差。倾斜 U 形压差计精度要更高一些。皮托管是一种测压管,它是承受和传递压力的工具。它由 2 个同心管(一般为圆形)组成,其结构如图 2-8 所示。尖端孔口 a 与标着(＋)号的接头相通,侧壁小孔 b 与标着(－)号的接头相通。

测压时,将皮托管插入风筒,如图 2-8 所示。将皮托管尖端孔口 a 在 i 点正对风流,侧壁小孔孔口 b 平行于风流方向,只感受 i 点的绝对静压 P_i,故称为静压孔;端孔 a 除了感受 P_i 的作用外,还受该点的动压 h_{vi} 的作用,即感受 i 点的全压 P_{ti},因此称之为全压孔。用胶皮管分别将皮托管的(＋)、(－)接头连至压差计上,即可测定 i 点的点压力。

如图 2-9 所示的连接,测定的是 i 点的动压;如果将皮托管(＋)接头与压差计断开,这时测定的是 i 点的相对静压;如果将皮托管(－)接头与压差计断开,这时测定的是 i 点的相对全压。

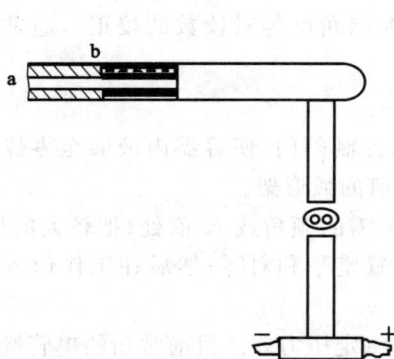

图 2-8　皮托管

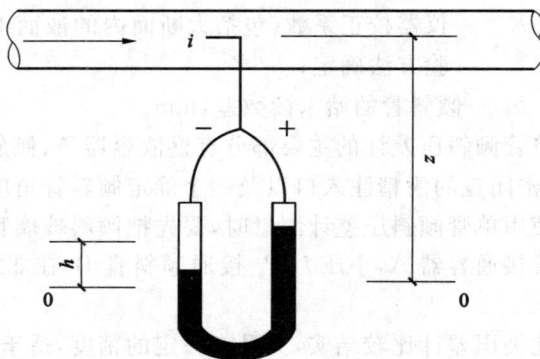

图 2-9　点压力测定

— 33 —

② 单管倾斜压差计的结构如图 2-10 所示。其原理如图 2-11 所示,它由一个较大断面的容器 A 与一个小断面的倾斜管 B 相互连通构成。A 与 B 断面面积的比例 F_A/F_B 一般为 250～300,其中充有适量的酒精。为便于读数,酒精中注入微量的硫酸和甲基橙,使之染色。

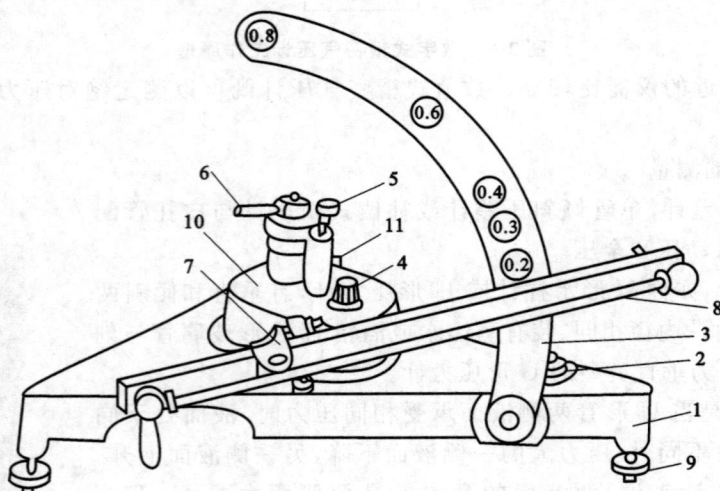

1—底板;2—水准指示器;3—弓形支架;4—加液盖;5—零位调整旋钮;
6—阀门柄;7—游标;8—倾斜测量管;9—定位螺钉;10—大容器;11—多向阀门。

图 2-10　单管倾斜压差计结构

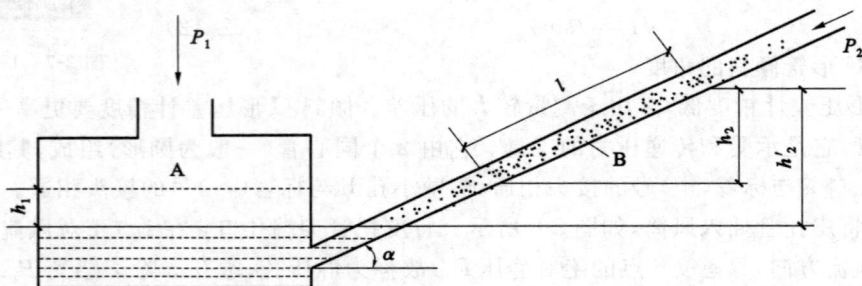

图 2-11　单管倾斜压差计测压原理

它的测压原理基本上与 U 形压差计相同。当 A 和 B 内接受不同压力时(A 内引入较大的压力),A 中液面略有下降,B 内液面相应上升,则两侧压力差 H mmH$_2$O 应按下式计算:

$$H = Kl \tag{2-13}$$

式中　K——仪器校正系数(包括大断面内的液面下降和倾斜角度等对读数的校正),通常采用实验方法确定;

　　　l——倾斜管的始末读数差,mm。

单管倾斜压差计的主要部分有盛液容器 A、倾斜管 B、控制阀门、使容器内液面至零位的调节锤、带密闭盖的酒精注入口以及一个确定倾斜管角度或 K 值的弧形架。

使用单管倾斜压差计测量时,要先把倾斜玻璃管置于所需的倾角或 K 值处;把较大的压力 P_1 用胶管接通容器 A,小压力 P_2 接通倾斜管 B;在非工作位置整平和对零;然后在工作位置上进行测定。

此类压差计比较结实,又具有一定的精度,适于在井下测定压力差。目前常用的单管倾斜压差计有 Y-61 型、KSY 型和 M 型。

③ 补偿式微压计。它由盛水容器和水匣用胶管连通而成,如图 2-12 所示。盛水容器固定不动,其中装有水准头。水匣可以上下移动。这种仪器的测压原理是,较大的压力 P_1 连到动压接嘴并与 B 相通,小压力 P_2 连到静压接嘴并与水匣相通,盛水容器中水面下降,水准头露出,同时水匣液面上升。测定时,旋转螺杆以提高水匣,则盛水容器中水面上升,直至容器中水面回到原来所在水平为止。即通过提高水匣的位置,用水柱高度来平衡(补偿)压力差造成的容器中水面下降,使它恢复到原来的位置。此时水匣所上提的高度恰是压力差 $P_1 - P_2$ 造成的水柱高度 H。

为使测量准确,仪器上装有微调装置与水准观察装置。微调装置由 200 等分的微调盘构成,将它左右转动一圈,螺杆将带动水匣上下移动 2 mm,其精度能读到 0.01 mmH₂O。水准观察装置根据光学原理使水准头形成倒像。当水准头的尖端和像的尖端恰好接触时,说明容器中水面已经达到要求的位置。

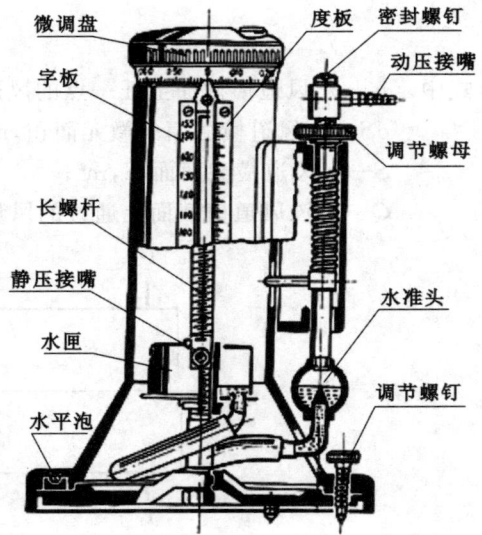

图 2-12　补偿式微压计

使用补偿微压计测压时,要整平对零,使容器中水准头和像的尖端正好相接,并注意大小两个压力不能错接;最后在刻度尺和微盘上读出所测压力差。

2.2　空气流速及测定

2.2.1　风流流动形式

风流的流动形式有两种:一种是有固定边界的风流,例如隧道、风道及管道中的风流,其特点是空气受边界的限制而沿风道方向流动。另一种是没有固定边界的风流,即自由风流,或称射流。当空气由风道流进宽大的地下空间,或空气自风筒末端排到风道时就会出现自由风流。它的特点是风流的边界不是风道壁,而是与风流同一相态的介质。

地下工程中,通常把固定边界的风流称为风道型风流,无固定边界的风流称为硐室型风流。

2.2.2　地下工程内风流的速度分布与平均风速

空气在隧道或管道中流动时,由于空气的黏性和与隧道或管道界壁的摩擦作用,同一横截面上风流的速度是各不相同的。

风道中的紊流风流在靠近边壁处有一层很薄的层流边层,在此层内,空气流动的速度较低,见图 2-13。在层流边层以外,即风道横截面上的绝大部分,充满着紊流风流,它的风速较高,并由风道壁向轴心方向逐渐增大。如果将风道横截面上任一点的风速以 v_i 表示,则风道的平均风速 v(m/s)为:

$$v = \frac{\int_s v_i \mathrm{d}S}{S}$$

(2-14)

或写成

$$v = \frac{Q}{S} \qquad (2\text{-}15)$$

式中　v_i——风道横截面上任一点的风速,m/s;

　　　$\mathrm{d}S$——风道横截面的微元面积,m^2;

　　　S——风道横截面面积,m^2;

　　　Q——该风道横截面上通过的风量,m^3/s。

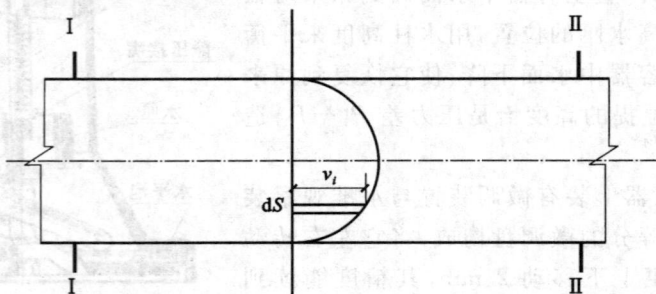

图 2-13　风道中风流速度分布图

风道横截面平均风速 v 与最大风速 $v_{\max}$ 的比值随风道粗糙度而变化。风道越光滑,比值 $v/v_{\max}$ 越高;反之比值越低,$v/v_{\max}$ 值一般为 $0.75 \sim 0.85$。

在地下工程里,送排风通道的曲直程度、截面形状及大小均有变化,因此最大风速并不一定在井巷的轴线上,而且风速分布也不一定具有对称性。

2.2.3　风速测定

目前常用的测量断面较大的送排风通道或者地下隧道风速的仪器仪表主要有机械叶轮式风速计、数字风表、热电式风速仪和皮托管压差计等。

（1）机械叶轮式风速计

机械叶轮式风速计又叫风表,按其结构有杯式风表(图 2-14)和叶轮式风表(图 2-15)两种。

图 2-14　杯式风表　　　　　　　图 2-15　叶轮式风表

　　杯式风表和叶轮式风表内部结构相似,是由一套特殊的钟表传动机构、指针和叶轮组成。其叶轮由铝合金叶片组成,杯式风表的叶轮是四个杯状铝勺,叶轮式风表则为八张铝片。其原理是风表的叶片与旋转轴的垂直平面成一定角度,当风流吹动风轮时,通过传动机构将运动传给计数器,指示出叶轮的转速,称之为表速 v_0。此外,风表上有一个启动和停止指针转动的小杆,打开时指针随叶轮转动,关闭时叶轮虽转动但指针不动,某些风表还有回零装置,以便从零开始计量表速。测定时,先回零,待叶轮转动稳定后打开开关,指针随之转动,同时记录时间(1～2 min),关闭开关。测定完毕后,根据记录的指针读数和指针转动时间,算出风表指示风速(表速)v_0,再用图 2-16 所示的校正曲线换算成真实风速 v。杯式风表和叶轮式风表可以测定一点的风速,也可以测定风道的平均风速。杯式风表适用于测量 5～25 m/s 的较高风速,它的惯性和机械强度较大,开始转动的最低风速为 1.0～1.5 m/s。叶轮式风表中有一种用于测量 0.5～10 m/s 的中等风速,还有一种用于测量0.3～0.5 m/s的低风速。

　　(2) 数字风表

　　叶轮式数字风表感受元件仍是叶轮,只是在叶轮上安装一些附件,根据光电、电感和干簧管等原理把物理量转变为电量,利用电子线路实现自动记录和检测数字化。以 XSF-1 型数字风表为例,图 2-17 为其原理图。叶轮在风流作用下,连续不断转动,带动同轴上的光轮做同步转动。当光轮上的孔正对红外光电管时,发射管发出的脉冲信号被接收,光轮每转动一次,接收管接收到两个脉冲。由于风轮的转动与风速呈线性关系,因此接收管接收到脉冲与风速呈线性关系。脉冲信号经整形、分频和一分钟计数后,LED 数码管显示一分钟的平均风速值。

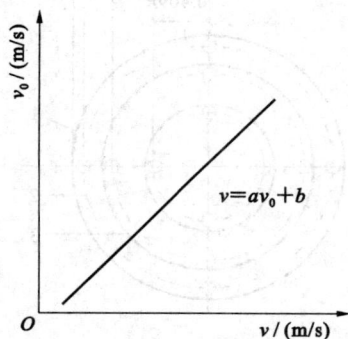

图 2-16　风表校正曲线

图 2-17　数字风表原理示意图

　　(3) 热电式风速仪和皮托管压差计

　　热电式风速仪有热线式、热球式和热敏电阻式三种,它们分别以金属丝、热电偶和热敏电阻做热效应元件,根据其在不同风速中热损耗量的大小测量风速。以 QDF 型热球式风速仪为例,该仪器由热球式探头、电表和运算放大器等构成。在测杆的端部有一个直径约 0.8 mm 的玻璃球,球内绕有加热玻璃球用的镍铬丝线圈和两个串联的热电偶,热电偶的冷端连接在磷铜质的支柱上,直接暴露在风流中。当一定大小的电流通过加热线圈后,玻璃球的温度升高,球内的热电偶产生热电势。热电势的大小和风流的速度有关,风速大时玻璃球升温程度小,则热电势小;反之则热电势大。热电势再经运算放大器后就可以在电表上指示出来。校正后的电表读数即风流的真实速度。

　　热电式风速仪操作比较方便,但现有的热电式风速仪容易损坏,灰尘和湿度对它都有一定的影响,有待进一步改进。

　　皮托管压差计可用于与风机连接的隧道或者风筒内高速风流的测定,它是通过测量测点的动

压,然后按下式换算出测点风速 v_f(m/s):

$$v_f = \sqrt{\frac{2H_v}{\rho}} \tag{2-16}$$

式中　H_v——测点的动压,Pa;

　　　ρ——测点空气密度,kg/m³。

这种测量方法在风速过低或压差计精度不够时,误差比较大。

现有热电式风速仪和皮托管压差计都不能连续累计断面内各点的风速(对后者来说是动压),只能孤立地测定某点风速(动压)。因此,用这类仪器测定风道或管道的平均风速时,应该把风道断面划分成若干个面积大致相等的方格(图 2-18),再逐格在其中心测定各点风速 $v_1,v_2,\cdots,v_n$;最后取平均值得平均风速 v(m/s),即

$$v = \frac{v_1 + v_2 + \cdots + v_n}{n} \tag{2-17}$$

式中　n——划分的等面积方格数。

圆形风筒的横断面应划分成若干个等面积的同心部分,如图 2-19 所示,每一个等面积部分里相应地有一个测点圆环。用皮托管压差计测定时,在相互垂直的两个直径上,可以测得每个测点圆环的 4 个动压值,以此一系列的动压值就可以计算出风筒全断面的平均风速。

测点圆环的数量 n 根据被测风筒直径确定。同心环的环数按表 2-2 确定。

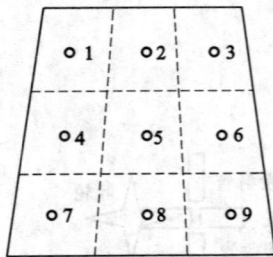

图 2-18　风道断面划分的等面积方格

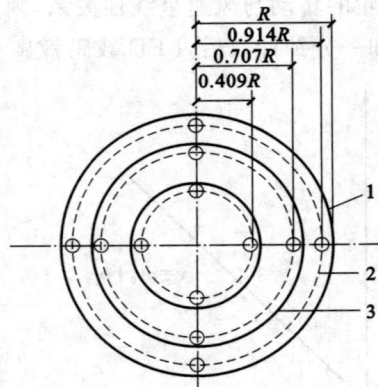

1—风筒壁;2—等面积同心部分界线;3—测点圆环;
R—风筒半径。

图 2-19　圆形风筒测点分布图

表 2-2　　　　　　　　　　　　　圆形风筒的分环数

风管直径 D/mm	≤300	300~500	500~800	800~1100	>1100
划分的环数 n	2	3	4	5	6

测点圆环半径 R 通常按下式计算:

$$R_i = R\sqrt{\frac{2i-1}{2n}} \tag{2-18}$$

式中　R_i——第 i 个测点圆环半径,m;

　　　R——风筒半径,m;

　　　i——从风筒中心算起圆环序号;

n——测点圆环数。

风筒全断面的平均动压 H_v 计算式为：

$$H_v = \left(\frac{\sqrt{H_{v1}} + \sqrt{H_{v2}} + \cdots + \sqrt{H_{vm}}}{m} \right)^2 \tag{2-19}$$

风筒全断面的平均风速即可算出，其式为：

$$v = \sqrt{\frac{2H_v}{\rho}} \tag{2-20}$$

式中　$H_{v1}, H_{v2}, \cdots, H_{vm}$——各测点动压，Pa；

　　　m——测点总数；

　　　ρ——测点空气密度，kg/m³。

【例 2-3】　已知某风筒直径 $D=400$ mm，试确定风筒断面上各测点位置。

【解】　根据表 2-2 划分三个同心环，如图 2-19 所示。

$$R_1 = 200 \times \sqrt{\frac{2 \times 1 - 1}{2 \times 3}} = 82(\text{mm})$$

$$R_2 = 200 \times \sqrt{\frac{2 \times 2 - 1}{2 \times 3}} = 140(\text{mm})$$

$$R_3 = 200 \times \sqrt{\frac{2 \times 3 - 1}{2 \times 3}} = 182(\text{mm})$$

为了简化计算，表 2-3 列出了用管径分数表示的各测点至管道内壁的距离。

表 2-3　　　　　　　　　　　　　圆风筒测点与管壁距离系数（以管径为系数）

测点序号	同心圆环数				
	2	3	4	5	6
1	0.933	0.956	0.968	0.975	0.980
2	0.75	0.853	0.895	0.920	0.930
3	0.25	0.704	0.806	0.850	0.880
4	0.067	0.296	0.680	0.770	0.820
5		0.147	0.320	0.660	0.750
6		0.044	0.194	0.340	0.650
7			0.105	0.226	0.360
8			0.032	0.147	0.250
9				0.081	0.177
10				0.025	0.118
11					0.067
12					0.021

2.2.4　风表校正

由于风表制造上的误差和使用中的磨损以及温度、湿度、风速、粉尘的影响，表速 v_0 并不等于

真实风速 v。为了获得真实风速,必须用实验方法进行风表校正。新风表在出产时都附有校正曲线,使用中的风表还必须定期校正,绘制出新的校正曲线。所谓风表校正,即用专门的设备测定出不同的风表与相应的真实风速之间的关系,然后在坐标纸上把它们绘成校正曲线。实验室校正设备有旋臂式校正设备和空气动力管等类型。

空气动力管(亦称风洞)风表校正装置式样很多,图 2-20 所示的装置就是其中之一。

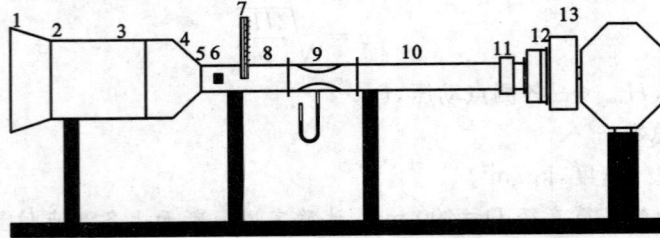

1—集流器;2—阻尼网;3—稳流器;4—收缩管;5—工作管;6—风表;7—皮托管;
8—直线管;9—文丘里喷嘴及压差计;10—直线管;11—调节阀;12—帆布接头;13—扇风机。

图 2-20 空气动力管风表校正装置

被校正的风表置于工作管 5 之中,管中的风速用调节阀 11 控制,其大小从连接于文丘里喷嘴的压差计 9 上读出。压差计 9 的刻度用皮托管 7 测算的平均速度校正。

改变空气动力管的风速,可以获得若干组表速与真实风速 v 的对应值,依此能够绘出风表校正曲线。

空气动力管适宜校正中速和高速风表,旋臂式多用于校正中、低速风表。在地下工程通风工作中,有时也可用已校好的风表粗略地校正其他风表。

2.3 风流能量与能量方程

能量是通风工程中的基本概念,风流之所以能在系统中流动,其根本的原因是系统中存在促使空气流动的能量差。

2.3.1 风流能量

地下工程,特别是隧道工程中,风流是典型的稳定流。所谓稳定流,是指流体在某一点的速度、压力、密度和温度不随时间而变化,风流沿着一维的风道连续流动。在这个流动中涉及能量的移动和消耗,所以认识这些问题的本质规律并准确地用数学语言表达出来,是非常重要的。能量的改变是计算风量和通风压力等通风工程中重要参数的基础。

在风道中,任一断面上的能量(机械能)都由位能、静压能和动能三部分组成。假设从风流中任取一质量为 m、速度为 v、相对高度为 Z、大气压为 P 的控制体,现在用外力对该控制体做多少功来衡量这三种机械能的大小。

(1)位能

物体在地球重力场中受地球引力的作用,由于相对位置不同而具有的一种能量叫作重力位能,简称位能,用 E_{P0} 表示。任何标高都可用作位能的基点。在地下工程中,不同的地点标高不同,则位能不同。假设质量 m 的物体位于基点上,其势能为 0,施加一个能克服重力向上的力 F,使其向上运动。

$$F = mg$$

式中 g——重力加速度。

当向上移动到高于基点 $Z(\mathrm{m})$ 时,做的功为:

$$W = E_{P0} = mgZ \tag{2-21}$$

这就给出了物体在 Z 高度上的位能。

（2）静压能

由分子运动理论可知,无论空气是处于静止还是流动状态,空气的分子无时无刻不在做无秩序的热运动。这种由分子热运动产生的分子动能的一部分转化过来的能量,并且能够对外做功的机械能叫作静压能,用 E_P 表示。

如图 2-21 所示,有一两端开口的水平管道,断面面积为 A,在其中放入体积为 V、质量为 m 的单元流体,使其从左向右流动,即使不考虑摩擦阻力,由于管道中存在压力 P,单元体的运动就会有阻力,因此必须施加一个力 F 克服这个阻力,单元体才会运动。当该力使单元体移动一段距离 S 后,就做了功。

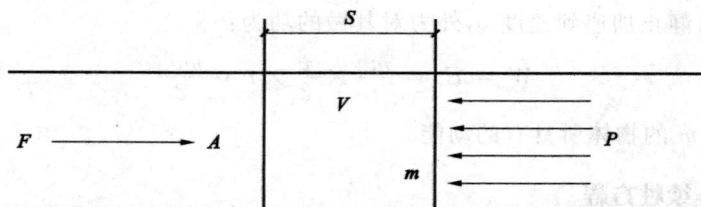

图 2-21 管道内对滑块做的流动功

为平衡管道内的压力,施加的力为:

$$F = PA$$

做的功为:

$$W = E_P = PAS$$

又 AS 是流体的体积 V,所以

$$W = E_P = PV$$

根据密度的定义:

$$\rho = \frac{m}{V}$$

或者

$$V = \frac{m}{\rho}$$

则对该单元体做的流动功为:

$$W = E_P = \frac{Pm}{\rho} \quad (\mathrm{J}) \tag{2-22}$$

或者

$$W = E_P = \frac{P}{\rho} \quad (\mathrm{J/kg}) \tag{2-23}$$

当流体在管道中连续流动时,压力就必须对流体连续做功,此时的压力就称为压能,所做的功称为流动功。式(2-23)就是单位质量流体的静压能表达式。

（3）动能

当空气流动时,除了位能和静压能外,还有空气定向运动的动能,用 E_v 表示。如果对一个质

量为 m 的物体施加大小为 F 的外力,使其从静止开始以加速度 a 作匀速运动,在 t 时刻速度达到 v,则其平均速度为:

$$\frac{0+v}{2} = \frac{v}{2}$$

此时,物体运动的距离 L 为:

$$L = \frac{v}{2} \times t = \frac{vt}{2}$$

根据加速度 a 的定义:

$$a = \frac{v}{t}$$

施加的外力:

$$F = m \times \frac{v}{t} = \frac{mv}{t}$$

所以,使物体从静止加速到速度 v,外力对其做的功为:

$$W = E_v = \frac{mv}{t} \times \frac{v}{2} \times t = \frac{mv^2}{2} \tag{2-24}$$

这就是质量为 m 的物体所具有的动能。

2.3.2 空气流动连续性方程

隧道工程进行通风时,断面平均风速如何变化? 现在从质量守恒定律出发,研究风流的质量平衡,以解决这个问题。

在风流中取面积为 A_1 和 A_2 的两断面,来探讨两断面间流动空间的质量平衡问题,如图 2-22 所示。设 A_1 的平均风速为 v_1,A_2 的平均风速为 v_2,则 dt 时间内流入断面 A_1 的风流质量为 $\rho_1 A_1 v_1 dt = \rho_1 Q_{v1} dt = Q_{m1} dt$,流出断面 A_2 的风流质量为 $\rho_2 A_2 v_2 dt = \rho_2 Q_{v2} dt = Q_{m2} dt$。

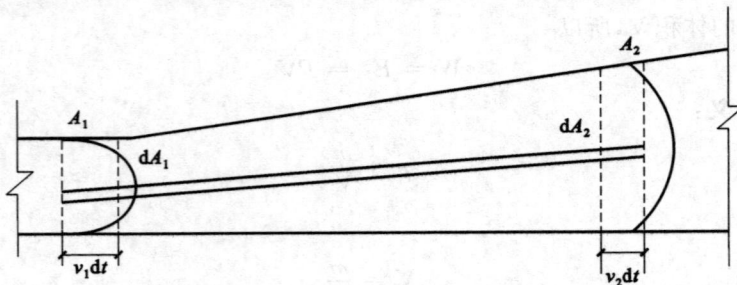

图 2-22　风流的质量平衡

在恒定流时两断面间的流动空间内风流质量不变,流动是连续的,根据质量守恒定律流入断面 A_1 的风流质量等于流出断面 A_2 的风流质量。

$$Q_{m1} = Q_{m2}$$
$$\rho_1 Q_{v1} dt = \rho_2 Q_{v2} dt$$

消去 dt,便得出不同断面上密度不相同时反映两端面间流动空间的质量平衡的连续性方程,即可压缩流体的连续性方程:

$$Q_{m1} = Q_{m2}$$
$$\rho_1 Q_{v1} = \rho_2 Q_{v2} \tag{2-25}$$

或者

$$\rho_1 A_1 v_1 = \rho_2 A_2 v_2 \qquad (2\text{-}26)$$

当空气不可压缩时,密度为常数,即 $\rho_1 = \rho_2$。因此,不可压缩风流的连续性方程为:

$$Q_{v1} = Q_{v2} \qquad (2\text{-}27)$$

或者

$$v_1 A_1 = v_2 A_2 \qquad (2\text{-}28)$$

【例 2-4】　在如图 2-23 所示的地下工程中,风流由 1 断面流至 2 断面时,已知 $S_1 = 10 \ \text{m}^2$, $S_2 = 8 \ \text{m}^2$, $v_1 = 3 \ \text{m/s}$,1、2 断面的空气密度为: $\rho_1 = 1.18 \ \text{kg/m}^3$, $\rho_2 = 1.20 \ \text{kg/m}^3$,求:

(1) 1、2 断面上通过的质量流量 M_1、M_2;

(2) 1、2 断面上通过的体积流量 Q_1、Q_2;

(3) 2 断面上的平均流速。

图 2-23　地下工程通风示意图

【解】　(1) $M_1 = M_2 = v_1 S_1 \rho_1 = 10 \times 3 \times 1.18 = 35.4 (\text{kg/s})$。

(2) $Q_1 = v_1 S_1 = 10 \times 3 = 30 (\text{m}^3/\text{s})$; $Q_2 = \dfrac{M_2}{\rho_2} = \dfrac{35.4}{1.20} = 29.5 (\text{m}^3/\text{s})$。

(3) $v_2 = \dfrac{Q_2}{S_2} = \dfrac{29.5}{8} = 3.69 (\text{m/s})$。

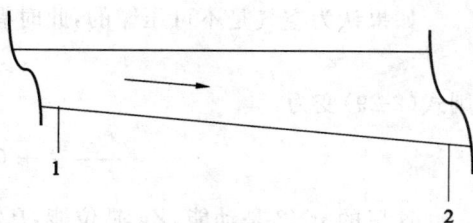

2.3.3　不可压缩流体的能量方程

能量方程表达了空气在流动过程中的静压能、动能和位能的变化规律,是能量守恒和转换定律在地下工程通风中的应用。

假设空气不可压缩,则在地下隧道或者送排风通道内流动空气的任意断面,它的总能量都等于动能、位能和静压能之和。例如自然通风时,空气在隧道内流动,考虑在任意两点间的能量变化,该过程可简化为图 2-24。内能的变化与其他形式的能量变化是非常小的,所以可以忽略不计,又因为外加的机械能通常单独考虑,撇开这些因素,在图中 1 点的总能量等于 2 点的总能量与 1 点到 2 点损失的能量之和,如果用 U_1 和 U_2 分别表示 1 点和 2 点的总能量,h_{1-2} 表示 1 点到 2 点的能量损失,则有下式:

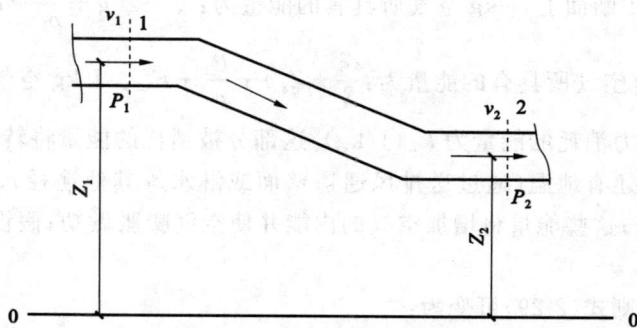

图 2-24　隧道内流动空气质量之间的关系

$$U_1 = U_2 + h_{1-2}$$

又

$$U_1 = \frac{v_1^2}{2} + Z_1 g + \frac{P_1}{\rho_1}$$

$$U_2 = \frac{v_2^2}{2} + Z_2 g + \frac{P_2}{\rho_2}$$

所以可以得出:

$$\frac{v_1^2}{2} + Z_1 g + \frac{P_1}{\rho_1} = \frac{v_2^2}{2} + Z_2 g + \frac{P_2}{\rho_2} + h_{1-2} \tag{2-29}$$

如果认为空气是不可压缩的,此时有:

$$\rho_1 = \rho_2 = \rho$$

则式(2-29)变为:

$$\frac{v_1^2 - v_2^2}{2} + (Z_1 - Z_2) g + \frac{P_1 - P_2}{\rho} = h_{1-2} \tag{2-30}$$

这里的 $v^2/2$ 是动能,Zg 是位能,P/ρ 是静压能,h_{1-2} 是能量损失。

如果在方程两边的各项上同乘以 ρ,那么式(2-29)变为:

$$\rho \frac{v_1^2}{2} + Z_1 g \rho + P_1 = \rho \frac{v_2^2}{2} + Z_2 g \rho + P_2 + h_{1-2} \tag{2-31}$$

或者

$$h_{1-2} = (P_1 - P_2) + \frac{\rho(v_1^2 - v_2^2)}{2} + \rho g (Z_1 - Z_2) \tag{2-32}$$

这就是不可压缩单位质量流体常规的伯努利方程表达式。

2.3.4 可压缩风流能量方程

在地下工程通风中,严格地说,空气的密度是变化的,即风流是可以压缩的。当外力对它做功增加其机械能时,也增加了风流的内能(热能)。因此,在研究地下风流流动时,风流的机械能加上其内能(热能)才能使能量守恒及转换定律成立。

(1) 可压缩空气单位质量流体的能量方程

前面已经介绍理想风流的能量由静压能、动能和位能组成,当考虑空气的可压缩性时,空气的内能就必须包括在风流的能量中,用 E_k 表示 1 kg 空气所具有的内能(J/kg)。

在图 2-24 所示的 1 断面上,1 kg 空气所具有的能量为: $\frac{v_1^2}{2} + Z_1 g + \frac{P_1}{\rho_1} + E_{k1}$;风流流经 1、2 断面间,到达 2 断面时 1 kg 空气所具有的能量为: $\frac{v_2^2}{2} + Z_2 g + \frac{P_2}{\rho_2} + E_{k2}$。1 kg 空气由 1 断面流至 2 断面的过程中,克服流动阻力消耗的能量为 L_R(J/kg)[这部分被消耗的能量将转化成热能 q_R(J/kg),仍存在于空气中];另外,还有地温(通过送排风通道壁面或淋水等其他途径)、机电设备等传给 1 kg空气的热量为 q(J/kg);这些能量将增加空气的内能并使空气膨胀做功;假设 1、2 断面间无其他动力源(如局部通风机)。

通过上面的分析,则式(2-29)可变为:

$$\frac{v_1^2}{2} + Z_1 g + \frac{P_1}{\rho_1} + E_{k1} + q_R + q = \frac{v_2^2}{2} + Z_2 g + \frac{P_2}{\rho_2} + E_{k2} + h_{1-2} \tag{2-33}$$

即

$$L_R = h_{1-2} = \left(\frac{v_1^2}{2} - \frac{v_2^2}{2}\right) + \left(\frac{P_1}{\rho_1} - \frac{P_2}{\rho_2}\right) + (Z_1 - Z_2) g + E_{k1} - E_{k2} + q_R + q \tag{2-34}$$

如果图 2-24 中 1、2 断面间有压源(如局部通风机)L_t(J/kg)存在,则能量方程为:

$$L_R = h_{1-2} = \left(\frac{v_1^2}{2} - \frac{v_2^2}{2}\right) + \left(\frac{P_1}{\rho_1} - \frac{P_2}{\rho_2}\right) + (Z_1 - Z_2)g + E_{k1} - E_{k2} + q_R + q + L_t \qquad (2-35)$$

根据热力学第一定律,传给空气的热量 $q_R + q$,一部分用于增加空气的内能,另一部分使空气膨胀对外做功,即:

$$q_R + q = E_{k2} - E_{k1} + \int_1^2 P\mathrm{d}\gamma \qquad (2-36)$$

式中　γ——空气的比容,m^3/kg。

又因为:

$$\frac{P_2}{\rho_2} - \frac{P_1}{\rho_1} = P_2\gamma_2 - P_1\gamma_1 = \int_1^2 \mathrm{d}(P\gamma) = \int_1^2 P\mathrm{d}\gamma + \int_1^2 \gamma\mathrm{d}P \qquad (2-37)$$

将式(2-36)、式(2-37)代入式(2-35),并整理得:

$$L_R = -\int_1^2 \gamma\mathrm{d}P + \left(\frac{v_1^2}{2} - \frac{v_2^2}{2}\right) + g(Z_1 - Z_2) = \int_2^1 \gamma\mathrm{d}P + \left(\frac{v_1^2}{2} - \frac{v_2^2}{2}\right) + g(Z_1 - Z_2) \qquad (2-38)$$

式(2-38)就是单位质量可压缩空气在无压源的井巷中流动时能量方程的一般形式。如果图 2-24 中 1、2 断面间有压源 L_t 存在,则式(2-35)可以转换为:

$$L_R = \int_2^1 \gamma\mathrm{d}P + \left(\frac{v_1^2}{2} - \frac{v_2^2}{2}\right) + g(Z_1 - Z_2) + L_t \qquad (2-39)$$

(2) 单位质量可压缩空气能量方程

式(2-38)和式(2-39)中,$\int_2^1 \gamma\mathrm{d}P = \int_2^1 \frac{1}{\rho}\mathrm{d}P$ 称为伯努利积分项,它反映了风流从 1 断面流至 2 断面的过程中的静压能变化,它与空气流动过程的状态密切相关。对于不同的状态过程,其积分结果是不同的。

对于多变过程,过程指数为 n,其多变过程方程式为:

$$P\gamma^n = \mathrm{const} \qquad (2-40)$$

不同的多变过程有不同的过程指数 n,n 值可以在 $0 \sim \pm\infty$ 范围内变化。

当 $n=0$ 时,$P=\mathrm{const}$,即为定压过程,$\int_2^1 \gamma\mathrm{d}P = 0$;

当 $n=1$ 时,$P\gamma=\mathrm{const}$,即为等温过程,$\int_2^1 \gamma\mathrm{d}P = P_1\gamma_1 \ln\frac{P_1}{P_2}$;

当 $n=k=1.41$ 时,$P\gamma^k=\mathrm{const}$,即为等熵过程;

当 $n=\pm\infty$ 时,$\gamma=\mathrm{const}$,即为等容过程,$\int_2^1 \gamma\mathrm{d}P = \gamma(P_1 - P_2)$。

实际多变过程中,n 值是变化的。在深井的通风中,如果 n 值变化较大,可把通风流程分成若干段(各段的 n 值均不相等),在每一段中的 n 值可以近似认为不变。对式(2-40),当 n 为定值时,则有:

$$nP\gamma^{n-1}\mathrm{d}\gamma + \gamma^n\mathrm{d}P = 0$$

或

$$\frac{\mathrm{d}P}{P} + n\frac{\mathrm{d}\gamma}{\gamma} = 0$$

则

$$n = -\frac{\mathrm{d}\ln P}{\mathrm{d}\ln\gamma} = -\frac{\Delta\ln P}{\Delta\ln\gamma} = \frac{\ln P_1 - \ln P_2}{\ln\gamma_2 - \ln\gamma_1} = \frac{\ln P_1 - \ln P_2}{\ln\rho_1 - \ln\rho_2} \qquad (2-41)$$

按式(2-41)可由邻近的两个实测的状态求得此过程的 n 值。

由式(2-40)和 $\gamma=\dfrac{1}{\rho}$ 得：

$$P\gamma^n = \frac{P}{\rho^n} = \frac{P_1}{\rho_1^n} = \frac{P_2}{\rho_2^n} = \cdots = \text{const}$$

故有：

$$\gamma = \frac{1}{\rho} = \frac{1}{\rho_1}\left(\frac{P_1}{P}\right)^{\frac{1}{n}} = \frac{1}{\rho_2}\left(\frac{P_2}{P}\right)^{\frac{1}{n}} = \cdots = \text{const} \tag{2-42}$$

将式(2-42)代入积分项并由积分公式 $\displaystyle\int x^\mu \mathrm{d}x = \frac{x^{\mu+1}}{\mu+1} + c$ 积分得：

$$\int_2^1 v\mathrm{d}P = \int_2^1 \frac{P_1^{\frac{1}{n}}}{\rho_1} \cdot \frac{1}{P^{\frac{1}{n}}}\mathrm{d}P = \frac{P_1^{\frac{1}{n}}}{\rho_1}\int_2^1 \frac{1}{P^{\frac{1}{n}}}\mathrm{d}P$$

$$= \frac{P_1^{\frac{1}{n}}}{\rho_1} \cdot \frac{n}{n-1} \cdot (P_1^{\frac{n-1}{n}} - P_2^{\frac{n-1}{n}})$$

$$= \frac{n}{n-1}\left(\frac{P_1}{\rho_1} - \frac{P_2}{\rho_2}\right)$$

将上式代入式(2-38)和式(2-39)得：

$$L_R = \frac{n}{n-1}\left(\frac{P_1}{\rho_1} - \frac{P_2}{\rho_2}\right) + \left(\frac{v_1^2}{2} - \frac{v_2^2}{2}\right) + g(Z_1 - Z_2) \tag{2-43}$$

$$L_R = \frac{n}{n-1}\left(\frac{P_1}{\rho_1} - \frac{P_2}{\rho_2}\right) + \left(\frac{v_1^2}{2} - \frac{v_2^2}{2}\right) + g(Z_1 - Z_2) + L_t \tag{2-44}$$

令

$$\frac{n}{n-1}\left(\frac{P_1}{\rho_1} - \frac{P_2}{\rho_2}\right) = \frac{P_1 - P_2}{\rho_m} \tag{2-45}$$

式中　ρ_m——1、2 断面间按状态过程考虑的空气平均密度。

由式(2-45)和式(2-41)得：

$$\rho_m = \frac{P_1 - P_2}{\dfrac{n}{n-1}\left(\dfrac{P_1}{\rho_1} - \dfrac{P_2}{\rho_2}\right)} = \frac{P_1 - P_2}{\dfrac{\ln P_1/P_2}{\ln \dfrac{P_1/\rho_1}{P_2/\rho_2}}\left(\dfrac{P_1}{\rho_1} - \dfrac{P_2}{\rho_2}\right)} \tag{2-46}$$

则单位质量流量的能量方程又可表示为：

$$L_R = \frac{P_1 - P_2}{\rho_m} + \left(\frac{v_1^2}{2} - \frac{v_2^2}{2}\right) + g(Z_1 - Z_2) \tag{2-47}$$

$$L_R = \frac{P_1 - P_2}{\rho_m} + \left(\frac{v_1^2}{2} - \frac{v_2^2}{2}\right) + g(Z_1 - Z_2) + L_t \tag{2-48}$$

（3）可压缩空气单位体积流体的能量方程

上面详细讨论了单位质量流体的能量方程，现在则讨论单位体积（1 m³）流体的能量方程。在考虑空气的压缩性时，1 m³ 空气流动过程中的能量损失，即通风阻力 h（J/m³ 或 Pa），可由 1 kg 空气流动过程中的能量损失 h_{1-2} 乘以 1、2 断面间按状态过程考虑的空气平均密度 ρ_m，即 $h = h_{1-2} \cdot \rho_m$，并将式(2-36)和式(2-37)代入得：

$$L_R = h_{1-2} = P_1 - P_2 + \frac{\rho_m(v_1^2 - v_2^2)}{2} + \rho_m g(Z_1 - Z_2) \tag{2-49}$$

$$L_R = h_{1-2} = P_1 - P_2 + \frac{\rho_m(v_1^2 - v_2^2)}{2} + \rho_m g(Z_1 - Z_2) + H_t \tag{2-50}$$

式(2-49)和式(2-50)就是可压缩空气单位体积流体的能量方程,其中式(2-50)是有压源(H_t)时的能量方程。

2.3.5 关于能量方程使用的几点说明

从能量方程的推导过程可知,方程是在一定的条件下导出的,并对它作了适当的简化。因此,在应用能量方程时,应根据地下的实际条件正确理解能量方程中各参数的物理意义,灵活应用。

① 能量方程表示 1 kg(或 1 m³)空气由 1 断面流向 2 断面的过程中所消耗的能量(通风阻力)等于流经 1、2 断面间空气总机械能(静压能、动能和位能)的变化量。

② 风流流动必须是稳定流,即断面上的参数不随时间的变化而变化;所研究的始、末断面要选在缓变流场上。

③ 风流总是从总能量(机械能)大的地方流向总能量小的地方。在判断风流方向时,应用始末两断面上的总能量来进行,而不能只看其中的某一项。如果风流方向未知,列能量方程时,应先假设风流方向,如果计算出的能量损失(通风阻力)为正,说明风流方向假设正确;如果为负,则说明风流方向假设错误。

④ 正确选择基准面。

⑤ 在始、末断面间有机械动力作为压源时,如果压源的作用方向与风流的方向一致,压源为正,说明压源对风流做功;如果压源的作用方向与风流的方向相反,压源为负,则压源成为通风阻力。

⑥ 单位质量或单位体积流量的能量方程只适用 1、2 断面间流量不变的条件,对于流动过程中有流量变化的情况,应按总能量的守恒与转换定律列方程。如图 2-25 所示,当 $Q_1 = Q_2 + Q_3$ 时:

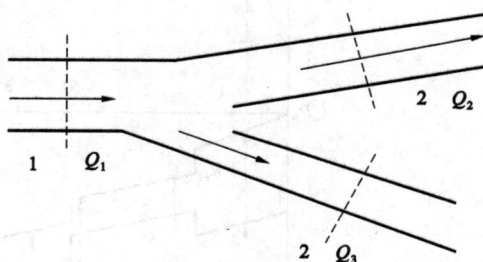

$$Q_1 \left(\rho_{1m} Z_1 g + P_1 + \frac{v_1^2}{2} \rho_1 \right) = Q_2 \left(\rho_{2m} Z_2 g + P_2 + \frac{v_2^2}{2} \rho_2 \right) +$$

$$Q_3 \left(\rho_{3m} Z_3 g + P_3 + \frac{v_3^2}{2} \rho_3 \right) + Q_2 \cdot h_{R12} + Q_3 \cdot h_{R13}$$

图 2-25 有流量变化的情况

⑦ 应用能量方程时要注意各项单位的一致性。

【例 2-5】 在某一山体隧道通风中,测得 1、2 两断面的绝对静压分别为 101324.7 Pa 和 101858 Pa,若 $S_1 = S_2$,两断面间的高差 $Z_1 - Z_2 = 100$ m,送风通道中 $\rho_{m12} = 1.2$ kg/m³,求 1、2 两断面间的通风阻力,并判断风流方向。

【解】 假设风流方向 1→2,列能量方程:

$$h_{R12} = (P_1 - P_2) + \left(\frac{v_1^2}{2} \rho_1 - \frac{v_2^2}{2} \rho_2 \right) + (Z_1 - Z_2) g \rho_{m12}$$

$$= (101324.7 - 101858) + 0 + 100 \times 9.81 \times 1.2$$

$$= 643.9 (\text{J/m}^3)$$

由于阻力值为正,所以原假设风流方向正确,1→2。

2.4 能量方程在地下工程通风中的应用

能量方程是通风工程的理论基础,应用极广。地下通风工程中存在大量的通风与送排风管道,掌握相关理论对管理好这些通风设施至关重要。因此,有必要正确理解、掌握和应用能量方程,本节将结合通风工程中的实际应用,对通风能量(压力)坡度线进行必要的讨论。

通风能量(压力)坡度线是对能量方程的图形描述。图形比较直观地反映了空气在地下工程通风中送排风管道流动过程中能量(压力)沿程的变化规律、通风能量(压力)和通风阻力之间的相互关系以及相互转换。正确理解和掌握通风能量(压力)坡度线,将有助于加深对能量方程的理解。通风能量(压力)坡度线是通风管理的有力工具。

2.4.1 通风能量(压力)坡度线

图 2-26 所示为常见地下空间空调工程中的通风机-水平风道系统,通风机作压-抽式工作,水平风道在抽出段有一断面突然扩大和突然缩小,在水平风道出风口安装了一个喇叭形扩散器。为了绘制通风能量(压力)坡度线,必须在沿程风道布置测点(测点所得数据应满足绘图要求)。在图 2-26 中的水平风道上选取 11 个测点,分别在各个测点测出风流的相对静压、有关断面的动压,风道断面积及和风道同标高的大气压,计算出各点的相对全压。

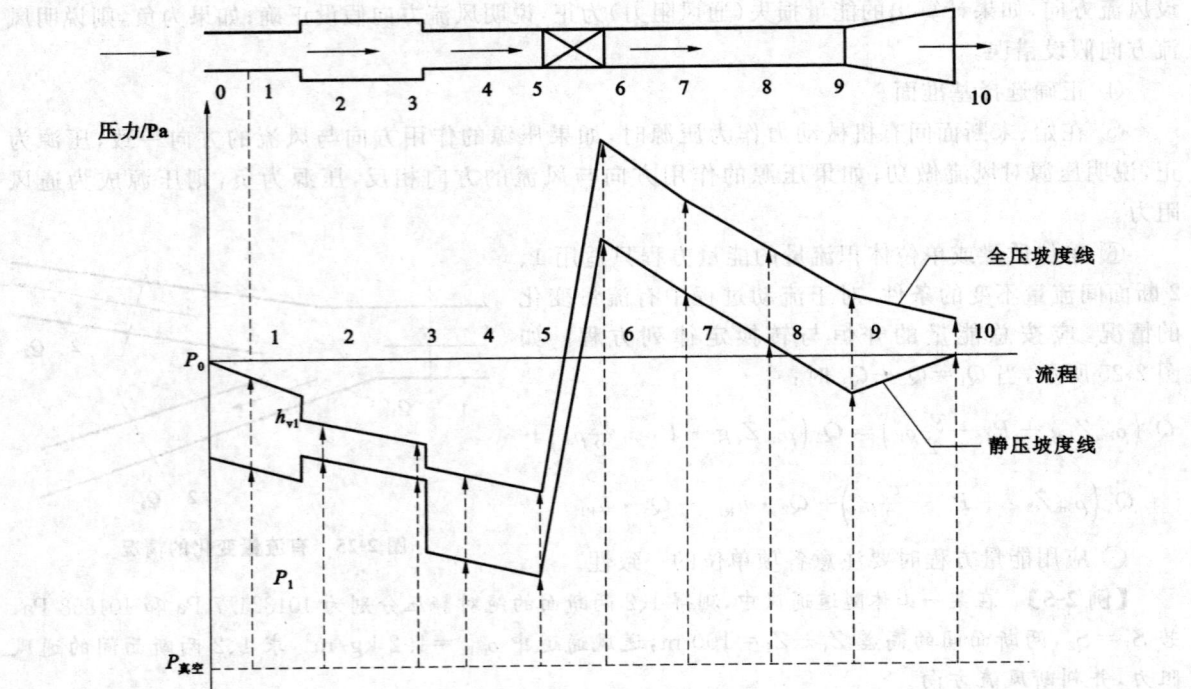

图 2-26　水平风道的能量(压力)坡度线

(1)入口断面与出口断面两个边界条件

① 入口断面处。风流入口断面处的绝对全压等于大气压(可用能量方程加以证明,对入口断面的内外侧列能量方程并忽略极小的入口流动损失),即:

$$P_{tin} = P_0$$

所以

$$P_{tin} = 0, \quad h_{in} = -h_{vin}$$

② 出口断面处。风流出口断面处的绝对静压等于大气压(可用能量方程加以证明,对出口断面的内外侧列能量方程并忽略极小的出口流动损失),即:

$$P_{ex} = P_0$$

所以

$$h_{ex} = 0, \quad h_{tex} = h_{vex}$$

(2) 作图步骤

① 以压力（相对压力或绝对压力）为纵坐标,风流流程为横坐标。

② 根据边界条件确定起始位置。

③ 将各测点的相对静压和相对全压与其流程的关系描绘在坐标图中。

④ 最后将图上的同名参数点用直线或曲线连接起来,如图 2-26 所示,就得到所要绘制的通风能量（压力）坡度线。

这里需要说明的是,绘制能量（压力）坡度线时用直线连接,表示风道的几何参数不变[能量（压力）坡度线的坡度不变]。此外,在作图中还假设局部阻力只产生在突变的断面上,但实际情况并非如此。读者应能正确理解并灵活应用。

2.4.2　通风能量（压力）坡度线的分析

(1) 通风阻力与通风能量（压力）坡度线的关系

在上述所讨论的例子中,由于风道是水平的,故各断面间无位能差。由能量方程可知,任意两断面间的通风阻力就等于两断面的全压差:

$$h_{Ri \sim j} = (P_i - P_j) + (h_{vi} - h_{vj}) = P_{ti} - P_{tj} = h_{ti} - h_{tj} \quad (P_{0i} = P_{0j}) \tag{2-51}$$

① 抽出段。求入口断面至 i 断面的通风阻力,由式（2-49）得:

$$h_{R1 \sim i} = h_{t1} - h_{ti} = -h_{ti} \quad (h_{t1} = 0) \tag{2-52}$$

由式（2-52）知,在抽出段入口至任意断面 i 的通风阻力（$h_{R1 \sim i}$）就等于该断面的相对全压（h_{ti}）的绝对值,可从能量（压力）坡度线上直观地看出其通风阻力的大小。

② 压入段。求任意断面 i 至出口的通风阻力,由式（2-51）得:

$$h_{Ri \sim 10} = h_{t1} - h_{t10} = h_{ti} - h_{v10} \quad (h_{10} = 0) \tag{2-53}$$

由式（2-53）知,在压入段任意断面 i 至出口的通风阻力（$h_{Ri \sim 10}$）等于该断面的相对全压（h_{ti}）减去出口断面的动压（h_{v10}）,从通风能量（压力）坡度线上直观地看出其通风阻力的大小。

(2) 通风能量（压力）坡度线直观明了地表达了风流流动过程中的能量变化

从通风能量（压力）坡度线上可以看出:

① 绝对全压（相对全压）沿程是逐渐减小的。

② 绝对静压（相对静压）沿程分布随压的大小变化而变化;在全压一定的条件下,风流在流动过程中其静压和动压（注意在非水平送排风通道还有位能）可以相互转换:在断面小的地方,静压将有一部分转化为动压,在断面大的地方,动压将有一部分转化为静压,所以静压坡度线沿程是起伏变化的,而非单调下降,这在能量（压力）坡度线上可清楚地看出。因此,在判断风流流动方向时,水平送排风通道应用全压,倾斜送排风通道使用全能量。水平风道中任意两断面间的通风阻力等于全压坡度线上两断面间的全压降低值,通风阻力越大,其全压值下降越多。

(3) 扩散器回收功能（相对静压为负）

所谓扩散器回收动能,就是在风流出口加设一段断面逐渐扩大的风道,使得出口风速变小,从而达到减小流入大气的风流动能（由于流入大气的动能没有做功,所以也称为动能损失）。扩散器安设得是否合理,可用扩散器回收的动能值（Δh_v）与扩散器自身的通风阻力（h_{Rd}）相比较来确定,即:

$$\Delta h_v = h_{vex} - h_{vex}' > h_{Rd} \quad (合理)$$

$$\Delta h_v = h_{vex} - h_{vex}' < h_{Rd} \quad (不合理)$$

式中　h_{vex}——没有安设扩散器时的出口动能；

　　　h_{vex}'——安设扩散器后的出口动能；

　　　h_{Rd}——扩散器自身的通风阻力；

　　　Δh_v——扩散器回收的动能值。

在压入段为何出现相对静压为负值的现象？下面用能量方程加以说明。

如图 2-26 所示，对 9—10 段列能量方程：

$$h_{R9\sim10} = P_9 + h_{v9} - P_{10} - h_{v10} = P_9 + h_{v9} - P_0 - h_{v10} = h_9 + h_{v9} - h_{v10}$$

$$h_9 = h_{R9\sim10} - (h_{v9} - h_{v10})$$

如果 $h_{v9} - h_{v10} > h_{R9\sim10}$，则

$$h_9 < 0 \quad (为负值)$$

据此，测定扩散器中的相对静压值就可判断扩散器的安装是否合理，相对静压的负值越大，其扩散器回收动能的效果越好。

但应注意，相对全压仍为正值。

(4) 通风机全压

① 通风机全压的概念。

通风机的作用就是将电能转换为风流的机械能，促使风流流动。通风机的全压 H_t 等于通风机出口全压与入口全压之差：

$$H_t = P_{t6} - P_{t5} \tag{2-54}$$

② 通风机全压 H_t 与风道通风阻力、出口动能损失的关系。

由能量方程和图 2-26 的能量(压力)坡度线可以看出：

$$h_{R6\sim10} = P_{t6} - P_{t10}, \quad P_{t6} = h_{R6\sim10} + P_{t10}$$

$$h_{R0\sim5} = P_{t0} - P_{t5}, \quad P_{t5} = P_{t0} - h_{R0\sim5}$$

$$H_t = P_{t6} - P_{t5} = h_{R6\sim10} + P_{t10} - (P_0 - h_{R0\sim5})$$

$$= h_{R6\sim10} + P_0 + h_{v10} - (P_0 - h_{R0\sim5})$$

$$= h_{R6\sim10} + h_{v10} + h_{R0\sim5}$$

$$H_t = h_{R0\sim10} + h_{v10} \tag{2-55}$$

式(2-55)表明，通风机全压是用于克服风道通风阻力和出口动能损失，把通风机用于克服风道阻力的那一部分能量叫作通风机的静压 H_s：

$$H_s = h_{R0\sim10}, \quad H_t = H_s + h_{v10}$$

对于图 2-26，如果拆除其正压通风段，通风机只对风道 1～5 做抽出式工作，通风机全压仍为式(2-54)；P_{t5} 的关系式不变，$P_{t5} = P_{t0} - h_{R0\sim5}$；6 断面直接通大气，$P_{t6} = P_0 + h_{v6}$，代入式(2-54)：

$$H_t = h_{R0\sim5} + h_{v6}$$

若拆除风道 0～5，保留风道 6～10，则通风机做压入式工作，通风机全压仍为式(2-54)；$P_{t6} = P_{t10} + h_{R6\sim10}$，$P_{t10} = P_0 + h_{v10}$，$P_{t5} = P_0$，代入式(2-54)得：

$$H_t = h_{R6\sim10} + h_{v10}$$

从上面分析可知，无论通风机做何种工作，通风机的全压都是用于克服风道的通风阻力和出口动能损失；通风机静压用于克服风道的通风阻力。在通风机全压一定的条件下，应增大通风机静压，减少出口动能损失。

【例 2-6】 某地下工程通风系统中,在进风通道上测得 1、2 两断面的有关参数,绝对静压 P_1＝106657.6 Pa,P_2＝101324.72 Pa;标高差 Z_1-Z_2＝－400 m;气温 t_1＝15 ℃,t_2＝20 ℃;空气的相对湿度 φ_1＝70%,φ_2＝80%;断面平均风速 v_1＝5.5 m/s,v_2＝5 m/s。求通风阻力 L_R、h_R。

【解】 查饱和蒸汽表(本书未附)得:t_1＝15 ℃时,P_{s1}＝1704 Pa;t_2＝20 ℃时,P_{s2}＝2337 Pa。

由公式 $\rho=0.003484\dfrac{P}{273+t}\left(1-\dfrac{0.378\varphi P_s}{P}\right)$ 求 1、2 断面间的空气密度:

$$\rho_1=0.003484\times\frac{106657.6}{288.15}\times\left(1-\frac{0.378\times0.7\times1704}{106657.6}\right)=1.2841(kg/m^3)$$

$$\rho_2=0.003484\times\frac{101324.72}{293.15}\times\left(1-\frac{0.378\times0.8\times2337}{101324.72}\right)=1.1958(kg/m^3)$$

由式(2-41)得:

$$n=\frac{\ln P_1-\ln P_2}{\ln\rho_1-\ln\rho_2}=\frac{\ln 106657.6-\ln 101324.72}{\ln 1.2841-\ln 1.1958}=0.72$$

由式(2-43)得:

$$L_R=\frac{n}{n-1}\left(\frac{P_1}{\rho_1}-\frac{P_2}{\rho_2}\right)+\left(\frac{v_1^2}{2}-\frac{v_2^2}{2}\right)+g(Z_1-Z_2)$$

$$=\frac{0.72}{0.72-1}\times\left(\frac{106657.6}{1.2841}-\frac{101324.72}{1.1958}\right)+\left(\frac{5.5^2-5^2}{2}\right)+9.81\times(-400)$$

$$=382.26(J/kg)$$

由式(2-46)得

$$\rho_m=\frac{P_1-P_2}{\dfrac{n}{n-1}\left(\dfrac{P_1}{\rho_1}-\dfrac{P_2}{\rho_2}\right)}=\frac{P_1-P_2}{\dfrac{\ln P_1/P_2}{\ln\dfrac{P_1/\rho_1}{P_2/\rho_2}}\left(\dfrac{P_1}{\rho_1}-\dfrac{P_2}{\rho_2}\right)}$$

$$=\frac{106657.6-101324.72}{\dfrac{\ln\dfrac{106657.6}{101324.72}}{\ln\dfrac{106657.6/1.2841}{101324.72/1.1958}}\left(\dfrac{106657.6}{1.2841}-\dfrac{101324.72}{1.1958}\right)}$$

$$=1.23877(kg/m^3)$$

$$h_R=P_1-P_2+\left(\frac{v_1^2}{2}-\frac{v_2^2}{2}\right)\rho_m+g\rho_m(Z_1-Z_2)$$

$$=106657.6-101324.72+\left(\frac{5.5^2-5^2}{2}\right)\times1.23877+$$

$$9.81\times1.23877\times(-400)$$

$$=473.53(J/m^3)$$

或

$$h_R=L_R\times\rho_m=382.26\times1.23877=473.53(J/m^3)$$

◣ **本章小结** ◢

(1) 静压根据不同基准分为绝对静压和相对静压,绝对静压恒为正值。全压为静压与动压之和,全压又可分为绝对全压和相对全压。空气压力的测定:绝对压力测定有水银气压计和无液气压计;而 U 形压差计、单管倾斜压差计或补偿式微压计与皮托管配合来测定相对压力。

（2）在风道中，断面上的风速分布是不均匀的，一般中心的风速最大，随着中心距离增大而减小。测定风速的风表常用的有杯式和叶轮式两种，此外也可以用数字风表、热电式风速仪和皮托管压差计等仪器测量。由于风表在测量风速时有误差存在，因此，要想得到真实的风速必须进行风表校正。

（3）任一断面的风流能量由静压能、动能和位能三部分组成。根据热力学第一定律、能量守恒定律以及转换定律，可以推导出风流的能量方程式。根据空气密度是否变化可分为不可压缩和可压缩流体能量方程。在我国习惯用单位体积流体的能量方程。

（4）能量方程是通风工程的理论基础，应用非常广泛，而通风能量（压力）坡度线是对能量方程的图形描述，能够从图形上直观地反映空气流动过程中能量沿程的变化规律、通风能量和通风阻力之间的相互关系。正确理解通风能量（压力）坡度线，有助于能量方程在地下工程通风的具体应用。

习题与思考题

习题与思考题答案

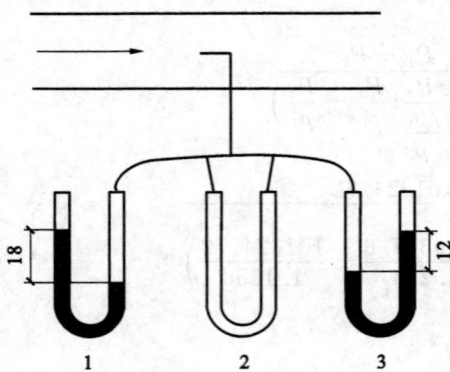

图 2-27　题 2-8 图

2-1　何谓空气的静压？它是怎样产生的？请说明其物理意义和单位。

2-2　简述绝对压力和相对压力的概念，并说明为什么在正压通风中断面上某点的相对全压大于相对静压，而在负压通风中断面某点的相对全压小于相对静压。

2-3　何谓空气的重力位能？说明其物理意义和单位。

2-4　简要说明测定断面平均风速的方法。

2-5　试述能量方程中各项的物理意义。

2-6　用压差计法测定通风阻力，当两断面相等时，为什么压差计的读数就等于通风阻力？

2-7　分别叙述在单位质量和单位体积流体能量方程中，风流的状态变化过程是怎样反映的。

2-8　某通风管道如图 2-27 所示，测得 $h_1=18$ mmH$_2$O，$h_2=12$ mmH$_2$O，空气密 $\rho=1.2$ kg/m^3，求所测中心点的风速并判断其通风方式。

2-9　在直径为 600 mm 的圆形风筒断面上取适当的圆环数，测定其断面平均风速，试确定各测点距中心点的距离。

2-10　已知某地下空间中空气的绝对静压 $P=103991$ Pa，空气温度 $t=18$ ℃，相对湿度 φ 为75%，求空气的密度、比容和重率。

2-11　通风机作抽压式工作，在抽出段测得某点的相对静压为 600 Pa，动压为 150 Pa；在压入段测得某点相对静压为 600 Pa，动压为 150 Pa；风道外与测点同标高点的大气压为 101324 Pa，求抽出段和压入段测点的相对全压、绝对静压和绝对全压。

2-12　已知一进风斜井进风口 1 处的大气压 $P_{01}=101324$ Pa，1～2 段的空气平均密度 $\rho_{m1\sim2}=1.25$ kg/m^3，$Z_{1\sim2}=400$ m，测得 $h_{R1\sim2}=45$ Pa，$h_{v1}=h_{v2}=5$ Pa，求 2 点的绝对静压 P_2。

2-13　在一段断面不同的水平送风通道中，用压差计法测得两断面的静压差为 70 Pa，断面 1 的面积为 8 m^2，其平均风速 3.5 m/s，断面 2 的面积为 5 m^2，空气的平均密度为 1.25 kg/m^3，求该段送风通道的通风阻力。

3　通风阻力

【内容提要】
　　本章主要内容包括:通风断面上的风速分布、摩擦阻力与风阻、局部阻力与风阻、地下工程通风方式的选择、地下工程总通风阻力计算和降低通风阻力的措施。本章的教学重点为摩擦阻力与风阻、局部阻力与风阻和降低通风阻力的措施;教学难点为摩擦阻力与风阻、地下工程通风方式的选择、地下工程总通风阻力计算。

【能力要求】
　　通过本章的学习,学生应掌握紊流状态下的摩擦阻力、局部阻力的计算;掌握地下工程风道等积孔的计算和降低通风阻力可以采取的措施;了解通风断面上的风速分布、地下工程通风方式的选择等。

本章拓展资源

3.1　通风断面上的风速分布

3.1.1　风道风流流态

　　由流体力学知识可知,同一流体在同一管道中流动时,不同的流速会形成不同的流动状态。当流速较低时,流体质点互不混杂,沿着与管轴平行的方向作层状运动,称为层流(或滞流)。当流速较大时,流体质点的运动速度在大小和方向上都随时发生变化,成为互相混杂的紊乱流动,称为紊流(或湍流)。

　　1883 年英国物理学家雷诺通过实验证明:流体的流动状态取决于管道的平均流速、管道的直径和流体的运动黏度。这三个因素的综合影响可用一个无因次量来表示,即雷诺数 Re。因此,风道内风流流动状态的变化通常用雷诺数 Re 来表征:

$$Re = \frac{vD}{\nu} = \frac{vD\rho_0}{\mu} \tag{3-1}$$

式中　v——气流速度,m/s;

　　　　D——管道直径,m;

　　　　ν——气体的运动黏度,m^2/s;

　　　　ρ_0——气体密度,kg/m^3;

　　　　μ——气体的动力黏度,Pa·s。

　　实验证明:流体在直圆管内流动时,当 $Re \leqslant 2320$(下临界雷诺数)时,流动状态为层流;当 $Re > 4000$(上临界雷诺数)时,流动状态为紊流;当 $2320 < Re \leqslant 4000$ 时,流动状态为不稳定的过渡区,因其由管壁的粗糙程度、流体进入管道的情况等外部条件而定,稍有干扰,流态就会发生变化。

　　【温馨提醒】　根据实验测定,上临界雷诺数实测值为 3000～5000,与操作快慢、水箱的紊动度、外界干扰等密切相关。有关学者做了大量实验,有的得到 12000,有的得到 20000,有的甚至得到 40000。实际水流中,干扰总是存在的,故上临界雷诺数为不定值,无实际意义。

在实际工程计算中,为简便起见,通常以 $Re=2300$ 作为风道流动流态的判定准数,即:

$Re \leqslant 2300$,层流;

$Re > 2300$,紊流。

一般的通风系统中,$Re > 10^5$,都属于紊流范围。当 $Re=2300$ 时,对应的临界风速为 0.012 m/s。《煤矿安全规程》(2022 年 1 月 6 日修正)规定,掘进中的岩石巷道,允许的最低风速为 0.15 m/s,由此可见,矿井内所有通风井巷中的风流均为紊流状态,这对地下工程风道内的风流流动状态具有重要的参考意义,即可以认为地下工程风道的风流也均为紊流状态。

3.1.2 风道风流断面风速分布

受空气的黏性和风道壁面摩擦影响,风道断面上风速分布是不均匀的。

(1)层流风速分布

对于层流流态的风流,断面上的流速分布为抛物线形,中心最大速度 v_{max} 为平均流速 $\bar{v}$ 的 2 倍,如图 3-1 所示。

(2)紊流风速分布

紊流状态下,断面上的流速分布发生改变,风道内流速的分布取决于 Re 的大小。在贴近壁面处仍存在层流运动薄层,即层流边层。其厚度 δ 随 Re 的增加而变小,它的存在对流动阻力、传热和传质过程有较大影响。

如图 3-2 所示,在层流边层以外,从风道壁向风道轴心方向,风速逐渐增大,距管中心 r 处的流速与管中心($r=0$)最大流速 v_{max} 的比值服从指数定律:

$$\frac{v}{v_{max}} = \left(1 - \frac{r}{R}\right)^n \tag{3-2}$$

式中 R——管道半径,m。

   n——取决于 Re 的指数:当 $Re=50000$ 时,$n=1/7$;当 $Re=200000$ 时,$n=1/8$;当 $Re=2000000$ 时,$n=1/10$。

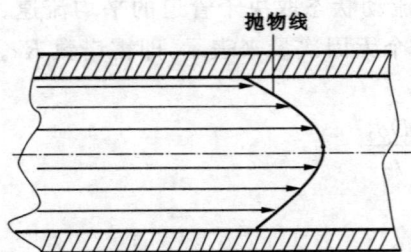

图 3-1   层流风道断面风速分布示意图   图 3-2   紊流风道断面风速分布示意图

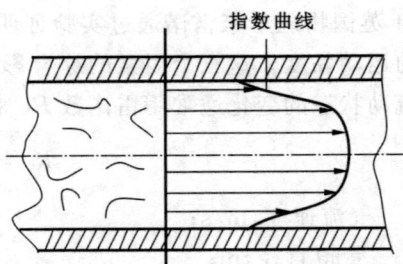

设断面上任一点风速为 v_i,则风道断面的平均风速 $\bar{v}$ 为:

$$\bar{v} = \frac{1}{S} \int_S v_i \, \mathrm{d}S \tag{3-3}$$

式中 S——断面面积,m²;

   $\int_S v_i \mathrm{d}S$——通过断面 S 上的风量 Q,则 $Q = \bar{v} \cdot S$。

断面上平均风速 $\bar{v}$ 与最大风速 v_{max} 的比值称为风速分布系数(速度场系数),用 K_v 表示:

$$K_v = \frac{\overline{v}}{v_{max}} \tag{3-4}$$

其值与风道粗糙度有关。风道壁面愈光滑,该值愈大,即断面上风速分布愈均匀。在矿井巷道中:对于砌碹巷道,$K_v = 0.8 \sim 0.86$;对于木棚支护巷道,$K_v = 0.68 \sim 0.82$;对于无支护巷道,$K_v = 0.74 \sim 0.81$。

对于条件比较复杂的风道,由于受断面形状和壁面粗糙程度,以及局部阻力物的影响,最大风速不一定在风道的轴线上,风速分布也不一定具有对称性。

3.2　摩擦阻力与风阻

通风阻力是当空气沿风道运动时,由于风流的黏滞性和惯性以及风道壁面等对风流的阻滞、扰动作用而形成的,它是造成风流能量损失的原因。因此,从数值上来说,某一风道的通风阻力等于风流在该风道的能量损失。通风阻力包括摩擦阻力和局部阻力。

3.2.1　摩擦阻力的一般计算

风流在风道中作沿程流动时,由于流体本身的黏滞性及其与风道壁面之间的摩擦而产生的沿程能量损失称为摩擦阻力(也称沿程阻力)。

(1)摩擦阻力通用计算公式

由流体力学原理可知,无论层流还是紊流,圆形风道的摩擦阻力 h_r(Pa)可用下式来计算:

$$h_r = \lambda \frac{L}{D} \rho \frac{v^2}{2} \tag{3-5}$$

式中　λ——摩擦阻力无因次系数;

　　　v——风道内空气的平均流速,m/s;

　　　ρ——空气的密度,kg/m³;

　　　L——风道长度,m;

　　　D——圆形风道直径,m。

将风道长度为 1 m 时的摩擦阻力称为比摩阻,并以 h_b(Pa/m)表示,则:

$$h_b = \lambda \frac{1}{D} \rho \frac{v^2}{2} \tag{3-6}$$

【温馨提醒】　若风道断面为非圆形的其他形状,则式(3-5)、式(3-6)的圆形风道直径 D 应以当量直径 D_e 代入。当量直径是指以与非圆形风道有相等比摩阻值的圆形风道直径。当量直径分为流速当量直径和流量当量直径两种,以矩形为例:假想一圆形风道中的空气流速与矩形风道的空气流速相等,且单位长度摩擦阻力(比摩阻)也相等,则该圆形风道的直径就称为矩形风道的流速当量直径;假设某一圆形风道中的空气流量与矩形风道的空气流量相等,且单位长度摩擦阻力(比摩阻)也相等,则该圆形风道的直径就称为此矩形风道的流量当量直径。一般地,工程中采用流速当量直径 D_e 来计算。

根据以上定义,可得非圆形风道流速当量直径 D_e 与断面积 S、断面周长 U 的关系为:

$$D_e = 4 \frac{S}{U} \tag{3-7}$$

则式(3-5)、式(3-6)化为:

$$h_r = \lambda \frac{\rho L U v^2}{8S}$$

$$h_b = \lambda \frac{\rho U v^2}{8S}$$

对于不同形状的通风断面,其周长 U 与断面面积 S 之间的关系为:

$$U = C\sqrt{S} \tag{3-8}$$

式中　C——断面形状系数,梯形 C=4.16,三心拱 C=3.85,半圆拱 C=3.90。

(2)摩擦阻力无因次系数 λ

风流在实际流动过程中,沿程能量损失一方面(内因)取决于黏滞力和惯性力的比值,用雷诺数 Re 来衡量;另一方面(外因)是风道壁面对风流流动的阻碍作用,故沿程能量损失又与风道长度、断面形状及大小、管壁粗糙度有关。其中管壁粗糙度的影响通过 λ 值来反映。

管壁的粗糙度分为绝对粗糙度 K 和相对粗糙度 K/D。绝对粗糙度 K 是指管壁凹凸不平的平均高度,相对粗糙度是指绝对粗糙度 K 与管径 D 的比值。1932—1933 年间,尼古拉兹把经过筛分、粒径为 K 的砂粒均匀粘贴于管壁,则砂粒的直径 K 就是绝对粗糙度;绝对粗糙度 K 与管径 D 的比值就是相对粗糙度。以水作为流动介质,对相对粗糙度分别为 1/15、1/30.6、1/60、1/126、1/256、1/507 的 6 种管道进行试验研究,对试验数据进行分析、整理,发现摩擦阻力无因次系数 λ 与风道内空气的流动状态和管壁的粗糙度有关。

① 当 $Re \leqslant 2300$ 时,流动处于层流区,λ 仅与 Re 有关,与 K/D 无明显关系;

② 当 $2300 < Re \leqslant 4000$ 时,流动处于层流到紊流的临界区,λ 随 Re 增大而增大,与 K/D 无明显关系;

③ 当 $4000 < Re \leqslant 26.98\left(\dfrac{D}{K}\right)^{\frac{8}{7}}$ 时,流动处于紊流光滑区,λ 仍与 K/D 无明显关系,仅与 Re 有关;

④ 当 $26.98\left(\dfrac{D}{K}\right)^{\frac{8}{7}} < Re \leqslant \dfrac{191.2}{\sqrt{\lambda}}\left(\dfrac{D}{K}\right)$ 时,流动处于紊流光滑区变阻力平方区(紊流粗糙区)过渡区,λ 与 Re、K/D 均有关系;

⑤ 当 $Re > \dfrac{191.2}{\sqrt{\lambda}}\left(\dfrac{D}{K}\right)$ 时,流动处于阻力平方区(紊流粗糙区),λ 只与 K/D 有关,与 Re 无关。

对于流动为紊流光滑区向阻力平方区过渡时的摩擦阻力无因次系数 λ,经验公式较多,我国于 1976 年编制的《全国通用通风管道计算表》采用的公式为:

$$\frac{1}{\sqrt{\lambda}} = -2\lg\left(\frac{K}{3.71D} + \frac{2.51}{Re\sqrt{\lambda}}\right) \tag{3-9}$$

式中　K——风道内壁的当量绝对粗糙度,mm;

　　　D——风道直径(对于非圆形风道,采用流速当量直径),mm。

3.2.2　流动处于紊流光滑区到紊流粗糙过渡区的摩擦阻力及计算

在实际通风系统中,除风道直径很小、表面粗糙的砖、混凝土通风管道外,一般的通风管道的空气流动状态大多处于紊流光滑区到紊流粗糙区之间的过渡区,即使高速风道的流动状态也处于此过渡区。一般通风管道基本按式(3-9)计算 λ。

在设计通风管道时,为避免烦琐的计算,可根据式(3-6)、式(3-9)制成各种表格或线算图。

《全国通用通风管道计算表》即是一种表格形式。图 3-3 则是根据上述公式得到的线算图,适用于 $K=0.15$ mm 薄钢板风道。

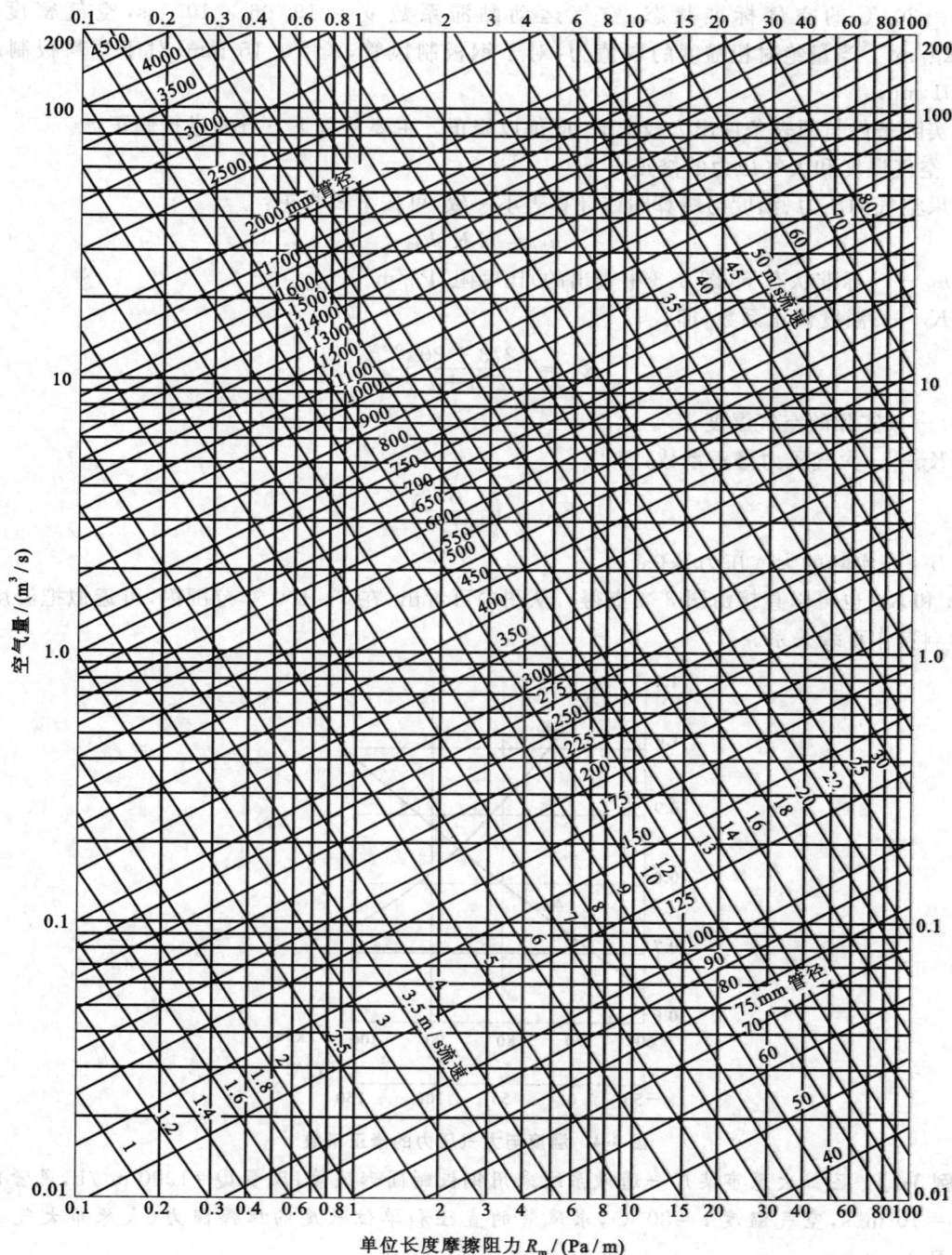

图 3-3 通风管道单位长度摩擦阻力线算图

工程计算中还常用一些简化公式,如:

$$\lambda = 0.0175 D^{-0.21} v^{-0.075} \tag{3-10}$$

运用线算图或计算表,只要已知流量、管径、流速、阻力四个参数中的任意两个,即可求得其余两个参数。但必须指出:各种线算图或计算表格,都是在一些特定的条件下作出的,使用时必须注意。如我国采用的《全国通用通风管道计算表》,适用于以大气压 $P_0 = 101.33$ kPa(760 mmHg)、温度为 $t_0 = 20$ ℃ 的空气标准状态,空气运动黏滞系数 $\nu_0 = 15.06 \times 10^{-6}$ s,空气密度 $\rho_0 = 1.204$ kg/m³。当量绝对粗糙度的取值为:对于钢板制风管,$K = 0.15$ mm;对于塑料板制风管,$K = 0.01$ mm。

当实际条件与图表条件出入较大时,应加以修正。主要从以下三方面进行修正:

① 空气温度和大气压力的修正。

如果空气的压力、温度与线算图或计算表不一致,可按下式修正:

$$h_b = K_t K_B h_{b0} \tag{3-11}$$

式中　h_{b0}——标准状态下(图 3-3 中查出的)比摩阻,Pa/m。

K_t——温度修正系数,即:

$$K_t = \left(\frac{273 + 20}{273 + t} \right)^{0.825} \tag{3-12}$$

t——实际的空气温度,℃。

K_B——大气压力修正系数,即

$$K_B = \left(\frac{B}{101.3} \right)^{0.9} \tag{3-13}$$

B——实际的大气压力,kPa。

K_t 和 K_B 也可以直接由图 3-4 查得。从图中可看出,在 0~100 ℃ 范围内,可近似把温度和压力的影响看作直线关系。

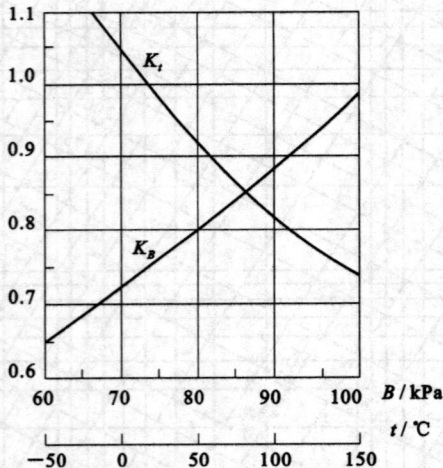

图 3-4　温度与大气压力的修正系数

【例 3-1】　已知太原市某厂一通风系统采用钢板制圆形风管,风量 $Q = 1000$ m³/h,风管内空气流速 $v = 10$ m/s,空气温度 $t = 80$ ℃,求风管的直径和单位长度的摩擦阻力(太原市大气压力为 91.9 kPa)。

【解】　由线算图查得:

$$D = 200 \text{ mm}, \quad h_{b0} = 6.8 \text{ Pa/m}$$

太原市大气压力:

$$B = 91.9 \text{ kPa}$$

由图 3-4 查得：

$$K_t = 0.86, \quad K_B = 0.92$$

所以

$$h_b = K_t K_B h_{b0} = 0.86 \times 0.92 \times 6.8 = 5.38 (\text{Pa/m})$$

【例 3-2】 有一钢板制矩形风管，$K = 0.15$ mm，断面尺寸为 500 mm×250 mm，风量 $Q = 2700$ m³/h，空气温度 $t = 50$ ℃，求单位长度摩擦阻力损失（大气压为标准状况）。

【解】 矩形风管内空气流速：

$$v = \frac{Q}{3600S} = \frac{2700}{3600 \times 0.5 \times 0.25} = 6(\text{m/s})$$

流速当量直径：

$$D_e = 4\frac{S}{U} = \frac{4ab}{2(a+b)} = \frac{2 \times 0.5 \times 0.25}{0.5 + 0.25} = 0.33(\text{m})$$

由 $v = 6$ m/s，$D_e = 330$ mm 查图 3-3 得：$h_{b0} = 1.2$ Pa/m。

由图 3-4 查得：$t = 50$ ℃时，$K_t = 0.92$；标准状况下，$K_B = 1$。

所以

$$h_b = K_t K_B h_{b0} = 0.92 \times 1 \times 1.2 = 1.1(\text{Pa/m})$$

② 密度和黏度的修正。

如果空气的压力、温度与线算图或计算表不一致，空气的密度和运动黏度不同，则按下式修正：

$$h_b = h_{b0} \left(\frac{\rho}{\rho_0}\right)^{0.91} \left(\frac{\nu}{\nu_0}\right)^{0.1} \tag{3-14}$$

式中　ρ——实际的空气密度，kg/m³；

　　　ν——实际的空气运动黏度，m²/s。

③ 管壁粗糙度的修正。

摩擦阻力无因次系数 λ 不仅与表征流动状态的雷诺数 Re 有关，还与管道当量绝对粗糙度有关，当粗糙度增大时，摩擦阻力系数或比摩阻随之增大。通风防尘工程中使用多种材料制作风管，这些材料的粗糙度各不相同，参考采用的数值见表 3-1。

表 3-1　　　　　　　　　　　　各种材料制作的风管的粗糙度

风管材料	粗糙度/mm	风管材料	粗糙度/mm
薄钢板或镀锌薄钢板	0.15～0.18	胶合板	1.0
塑料板	0.01～0.05	砖砌体	3～6
矿渣石膏板	1.0	混凝土	1～3
矿渣混凝土板	1.5	木板	0.2～1.0

当风道内壁的粗糙度 $K \neq 0.15$ mm 时，可先由图 3-3 查出 h_{b0}，再近似按下式修正：

$$h_b = K_r h_{b0} \tag{3-15}$$
$$K_r = (Kv)^{0.25} \tag{3-16}$$

式中　h_b——实际比摩阻，Pa/m；

　　　h_{b0}——由图 3-3 查出的比摩阻，Pa/m；

　　　K_r——风道内壁粗糙度修正系数；

　　　K——风道内壁粗糙度，mm；

v——风道内空气流速,m/s。

【例 3-3】 有一表面光滑的砖砌风道($K=3$ mm),断面尺寸为 500 mm×400 mm,风量 $Q=1$ m³/s(3600 m³/h),求单位长度摩擦阻力。

【解】 矩形风道内空气流速:

$$v = \frac{Q}{S} = \frac{1}{0.5 \times 0.4} = 5(\text{m/s})$$

矩形风道的流速当量直径:

$$D_e = 4\frac{S}{U} = \frac{4ab}{2(a+b)} = \frac{2 \times 500 \times 400}{500 + 400} = 444(\text{mm})$$

根据 $v=5$ m/s,$D_e=444$ mm,查图 3-3 得:$h_{b0}=0.62$ Pa/m。

粗糙度修正系数:

$$K_r = (Kv)^{0.25} = (3 \times 5)^{0.25} = 1.96$$

所以

$$h_b = K_r h_{b0} = 0.62 \times 1.96 = 1.22(\text{Pa/m})$$

3.2.3 阻力平方区通风风道的摩擦阻力计算及摩擦风阻

一般地,风道直径很小、表面粗糙的砖、混凝土通风管道和隧道及地下风道的流动状态属于阻力平方区(紊流粗糙区)。对于阻力平方区(紊流粗糙区)的摩擦阻力无因次系数 λ,一般采用以下经验公式计算:

$$\lambda = \left(1.14 + 2\lg\frac{D}{K}\right)^{-2} \tag{3-17}$$

或

$$\lambda = 0.11\left(\frac{K}{D}\right)^{0.25} \tag{3-18}$$

在实际通风系统,如地下风道中,阻力平方区的风道若为非圆形,在式(3-5)中,用当量直径 D_e 代替 D,并用通过的风量 Q 除以断面面积 S 代替风速 v,则得到阻力平方区风道的摩擦阻力 h_r 计算式为:

$$h_r = \frac{\lambda\rho}{8} \times \frac{LUv^2}{S} = \frac{\lambda\rho}{8}\frac{LUQ^2}{S^3} \tag{3-19}$$

应当指出,将当量直径代入式(3-5)计算非圆形风道的摩擦阻力,并不适用于所有断面形状,但对常见的风道而言,造成的误差很小,可不予考虑。

不难看出,对于几何尺寸和风道壁面已定型的紊流粗糙区通风风道,λ 只与 K/D 有关,可视为定值,在标准状态下空气密度为 1.2 kg/m³,故令

$$\alpha = \frac{\lambda\rho}{8} \tag{3-20}$$

式(3-20)中,α 称为摩擦阻力系数,单位为 kg/m³ 或 N·s²/m⁴。α 值在阻力平方区是风道相对粗糙度和空气密度的函数,即 $\alpha = f\left(\frac{K}{D}, \rho\right)$。地下风道、隧道的 α 值一般是通过实测和模型实验得到,前人通过大量实验和实测所得到的在标准状态($\rho_0 = 1.2$ kg/m³)条件下的各类风道的摩擦阻力系数,即标准值 α_0 值,见附录 2。当风道中空气密度 $\rho_0 \neq 1.2$ kg/m³ 时,α 值应进行如下修正:

$$\alpha = \alpha_0\frac{\rho}{1.2} \tag{3-21}$$

将式(3-20)代入式(3-19)，则式(3-19)可化为：

$$h_r = \alpha \frac{LUv^2}{S} = \alpha \frac{LUQ^2}{S^3} \tag{3-22}$$

对于已定型的风道，L、S、U 等为已知，令：

$$R_r = \alpha \frac{LU}{S^3} \tag{3-23}$$

R_r 称为风道的摩擦风阻，单位为 kg/m^7 或 $N \cdot s^2/m^8$。R_r 是空气密度、风道粗糙程度、断面、周长、沿程长度诸参数的函数，即 $\alpha = f\left(\rho, \frac{K}{D}, S, U, L\right)$。在正常条件下，当某一段风道中的空气密度 ρ 一般变化不大时，可将 R_r 看作反映风道几何特征的参数，它反映了风道通风的难易程度，则摩擦阻力的计算化为：

$$h_r = R_r Q^2 \tag{3-24}$$

此式即为阻力平方区(紊流粗糙区)的摩擦阻力定律。当摩擦风阻一定时，摩擦阻力与风量的平方成正比。

【例 3-4】 某设计地下风道为梯形断面 $S=8\ m^2$，$L=1000\ m$，采用工字钢棚支护，支架截面高度 $d_0=14\ cm$，纵口径 $\Delta=5$，计划通过风量 $Q=1200\ m^3/min$。预计风道中空气密度 $\rho=1.25\ kg/m^3$，求该段风道的通风阻力。

【解】 根据所给的 d_0、Δ、Q 值，由附录2查得：

$$\alpha_0 = 284.2 \times 10^{-4} \times 0.88 = 0.025(N \cdot s^2/m^4)$$

则风道实际摩擦阻力系数：

$$\alpha = \alpha_0 \frac{\rho}{1.2} = 0.025 \times \frac{1.25}{1.2} = 0.026(N \cdot s^2/m^4)$$

风道摩擦风阻：

$$R_r = \alpha \frac{LU}{S^3} = 0.026 \times \frac{1000 \times 4.16 \times \sqrt{8}}{8^3} = 0.598(N \cdot s^2/m^8)$$

风道摩擦阻力：

$$h_r = R_r Q^2 = 0.598 \times \left(\frac{1200}{60}\right)^2 = 239.2(Pa)$$

3.3　局部阻力与风阻

在风流运动过程中，由于风道断面、方向变化以及分岔或汇合等，均匀流动在局部地区受到影响而破坏，从而引起风流速度场分布变化和产生涡流等，造成风流的能量损失，这种阻力称为局部阻力。

3.3.1　局部阻力的成因

为了分析局部阻力产生的原因，下面介绍几种常见的局部阻力附近的流动情况。

(1) 突变

如图 3-5(a)、(c)、(e)、(g)所示，紊流流体通过突变部位时，由于惯性作用，不能从边壁突然转折，出现主流与边壁脱离的现象，在主流与边壁之间形成涡旋区。产生的大尺度漩涡，不断地被主流带走，补充进去的流体，又形成新的漩涡，从而增加了能量损失。

（2）渐变

如图 3-5(b)、(d)、(f)、(h)所示,属于渐变类型,这主要是由于沿流动方向出现减速增压现象,在边壁附近产生涡旋。因为流速沿程减小,静压不断增加,压差的作用方向与流动方向相反,使边壁附近本来就很小的流速逐渐减小甚至趋于 0,在这些地方主流与边壁面脱离,出现与主流方向相反的流动,形成涡旋。

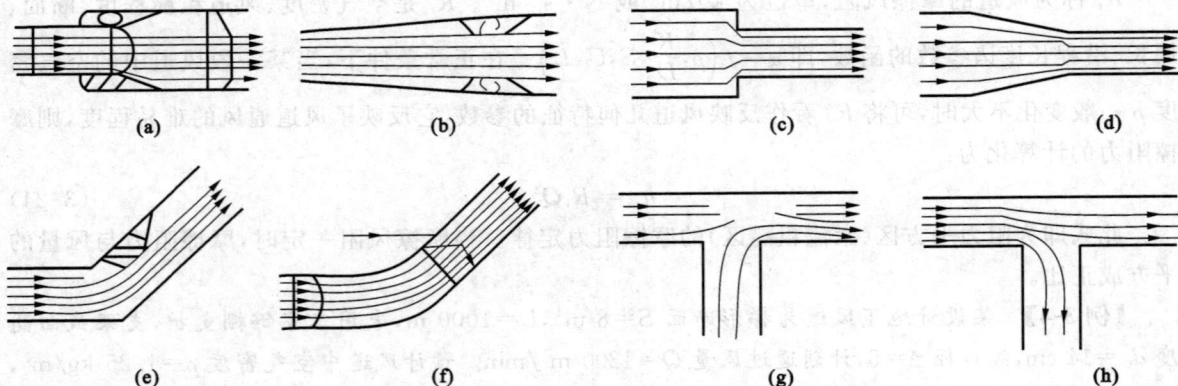

图 3-5　局部阻力的成因

（3）转弯处

如图 3-5(e)、(f)、(g)、(h)所示,流体质点在转弯处受到离心力作用,在外侧出现减速增压,也能出现涡旋。过了转弯处,若流速较大且转弯曲率半径较小,则由于惯性作用,可在内侧出现涡旋区,它的大小和强度都比外侧的涡旋区大,是能量损失的主要部分。

（4）分岔与会合

图 3-5(a)～(h)8 种情况均属于分岔或会合,会导致能量损失。

综上所述,局部的能量损失,即局部阻力的产生主要与涡旋区的存在有关。涡旋区愈大,能量损失愈多,局部阻力愈大。

【温馨提醒】　若仅有流速分布的改变,能量损失是不会太大的。在涡旋区及其附近,主流的速度梯度增大,也增加能量损失,在涡旋被不断带走和扩散的过程中,下游一定范围内的紊流脉动加剧,增加了能量损失,这段长度称为局部阻力物的影响长度。在它以后,流速分布和紊流脉动才恢复到均匀流动的正常状态。

3.3.2　局部阻力计算及局部风阻

（1）局部阻力的计算

由于局部阻力所产生风流速度场分布的变化比较复杂,对局部阻力的计算一般采用经验公式。与摩擦阻力类似,局部阻力 h_1(Pa)一般也用动压的倍数来表示:

$$h_1 = \xi \frac{\rho}{2} v^2 \tag{3-25}$$

式中　h_1——局部阻力,Pa;

　　　ξ——局部阻力系数,无因次,通过实验确定;

　　　ρ——空气的密度,kg/m³;

　　　v——局部地点前后断面上的平均风速,m/s。

计算局部阻力时,关键是局部阻力系数的确定,因 $v=Q/S$,当 ξ 确定后,便可用下式进行计算:

$$h_1 = \xi \frac{\rho}{2S^2} Q^2 \qquad (3\text{-}26)$$

(2)局部阻力系数与局部风阻

产生局部阻力的过程非常复杂,要确定局部阻力系数 ξ 也是非常复杂的。大量实验证明,在紊流范围内,局部阻力系数 ξ 主要取决于局部构件的形状,而边壁的粗糙程度为次要因素,只有在粗糙度较大的支架风道中需要考虑。因此,一般不需要考虑风道壁相对粗糙度和雷诺数的影响,且对于已定型的风道,S 为已知,故可参照摩擦阻力计算方法,令

$$R_1 = \xi \frac{\rho}{2S^2} \qquad (3\text{-}27)$$

式中 R_1——局部风阻,$N \cdot s^2/m^8$ 或 kg/m^7。

将式(3-27)代入式(3-26),则

$$h_1 = R_1 Q^2 \qquad (3\text{-}28)$$

此式即为紊流流动下的局部阻力定律:当局部风阻一定时,局部阻力也与风量的平方成正比。

在实际计算中,一般先确定局部阻力物的阻力系数 ξ,再按照式(3-25)~式(3-28)中的一个或两个公式进行计算。附录3列出了常见构件通过实验得出的局部阻力系数。在计算局部阻力时,必须注意局部阻力系数 ξ 一定要和局部阻力物的断面 S、风量 Q、风速 v 相对应。

在一般情况下,由于地下工程风道内的风流速压较小,所产生的局部阻力也较小,地下工程风道所有的局部阻力之和只占地下工程通风总阻力的 10%~20%。故在地下工程通风设计中,一般只对摩擦阻力进行计算,对局部阻力不作详细计算,而按经验估算。

【例 3-5】 某地下水平风道如图 3-6 所示,用压差计和胶皮管测得 1—2 及 1—3 之间的阻力分别为 295 Pa 和 440 Pa,风道的断面面积均等于 6 m²,周长为 10 m,通过的风量为 40 m³/s,求该地下风道的摩擦阻力系数及拐弯处的局部阻力系数。

【解】 (1)2—3 段的阻力为:

$$h_{2-3} = h_{1-3} - h_{1-2} = 440 - 295 = 145(\text{Pa})$$

(2)摩擦阻力系数为:

$$\alpha = \frac{h_{2-3} S^3}{LUQ^2} = \frac{145 \times 6^3}{100 \times 10 \times 40^2} = 0.0196(\text{N} \cdot \text{s}^2/\text{m}^4)$$

(3)1—2 段的摩擦阻力为:

$$h_{摩1-2} = \frac{\alpha LU}{S^3} Q^2 = \frac{0.0196 \times (150+20) \times 10}{6^3} \times 40^2 = 247(\text{Pa})$$

图 3-6 水平拐弯风道

(4)拐弯处的局部阻力为:

$$h_{局} = h_{1-2} - h_{摩1-2} = 295 - 247 = 48(\text{Pa})$$

(5)地下风道中的风速为:

$$v = \frac{Q}{S} = \frac{40}{6} = 6.7(\text{m/s})$$

(6)局部阻力系数为:

$$\xi_{弯} = \frac{h_{局}}{\frac{\rho v^2}{2}} = \frac{48 \times 2}{1.2 \times 6.7^2} = 1.8$$

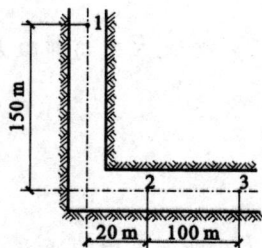

从例 3-5 可以看出,局部阻力系数和局部风阻可以查相关表计算,也可以通过实测的方法来计

算确定。即先测定出 1—2 断面之间的总阻力 h_{1-2},再用相关公式计算出 1—2 断面之间的摩擦阻力,减去摩擦阻力,得到局部阻力值,再用式(3-25)计算得到局部阻力系数。

【例 3-6】 有一合流三通,如图 3-7 所示,已知:

$$Q_1 = 1.17 \text{ m}^3/\text{s}(4200 \text{ m}^3/\text{h}), \quad D_1 = 500 \text{ mm}, \quad v_1 = 5.96 \text{ m/s}$$

$$Q_2 = 0.78 \text{ m}^3/\text{s}(2800 \text{ m}^3/\text{h}), \quad D_2 = 250 \text{ mm}, \quad v_2 = 15.9 \text{ m/s}$$

$$Q_3 = 1.94 \text{ m}^3/\text{s}(7000 \text{ m}^3/\text{h}), \quad D_3 = 560 \text{ mm}, \quad v_3 = 7.9 \text{ m/s}$$

分支管中心夹角 $\alpha = 30°$,求此三通的局部阻力。

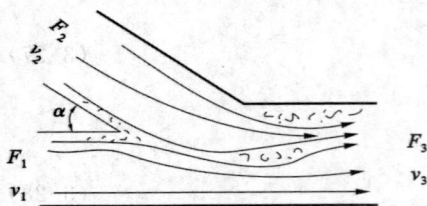

图 3-7　合流三通

【解】　(1) 比较各管道的断面面积:

$$F_1 = \frac{Q_1}{v_1} = \frac{1.17}{5.96} = 0.1963(\text{m}^2)$$

$$F_2 = \frac{Q_2}{v_2} = \frac{0.78}{15.9} = 0.049(\text{m}^2)$$

$$F_3 = \frac{Q_3}{v_3} = \frac{1.94}{7.9} = 0.2456(\text{m}^2)$$

得:

$$F_1 + F_2 \approx F_3$$

(2) 根据 $F_1 + F_2 \approx F_3$,比较 $Q_2/Q_3 = 0.4$、$F_2/F_3 = 0.2$ 查得:

① 支管局部阻力系数:$\xi_2 = 2.7$。

② 直管局部阻力系数:$\xi_1 = -0.73$。

故支管的局部阻力为:

$$h_{1_2} = \xi_2 \frac{v_2^2 \rho}{2} = 2.7 \times \frac{15.9^2 \times 1.2}{2} = 409.55(\text{Pa})$$

直管的局部阻力:

$$h_{1_1} = \xi_1 \frac{v_1^2 \rho}{2} = -0.73 \times \frac{5.96^2 \times 1.2}{2} = -15.56(\text{Pa})$$

则此三通局部阻力:

$$h_1 = h_{1_1} + h_{1_2} = 409.55 - 15.56 = 393.99(\text{Pa})$$

3.4　地下工程通风方式的选择

地下工程的通风方式,按通风换气范围分为以下三种方式:

① 局部排风。在有害物质散发地点及时排出局部受污染的空气,用较小的风量可得到较好的效果,设计时宜优先采用。

② 局部送风。向局部地点送入新鲜空气或经处理(包括冷却、加热、净化)后的空气,在局部地点形成良好的空气环境。这也是一种经济有效的通风方式。

③ 全面通风。对整个工程内部进行通风换气,创造良好的空气环境。它的造价和运营费用较高,只有在局部通风(包括送风和排风)不能满足要求时才采用。

地下工程的通风方式,按通风动力分为自然通风和机械通风两种。

① 自然通风。利用地下工程内外空气流通造成的风压和由地下工程内外空气温度与其出入口间的高差造成热压,这种自然形成的压差能作为通风换气的动力。自然通风比较经济,但受季节、风向和风速的影响,还受洞口朝向、高差和工程建筑形式等的限制,只能有条件地利用。当地下工程为通道式,且洞体不长,对温度、湿度要求不高时,如短隧道、地下仓库、地下锅炉房、地下电厂

等,可以考虑采用。

② 机械通风。以机械设备(如通风机)产生的风压作为通风换气的动力,控制进、排风量,进行空气的加热、冷却、加湿、降湿和净化处理,充分发挥通风(包括空气调节)技术的效能,在空气环境要求高或通风阻力较大的场合采用。

地下工程的通风,根据工程阶段的不同又分为施工通风和运营通风两大类。

3.4.1 地下工程施工通风

在地下工程施工过程中,无论是在隧道施工开挖时,还是在井巷工程的巷道掘进中,为了稀释和排出岩体涌出的有害气体、爆破产生的炮烟和粉尘,保持良好的空气条件,必须对开挖工作面进行通风,即向工作面送入新鲜风流,稀释和排出污浊空气。为了利用现有条件,使通风效果达到最佳、成本降到最低,需要首先对通风方式进行合理的选择。

隧道施工与地下巷道施工局部通风系统类型主要是根据通风机工作方法进行分类,一般分为压入式通风系统、抽出式通风系统和混合式通风系统。地下风道施工作业地点习惯上称为掘进工作面。

（1）压入式通风系统

通风机将新鲜空气经风管直接压送到掘进工作面,替换炸药爆破后所产生的炮烟,部分空气与炮烟混合后沿隧道或风道排出洞外。压入式通风系统是地下巷道施工中采用最多的通风系统,其通风布置如图 3-8 所示,局部通风机及其附属装置安装在距离掘进巷道口 10～30 m 以外的新鲜风流中,并将新鲜风流经风筒输送到施工作业地点,污风沿施工隧道或巷道排出。

新鲜风流出风筒形成的射流属于末端封闭的有限贴壁射流。气流贴着巷壁射出风筒后,由于卷吸作用,射流断面逐渐扩张,直至达到最大值,此段称为扩张段,用 L_e 表示;然后,射流断面逐渐减小,直到为零,此段称为收缩段,用 L_a 表示,如图 3-9 所示。

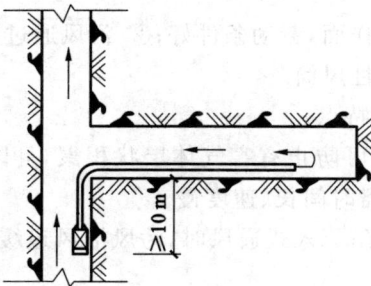

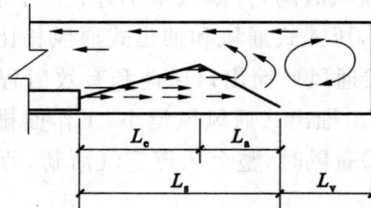

图 3-8　压入式通风　　　　图 3-9　有效射程示意图

从风筒出口至射流反向的最远距离(即扩张段和收缩段总长)称为射流有效射程,用 L_s 表示。

在巷道边界条件下,L_s(m)的大小一般有:

$$L_s = (4 \sim 5)\sqrt{S} \tag{3-29}$$

式中　S——风道断面面积,m²。

从图 3-9 可以看出,在有效射程以外的独头巷道中会出现涡流区。为了排除炮烟及有毒有害气体,风筒出口与工作面的距离应不超过有效射程。

压入式通风的特点是:① 局扇及其他电器设备布置在新鲜风流中;② 有效射程远,工作面风速大,排烟效果好;③ 可使用柔性风筒,使用方便;④ 由于 $P_内 > P_外$,风筒漏风对风道排污有一定作用;⑤ 缺点是污风流经整条隧道或风道后排出洞外。一般无轨运输施工的隧道或风道多采用此通风方式。

压入式通风的要求是:① $Q_局 < Q_巷$,避免产生循环风;② 局扇入口与掘进巷道距离大于 10 m;

③ 风筒出口至工作面距离小于 L_s。

（2）抽出式通风系统

通风机的吸风管进口靠近工作面，由通风机将炮烟直接吸出隧道或风道之外，新鲜空气由隧道或风道口流入补充到工作面。其布置方式为：局部通风机安装在离掘进巷道 10 m 以外的回风侧，新鲜风流沿巷道流入，污浊空气通过风筒由局部通风机抽出（图 3-10）。

通风机工作时风筒吸口吸入空气的作用范围，称为有效吸程，用 L_e（m）表示（图 3-11）。在巷道边界条件下，其一般计算式为：

$$L_e = 1.5\sqrt{S} \tag{3-30}$$

式中　S——风道断面面积，m^2。

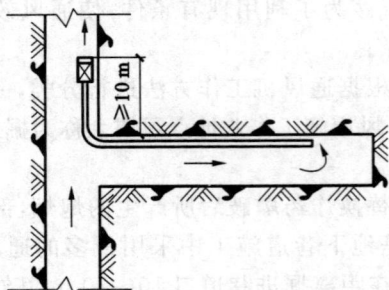

图 3-10　抽出式通风　　　　　图 3-11　有效吸程示意图

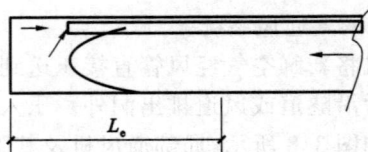

实践证明，在有效吸程以外的独头巷道中会出现涡流区，只有当吸风口与工作面距离小于有效吸程 L_e 时，才有良好的吸出有害气体效果。理论和实践都证明，抽出式通风的有效吸程比压入式通风的有效射程要小。

抽出式通风的特点是：① 新鲜风流沿巷道进入工作面，劳动条件好；② 污风通过风机；③ 有效吸程小，延长通风时间，排烟效果不好；④ 不能使用柔性风筒。

综上所述，压入式通风和抽出式通风相比，有如下特点：

① 压入式通风风筒出口风速和有效射程均较大，可防止有害气体层状积聚，且因风速较大而提高散热效果。抽出式通风风量小，工作面排污风所需时间长、速度慢。

② 抽出式通风时，整个风道空气清新，劳动环境好；压入式通风时，污风沿风道缓慢排出，风道受污染时间长。

③ 压入式通风时，风机及附属设备均布置在新鲜风流中，污风不通过通风机，安全性好；抽出式通风时，污风通过局部通风机，若为爆炸性气体，危险性很大，需要配备防爆风机，成本比较高。

④ 压入式通风可用柔性风筒，成本低、质量轻、便于运输；抽出式通风风筒承受负压作用，必须使用刚性或带刚性骨架的可伸缩风筒，成本高、质量大，运输不便。

因此，当以排除有害气体为主的隧道与地下风道施工时，应采用压入式通风；而当以排除粉尘为主的隧道与地下风道施工时，宜采用抽出式通风。

（3）混合式通风系统

混合式通风系统是压入式和抽出式通风的联合应用，兼有压入式和抽出式两者的优点，适用于大断面、长距离风道施工通风。其中压入式向开挖工作面供给新风，抽出式从开挖工作面排出污风。其布置方式取决于开挖工作面空气中污染物的空间分布和相关机械的位置。按局部通风机和风筒的布设位置，分为长压短抽、长抽短压和长抽长压三种。下面主要介绍前两种：

① 长压短抽（前压后抽）。

如图 3-12(a)所示，工作面的污风由压入式风筒压入的新风予以冲淡和稀释，再由抽出式风筒排出。其中抽出式风筒须用刚性风筒或带刚性骨架的可伸缩风筒，若采用柔性风筒，可将抽出式局部通风机移至风筒入风口，改为压出式，由里向外排污风。

此种通风方式一般用在开挖工作面粉尘特别多的工点，主要使用柔性风管，成本较低，但除尘器要经常随风管移动，增大了通风阻力；除尘效果差时，未除掉的微尘和污风会使全隧道或风道受到污染，故采用较少。

② 长抽短压（前抽后压）。

如图 3-12(b)所示，新鲜风流经压入式长风筒送入工作面，工作面污风经抽出式通风除尘系统净化，被净化后的风流沿巷道排出。

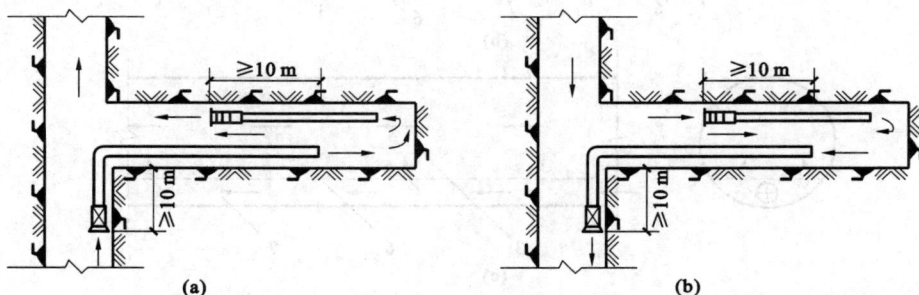

图 3-12　混合式通风

(a) 长压短抽通风；(b) 长抽短压通风

此通风方式可使整条隧道或风道不受烟尘污染，但主要使用刚性风管，成本较高；也较适用于有轨运输施工的隧道或风道。

混合式通风的主要缺点是降低了压入式与抽出式两列风筒重叠段风道内的风量，当施工风道断面大时，风速就更小，则此段风道顶板附近易形成有害气体层状积聚。因此，两台风机之间的风量要合理分配，以免产生循环风，并使风筒重叠段内风速大于最低风速。

3.4.2　地下工程运营通风

地下工程运营通风主要有三种方式：纵向式通风、横向式通风、半横向式通风。如图 3-13 所示。

(1) 纵向式通风

通风机送出（即压入）的新鲜空气，从隧道一端的风道进入车道，推动和稀释污浊空气沿车道纵向流动，向另一端排出洞外［图 3-13(a)］。

纵向式通风的优点是：能充分发挥车辆"活塞风"作用，所需通风量较小；无额外的通风管道，工程造价较低，运营费用也较低，比较经济。缺点是：污浊空气将在隧道出口端积累，有害物质浓度较高；以风道作为通风道，规定气流速度较高，驾驶人员有不适感；一旦发生火灾，火势会顺着气流沿纵向蔓延，救援人员不易进入隧道抢救，往往需要避车道。

车流连续不断的长道路隧道不宜采用纵向式通风，其只用于单向行车的短道路隧道。铁路隧道是间歇地通过列车，污浊空气在隧道出口端积累，对行车无影响，故铁路隧道和地下铁道一般采用纵向式通风。纵向式通风有多种不同的装置形式，如洞口帘幕式、吹入式、竖井吸出式和多竖井分段式等。

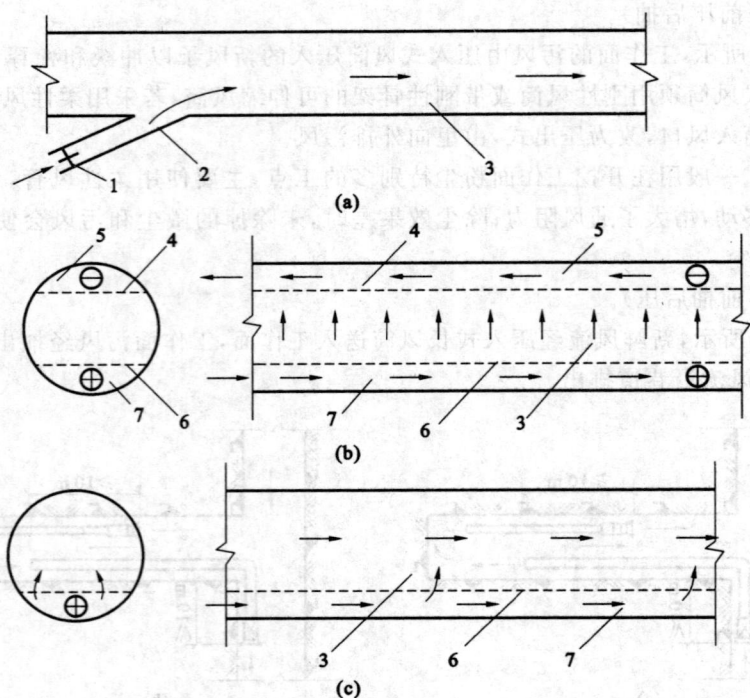

1—通风机;2—风道;3—车道;4—排气口;5—排气风道;6—进气口;7—进气风道。

图 3-13 地下工程运营通风方式

地下铁道通风一般采用纵向式。其类型如下:

① 统一式通风。车站和区间由同一通风系统进行通风换气。新鲜空气先送到车站,再流向区间[图 3-14(a)]。

② 复合式通风。车站的通风系统和区间的通风系统分开,各自向车站和区间送入新鲜空气,再由排气竖井排出[图 3-14(b)]。

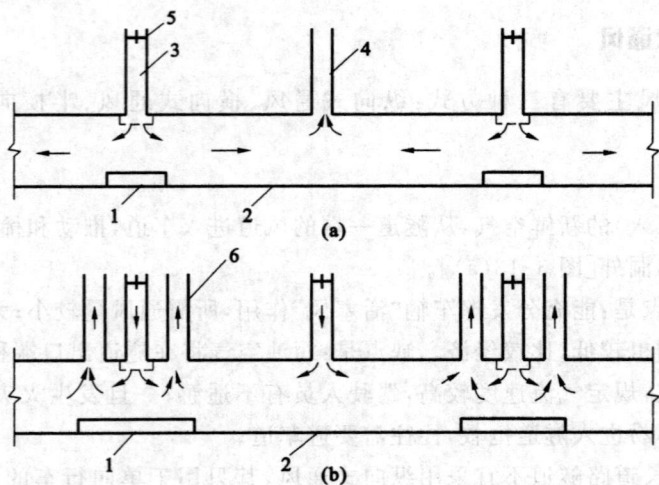

1—车站;2—行车区间;3—车站通风竖井;4—区间通风竖井;5—风机;6—排气竖井。

图 3-14 地下铁道通风系统

（2）横向式通风

通风机送出的新鲜空气，经进气风道在车道底板（或侧壁）上的进气口横向进入车道，稀释污浊空气后横向穿过车道，经顶板（或另一侧壁）上的排气口进入排气风道（靠通风机吸入），排出洞外[图3-13(b)]。

横向式通风的优点是：在车道中产生横向气流，有利于扑灭火灾；车辆排放的烟气在最短的路程内被排除，又被均匀稀释，不易局部积累，通风效果较好，驾驶人员较舒适；隧道长度不受限制，能适应最大的隧道长度，因此适用于中、长道路隧道。缺点是：造价和运营费用都比较高。

横向式通风按照进、排风气流横穿隧道的流向，又可分为上流式通风和侧流式通风。

① 上流式通风。进气风道设在车道下面或侧面，排气风道设在车道的上面，车道中的气流向上流动。一般用于圆形道路隧道，利用车道上下空间作为风道；非圆形道路隧道的进气风道和排气风道则都设在车道上面，新鲜空气经进气风道的支风道，从侧壁下部孔口压入车道，气流仍向上流动，斜穿过车道被吸入排气风道中[图3-15(a)]。

② 侧流式通风。风道设在车道两侧，新鲜空气经一边侧壁进气孔压入车道，由另一边侧壁排气孔吸入排气风道中[图3-15(b)]，多用于沉管法施工的水底道路隧道。

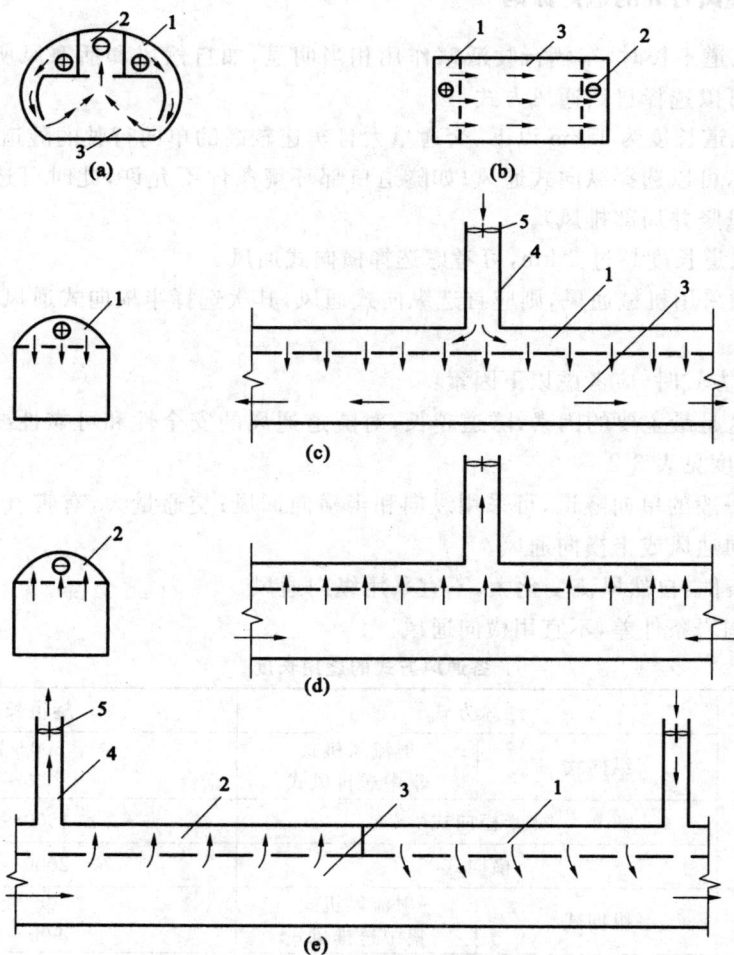

1—进气风道；2—排气风道；3—车道；4—竖井；5—通风机。

图3-15 横向式及半横向式通风

（3）半横向式通风

隧道内只设一条风道,一般用来进风。新鲜空气横向进入车道,污浊空气则沿车道纵向流动排出洞外[图3-13(c)]。

其按照专用风道用作进风或排风区分为以下三种。

① 送气(压入)式通风。进气风道一般设在车道下面[图3-13(c)],也有设在车道上面的[图3-15(c)]。

② 排气(吸出)式通风。排气风道设在车道上面,新鲜空气则经洞口进入车道[图3-15(d)]。

③ 送排气式通风。风道中间隔断,前半段排气,后半段送气[图3-15(e)]。

半横向式通风的优点是:进风管道和车道之间保持一定的压差,以抵消车辆"活塞风"和自然风影响,从而保证均匀送风,沿车道长度有害气体浓度均匀分布;利于控制火灾蔓延和抢救,一旦发生火灾,选择可反转的通风机可使风流换向。缺点是:前期投资和运营费用虽然比横向式通风低,但仍然较高;送排气式通风的中隔板附近存在角联风路,此处通风效果差。其主要适用于1000～3000 m长的道路隧道。

3.4.3 地下工程通风方式的选择原则

① 地下工程风道不长时,车辆行驶活塞作用相当明显,如自然风和活塞风所产生的总压力足以克服风道阻力,可以选择自然通风方式。

② 地下工程风道长度为1 km以下、交通量大且车速较高的单向行驶的隧道,在隧道口部环境条件允许的情况下,可以选择纵向式通风;如隧道口部环境条件不允许,此时可选择纵向加局部排风的通风方式(通风竖井局部排风)。

③ 地下工程风道长度超过2 km,可考虑选择横向式通风。

④ 如确定必须采用机械通风,则应首选纵向式通风,其次选择半横向式通风,最终才选择横向式通风。

选择机械通风方式时,应考虑以下因素:

a.隧道长度:这是最主要的因素,隧道越长,对隧道通风的安全性和可靠性要求越高。各通风方式适用的隧道长度见表3-2。

b.交通条件:一般的单向隧道,可采用纵向和半横向通风;交通量大,有害气体排放量大,安全要求高,可选用横向通风或半横向通风。

c.地形、气候条件:自然风流变化大,不宜采用纵向通风。

d.地质条件:围岩条件差,不宜用横向通风。

表3-2　　　　　　　　　　　　　各通风方式的适用长度

隧道类型	通风方式		隧道长度/m
单向行车隧道	纵向式	射流风机式	500～2000
		集中送排风式	2000～4000
	半横向式		1500～3000
	横向式		2000～4000
双向行车隧道	纵向式	射流风机式	500～1000
		集中送排风式	500～2000
	半横向式		1000～3000
	横向式		2000～4000

3.5 地下工程总通风阻力计算

3.5.1 地下工程风道阻力特性

由本章 3.2 节和 3.3 节可知,风流在流经一条地下工程风道时产生的总阻力等于各段摩擦阻力和所有局部阻力之和。即:

$$h = \sum h_r + \sum h_1 \tag{3-31}$$

当风流为紊流状态时,摩擦阻力和局部阻力均与风量的平方成正比,即由式(3-24)和式(3-28)可知:

$$h = \sum \alpha \frac{LU}{S^3} Q^2 + \sum \xi \frac{\rho}{2S^2} Q^2 = \sum R_r Q^2 + \sum R_1 Q^2 = \sum (R_r + R_1) Q^2 \tag{3-32}$$

令 $R = R_r + R_1$,得:

$$h = RQ^2 \tag{3-33}$$

式中　R——地下工程风道风阻,$N \cdot s^2/m^8$ 或 kg/m^7。

式(3-33)即为地下工程风道中风流为紊流状态下的通风阻力定律,它反映了风阻 R 一定时,地下工程风道通风总阻力与地下工程风道通过的风量二次方成正比,适用于地下工程中的任何风道。

需要指出的是,由于层流状态下的摩擦阻力、局部阻力与风流速度和风量的一次方成正比,同样可以得到层流状态下的通风阻力定律:

$$h = RQ \tag{3-34}$$

容易理解,对于中间过渡流态,风量指数为 1~2,从而得到一般通风阻力定律:

$$h = RQ^n \tag{3-35}$$

当 $n=1$ 时,为层流通风阻力定律;当 $n=2$ 时,为紊流通风阻力定律;当 $n=1\sim2$ 时,为中间过渡状态通风阻力定律。因为地下工程风道只有个别风速很小的地点才有可能用到层流或中间过渡状态下的通风阻力定律,所以紊流通风阻力定律 $h=RQ^2$ 是通风安全学中应用最广泛、最重要的通风定律。

对于特定的地下工程风道,空气密度 ρ 和摩擦阻力系数 α 一定,则其风阻 R 为定值。用纵坐标表示通风阻力(或压力),横坐标表示通过风量,当风阻为 R 时,则每一风量 Q_i 值便有一阻力值 h_i 与之对应,根据坐标点(Q_i, h_i)即可绘制一条抛物线,如图 3-16 所示。我们称该曲线为地下工程风道的阻力特性曲线,风阻 R 越大,曲线越陡。

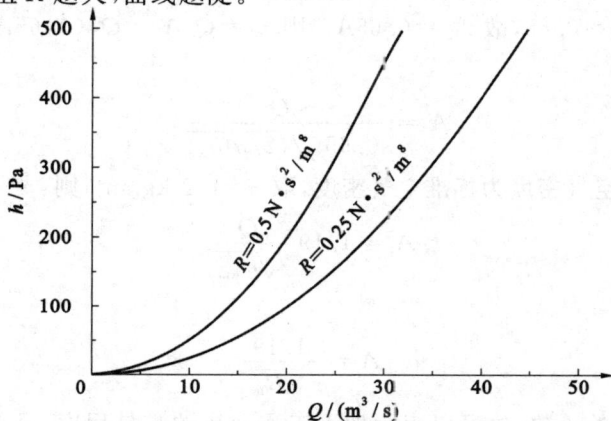

图 3-16　地下工程风道的阻力特性曲线

3.5.2 地下工程风道总通风阻力的计算

对于地下工程通风系统,地面大气从风道进风口进入地下工程风道,沿风道流动,直到由主要通风机出口再排入地面大气,在空气流动过程中,要克服各段风道的通风阻力。因此,从地下工程风道进风口到主要通风机入口,把顺序连接的各段风道的通风阻力累加起来,就得到地下工程通风总阻力 h_{Rm},这就是地下工程总通风阻力的叠加原则。

若已知地下工程通风总阻力 h_{Rm} 和总风量 Q,则可求得地下风道总通风阻力($N \cdot s^2/m^8$ 或 kg/m^7):

$$R_m = \frac{h_{Rm}}{Q^2} \tag{3-36}$$

需要指出的是,R_m 是反映地下风道通风难易程度的一个指标。R_m 越大,地下风道通风越困难;反之,则较容易。R_m 的大小受风网结构、风道风阻、风量分配等多种因素的影响。

3.5.3 地下工程风道等积孔

用地下工程风道总通风阻力来表示地下工程通风的难易程度不够直观,且单位较复杂。一般地,常用地下工程风道等积孔来作为衡量地下工程通风难易程度的指标。

假定在无限空间有一薄壁,在薄壁上开一面积为 $A(m^2)$ 的孔口,如图 3-17 所示。当孔口通过的风量等于地下工程风道通过的风量,且孔口两侧的风压差等于地下工程风道阻力时,则孔口面积 A 称为该地下工程风道的等积孔。

在孔口左侧距孔口 A 足够远处(风速 $v_1 \approx 0$)取截面 I—I,在孔口右侧风流收缩断面最小处取截面 II—II,该处风速 v_2 达到最大值。设在流动过程中没有能量损失,则可列出两截面的能量方程:

$$P_1 + \frac{\rho}{2} v_1^2 = P_2 + \frac{\rho}{2} v_2^2 \tag{3-37}$$

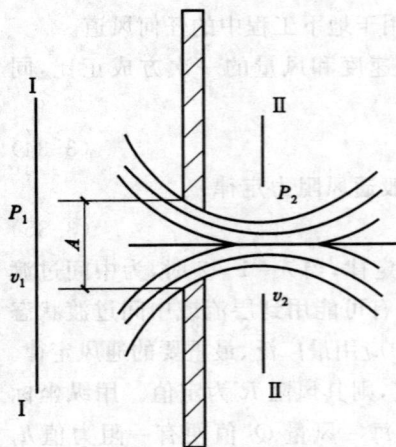

图 3-17 地下工程风道等积孔

得:

$$P_1 - P_2 = \frac{\rho}{2} v_2^2 = h_{Rm}, \quad v_2 = \sqrt{(2/\rho)h_{Rm}} \tag{3-38}$$

风流收缩处断面面积 A_2 与孔口面积 A 之比称为收缩系数 φ,由水力学可知,一般 $\varphi = 0.65$,故 $A_2 = 0.65A$。则 $v_2 = Q/A_2 = Q/(0.65A)$,代入式(3-38)并整理得:

$$A = \frac{Q}{0.65\sqrt{(2/\rho)h_{Rm}}} \tag{3-39}$$

若地下工程风道内空气密度为标准空气密度,取 $\rho = 1.2$ kg/m^3,则:

$$A = 1.19 \frac{Q}{\sqrt{h_{Rm}}} \tag{3-40}$$

又 $R_m = h_{Rm}/Q^2$,故有:

$$A = \frac{1.19}{\sqrt{R_m}} \tag{3-41}$$

由此可见,A 是 R_m 的函数,故可以表示地下工程通风的难易程度,且单位简单,又比较直观。

同理,地下工程中任一段风道的风阻都可以换算为等积孔,但实际的意义不大。根据地下工程风道的通风风量及其等积孔,一般将地下工程风道通风的难易程度分为三级:通风困难、通风中等、通风容易。如表3-3所示。

表3-3   地下工程通风难易程度分级标准

风量/(m³/min)	等积孔/m²		
	通风困难	通风中等	通风容易
<5000	<1	1~2	>2
5000~10000	<2	2~4	>4
10000~20000	<4	4~7	>7
20000~30000	<7	7~10	>10
>30000	<10	10~15	>15

需要说明的是,在一般的城市地下工程通风中,通风风量往往在 5000 m³/min 以下,也可以直接根据风道的等积孔或总风阻对地下工程通风难易程度进行分级,见表3-4。

表3-4   地下工程风道通风的难易程度分级

地下工程通风难易程度	地下工程风道总风阻 R_m/(N·s²/m⁸)	等积孔 A/m²
容易	<0.355	>2
中等	0.355~1.420	1~2
困难	>1.420	<1

【例3-7】 某地下工程风道,测得其通风总阻力 $h_{Rm}=2800$ Pa,总风量 $Q=70$ m³/s,求该地下工程通风的总风阻 R_m 和等积孔 A,并评价其通风难易程度。

【解】
$$R_m = \frac{h_{Rm}}{Q^2} = \frac{2800}{70^2} = 0.571(\text{N·s}^2/\text{m}^8)$$

$$A = \frac{1.19}{\sqrt{R_m}} = \frac{1.19}{\sqrt{0.571}} = 1.57(\text{m}^2)$$

对照表3-4可知,该地下工程通风难易程度属中等。

3.6 降低通风阻力的措施

降低通风阻力,对保证地下工程安全生产和提高经济效益具有重要意义,无论是地下工程通风设计还是地下工程通风技术管理工作,都要尽可能地做到降低通风阻力。

地下工程通风系统中各段风道的阻力 h 为此段中的摩擦阻力 h_r 和局部阻力 h_l 之和,即 $h = h_r + h_l$。而整个通风系统的阻力等于该系统最大阻力路线上的各分支的摩擦阻力和局部阻力之和,因此,降低通风阻力之前必须首先确定通风系统的最大阻力路线,通过阻力测定和分析,调查最大阻力路线上的阻力分布,找出阻力超常的分支,对其实施降低摩擦阻力和局部阻力的措施。如果不在最大阻力路线上降阻,则是无效的,有时甚至是有害的。

3.6.1 降低通风摩擦阻力的措施

降低通风摩擦阻力对于地下工程通风系统合理运行,特别是摩擦阻力中占主要部分的处于阻力平方区(紊流粗糙区)、摩擦阻力比例较大、风道线路长的隧道和地下工程风道,有着重要意义。根据摩擦阻力的通用计算公式、阻力平方区通风风道的摩擦阻力计算公式可以看出,降低通风摩擦阻力的措施有以下几个方面:

(1)减小相对粗糙度,以减小摩擦阻力系数 α

α 值在阻力平方区是风道相对粗糙度和空气密度的函数,即 $\alpha=f(K/D,\rho)$。相对粗糙度减少,就减小了摩擦阻力无因次系数 λ,从而减小了摩擦阻力系数 α。这就要求在地下工程通风设计时应尽量选用相对粗糙度较小的风道断面,施工时要注意保证施工质量,尽可能地使风道壁面平整、光滑。

进行地下工程通风设计时,在技术经济合理的条件下,应尽量采用摩擦阻力系数较小的支护形式。砌碹巷道的 α 值一般只有支架巷道的 $30\%\sim40\%$,因此,对于服务年限长的主要风道,应尽可能地采用砌碹支护方式。锚喷支护的风道,应尽量采用光爆工艺,使风道壁的凹凸度不大于 50 mm。对于支架风道,也要尽可能地使支架整齐,必要时用背板等背好帮顶。在施工与生产管理中要加强对棚子的支护,要排列整齐,刹好帮顶,条件允许的情况下,应尽可能进行喷浆。

(2)保证有足够大的风道断面

因为摩擦阻力与通风断面面积的 3 次方成反比,所以扩大风道断面面积能大大降低通风阻力。当风道其他参数不变时,风道断面面积扩大 33%,风道摩擦风阻值 R_r 可减少 50%。风道通过风量一定时,其通风阻力和能耗可减少一半。断面面积增大将增加基建投资,但同时要考虑长期节电的经济效益。从总经济效率考虑的风道合理断面称为经济断面。在通风设计时应尽量采用经济断面。

在进行地下工程通风系统优化时,对于主风流线路上的高风阻区段,常采用此项措施。如将某段总回风风道(断面小而阻力大的"卡脖子"地段)的断面面积扩大,当扩大风道断面面积受到技术与经济条件的限制时,可开掘并联风道进行通风,这样既扩大了通风有效断面面积又降低了风速,使摩擦阻力大大降低。除此之外,在生产管理中,应经常保持风道清洁与规整,使之有足够的通风断面面积。

(3)选用断面周长较小的风道

在风道断面面积相同的条件下,圆形断面的周长最小,拱形断面次之,矩形、梯形断面的周长较大。

因此,从降低摩擦阻力的角度出发,优选圆形断面的风道,其次是拱形断面,再次是矩形、梯形断面。但实际中会受各种条件的限制,应从技术、经济等条件上综合比较来确定。例如,在地下工程中,立井井筒采用圆形断面,斜井、石门、大巷等主要巷道采用拱形断面,次要巷道及服务时间不长的巷道才采用梯形断面。

(4)减小风道长度

因风道的摩擦阻力和风道长度成正比,故在进行通风系统设计和改善优化通风系统时,在满足实际生产需要的前提下,要尽可能缩短风路的长度,及时封闭废弃的风道和甩掉通风线路很长的风道。

随着地下工程施工技术的发展,通风线路会不断加长,而有害气体量的增加,将导致风量和摩擦阻力大增,当利用现有通风系统不经济时,可以考虑开掘新的风道降阻通风。

(5)避免风道内风量过于集中

风道的摩擦风阻一定时,摩擦阻力与风量的平方成正比,风道内风量过于集中时,摩擦阻力就会大大增加。在具体的风道或通风系统中,在能保证正常气候条件和安全生产的条件下,应尽量减少风量。实际上,风量过大会引起漏风的增加及粉尘飞扬,这都对安全生产不利。在地下工程中,要尽可能使地下工程的总进风早分开,使地下工程的总回风晚汇合。

3.6.2 降低通风局部阻力的措施

降低局部通风阻力对于地下工程通风系统合理运行同样有重要意义,尤其是管道通风系统,其局部阻力占系统总阻力的比例较大,有时甚至高达80%。由局部阻力的计算公式可知,局部阻力与局部阻力系数 ξ 成正比,与断面的平方成反比,同时可以从局部阻力的成因看出,要减小局部通风阻力,可以从以下几个方面采取措施。

(1)尽量避免风道断面的突然变化

由于风道断面的突然变化,气流产生冲击,周围出现涡流区,造成局部阻力,因此,为了减小损失,当风道断面需要变化时,应尽量避免风道断面的突然变化,用渐缩或渐扩风道代替突然缩小或突然扩大风道,如图3-18所示,中心角 α 最好为8°~10°,不要超过45°。

在地下工程中,避免将大、小断面不同的风道直接相连,连接时应将连接处建成逐渐扩大或逐渐缩小的形状,如图3-19所示。

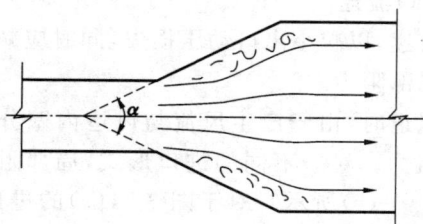

图3-18 渐扩风道内的空气流动

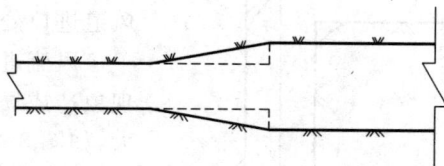

图3-19 风道逐渐扩大

(2)风流分叉或汇合处连接合理

流速不同的两股气流汇合时的碰撞,以及气流速度改变时形成涡流是造成局部阻力的原因。所以,在风流分叉或汇合点的三通风道,应减少两个分支风道的夹角,当有几个分支风路汇合于同一总风道时,汇合点最好不在同一个断面,同时还应尽量使支路和干路内的流速保持相等,如图3-7所示。

交叉的风道中,在交叉处可设置引风导风板,如图3-20所示。导风板应制成弧形,其长度应超过风道交叉口一定距离(为 0.5~1.0 m)。

在地下工程中,风流汇合处设导风板,如图3-21所示。安设导风板时,应使导风板伸入汇流风道后使风道分成两个隔间,两个隔间的断面面积 S_1 与 S_2 应和其通过的风量 Q_1 与 Q_2 成正比,即 $S_1/S_2 = Q_1/Q_2$。

(3)尽量避免风流急转弯

布置风道时,风流拐弯处尽量避免风道直角转弯或90°以上急转弯;对于必须直角转弯的地点,可以用弧弯代替直角转弯,转弯处的内侧和外侧要做成圆弧形,且曲率半径一般应大于风道当量直径的 $1/2\sim1$,在曲率半径因受条件限制而过小时,应在转弯处设置导风板或导流片。几种转弯的局部阻力系数如图3-22

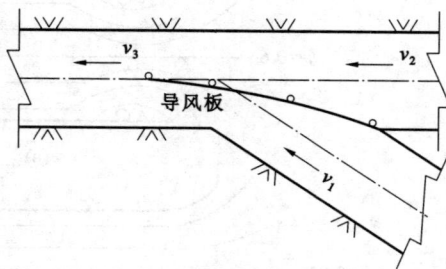

图3-20 交叉处设导风板

所示。

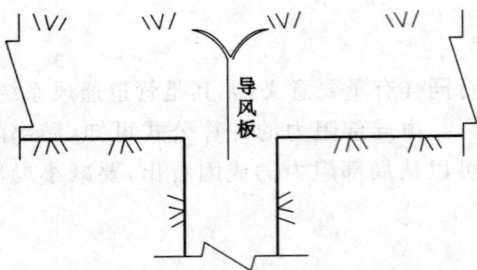

图 3-21 风流汇合处设导风板

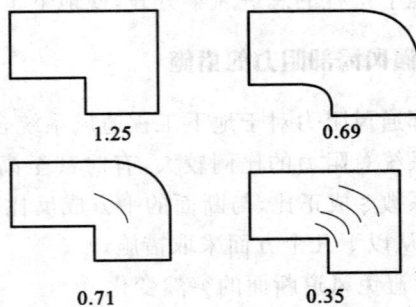

图 3-22 几种转弯的局部阻力系数

在地下工程中,要尽可能避免风道直角转弯或 90°以上的急转弯,主要风道内不得随意停放车辆、堆积杂物等。拐弯处应建成斜面或圆弧形,如图 3-23 所示,并在条件允许时增加拐弯处的曲率半径。

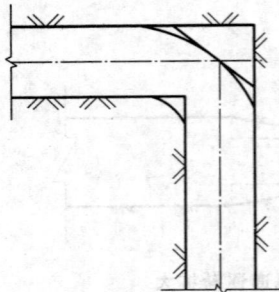

图 3-23 拐弯处建成斜面或圆弧形

(4) 降低出口流速

降低出口流速,以减小出口动压损失,同时应减小气流在风道进口处的局部阻力。

风流进入风道时,由于产生风流与风道内壁分离和涡流现象造成局部阻力。对于不同的进口形式,局部阻力相差较大,如图 3-24(a)～(c)所示。对于图 3-24(c)的进口形式,若施工或制作严格按技术规定,其 $\xi=0$。

风流从风道出口排出时,若出口处无阻拦,其能量全部损失在数值上等于出口动压;当有阻挡(如风帽、网格、百叶)时,能量损失将大于出口动压,即局部阻力系数 $\xi>1$。因此,只有与局部阻力系数 $\xi>1$ 的部分相对应的阻力才是出口局部阻力(即阻挡造成),$\xi=1$ 的部分是出口动压损失。为了降低出口动压损失,有时把出口制作成扩散角较小的渐扩管或渐扩风道,$\xi<1$,如图 3-24(d)所示。应当说明,这是相对于扩展前的风道内风流动压而言的。

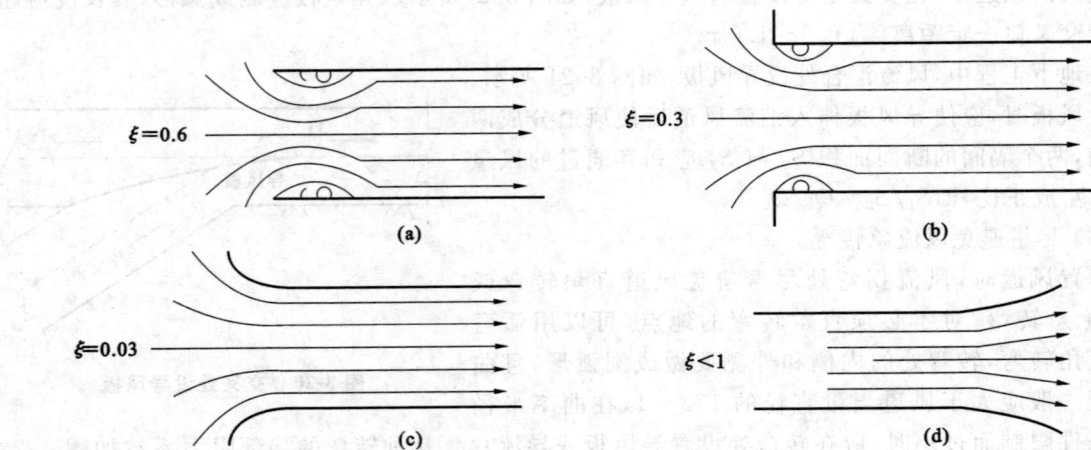

图 3-24 进出口风道阻力

（5）风道与风机的连接应当合理

风道与风机的连接应当保证风流在进出风机时均匀分布，避免发生流向和流速的突然变化，以减小阻力和噪声。

为了使通风机正常运行，减少不必要的阻力，要尽量避免在连接处产生局部涡流，最好使连接风机的风道直径与通风机的进、出口尺寸大致相同。如果在通风机的吸入口安装多叶形或插板式阀门，最好将其设置在离风机进口至少 5 倍风道直径的地方，避免由于吸入口处风流的涡流影响通风机的效率。在通风机的出口处避免安装阀门，连接风机出口的风道最好用一段直管。如果受到安装位置的限制，需要在风机出口处直接安装弯管时，弯管的转向应与风机叶轮的旋转方向一致。

◤ 本章小结 ◢

（1）通风断面上的风速分布并不均匀，分为层流状态下的风速分布和紊流状态下的风速分布。

（2）摩擦阻力的计算分为通用计算和特殊流动状态下的计算，对于流动处于紊流光滑区到紊流粗糙过渡区的摩擦阻力计算，需要对空气温度和大气压力、密度和黏度及管壁粗糙度进行修正；在阻力平方区，当摩擦风阻一定时，摩擦阻力与风量的平方成正比。

（3）造成局部阻力的原因有突变、渐变、转弯处、分岔与会合。紊流流动下的局部阻力定律：当局部风阻一定时，局部阻力也与风量的平方成正比。

（4）地下工程的通风方式按通风换气范围分为局部排风、局部送风、全面通风三种；按通风动力分为自然通风和机械通风两种；根据工程阶段的不同分为施工通风和运营通风两大类。隧道施工与地下工程施工局部通风系统类型根据通风机工作方法可以分为压入式、抽出式和混合式通风系统。地下工程的运营通风，主要有三种方式：纵向式通风、横向式通风、半横向式通风。

（5）地下工程风道不长时，可选择自然通风方式；若为 1 km 以下的单向行驶隧道，在隧道口部环境条件允许的情况下，可以选择纵向式通风；如隧道口部环境条件不允许，可选择纵向加局部排风的通风方式。若超过 2 km，可考虑选择全横向式通风。如确定必须采用机械通风时，应首选纵向通风方式，其次选择半横向式通风，最终才选择横向式通风。

（6）已知地下工程通风总阻力和总风量，可求得地下工程风道的总风阻，其反映了风道通风的难易程度。为了更直观，引入了等积孔的概念，对于一般的城市地下工程通风系统，可直接根据风道的等积孔或总风阻对通风的难易程度进行分级，即容易、中等和困难。

（7）要降低通风阻力，可分别降低摩擦阻力和局部阻力。降低摩擦阻力可以从相对粗糙度、风道断面、断面周长、风道长度及风道内风量等方面采取措施；降低局部阻力可以从局部阻力的成因出发采取以下措施：避免风道断面的突然变化、风流分叉或汇合处连接合理、避免风流急转弯、降低出口流速、风道与风机的连接合理等。

◤ 习题与思考题 ◢

3-1　何为摩擦阻力和局部阻力？

3-2　已知某梯形断面风道摩擦阻力系数 $\alpha = 0.0177$ N·s^2/m^4，巷道长 $L = 200$ m，净断面面积 $S = 5$ m^2，通过风量 $Q = 720$ m^3/min，求摩擦风阻与摩擦阻力。

3-3　某设计地下工程风道为梯形断面，$S = 6$ m^2，$L = 1500$ m，采用工字钢棚支护，支架截面高度 $d_0 = 16$ cm，纵口径 $\Delta = 4$，计划通过风量 $Q = 1200$ m^3/min，预

习题与
思考题答案

计风道中空气密度 $\rho = 1.3 \ \mathrm{kg/m^3}$，求该段风道的通风阻力。

3-4　兰州市某厂有一通风系统，风管用薄钢板制作。已知风量 $L = 1500 \ \mathrm{m^3/h}$，管内空气流速 $v = 15 \ \mathrm{m/s}$，空气温度 $t = 100 \ ℃$，求风管的管径和单位长度的摩擦阻力。

3-5　描述等积孔的概念，并简述其与地下工程通风难易程度的关系。

3-6　地下工程的通风方式有哪些？如何进行通风方式的选择？

3-7　压入式通风和抽出式通风各自有何优缺点？

3-8　降低通风阻力可以采取哪些措施？

4 通风动力

┌───┐
【内容提要】
　　本章主要内容为将自然风压和通风机风压对通风的作用及其影响
因素和特性进行分析、研究，以便合理地使用通风动力，从而使风道通
风达到技术先进、经济合理、安全可靠的要求。
【能力要求】
　　通过本章的学习，学生应掌握自然风压的变化规律及计算；掌握主
要通风机的性能曲线及风机选型；掌握通风机工况点及经济运行条件、
措施以及通风机联合运转；了解主要通风机的类型、结构及附属装置等。
└───┘

本章拓展资源

通风是隧道、地铁、煤矿、非煤矿山等地下工程中安全生产的主要技术手段之一。在生产过程中，须源源不断地将新鲜空气输送到风道内各个工作地点，以供给作业人员呼吸，稀释和排放风道中各种有毒、有害气体和粉尘，并保证风道内各地点达到一定的温度和湿度，创造良好的工作环境，保障作业人员的身体健康和劳动安全。这种利用自然或机械通风为动力，使地面新鲜的空气进入各个作业地点，并在风道内做定向和定量的流动，最后将污浊的空气排出的全过程称为通风。欲使空气在风道中源源不断地流动，就必须克服空气沿风道流动时所受到的阻力。这种克服通风阻力的能量或压力叫作通风动力。它包括自然风压和通风机风压。

4.1 自然风压

4.1.1 自然风压及其形成

　　对于每一个地下工程，无论开拓方式如何，巷道布置有多复杂，就通风而言，至少有一个进风井口，一个回风井口。图 4-1 为一简化的通风系统，0—5 为通风系统最高点的水平面，0—1 为两井口的标高差，2—3 为水平巷道。如果把地表大气视为断面无限大、风阻为零的假想风路，则通风系统可视为一个闭合的回路。在水平面 0—5 上，各点的大气压均相等，在该水平面以下，由于空气的温度、湿度的不同，空气柱0—1—2 和 5—4—3 的密度也就不同，致使两空气柱作用在 2—3 水平面上的重力不等。其重力差就是该系统的自然风压。

　　在冬季，空气柱 0—1—2 比 5—4—3 的平均温度较低，平均空气密度较大，导致空气柱作用在 2—3 水平面上的重力不等。它使空气源源不断地从井口 1 流入，从井口 5 流出（图 4-1）。在夏季，若空气柱 5—4—3 比 0—1—2 温度低，平均密度大，则系

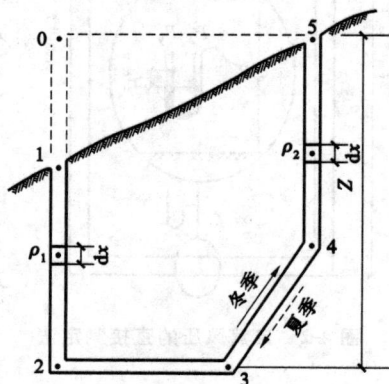

图 4-1　简化的通风系统

统产生的自然风压方向与冬季相反。地面空气从井口 5 流入,从井口 1 流出。这种由自然因素作用而形成的通风叫作自然通风。

一般情况下,在春秋季节,由于地表温度和进、回风井内的温度变化不大,自然风压差也很小,容易造成井下巷道风流的停滞。自然风压方向不但随季节的变化而变化,而且在昼夜也可能发生变化,如一些山区,当昼夜温差变化较大,进、回风井标高相差也较大时,自然风压就会发生较大的变化,巷道内的自然风压方向在昼夜间就会发生变化。因此,单独采用自然通风是不可靠的,《煤矿安全规程》第 123 条规定,每一个地下工程都必须采用机械通风。

4.1.2 自然风压的测算

在进行通风设计时,或对通风系统进行改造时以及在日常通风管理中,都需要考虑自然风压的大小方向和一年中的变化规律。因此,应掌握自然风压的测算。

(1) 自然风压的计算

在图 4-1 中,测算出 0—1—2 和 5—4—3 井巷或隧道中空气密度的平均值 ρ_{m1} 和 ρ_{m2},则可计算出自然风压,即:

$$H_N = (\rho_{m1} - \rho_{m2})gz \tag{4-1}$$

式中　H_N——地下工程或隧道等巷道中的自然风压,Pa;

　　　　z——地下工程或隧道最高点至最低水平的距离,m;

　　　　g——重力加速度,m/s^2。

在进行空气密度的测算时,可在 0—1—2 和 5—4—3 间等距离布置若干测点,分别测出测点的空气压力、温度、湿度,利用空气密度计算公式求出各测点的空气密度,再算出 0—1—2 和 5—4—3 空气柱的平均密度 ρ_{m1} 和 ρ_{m2}。对于 0—1 段测定,在空气各指标变化不大的范围内,可以在测点的周围选择与测点同标高的、方便测定的地点进行。

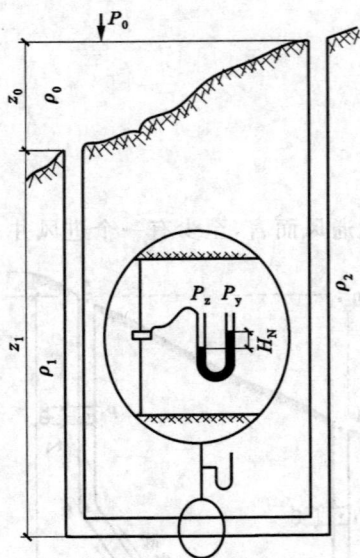

图 4-2　自然风压的直接测定法

(2) 自然风压的测量

在生产地下工程和隧道施工中,多采用实测法掌握自然风压的变化规律。常用的自然风压测定方法有直接测定法和间接测定法。

直接测定法就是在通风机停转时,在总风流的适当位置进行密闭,以阻断风流;然后用压差计测出密闭两侧的静压差,该静压差便是地下工程或隧道该阶段的自然风压值。如图 4-2 所示,压差计左侧液面所承受的静压为:

$$P_z = P_0 + \rho_0 g z_0 + \rho_1 g z_1 \tag{4-2}$$

压差计右侧液面所承受的静压为:

$$P_y = P_0 + \rho_2 g(z_0 + z_1) \tag{4-3}$$

因此,地下工程或隧道中自然风压为:

$$H_N = P_z - P_y = \rho_0 g z_0 + \rho_1 g z_1 - \rho_2 g(z_0 + z_1) \tag{4-4}$$

式中　P_0——井口或隧道出口地面大气压力,Pa;

　　　　z_0, z_1——各段空气柱的高度,m;

　　　　ρ_0, ρ_1, ρ_2——各段空气柱的密度,kg/m^3。

实践证明,测定结果与密闭位置无关。因此,在通风机停转时,将风机的闸门全部放下,完全阻断风流,此时通风机房测试风压的压差计可直接读出自然风压值。

间接测定法就是在通风机运转的情况下,利用调节风硐中闸门改变地下工程或隧道的局部阻力的方法来测定自然风压。通风机入口处风流的相对全压 h_t 与自然风压 H_N 的代数和等于地下工程或隧道的通风阻力,即:

$$h_t + H_N = RQ^2 \qquad (4-5)$$

在通风机正常运转时(通风机做抽出式工作),首先测出通风机入口处风流的相对全压 h_t 和地下工程(隧道)的总风量 Q;然后适当放下闸门,减小风硐的通风断面面积,再测出通风机入口处风流的相对全压 h_{t1} 和地下工程(隧道)的总风量 Q_1,此时可得:

$$h_{t1} + H_N = (R + R_1)Q_1^2 \qquad (4-6)$$

式中　R——风硐风阻,$N \cdot s^2/m^8$;

　　　R_1——风硐闸门的局部风阻,$N \cdot s^2/m^8$。

由式(4-5)和式(4-6)消去 R 可得:

$$H_N = \frac{h_t Q_1^2 + R_1 Q_1^2 - h_{t1} Q^2}{Q^2 - Q_1^2} \qquad (4-7)$$

闸门的局部风阻 R_1 可用式(4-8)计算:

$$R_1 = \frac{\rho \zeta}{2 S_1^2} = \frac{0.6 \zeta}{S_1^2} \qquad (4-8)$$

式中　ζ——闸门的局部阻力系数,量纲为 1,见表 4-1;

　　　S_1——放下闸门后风硐的剩余断面面积,m^2。

表 4-1　　　　　　　　　　　　　　　　闸门局部阻力系数表

S_1/S	1.00	0.948	0.856	0.740	0.609	0.466	0.315	0.159
ζ	0	0.07	0.26	0.81	2.06	5.52	17.00	97.80

注:S 为闸门处风硐的断面面积,局部阻力因数也可实测得出,m^2。

4.1.3　自然风压的影响因素及变化规律

在地下工程(隧道)通风中,当自然风压方向与机械通风风压方向一致时,自然风压有利于机械通风,此时可适当降低机械通风的风压;当自然风压方向与机械通风风压方向相反时,自然风压就阻碍机械通风,此时为保证通风的风量,就必须增加机械通风的风压。否则就有可能引起风流反向,给生产带来安全隐患,甚至造成严重后果。

由式(4-1)可见,自然风压的影响因素可用下式表示:

$$H_N = f(\rho, z) = f[\rho(T, P, R, \varphi)z] \qquad (4-9)$$

影响自然风压的决定性因素是两侧空气柱的密度差,而空气密度又受温度 T、大气压 P、气体常数 R 和相对湿度 φ 等因素影响。

① 地下工程某一回路中,两侧空气柱的温差是影响 H_N 的主要因素。影响气温差的主要因素是地面入风气温和风流与围岩的热交换。其影响程度随地下工程的开拓方式、采深、地形和地理位置的不同而有所不同。大陆性气候的山区浅井,自然风压大小和方向受地面气温影响较为明显,一年四季,甚至昼夜之间都有明显变化。由于风流与围岩的热交换作用,机械通风的回风井中一年四季中气温变化不大,而地面入风井中气温则随季节变化,两者综合作用的结果,导致一年中自然风压发生周期性的变化。图 4-3 所示曲线 1 为某机械通风浅井自然风压变化规律示意图。对于深井,其自然风压受围岩热交换影响比浅井显著,一年四季的变化较小,有的可能不会出现负的自然

风压,如图 4-3 曲线 2 所示。

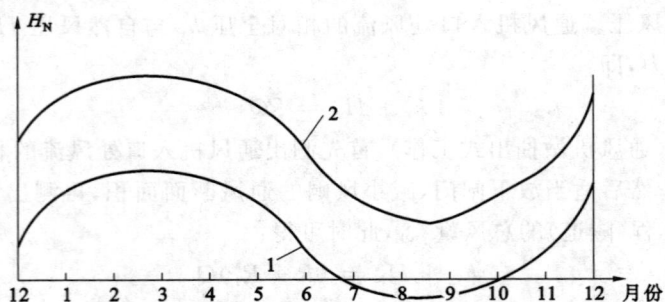

图 4-3　自然风压随季节月份变化曲线

② 空气成分和湿度影响空气的密度,因而对自然风压也有一定影响,但影响较小。

③ 井深。由式(4-1)可见,当两侧空气柱温差一定时,自然风压与地下工程或回路最高点与最低点(水平)间的高差 Z 成正比。

④ 主要通风机工作对自然风压的大小和方向也有一定影响。因为地下工程主通风机工作决定了主风流的方向,加之风流与围岩的热交换,使冬季回风井气温高于入风井,在入风井周围形成了冷却带以后,即使风机停转或通风系统改变,这两个井筒之间在一定时期内仍有一定的气温差,所以仍有一定的自然风压起作用。有时甚至会干扰通风系统改变后的正常通风工作,这在建井时期表现尤为明显。如淮南潘一矿及浙江长广一号井在建井期间改变通风系统时都曾遇到这个问题。

4.1.4　自然风压的控制和利用

自然风压既是地下工程通风的动力,也可能是造成事故的原因。因此,研究自然风压的控制和利用具有重要意义。

① 新设计地下工程在选择开拓方案、拟定通风系统时,应充分考虑利用地形和当地气候特点,使在全年大部分时间内自然风压作用的方向与机械通风风压的方向一致,以便利用自然风压。例如,在山区要尽量增大入、回风井井口的高差,入风井井口布置在背阳处等。

② 根据自然风压的变化规律,适时调整主通风机的工况点,使其既能满足地下工程通风需要,又能节约电能。例如,在冬季自然风压帮助机械通风时,可采用减小叶片角度或转速方法降低机械风压。

③ 在多井口通风的山区,尤其在高瓦斯地下工程,要掌握自然风压的变化规律,防止因自然风压作用造成某些巷道无风或反向而发生事故。

图 4-4(a)是某地下工程因自然风压使风流反向示意图。该系统为抽出式通风,风机型号为 BY-2-No.28,冬季 AB 平硐和 BD 立井进风,$Q_{AB}=2000$ m³/min,夏季平硐自然风压作用方向与主通风机相反,使平硐风流反向,出风量 $Q'=300$ m³/min,反向风流把平硐某处涌出的瓦斯带至硐口的机电设备附近,电火花引起瓦斯爆炸。下面就此例分析平硐 AB 风流反向的条件及其预防措施。如图 4-4(b)所示,对出风口来说夏季存在两个系统自然风压。

$ABB'CEFA$ 系统的自然风压为

$$H_{NA} = Zg(\rho_{CB'} - \rho_{AF})$$

$DBB'CED$ 系统的自然风压为

$$H_{ND} = Zg(\rho_{CB'} - \rho_{BE})$$

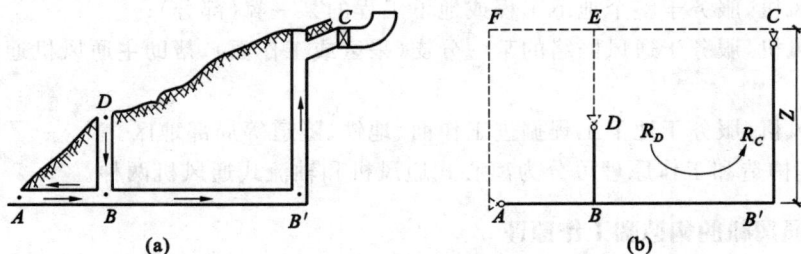

图 4-4 自然风压使风流反向示意图

式中 $\rho_{CB'}$，ρ_{AF}，ρ_{BE}——CB'、AF 和 BE 空气柱的平均密度，kg/m^3。

自然风压与主要通风机作用方向相反，相当于在平硐口 A 和进风立井口 D 各安装一台抽风机（向外）。设 AB 风流停滞，对回路 $ABDEFA$ 和 $ABB'CEFA$ 可分别列出压力平衡方程：

$$\begin{cases} H_{NA} - H_{ND} = R_D Q^2 \\ H_s - H_{NA} = R_C Q^2 \end{cases} \tag{4-10}$$

式中 H_s——风机静压，Pa；

Q——$DBB'C$ 风路风量，m^3/s；

R_D，R_C——DB 和 $BB'C$ 分支风阻，$N \cdot s^2/m^8$。

方程组（4-10）中两式相除，得：

$$\frac{H_{NA} - H_{ND}}{H_s - H_{NA}} = \frac{R_D}{R_C} \tag{4-11}$$

此即 AB 段风流停滞条件式。

当式（4-11）变为：

$$\frac{H_{NA} - H_{ND}}{H_s - H_{NA}} > \frac{R_D}{R_C} \tag{4-12}$$

则 AB 段风流反向。根据式（4-12），可采用下列措施防止 AB 段风流反向：① 加大 R_D；② 增大 H_s；③ 在 A 点安装风机向巷道压风。

为了防止风流反向，必须做好调查研究和现场实测工作，掌握地下工程通风系统和各回路的自然风压和风阻，以便在适当的时候采取相应的措施。

在工程施工时期，要注意因地制宜和因时制宜利用好自然风压通风，如在表土施工阶段可利用自然通风；在进风口与出风口贯通之后，有时也可利用自然通风；有条件时还可利用钻孔构成回路，形成自然风压，解决局部地区通风问题。

利用自然风压做好非常时期通风。一旦主通风机因故遭受破坏，便可利用自然风压进行通风。这在地下工程制订事故预防和处理计划时应予以考虑。

4.2 通风机的类型及构造

通风的主要动力是通风机。通风机是通风系统的"肺脏"。其日夜不停地运转，加之功率大，因此能耗很大。据统计，全国部属煤矿主要通风机平均电耗约占地下工程电耗的 16%。所以合理地选择和使用通风机，不仅关系地下工程、隧道、地铁等安全生产和职工的身体健康，还对系统的主要技术经济指标有一定影响。

通风机按其服务范围可分为以下三种：

① 主要通风机,服务于整个地下工程或地下工程的某一翼(部分);

② 辅助通风机,服务于通风网络的某一分支(采区或工作面),帮助主通风机通风,以保证该分支风量;

③ 局部通风机,服务于地下工程掘进工作面、地铁、隧道等局部地区。

通风机按其构造和工作原理可分为离心式通风机和轴流式通风机两种。

4.2.1 离心式通风机的构造和工作原理

（1）通风机构造

离心式通风机一般由进风口、工作轮(叶轮)、螺形机壳和扩散器等部分组成。有的型号的通风机在入风口中还有前导器。图 4-5 是 G4-73-11 型离心式通风机的构造。工作轮是对空气做功的部件,由呈双曲线型的前盘、呈平板状的后盘和夹在两者之间的轮毂以及固定在轮毂上的叶片组成。风流沿叶片间流道流动,在流道出口处,风流相对速度 ω_2 的方向与圆周速度 u_2 的反方向夹角称为叶片出口构造角,以 β_2 表示。根据出口构造角 β_2 的大小,离心式通风机可分为前倾式($\beta_2 > 90°$)、后倾式($\beta_2 < 90°$)和径向式($\beta_2 = 90°$)三种,如图 4-6 所示。β_2 不同,通风机的性能也不同。矿用离心式通风机多为后倾式。

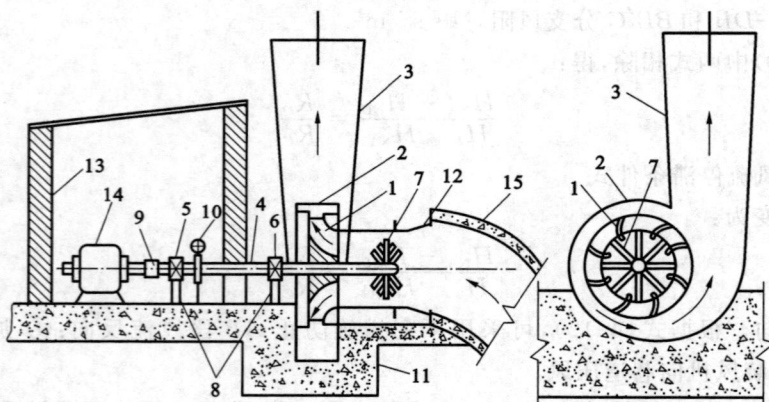

1—动轮;2—螺形外壳;3—扩散器;4—通风机轴;5—止推机轴;6—径向轴承;7—前导器;8—轴承架;

9—齿轮联轴器;10—制动器;11—机座;12—吸风口;13—通风机房;14—电动机;15—风硐。

图 4-5　离心式通风机的构造

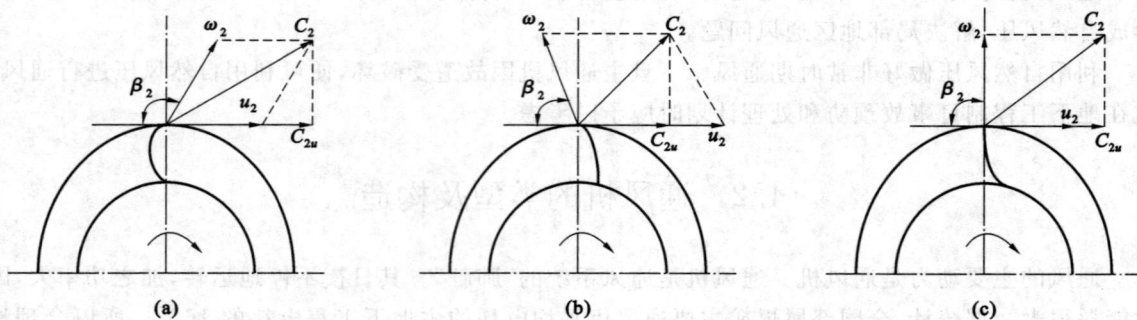

图 4-6　叶片出口构造角与风流速度图

（a）前倾式($\beta_2 > 90°$)；（b）后倾式($\beta_2 < 90°$)；（c）径向式($\beta_2 = 90°$)

吸风口有单吸和双吸两种。在相同的条件下,双吸风机动轮宽度是单吸风机的 2 倍。在吸风口与动轮之间装有前导器(有些通风机无前导器),使进入动轮的气流发生预旋绕,以达到调节性能的目的。

(2)工作原理

当电机通过传动装置带动叶轮旋转时,叶片流道间的空气随叶片旋转而旋转,获得离心力。经叶端被抛出叶轮,进入机壳。在机壳内速度逐渐减小,压力升高,然后经扩散器排出。与此同时,在叶片入口(叶根)形成较低的压力(低于吸风口压力),于是,吸风口的风流便在此压差的作用下流入叶道,自叶根流入,从叶端流出,如此源源不断,形成连续的流动。

(3)常用型号

目前我国使用的离心式通风机主要有 9-19 型高压离心风机、4-72 型离心风机、9-26 型高压离心风机、T4-72 型离心风机、6-30 型离心风机。这些型号的通风机具有规格齐全、效率高和噪声低等特点。型号参数的含义举例说明如下:

如 W9-26No.16D 风机中,W 表示风机用途(W 代表高温,若是 F 代表防腐,B 代表防爆);9 代表风机压力特征为高压;26 代表风机的压力与风量比值,26 表示低风量;16 代表风机直径为 1.6 m;D 代表风机传动方式。

图 4-7 所示为 4-72 型风机型号参数的含义。

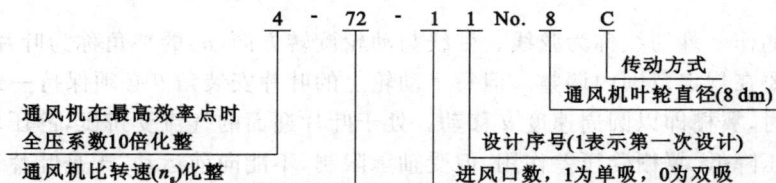

$$4 - 72 - 1 \ 1 \ No. \ 8 \ C$$

传动方式
通风机叶轮直径(8 dm)
设计序号(1 表示第一次设计)
进风口数,1 为单吸,0 为双吸
通风机在最高效率点时全压系数10倍化整
通风机比转速(n_s)化整

图 4-7 4-72 型风机型号参数含义

说明:① 图 4-7 中比转数 n_s 是反映通风机 Q、H 和 n 等之间关系的综合特性参数。$n_s = n \dfrac{Q^{1/2}}{(H/\rho)^{3/4}}$。式中 Q、H 分别表示全压效率最高时的流量和压力。相似通风机的比转数相同。

② 离心式通风机的传动方式有六种:A 表示无轴承电机直联传动;B 表示悬臂支承皮带轮在中间;C 表示悬臂支承皮带轮在轴承外侧;D 表示悬臂支承联轴器传动;E 表示双支承皮带轮在外侧;F 表示双支承联轴器传动。

4.2.2 轴流式通风机的构造和工作原理

(1)通风机构造

如图 4-8 所示,轴流式通风机主要由进风口、叶轮、整流器、风筒、扩散(芯筒)器和传动部件等部分组成。

进口是由集流器与流线罩构成断面逐渐缩小的进风通道,使进入叶轮的风流均匀,以减小阻力,提高效率。

叶轮是由固定在轴上的轮毂和以一定角度安装于其上的叶片组成。叶片的形状为中空梯形,横断面为翼形。沿高度方向可做成扭曲形,以消除和减小径向流动。叶轮的作用是增加空气的全压。叶轮有一级和二级两种。二级叶轮产生的风压是一级的 2 倍。整流器安装在每级叶轮之后,为固定轮。其作用是整直由叶片流出的旋转气流,减小动能和涡流损失。

环形扩散(芯筒)器是使从整流器流出的气流逐渐扩大到全断面,部分动压转化为静压。

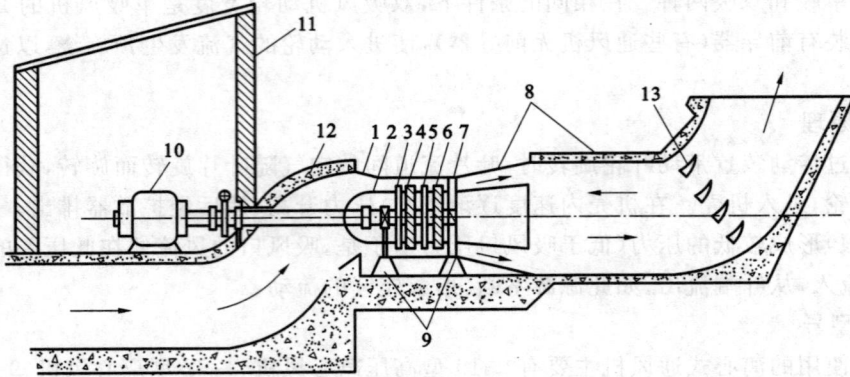

1—集风口;2—流线罩;3—前导器;4—第一级动轮;5—中间整流器;6—第二级动轮;7—后整流器;
8—扩散器;9—通风机架;10—电动机;11—通风机房;12—风硐;13—流线型导风板。

图 4-8　轴流式通风机构造图

（2）工作原理

在轴流式通风机中，风流流动的特点是，当动轮转动时，气流沿等半径的圆柱面旋绕流出。用与机轴同心、半径为 R 的圆柱面切割动轮叶片，并将此切割面展开成平面，就得到了由翼剖面排列而成的翼栅。

在叶片迎风侧作一外切线称为弦线。弦线与动轮旋转方向（u）的夹角称为叶片安装角，以 θ 表示。它可根据需要在规定范围内调整。但每个动轮上的叶片安装角 θ 必须保持一致。

当动轮旋转时，翼栅即以圆周速度 u 移动。处于叶片迎面的气流受挤压，静压增加；与此同时，叶片背的气体静压降低，翼栅受压差作用，但受轴承限制，不能向前运动，于是叶片迎面的高压气流由叶道出口流出，翼背的低压区"吸引"叶道入口侧的气体流入，形成穿过翼栅的连续气流。

目前我国在用的轴流式通风机有 T35-11、SF（G）/LF 型负压风机、HTF、EB、ZLT-800 和 ZS-1000、FSG、T35-11-A、T40-C、BDK（对旋式）等系列。轴流式通风机型号的一般含义见图 4-9。

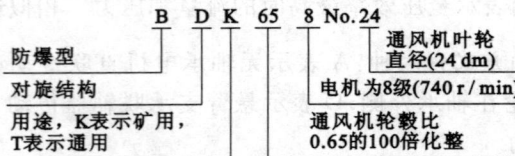

图 4-9　轴流式通风机型号一般含义

对旋式轴流风机的特点是，一级叶轮和二级叶轮直接对接，旋转方向相反；机翼形叶片的扭曲方向也相反，两级叶片安装角一般相差 3°；电机为防爆型安装在主风筒中的密闭罩内，与通风机流道中的含瓦斯气流隔离，密闭罩中有扁管与大气相通，以达到散热的目的。此种通风机可进行反转反风。

4.3　通风机附属装置

使用的通风机，除了主机之外尚有一些附属装置。主机和附属装置统称为通风机装置。附属装置的设计和施工质量，对通风机工作风阻、外部漏风及其工作效率均有一定影响。因此，附属装置的设计和施工质量应予以充分重视。

4.3.1 风硐

风硐是连接风机和出风口的一段巷道。由于其通过风量大、内外压差较大,应尽量降低其风阻,并减少漏风。在风硐的设计和施工中应注意下列问题:断面适当增大,使其风速不大于10 m/s,最大不超过15 m/s;转弯平缓,应成圆弧形;风井与风硐的连接处应精心设计,风硐的长度应尽量缩短,并减少局部阻力;风硐直线部分要有一定的坡度,以利流水;风硐应安装测定风流压力的测压管。施工时应使其壁面光滑,各类风门要严密,使漏风量小。

4.3.2 扩散器

无论是抽出式通风还是压入式通风,无论是离心式通风机还是轴流式通风机,在风机的出口都外接一定长度、断面逐渐扩大的构筑物——扩散器。其作用是降低出口速压以提高风机静压。小型离心式通风机的扩散器由金属板焊接而成,扩散器的扩散角(敞角)α不宜过大,以阻止脱流,一般为8°~10°;出口处断面与入口处断面之比为3~4。扩散器四面张角的大小应视风流从叶片出口的绝对速度方向而定。大型的离心式通风机和大中型的轴流式通风机的外接扩散器,一般用砖和混凝土砌筑。其各部分尺寸应根据风机类型、结构、尺寸和空气动力学特性等具体情况而定,总的原则是,扩散器的阻力小,出口动压小并无回流(可参考有关标准设计)。

4.3.3 防爆门(防爆井盖)

在地下工程中,作业点产生具有爆炸危险性的气体,通风机做抽出式工作时,出风口若为立井的形式,其上口必须安装防爆设施,在斜井井口安设防爆门,在立井井口安设防爆井盖。其作用是,一旦作业点发生瓦斯、粉尘等有害气体爆炸,受高压气浪的冲击作用,它就会自动打开,以保护主通风机免受毁坏;在正常情况下它是气密的,以防止风流短路。图4-10所示为不提升的通风立井井口的钟形防爆井盖。井盖用钢板焊接而成,其下端放入凹槽中,槽中盛油密封(不结冰地区用水封),槽深与负压相适应;在其四周用四条钢丝绳绕过滑轮用重锤配重;井口壁四周还应装设一定数量的压脚,在反风时用以压住井盖,防止掀起造成风流短路。装有提升设备的井筒设井盖门,一般为铁木结构。与门框接合处要加严密的胶皮垫层。

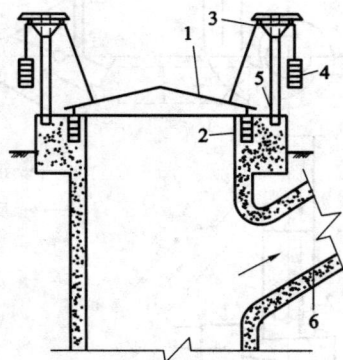

1—防爆井盖;2—密封液槽;3—滑轮;
4—平衡重锤;5—压脚;6—风硐。

图4-10 立井井口防爆井盖示意图

防爆门(防爆井盖)应设计合理,结构严密、维护良好、动作可靠。

4.3.4 反风装置及其功能

反风装置是用来使井下风流反向的一种设施,以防止进风系统发生火灾时产生的有害气体进入作业区;有时为了适应救护工作也需要进行反风。

反风方法因风机的类型和结构而异。目前的反风方法主要有:设专用反风道反风、轴流式通风机反转反风、利用备用风机的风道反风和调节动叶安装角反风。

(1)设专用反风道反风

图4-11为轴流式通风机做抽出式通风时利用反风道反风的示意图。反风时,风门1、5、7打开,新鲜风流由风门1经反风门7进入风硐2,由通风机3排出,然后经反风门5进入反风绕道6,

再返回风硐送入井下。正常通风时,风门1、7、5均处于水平位置,井下的污浊风流经风硐直接进入通风机,然后经扩散器4排到大气中。

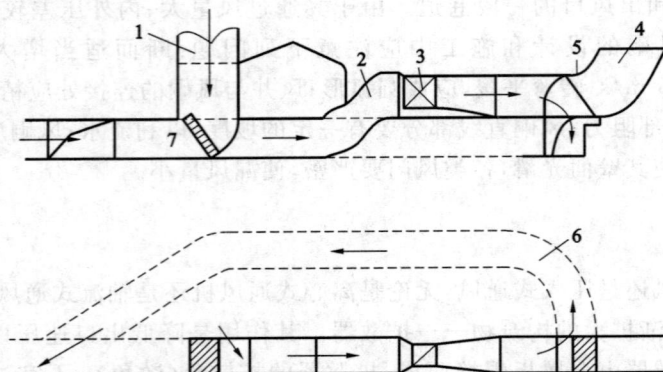

1—反风进风门;2—风硐;3—通风机;4—扩散器;5,7—反向导向门;6—反风绕道。

图 4-11　轴流式通风机做抽出式通风时利用专用反风道反风示意图

图 4-12 为离心式通风机做抽出式通风时利用反风道反风的示意图。通风机正常工作时反风风门 1 和 2 在实线位置。反风时,反风风门 1 提起,反风风门 2 放下,风流自反风风门 2 进入通风机,再从反风门 1 进入反风绕道 3,经风井流入井下。

（2）轴流式通风机反转反风

调换电动机电源的任意两项接线,使电动机改变转向,从而改变通风机动轮的旋转方向,使井下风流反向。此种方法基建费较少,反风方便,但反风量较小。

（3）利用备用风机的风道反风（无地道反风）如图 4-13 所示,当两台轴流式通风机并排布置时,工作风机（正转）可利用另一台备用风机的风道作为"反风道"进行反风。图中Ⅱ号风机正常通风时,分风风门 4、入风门 6、7 和反风门 9 处于实线位置。反风时风机停转,将分风风门 4、反风门 9Ⅰ、9Ⅱ 拉到虚线位置,然后开启入风门 6、7,压紧入风门

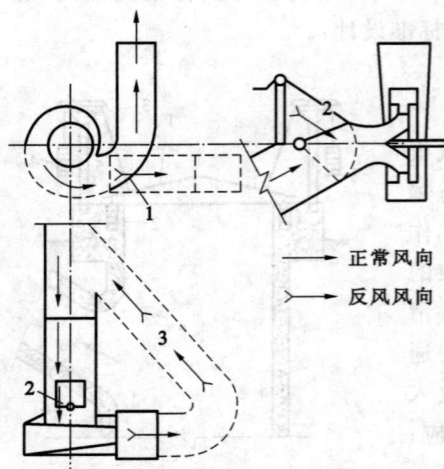

1,2—反风风门;3—反风绕道。

图 4-12　离心式通风机反风示意图

6、7,再启动Ⅱ号风机,便可实现反风。

（4）调整动叶安装角反风

对于动叶可同时转动的轴流式通风机,只要把所有叶片同时偏转一定角度（大约 120°）,不必改变动轮转向,就可以实现地下工程风流反向,如图 4-14 所示。我国上海鼓风机厂生产的 GAF 型风机结构上具有这种性能。国外此种风机应用较多。

反风装置应满足下列要求:定期进行检修,确保反风装置处于良好状态;动作灵敏、可靠,能在 10 min 内改变巷道中风流方向;结构要严密,漏风少;反风量不应小于正常风量的 40%;每年至少进行一次反风演习。

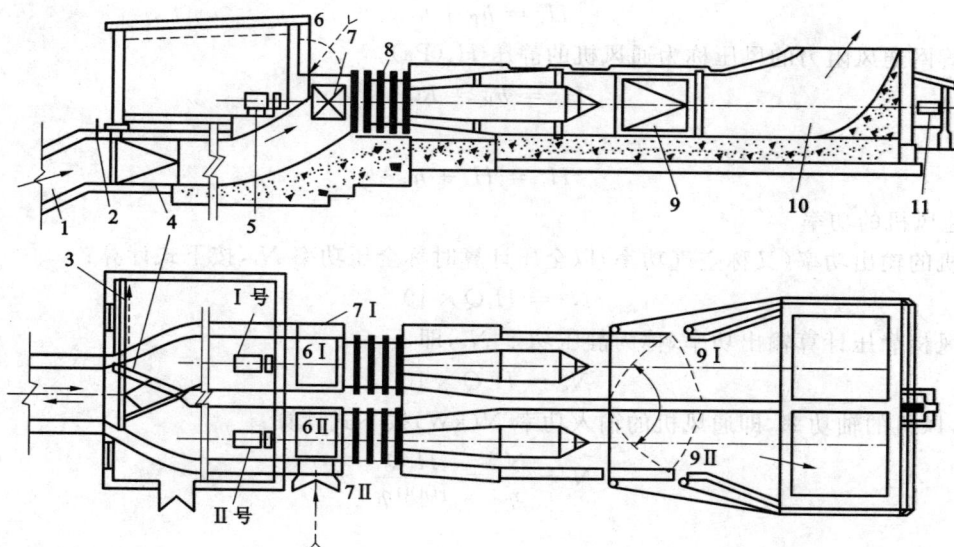

1—风硐;2—静压管;3,11—绞车;4—分风风门;5—电动机;6—反风入风顶盖门;
7—反风入风侧门;8—通风机;9—反风风门;10—扩散器。

图 4-13　轴流式通风机无地道反风示意图

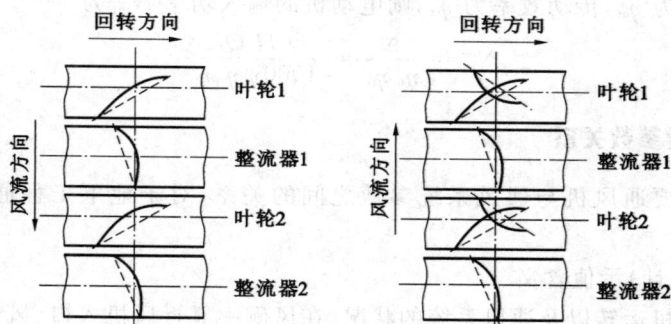

图 4-14　调整动叶安装角反风

4.4　通风机的实际特性曲线

4.4.1　通风机的工作参数

表示通风机性能的主要参数是风压 H、风量 Q、通风机轴功率 N、效率 η 和转速 n 等。

（1）风机（实际）流量 Q

通风机的实际流量一般是指实际时间内通过风机入口空气的体积,亦称体积流量（无特殊说明时均指在标准状态下）,单位为 m^3/h、m^3/min 或 m^3/s。

（2）风机（实际）全压 H_t 与静压 H_s

通风机的全压 H_t 是通风机对空气做功,消耗于每 $1\ m^3$ 空气的能量（$N\cdot m/m^3$ 或 Pa）,其值为风机出口风流的全压与入口风流全压之差。在忽略自然风压时,H_t 用以克服通风管网阻力 h_R 和风机出口动能损失 h_v,即：

$$H_t = h_R + h_v \tag{4-13}$$

克服管网通风阻力的风压称为通风机的静压 H_s(Pa)。

$$H_s = h_R = RQ^2 \tag{4-14}$$

因此

$$H_t = H_s + h_v \tag{4-15}$$

（3）通风机的功率

通风机的输出功率（又称空气功率）以全压计算时称全压功率 N_t，按下式计算：

$$N_t = H_t Q \times 10^{-3} \tag{4-16}$$

用通风机静压计算输出功率，称为静压功率 N_s，即

$$N_s = H_s Q \times 10^{-3} \tag{4-17}$$

因此，风机的轴功率，即通风机的输入功率 N(kW) 按下式计算：

$$N = \frac{N_t}{\eta_t} = \frac{H_t Q}{1000 \eta_t} \tag{4-18}$$

或

$$N = \frac{N_s}{\eta_s} = \frac{H_s Q}{1000 \eta_s} \tag{4-19}$$

式中　η_t, η_s——通风机的全压效率和静压效率。

设电动机的效率为 η_m，传动效率为 η_{tr}，则电动机的输入功率 N_m 为

$$N_m = \frac{N}{\eta_m \eta_{tr}} = \frac{H_t Q}{1000 \eta_t \eta_m \eta_{tr}} \tag{4-20}$$

4.4.2　通风系统主要参数关系

掌握地下工程主要通风机与通风系统参数之间的关系，对于地下工程通风的科学管理至关重要。

（1）水柱计（压差计）示值含义

为了指示主通风机运转以及通风系统的状况，在风硐中靠近风机入口、风流稳定断面上安装测静压探头，通过胶管与风机房中水柱计或压差计（仪）相连接，测得所在断面上风流的相对静压 h。离心式通风机测压探头应安装在立闸门的外侧。水柱计或压差计的示值与通风机压力和地下工程阻力之间存在什么关系？它对于通风管理有什么实际意义？下面就此进行讨论。

① 水柱（压差）计示值与地下工程通风阻力和风机静压之间的关系。

如图 4-15 所示，水柱计示值为 4 断面相对静压 h_4，h_4（负压）$= P_4 - P_{04}$（P_4 为 4 断面绝对压力，P_{04} 为与 4 断面同标高的大气压力）。

沿风流方向，对 1、4 两断面列伯努利方程得：

$$h_{R14} = (P_1 + h_{v1} + \rho_{m12} g Z_{12}) - (P_4 + h_{v4} + \rho_{m34} g Z_{34})$$

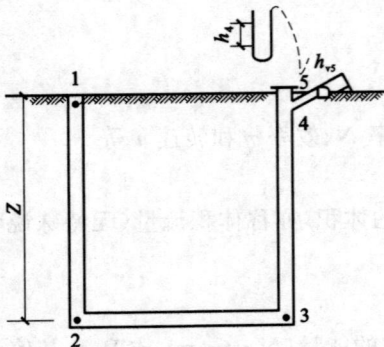

图 4-15　风机房水柱计布置示意图

式中　h_{R14}——1~4 断面通风阻力，Pa；

　　　P_1, P_4——1、4 断面压力，Pa；

　　　h_{v1}, h_{v4}——1、4 断面动力，Pa；

　　　Z_{12}, Z_{34}——12 段、34 段高差，m；

ρ_{m12}，ρ_{m34}——12 段、34 段空气柱空气密度平均值，hg/m^3。

因风流入口断面全压 P_{t1} 等于大气压力 P_{01}，即

$$P_1 + h_{v1} = P_{t1} = P_{01}$$

又因 1、4 断面同标高，故 1 断面的同标高大气压 P_{01} 与 4 断面外大气压 P_{04} 相等。又 $\rho_{m12}gZ_{12} - \rho_{m34}gZ_{34} = H_N$，故上式可写为

$$h_{R14} = P_{04} - P_4 - h_{v4} + H_N$$

$$h_{R14} = |h_4| - h_{v4} + H_N$$

即

$$|h_4| = h_{R14} + h_{v4} - H_N \tag{4-21}$$

根据通风机静压与地下工程阻力之间的关系可得

$$H_s + H_N = |h_4| - h_{v4} = h_{t4} \tag{4-22}$$

式(4-21)和式(4-22)反映了风机房水柱计测值 h_4 与地下工程通风系统阻力、通风机静压及自然风压之间的关系。通常 h_{v4} 数值不大，某一段时间内变化较小，H_N 值随季节变化，一般地下工程其值不大，因此，$|h_4|$ 基本上反映了地下工程通风阻力大小和通风机静压大小。如果地下工程的主要进回风道发生冒顶堵塞，则水柱计读数增大；如果控制通风系统的主要风门打开风流短路，则水柱计读数减小，因此，它是通风管理的重要监测手段。

② 风机房水柱计示值与全压 H_t 之间的关系。

与上述类似地对 4、5 断面（扩散器出口）列伯努利方程，便可得水柱计示值与全压之间的关系：

$$H_t = |h_4| - h_{v4} + h_{Rd} + h_{v5}$$

即

$$|h_4| = H_t - h_{v4} + h_{Rd} + h_{v5} \tag{4-23}$$

式中 h_{Rd}——扩散器阻力，Pa；

h_{v5}——扩散器出口动压，Pa。

根据式(4-23)可得：

$$H_t = h_{R12} + h_{Rd} + h_{v4}$$

$$H_t + H_N = h_{R14} + h_{Rd} + h_{v5} \tag{4-24}$$

（2）压入式通风的系统

如图 4-16 所示，对 1、2 两断面列伯努利方程得：

$$h_{R12} = (P_1 + h_{v1} + \rho_{m1}gZ_1) - (P_2 + h_{v2} + \rho_{m2}gZ_2)$$

因风井出口风流静压等于大气压，即 $P_2 = P_{02}$；1、2 断面同标高，其同标高的大气压相等，即 $P_{01} = P_{02}$，故 $P_1 - P_2 = P_1 - P_{01} = h_1$。

又 $\rho_{m1}gZ_1 - \rho_{m2}gZ_2 = H_N$，故上式可写为：

$$h_{R12} = h_1 + h_{v1} - h_{v2} + H_N$$

所以

$$h_1 = h_{R12} + h_{v2} - h_{v1} - H_N$$

又 $H_t = P_{t1} - P_{t1'} = P_{t1} - P_0 = P_1 + h_{v1} - P_0 = h_1 + h_{v1}$，则

$$H_t + H_N = h_{R12} + h_{v2} \tag{4-25}$$

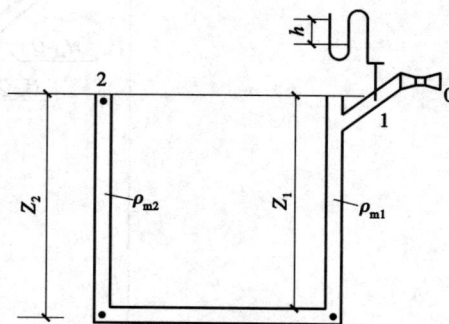

图 4-16 压入式通风水柱计布置

由式(4-24)和式(4-25)可见,无论采用何种通风方式,通风动力都是克服风道的阻力和出口动能损失,不过抽出式通风的动能损失在扩散器出口,而压入式通风时出口动能损失在出风井口,两者在数值上可能不等,但物理意义相同。

4.4.3 通风机的个体特性曲线

当风机以某一转速、在风阻 R 的管网上工作时,可测算出一组工作参数风压 H、风量 Q、功率 N 和效率 η,这就是该风机在管网风阻为 R 时的工况点。改变管网的风阻,便可得到另一组相应的工作参数,通过多次改变管网风阻,可得到一系列工况参数。将这些参数对应描绘在以 Q 为横坐标,以 H、N 和 η 为纵坐标的直角坐标系上,并用光滑曲线分别把同名参数点连接起来,即得 H-Q、N-Q 和 η-Q 曲线,这组曲线称为通风机在该转速条件下的个体特性曲线。有时为了使用方便,仅采用风机静压特性曲线(H_s-Q)。

为了减少风机的出口动压损失,抽出式通风时主要通风机的出口均外接扩散器。通常把外接扩散器看作通风机的组成部分,总称为通风机装置。通风机装置的全压 H_{td} 为扩散器出口与风机入口风流的全压之差,与风机的全压 H_t 的关系为:

$$H_{td} = H_t - h_d \tag{4-26}$$

式中 h_d——扩散器阻力。

通风机装置静压 H_{sd} 因扩散器的结构形式和规格不同而有所变化,严格地说:

$$H_{sd} = H_t - (h_d + h_{vd}) \tag{4-27}$$

式中 h_{vd}——扩散器出口动压。

比较式(4-15)与式(4-27)可见,只有当 $h_d + h_{vd} < h_v$ 时,才有 $H_{sd} > H_s$,即扩散器阻力与其出口动压之和小于通风机出口动能损失时,通风机装置的静压才会因加扩散器而有所提高,即扩散器起到回收动压的作用。

图 4-17 表示 H_t、H_{td}、H_s 和 H_{sd} 之间的相互关系,由图可见,安装了设计合理的扩散器之后,虽然增加了扩散器阻力,使 H_{td}-Q 曲线低于 H_t-Q 曲线,但由于 $h_d + h_{vd} < h_v$,故 H_{sd}-Q 曲线高于 H_s-Q 曲线(工况点由 A 变至 A')。若 $h_d + h_{vd} > h_v$,则说明扩散器设计不合理。

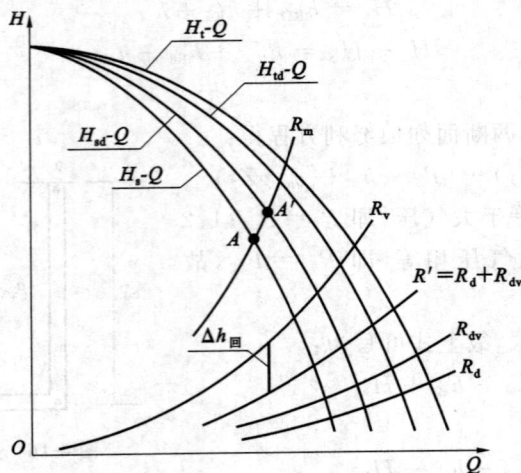

R_v—相当于风机出口动能损失的风阻曲线;R_{dv}—相当于外界扩散器出口动能损失的风阻曲线;

R_d—扩散器风阻曲线;R_m—通风系统风阻曲线。

图 4-17 H_t、H_{td}、H_s 和 H_{sd} 之间的相互关系图

安装扩散器后回收的动压相对于风机全压来说很小,所以通常并不把通风机特性和通风机装置特性严加区别。

通风机厂提供的特性曲线往往是根据模型试验资料换算绘制的,一般未考虑外接扩散器的情况。而且有的厂方提供全压特性曲线,有的提供静压特性曲线,读者应能根据具体条件掌握它们的换算关系。

图 4-18 和图 4-19 分别为轴流式和离心式通风机的个体特性曲线示例。轴流式通风机的风压特性曲线一般都有马鞍形驼峰存在。而且同一台通风机的驼峰区随叶片装置角度的增大而增大。驼峰点 D 以右的特性曲线为单调下降区段,是稳定工作段;点 D 以左是不稳定工作段,风机在该段工作,有时会引起风机风量、风压和电动机功率的急剧波动,甚至导致机体发生震动,发出不正常噪声,产生所谓的喘振(或飞动)现象,严重时会破坏风机。离心式通风机风压曲线驼峰不明显,且随叶片后倾角度增大逐渐减小,其风压曲线工作段较轴流式通风机平缓;当管网风阻作相同量的变化时,其风量变化比轴流式通风机要大。

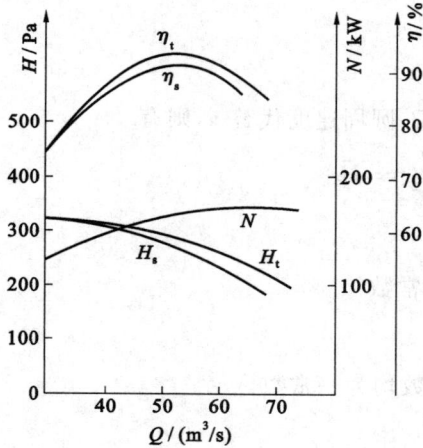

图 4-18　轴流式通风机个体特性曲线　　　图 4-19　离心式通风机个体特性曲线

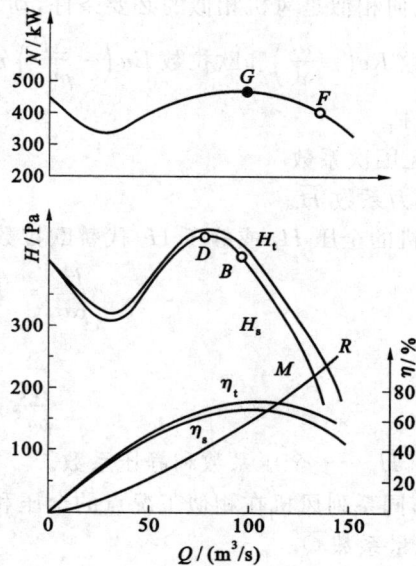

离心式通风机的轴功率 N 又随 Q 增加而增大,只有在接近风流短路时,功率才略有下降。因而,为了保证安全启动,避免因启动负荷过大而烧坏电机,离心式通风机在启动时应将风硐中的闸门全闭,待其达到正常转速后再将闸门逐渐打开。当供风量超过需风量过大时,常常利用闸门加阻来减少工作风量,以节省电能。

轴流式通风机的叶片装置角不太大时,在稳定工作段内,功率随 Q 增加而减小。所以轴流式通风机应在风阻最小时启动,以减少启动负荷。

在产品样本中,大、中型地下工程轴流式通风机给出的大多是静压特性曲线;而离心式通风机给出的大多是全压特性曲线。

对于叶片安装角度可调的轴流式通风机的特性曲线,通常以图 4-18 的形式给出,H-Q 曲线只画出最大风压点右边单调下降部分,且把不同安装角度的特性曲线画在同一坐标上,效率曲线则以等效率曲线的形式给出。

4.4.4 无因次系数与类型特性曲线

目前我国制造的风机种类较多,同一系列的产品有许多不同的叶轮直径。像离心式通风机,同一直径的产品又有不同的转速。如果仅仅用个体特性曲线表示各种通风机性能,就显得过于复杂。特性曲线太多使用起来也不方便,而且不便于比较不同类型通风机的性能,还有,在设计大型通风机时,首先必须进行模型试验。那么模型和实物之间应保持什么关系?如何把模型的性能参数换算成实物的性能参数?这些问题都要进行讨论。

4.4.4.1 无因次系数

(1)通风机的相似条件

两个通风机相似是指气体在风机内流动过程相似,或者说它们之间在任一对应点的同名物理量之比保持常数,这些常数叫作相似常数或比例系数。同一系列风机在相应工况点的流动是彼此相似的,几何相似是风机相似的必要条件,动力相似则是相似风机的充分条件,满足动力相似的条件是雷诺数 $Re\left(=\dfrac{ul}{\nu}\right)$ 和欧拉数 $Eu\left(=\dfrac{\Delta P}{\rho u^2}\right)$ 分别相等。同系列风机在相似的工况点符合流动相似的充要条件。

(2)无因次系数

① 压力系数 $\overline{H}$。

用风机的全压 H_t 或静压 H_s 代替欧拉数中的 ΔP,圆周速度代替 u,则有

$$\frac{H_t}{\rho u^2}=\overline{H}_t, \qquad \frac{H_s}{\rho u^2}=\overline{H}_s \tag{4-28}$$

或

$$\frac{H}{\rho u^2}=\overline{H}=\text{常数} \tag{4-29}$$

式中 $\overline{H}_t,\overline{H}_s$——全压系数和静压系数。

所以,同系列风机在相似工况点的全压和静压系数均为一常数。

② 流量系数 $\overline{Q}$。

由几何相似和运动相似得

$$\frac{D_1}{D_2}=\frac{b_1}{b_2}, \qquad \frac{C_{2m1}}{C_{2m2}}=\frac{u_1}{u_2}$$

以离心式通风机为例,因 $Q=\pi Db C_{2m}$,所以

$$\frac{Q_1}{Q_2}=\frac{\pi D_1 b_1 C_{2m1}}{\pi D_2 b_2 C_{2m2}}=\frac{\pi D_1 b_1 u_1}{\pi D_2 b_2 u_2}=\frac{\pi D_1^2 u_1}{\pi D_2^2 u_2}$$

即

$$\frac{Q_1}{\dfrac{\pi}{4}D_1^2 u_1}=\frac{Q_2}{\dfrac{\pi}{4}D_2^2 u_2}$$

或

$$\frac{Q_1}{\dfrac{\pi}{4}D^2 u}=\overline{Q}=\text{常数} \tag{4-30}$$

式中,D_1,u_1,b_1,C_{2m1} 和 D_2,u_2,b_2,C_{2m2} 分别表示两台相似风机的叶轮外缘直径、圆周速度、出口宽

度和出口径向分速度。同系列风机的流量系数相等。

③ 功率系数 $\overline{N}$。

风机轴功率计算公式 $N = \dfrac{HQ}{1000\eta}$ 中的 H 和 Q 分别用式(4-29)和式(4-30)代入得

$$N = \frac{\overline{H_t} \cdot \rho u^2 \cdot \frac{\pi}{4}D^2 u \overline{Q}}{1000\eta_t} = \frac{\pi}{4}\rho D^2 u^3 \frac{\overline{H_t}\,\overline{Q}}{1000\eta_t}$$

$$\frac{1000N}{\frac{\pi}{4}\rho D^2 u^3} = \frac{\overline{H}\,\overline{Q}}{\eta} = \overline{N} = 常数 \tag{4-31}$$

同系列风机在相似工况点的效率相等,功率系数 $\overline{N}$ 为常数。

$\overline{Q}$、$\overline{H}$、$\overline{N}$ 三个参数都不含有因次,因此叫作无因次系数。

4.4.4.2 类型特性曲线

$\overline{Q}$、$\overline{H}$、$\overline{N}$ 和 η 可用相似风机的模型试验获得,根据风机模型的几何尺寸、试验条件及试验时所得的工况参数 Q、H、N 和 η,利用式(4-29)~式(4-31)计算出该系列风机的 $\overline{Q}$、$\overline{H}$、$\overline{N}$ 和 η。然后以 $\overline{Q}$ 为横坐标,以 $\overline{H}$、$\overline{N}$ 和 η 为纵坐标,绘出 $\overline{H}$-$\overline{Q}$、$\overline{N}$-$\overline{Q}$ 和 η-$\overline{Q}$ 曲线,此曲线即为该系列风机的类型特性曲线,亦称通风机的无因次特性曲线和抽象特性曲线。图 4-20 和图 4-21 分别为 4-72-11 型和 G4-73-11 型离心式通风机的类型曲线。对于不同类型风机可用类型曲线比较其性能。可根据类型曲线和风机直径、转速换算得到个体特性曲线;由个体特性曲线也可换算得到类型曲线。需要指出的是,对于同一系列风机,当几何尺寸(D)相差较大时,在加工和制造过程中很难保证流道表面相对粗糙度、叶片厚度以及机壳间隙大小等参数完全相似,而粗糙度和间隙大小又会影响能量损失大小,为了避免因

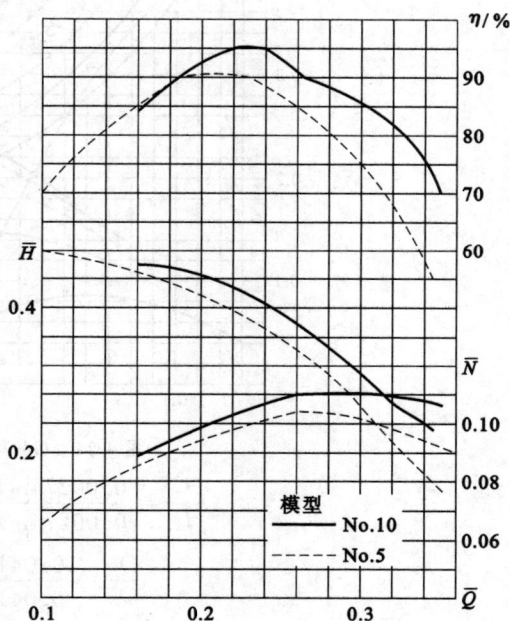

图 4-20　4-72-11 型离心式通风机类型曲线

尺寸相差较大而造成误差,有些风机(4-72-11 系列)的类型曲线有多条,可按不同直径尺寸而选用。

4.4.5　比例定律与通用特性曲线

(1) 比例定律

由式(4-29)~式(4-31)可见,同类型风机在相似工况点的无因次系数 $\overline{Q}$、$\overline{H}$、$\overline{N}$ 和 η 是相等的。它们的压力 H、流量 Q 和功率 N 与其转速 n、尺寸 D 和空气密度 ρ 呈一定比例关系,这种比例关系叫比例定律。将 $u = \pi D n/60$ 分别代入式(4-29)~式(4-31)得

$$H = 0.00274\rho D^2 n^2 \overline{H}$$

$$Q = 0.04108 D^3 n \overline{Q}$$

$$N = 1.127 \times 10^7 \rho D^5 n^3 \overline{N}$$

对于 1、2 两个相似风机而言,$\overline{Q}_1 = \overline{Q}_2$、$\overline{H}_1 = \overline{H}_2$、$\overline{N}_1 = \overline{N}_2$,所以

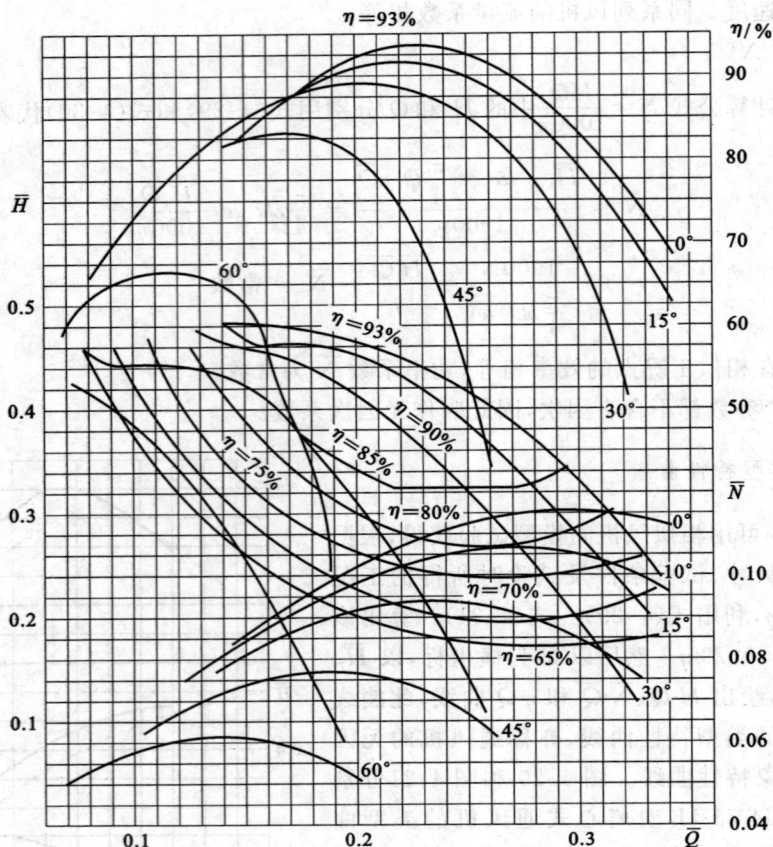

图 4-21　G4-73-11 型离心式通风机类型曲线

$$\frac{H_1}{H_2} = \frac{0.00274\rho_1 D_1^2 n_1^2 \overline{H_1}}{0.00274\rho_2 D_2^2 n_2^2 \overline{H_2}} = \frac{\rho_1}{\rho_2} \cdot \left(\frac{D_1}{D_2}\right)^2 \cdot \left(\frac{n_1}{n_2}\right)^2 \tag{4-32}$$

$$\frac{Q_1}{Q_2} = \frac{0.04108 D_1^3 n_1 \overline{Q_1}}{0.04108 D_2^3 n_2 \overline{Q_2}} = \left(\frac{D_1}{D_2}\right)^3 \cdot \frac{n_1}{n_2} \tag{4-33}$$

$$\frac{N_1}{N_2} = \frac{1.127 \times 10^7 \rho_1 D_1^5 n_1^3 \overline{N_1}}{1.127 \times 10^7 \rho_2 D_2^5 n_2^3 \overline{N_2}} = \frac{\rho_1}{\rho_2} \cdot \left(\frac{D_1}{D_2}\right)^5 \cdot \left(\frac{n_1}{n_2}\right)^3 \tag{4-34}$$

各种情况下相似风机的换算公式如表 4-2 所示。

由比例定律可知,同类型同直径风机的转速变化时,其相似工况点在等风阻曲线上变化。

表 4-2　　　　　　　　　　　　　**两台相似风机 H、Q 和 N 的换算**

换算关系	$D_1 \neq D_2$ $n_1 \neq n_2$ $\rho_1 \neq \rho_2$	$D_1 = D_2$ $n_1 = n_2$ $\rho_1 \neq \rho_2$	$D_1 = D_2$ $n_1 \neq n_2$ $\rho_1 = \rho_2$	$D_1 \neq D_2$ $n_1 = n_2$ $\rho_1 = \rho_2$
压力换算	$\frac{H_1}{H_2} = \frac{\rho_1}{\rho_2} \cdot \left(\frac{D_1}{D_2}\right)^2 \cdot \left(\frac{n_1}{n_2}\right)^2$	$\frac{H_1}{H_2} = \frac{\rho_1}{\rho_2}$	$\frac{H_1}{H_2} = \left(\frac{n_1}{n_2}\right)^2$	$\frac{H_1}{H_2} = \left(\frac{D_1}{D_2}\right)^2$
风量换算	$\frac{Q_1}{Q_2} = \left(\frac{D_1}{D_2}\right)^3 \cdot \frac{n_1}{n_2}$	$Q_1 = Q_2$	$\frac{Q_1}{Q_2} = \frac{n_1}{n_2}$	$\frac{Q_1}{Q_2} = \left(\frac{D_1}{D_2}\right)^3$
功率换算	$\frac{N_1}{N_2} = \frac{\rho_1}{\rho_2} \cdot \left(\frac{D_1}{D_2}\right)^5 \cdot \left(\frac{n_1}{n_2}\right)^3$	$\frac{N_1}{N_2} = \frac{\rho_1}{\rho_2}$	$\frac{N_1}{N_2} = \left(\frac{n_1}{n_2}\right)^3$	$\frac{N_1}{N_2} = \left(\frac{D_1}{D_2}\right)^5$
效率换算	$\eta_1 = \eta_2$			

【例 4-1】 某地下工程使用主要通风机为 4-72-11No. 20B 离心式通风机，其特性曲线如图 4-22 所示，图上给出三种不同转速 n 的 H_t-Q 曲线，四条等效率曲线。转速 $n_1 = 630$ r/min，风机工作风阻 $R = 0.0547 \times 9.81 = 0.53657$ N·s^2/m^8，工况点为 M_0（$Q = 58$ m^3/s，$H_t = 1805$ Pa），后来，风阻变为 $R' = 0.7932$ N·s^2/m^8，风量减小不能满足生产要求，拟采用调整转速方法保持风量 $Q = 57$ m^3/s，则转速应调至多少？

【解】 因管网风阻已变，故应先将新风阻 $R' = 0.7932$ N·s^2/m^8 的曲线绘制在图中，得其与 $n_1 = 630$ r/min 曲线的交点为 M_1，其风量 $Q_1 = 51.5$ m^3/s。在此风阻下风量增至 $Q_2 = 58$ m^3/s 的转速 n_2，可按下式求得：

$$n_2 = \frac{n_1 Q_2}{Q_1} = \frac{630 \times 58}{51.5} = 710 \, (\text{r/min})$$

即转速应调至 $n_2 = 710$ r/min，可满足供风要求。

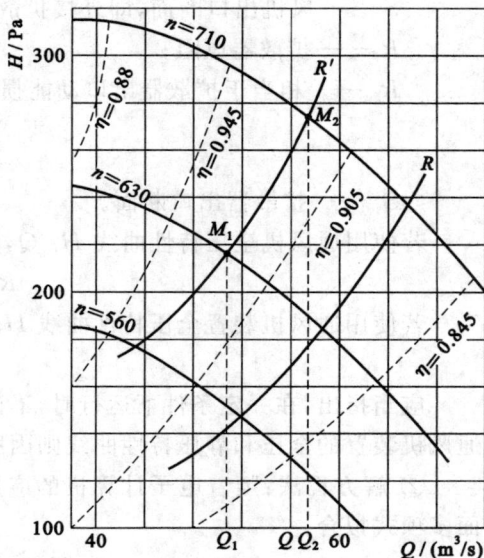

图 4-22 4-72-11No. 20B 离心式通风机特性曲线

（2）通用特性曲线

为了便于使用，根据比例定律，把一个系列产品的性能参数，如压力 H、风量 Q 和转速 n、直径 D、功率 N 和效率 η 等相互关系同画在一个坐标图上，这种曲线叫作通用特性曲线。

4.5 通风机工况点及其经济运行

4.5.1 工况点的确定方法

所谓工况点，即风机在某一特定转速和工作风阻条件下的工作参数，如 Q、H、N 和 η 等，一般是指 H 和 Q 两个参数。

已知通风机的特性曲线，设地下工程自然风压忽略不计，则可用下列方法求风机工况点。

① 图解法：当管网上只有一台通风机工作时，只要在风机风压特性（H-Q）曲线的坐标上，按相同比例作出工作管网的风阻曲线，与风压曲线的交点坐标值，即为通风机的工作风压和风量。通过交点作 Q 轴垂线，与 N-Q 和 η-Q 曲线相交，交点的纵坐标即为风机的轴功率 N 和效率 η。

图解法的理论依据是：风机风压特性曲线的函数式为 $H = f(Q)$，管网风阻特性（或称阻力特性）曲线函数式是 $h = RQ^2$，风机风压 H 用于克服阻力 h，所以 $H = h$，因此两曲线的交点，即两方程的联立解。由此可见，图解法的前提是风压与其所克服的阻力相对应。

以抽出式通风地下工程（安有外接扩散器）为例，如已知通风机装置静压特性曲线 H_s-Q，则对应地要用地下工程系统总风阻 R_s（包括风硐风阻）作风阻特性曲线，求工况点。

若使用厂家提供的是不加外接扩散器的静压特性曲线 H_s-Q，则要考虑安装扩散器所回收的风机出口动能的影响，此时所用的风阻 R_s 应小于 R_m，即

$$R_s = R_m - (R_v - R_d - R_{vd}) \tag{4-35}$$

式中 R_v——相当于风机出口动能损失的风阻；

$$R_v = \frac{\rho}{2 S_v^2}$$

S_v——风机出口断面,即外接扩散入口断面;

R_d——扩散器风阻;

R_{vd}——相当于扩散器出口动能损失的风阻;

$$R_{vd} = \frac{\rho}{2S_{vd}^2}$$

S_{vd}——扩散器出口断面。

若使用通风机全压特性曲线 H_t-Q,则需用全压风阻 R_t 作曲线,且

$$R_t = R_m + R_d + R_{vd} \tag{4-36}$$

若使用通风机装置全压特性曲线 H_{td}-Q,则该装置全压风阻应为 R_{td},且

$$R_{td} = R_m + R_{vd} \tag{4-37}$$

应当指出,在一定条件下运行时,不论是否安装外接扩散器,通风机全压特性曲线都是唯一的,通风机装置的全压和静压特性曲线则因所安设扩散器的规格、质量而有所变化。

② 解方程法:随着电子计算机的应用,复杂的数学计算已成为可能。风机的风压曲线可用下面多项式拟合:

$$H = a_0 + a_1 Q + a_2 Q^2 + a_3 Q^3 \tag{4-38}$$

式中 a_1,a_2,a_3——曲线拟合系数。曲线的多项式次数根据计算精度要求确定,一般取 3,精度要求较高时也可取 5。

在风机风压特性曲线的工作段上选取 i 个有代表性的工况点(H_i、Q_i),一般取 $i=6$。通常用最小二乘法求方程中各项系数,也可将已知的 H_i、Q_i 值代入上式,即得含 i 个未知数的线性方程,解此联立线性方程组,即得风压特性曲线方程中的各项拟合系数。

对于某一特定地下工程,可列出通风阻力方程:

$$h = RQ^2 \tag{4-39}$$

式中 R——通风机工作管网风阻,可根据上述方法确定。

解式(4-37)、式(4-38)两联立方程,即可得到风机工况点。

如果地下工程自然风压不能忽略,用图解法求工况点的方法见本章 4.6 节中通风机的自然风压串联工作。

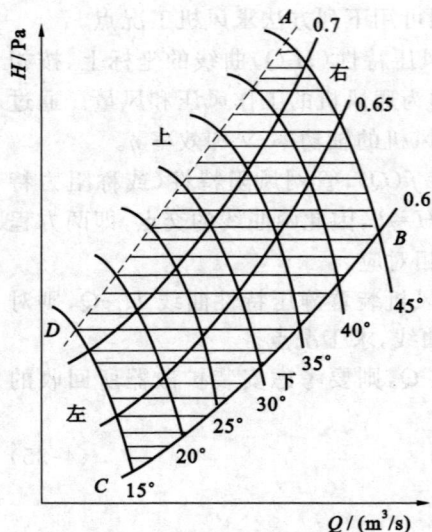

图 4-23 轴流式通风机的合理工作范围

若井口漏风较大,通风系统因外部漏风通道并联而风阻减小,此时应算出考虑外部漏风后的地下工程系统总风阻,然后按上述方法求工况点。

4.5.2 通风机工况点的合理工作范围

为使通风机安全、经济地运转,它在整个服务期内的工况点必须在合理的范围之内。

从经济的角度出发,通风机的运转效率不应低于 60%;从安全方面来考虑,其工况点必须位于驼峰点的右下侧、单调下降的直线段上。由于轴流式通风机的性能曲线存在马鞍形区段,为了防止地下工程风阻偶尔增加等原因,使工况点进入不稳定区,一般限定实际工作风压不得超过最高风压的 90%,即 $H_s < 0.9 H_{s,\max}$。

轴流式风机的工作范围如图 4-23 的阴影部分所示,上限

为最大风压 9/10 的连线,下限为 $\eta=0.6$ 的等效曲线。通风机动轮的转速不应超过额定转速。

分析主要通风机的工况点合理与否,应使用实测的风机装置特性曲线。因厂方提供的曲线一般与实际不符,应用时会得出错误的结论。

4.5.3 主要通风机工况点调节

在地下工程中,通风机的工况点常因作业点的增减和转移、有害气体涌出量等自然条件变化和风机本身性能变化(如磨损)而改变。为了保证地下工程的按需供风和风机经济运行,需要适时地进行工况点调节。实质上,工况点调节就是供风量的调节。由于风机的工况点是由风机和风阻两者的特性曲线决定的,所以,欲调节工况点,只需改变两者之一或同时改变即可。据此,工况点调节方法主要有如下两种。

(1) 改变风阻特性曲线

当风机特性曲线不变时,改变其工作风阻,工况点沿风机特性曲线移动。

① 增风调节。为了增加地下工程的供风量,可以采取下列措施:

a. 减少地下工程总风阻。在地下工程(或系统)的主要进、回风道采取增加并联巷道、缩短风路、扩刷巷道断面、更换摩擦阻力系数小的支架(护)、减小局部阻力等措施,均可收到一定效果。这种调节措施的优点是,主通风机的运转费用经济,但有时工程费用较大。

b. 当地面外部漏风较大时,可以采取堵塞地面的外部漏风措施。这样做,通风机的风量虽然会因其工作风阻增大而减小,但地下工程风量会因有效风量率的提高而增大。这种方法实施简单、经济效益较好,但调节幅度不大。

② 减风调节。当地下工程风量过大时,应进行减风调节。其方法有:

a. 增阻调节。对于离心式通风机,可利用风硐中闸门增阻(减小其开度)。这种方法实施较简单,但无故增阻会增加附加能量损耗。调节时间不宜过长,只能作为权宜之计。

b. 对于轴流式通风机,当其 $N\text{-}Q$ 曲线在工作段具有单调下降特点,基于种种原因不能实施低转速和减少叶片安装角度 θ 时,可以用增大外部漏风的方法来减小地下工程风量。这种方法比增阻调节要经济,但调节幅度较小。

(2) 改变风机特性曲线

这种调节方法的特点是地下工程总风阻不变,改变风机特性,工况点沿风阻特性曲线移动。调节方法如下:

① 轴流式通风机可采用改变叶片安装角度达到增减风量的目的。但要注意的是,防止因增大叶片安装角度而导致进入不稳定区运行。对于有些轴流式通风机,还可以通过改变叶片数改变风机的特性。改变叶片数时,应按说明书规定进行。对于能力过大的双级动轮风机,还可以减少动轮级数,减少供风。目前,有些从国外进口的风机能够在风机运转时自动调节叶片安装角。如淮南潘一煤矿和谢桥煤矿从德国进口的 GAF 轴流式通风机,自带状态监测和控制计算机。只需向计算机输入要求的风机工作风量,计算机就能自动选择并调节到合适的叶片安装角。

② 装有前导器的离心式通风机,可以改变前导器叶片转角进行风量调节。风流经过前导器叶片后发生一定预旋,能在很小或没有冲角的情况下进入风机。前导叶片转角由 0°变为 90°时,风压曲线降低,风机效率也有所降低。但调节幅度不大(风机效率仍在 70% 以上)时,比增阻调节经济。图 4-21 是 G4-73 风机调节范围在 0°~60° 时的无因次特性曲线。

③ 改变风机转速。无论是轴流式通风机还是离心式通风机都可采用此调节方法。调节的理论依据是相似定律,即

$$\frac{n}{n_0} = \frac{Q}{Q_0} = \sqrt{\frac{H}{H_0}} = \sqrt[3]{\frac{N}{N_0}} \qquad (4\text{-}40)$$

a.改变电机转速。可采用可控硅串级调速、更换合适转速的电动机和采用变速电机(此种电机价格高)等方法。

b.利用传动装置调速。例如,利用液压联轴器调速。其原理是通过改变联轴器工作室内的液体量来调节风机转速;利用皮带轮传动的风机可以更换不同直径的皮带轮,改变传动比。这种方法只适用于小型离心式通风机。

调节转速没有额外的能量损耗,对风机的效率影响不大,因此是一种较经济的调节方法,当调节期长、调节幅度较大时应优先考虑。但要注意,增大转速可能会使风机震动增加,噪声增大,轴承温度升高和发生电动机超载等问题。

调节方法的选择,取决于调节期长短、调节幅度、投资大小和实施的难易程度。调节之前应拟定多种方案,经过技术和经济比较后择优选用。选用时,还要考虑实施的可能性。有时,可以考虑采用综合措施。

4.6 通风机的联合运转

在地下工程生产和建设时期,通风系统的阻力是经常变化的。当管网的阻力变大到使一台风机不能保证按需供风时,就有必要利用 2 个或 2 个以上风机进行联合工作,以达到增加风量的目的。2 个或 2 个以上风机同在一个管网上工作叫作风机联合工作。两个风机联合工作与一台风机单独工作有所不同。如果不能掌握风机联合工作的特点和技术,将会导致后果不良,甚至可能损坏风机。因此,分析风机联合运转的特点、效果、稳定性和合理性是十分必要的。

风机联合工作可分为串联和并联两大类。下面就两种联合工作的特点进行分析。

4.6.1 风机串联工作

一台风机的吸风口直接或通过一段巷道(或管道)联结到另一个风机的出风口上同时运转,称为风机串联工作。

风机串联工作的特点是,通过管网的总风量等于每台风机的风量(没有漏风)。两台风机的工作风压之和等于所克服管网的阻力。即

$$h = H_{s1} + H_{s2}$$
$$Q = Q_1 = Q_2$$

式中 h——管网的总阻力;

H_{s1},H_{s2}——1、2 两台风机的工作静压;

Q——管网的总风量;

Q_1,Q_2——1、2 两台风机的风量。

(1)风压特性曲线不同风机串联工作

① 串联风机的等效特性曲线。如图 4-24 所示,两台不同型号风机 F_1 和 F_2 的特性曲线分别为 Ⅰ、Ⅱ。两台风机串联的等效合成曲线 Ⅰ＋Ⅱ 按风量相等风压相加原理求得。即在两个风机的风量范围内,作若干条风量坐标的垂线(即等风量线),在等风量线上将两个风机的风压相加,得该风量下串联等效风机的风压(点),将各等效风机的风压点连起来,即可得到风机串联工作时等效合成特性曲线 Ⅰ＋Ⅱ。

② 风机的实际工况点。在风阻为 R 的管网上风机串联工作时,各风机的实际工况点按下述方法求得:在等效风机特性曲线 Ⅰ+Ⅱ 上作管网风阻特性曲线 R,两者交点为 M_0,过 M_0 作横坐标垂线,分别与曲线 Ⅰ 和 Ⅱ 相交于点 $M_Ⅰ$ 和 $M_Ⅱ$,此两点即为两风机的实际工况点。

为了衡量串联工作的效果,可用等效风机产生的风量 Q 与能力较大风机 F_2 的单独工作产生风量 $Q_Ⅱ$ 之差表示。由图 4-24 可知,当工况点位于合成特性曲线与能力较大风机 F_2 性能曲线 Ⅱ 交点 A(通常称为临界工况点)的左上方(如 M_0)时,$\Delta Q = Q - Q_Ⅱ > 0$,则表示串联有效;当工况点 M' 与 A 点重合(即管网风阻 R' 通过 A 点)时,$\Delta Q = Q' - Q_Ⅱ = 0$,则串联无增风;当工况点 M'' 位于 A 点右下方(即管网风阻为 R'')时,$\Delta Q = Q' - Q_Ⅱ < 0$,则串联不但不能增风,反而有害,即小风机成为大风机的阻力。这种情况下串联显然是不合理的。

通过点 A 的风阻为临界风阻,其值大小取决于两风机的特性曲线。欲将两台风压曲线不同的风机串联工

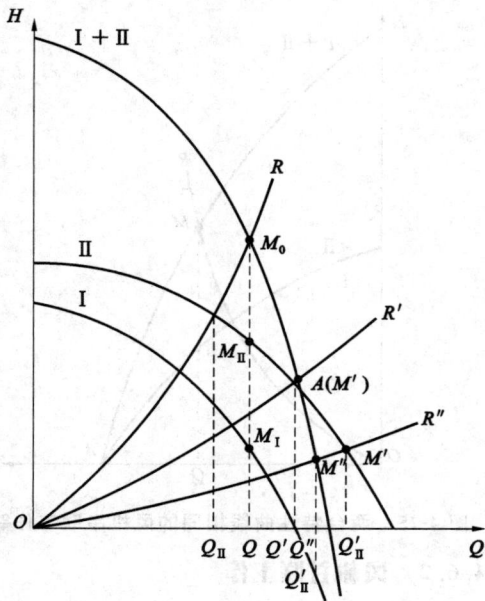

图 4-24 串联风机的等效特性曲线

作时,事先应将两风机所决定的临界风阻 R' 与管网风阻 R 进行比较,当 $R' < R$ 时方可应用。还应该指出的是,对于某一形状的合成特性曲线,串联增风量取决于管网风阻。

(2)风压特性曲线相同风机串联工作

图 4-25 所示为两台特性曲线相同(性能曲线 Ⅰ 和 Ⅱ 重合)的风机串联工作。由该图可知,临界点 A 位于 Q 轴上。这就意味着在整个合成曲线范围内串联工作都是有效的,不过工作风阻不同增风效果不同而已。

根据上述分析可得出如下结论:

① 风机串联工作适用于因风阻大而风量不足的管网;风压特性曲线相同的风机串联工作较好;串联合成特性曲线与工作风阻曲线相匹配,才会有较好的增风效果。

② 串联工作的任务是增加风压,用于克服管网过大阻力,保证按需供风。

(3)风机与自然风压串联工作

① 自然风压特性。

自然风压特性是指自然风压与风量之间的关系。在机械通风地下工程中,冬季自然风压随风量增大略有增大;夏季,若自然风压为负,则其绝对值亦将随风量增大而增大。风机停止工作时,自然风压依然存在。故一般用平行于 Q 轴的直线表示自然风压的特性,如图 4-26 中直线 Ⅱ 和 Ⅱ′ 分别表示正的和负的自然风压特性。

② 自然风压对风机工况点的影响。

在机械通风地下工程中,自然风压对机械风压的影响,类似于两个风机串联工作。如图 4-26 所示,地下工程风阻曲线为 R,风机特性曲线为 Ⅰ,自然风压特性曲线为 Ⅱ,按风量相等风压相加原理,可得到正负自然风压与风机风压的合成特性曲线 Ⅰ+Ⅱ 和 Ⅰ+Ⅱ′。风阻 R 与其交点分别为点 $M_Ⅰ$ 和 $M_Ⅰ'$,据此可得通风机的实际工况点为点 M 和 M'。由此可见,当自然风压为正时,机械风压与自然风压共同作用克服地下工程通风阻力,使风量增加;当自然风压为负时,成为地下工程通风阻力。

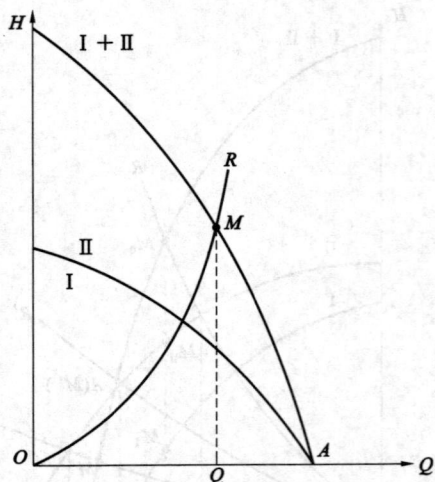

图 4-25 两台特性曲线相同的风机串联工作等效曲线

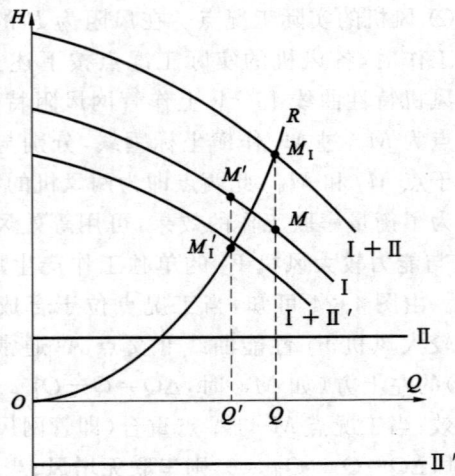

图 4-26 风机与自然风压串联工作等效曲线

4.6.2 风机并联工作

如图 4-27 所示,两台风机的吸风口直接或通过一段巷道联结在一起工作叫作风机并联。风机并联有集中并联和对角并联之分。

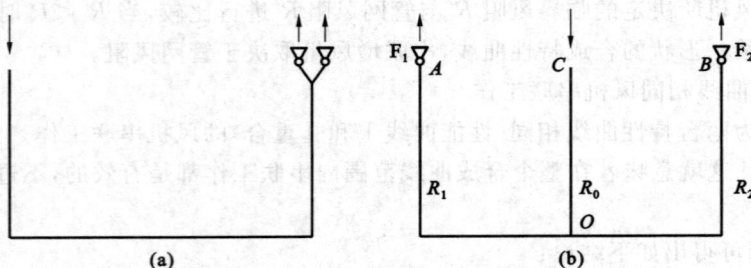

图 4-27 风机并联工作布置简易图

(a) 集中并联;(b) 对角并联

4.6.2.1 集中并联

理论上,两个风机的吸风口(或出风口)可视为连接在同一点。所以两风机的装置静压相等,等于管网阻力;两风机的风量流过同一条巷道,故通过巷道的风量等于两台风机风量之和。即

$$h = H_{s1} = H_{s2}$$

$$Q = Q_1 + Q_2$$

式中符号含义同前。

(1) 风压特性曲线不同风机并联工作

如图 4-28 所示,两台不同型号风机 F_1 和 F_2 的特性曲线分别为Ⅰ、Ⅱ。两台风机并联后的等效合成曲线Ⅲ可按风压相等风量相加原理求得。即在两个风机的风压范围内,作若干条等风压线(即压力坐标轴的垂线),在等风压线上把两个风机的风量相加,得该风压下并联等效风机的风量(点),将等效风机的各个风量点连起来,即可得到风机并联工作时等效合成特性曲线Ⅲ。

风机并联后在风阻为 R 的管网上工作,R 与等效风机的特性曲线Ⅲ的交点为 M,过 M 作纵坐标轴垂线,分别与曲线Ⅰ和Ⅱ相交于点 M_{I} 和 M_{II},此两点即是 F_1 和 F_2 两风机的实际工况点。

并联工作的效果,也可用并联等效风机产生的风量 Q 与能力较大风机 F_1 的单独工作产生风量 Q_1 之差来分析。由图 4-28 可见,当 $\Delta Q = Q - Q_1 > 0$,即工况点 M 位于合成特性曲线与大风机曲线的交点 A 右下方时,则并联有效;当管网风阻 R'(称为临界风阻)通过 A 点时,$\Delta Q = 0$,则并联增风无效;当管网风阻 $R'' > R'$,且工况点 M'' 位于 A 点左上方时,$\Delta Q < 0$,则并联不但不能增风,反而有害,即小风机反向进风,并联有害。

此外,由于轴流式通风机的特性曲线存在马鞍形区段,因而合成特性曲线在小风量时比较复杂,当管网风阻 R 较大时,风机可能出现不稳定工作情况。

(2)风压特性曲线相同风机并联工作

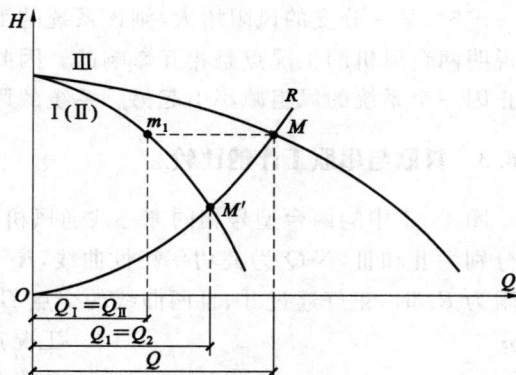

图 4-29 所示为两台特性曲线 Ⅰ(Ⅱ)相同的风机 F_1 和 F_2 并联工作。曲线 Ⅲ 为其合成特性曲线,R 为管网风阻。M 和 M' 为并联的工况点和单独工作的工况点。由 M 作等风压线与曲线 Ⅰ(Ⅱ)相交于点 m_1,此即风机的实际工况点。由图可见,总有 $\Delta Q = Q - Q_1 > 0$,且 R 越小,ΔQ 越大。

应该指出,两台特性相同风机并联作业,同样存在不稳定工作情况。

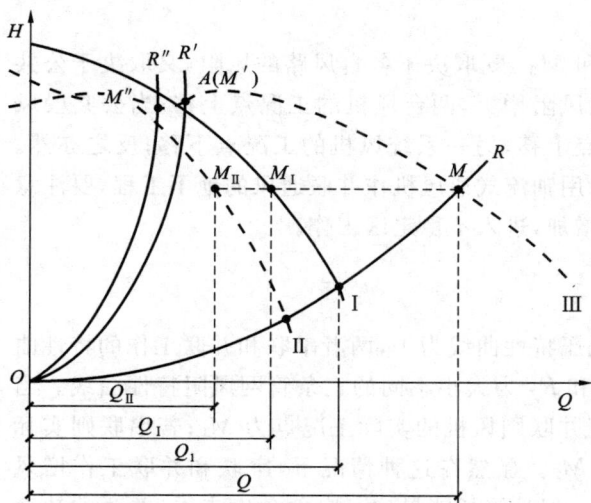

图 4-28　风机并联工作等效曲线图　　图 4-29　两台特性曲线相同的风机并联工作等效曲线

4.6.2.2　对角并联

图 4-27(b)所示的对角并联通风系统中,两台不同型号风机 F_1 和 F_2 的特性曲线分别为 Ⅰ、Ⅱ,各自单独工作的管网分别为 OA(风阻为 R_1)和 OB(风阻为 R_2),公共风路为 OC(风阻为 R_0)。为了分析对角并联系统的工况点,先将两台风机移至 O 点。方法是,按等风量条件下把风机 F_1 的风压与风路 OA 的阻力相减的原则,求风机 F_1 为风路 OA 服务后的剩余特性曲线 Ⅰ',如图 4-30(a)所示。即作若干条等风量线,在等风量线上将风机 F_1 的风压减去风路 OA 的阻力,得风机 F_1 服务风路 OA 后的剩余风压点,将各剩余风压点连起来即得剩余特性曲线 Ⅰ'。按相同方法,在等风量条件下,把风机 F_2 的风压与风路 OB 的阻力相减得到风机 F_2 为风路 OB 服务后的剩余特性曲线 Ⅱ'。这样就变成了等效风机 F_1' 和 F_2' 集中并联于 O 点,为公共风路 OC 服务,如图 4-30(b)所示。按风压相等风量相加原理求得等效风机 F_1' 和 F_2' 集中并联的特性曲线 Ⅲ,它与风路 OC 的风阻 R_0 曲线交于点 M_0,由此可得 OC 风路的风量 Q_0。

过点 M_0 作 Q 轴平行线与特性曲线 Ⅰ' 和 Ⅱ' 分别相交于 M_1' 和 M_{II}' 点。再过点 M_1' 和 M_{II}' 分别作 Q 轴垂线与曲线 Ⅰ 和 Ⅱ 相交于点 M_1 和 M_{II},此即在两个风机的实际工况点,其风量分别为 Q_1

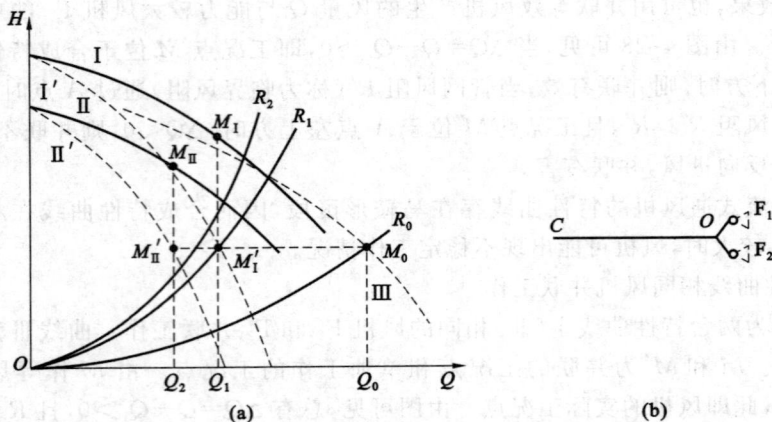

图 4-30　两台特性曲线不同的风机对角并联工作等效曲线

和 Q_2。显然，$Q_0 = Q_1 + Q_2$。

由图 4-30 可见，每个风机的实际工况点 M_1 和 M_{II}，既取决于各自风路的风阻，又取决于公共风路的风阻。当各分支风路的风阻一定时，公共段风阻增大，两台风机的工况点上移；当公共段风阻一定时，某一分支的风阻增大，则该系统的工况点上移，另一系统风机的工况点下移；反之亦然。这说明两台风机的工况点是相互影响的。因此，采用轴流式通风机作并联通风的地下工程，要注意防止因一个系统的风阻减小引起另一系统的风压增加，进入不稳定区工作。

4.6.3　并联与串联工作的比较

图 4-31 中的两台型号相同离心式通风机的风压特性曲线为Ⅰ，两者串联和并联工作的特性曲线分别为Ⅱ和Ⅲ，N-Q 为其功率特性曲线，R_1、R_2 和 R_3 为大小不同的三条管网风阻特性曲线。当风阻为 R_2 时，正好通过Ⅱ、Ⅲ两曲线的交点 B。若并联则风机的实际工况点为 M_1；若串联则实际

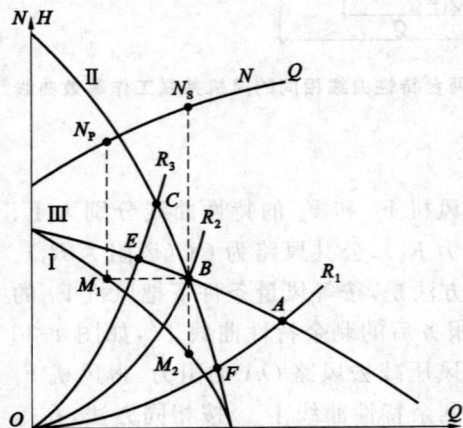

图 4-31　风机串联、并联工作特性曲线

工况点为 M_2。显然在这种情况下，串联和并联工作增风效果相同。但从消耗能量(功率)的角度来看，并联的功率为 N_1，而串联的功率为 N_2，显然 $N_2 > N_1$，故采用并联是合理的。当风机的工作风阻为 R_1、并联运行时，工况点 A 的风量比串联运行工况点 F 时大，而每台风机实际功率反而小，故采用并联较合理。当风机的工作风阻为 R_3，并联运行工况点为 E，串联运行工况点为 C 时，串联比并联增风效果好。对于轴流式通风机，则可根据其压力和功率特性曲线进行类似分析。

应该指出的是，选择联合运行方案时，不仅要考虑管网风阻对工况点的影响，还要考虑运转效率和轴功率大小。在保证增风或按需供风后应选择能耗较小的方案。

综上所述，可得如下结论：

① 并联适用于管网风阻较小，但因风机能力小导致风量不足的情况。

② 风压相同的风机并联运行较好。

③ 轴流式通风机并联作业时，若风阻过大，则可能出现不稳定运行情况。所以，使用轴流式通风机并联工作时，除要考虑并联效果外，还要进行稳定性分析。

4.7 地下工程通风设备选型

地下工程通风设备选型的主要任务是,根据通风设计参数在已有的风机系列产品中,选择适合风机型号、转速和与之相匹配的电机。所选的风机必须具有安全可靠、技术先进、经济技术指标良好等优点。

根据"煤炭工业设计规范"等技术文件的有关规定,进行通风机设备选型时,应符合下列要求:

① 风机的服务年限尽量满足第一水平通风要求,并适当照顾第二水平通风;在风机的服务年限内,其工况点应在合理的工作范围之内。

② 当风机服务年限内通风阻力变化较大时,可考虑分期选择电机,但初装电机的使用年限不小于 5 年。

③ 风机的通风能力应留有一定富余量。在最大设计风量时,轴流式通风机的叶片安装角一般比允许使用最大值小 5°;风机的转速不大于额定值的 90%。

④ 考虑风量调节时,应尽量避免使用风硐闸门调节。

⑤ 正常情况下,主通风机不采用联合运转。

选型必备的基础资料有:通风机的工作方式(是抽出式还是压入式);地下工程瓦斯等级;地下工程不同时期的风量;通风机服务年限内的最大阻力和最小阻力及风井是否作提升用等。通风机选型按下列步骤进行。

(1) 计算风机工作参数

计算风机工作风量 Q_f,最大和最小静压(抽流式)$H_{s,max}$、$H_{s,min}$,或全压(离心式)$H_{t,max}$、$H_{t,min}$。

(2) 初选风机

根据 Q_f、$H_{s,max}$、$H_{s,min}$(或 $H_{t,max}$、$H_{t,min}$)在新型高效风机特性曲线上用直观法筛选出满足风量和风压要求的若干个风机。

(3) 求风机的实际工点

因为根据 Q_f、$H_{s,max}$、$H_{s,min}$(或 $H_{t,max}$、$H_{t,min}$)确定的工况点即设计工况点不一定恰好在所选择风机的特性曲线上,所以风机选择后必须确定实际工况点。

① 计算风机的工作风阻。

用静压特性曲线时,最大静压工作风阻按下式计算:

$$R_{s,max} = \frac{H_{s,max}}{Q_f^2} \tag{4-41}$$

② 同理可算出最小工作静风阻 $R_{s,min}$。用全压特性曲线时,根据风机的最大和最小工作全压计算出最大和最小全压工作风阻 $R_{t,max}$ 和 $R_{t,min}$。

在风机特性曲线上作工作风阻曲线,与风压特性曲线的交点即为实际工况点。

(4) 确定风机的型号和转速

根据实际工况点所确定的各个风机的轴功率大小,并考虑对风机调节性能的要求,进行经济、技术比较,最后确定风机的型号和转速。

(5) 电机选择

① 根据最后选择风机的实际工况点(H、Q 和 η),按下式计算所匹配电机的功率:

$$N_{m,max} = \frac{Q_{f,max} H_{max}}{1000\eta \cdot \eta_{tr}} K_m$$

$$N_{\mathrm{m,min}} = \frac{Q_{\mathrm{f,min}} H_{\mathrm{min}}}{1000\eta \cdot \eta_{\mathrm{tr}}} K_{\mathrm{m}} \qquad (4\text{-}42)$$

式中　$N_{\mathrm{m,max}}(N_{\mathrm{m,min}})$——通风阻力最大(最小)时期所配电机功率,kW;

　　　$Q_{\mathrm{f,max}}(Q_{\mathrm{f,min}})$——通风阻力最大(最小)时期风机工作风量,m³/s;

　　　$H_{\mathrm{max}}(H_{\mathrm{min}})$——风机实际最大(最小)工作风压,Pa;

　　　η——通风机工作效率(用全压时为 η_{t},用静压时为 η_{s}),%;

　　　η_{tr}——传动效率,直联传动时 $\eta_{\mathrm{tr}}=1$,皮带传动时 $\eta_{\mathrm{tr}}=0.95\sim0.9$,联轴器传动时 $\eta_{\mathrm{tr}}=0.98$;

　　　K_{m}——电机容量备用系数,取 $1.1\sim1.2$。

② 电机种类及台数选择。

当电机功率 $N_{\mathrm{m,max}}>500$ kW 时,宜选用同步电机,功率为 $N_{\mathrm{m,max}}$,其优点是在低负荷运转时可用来改善电网功率因数,缺点是初期投资大。

采用异步电机时,当 $N_{\mathrm{m,min}}/N_{\mathrm{m,max}}\geqslant0.6$ 时,可选一台电机,功率为 $N_{\mathrm{m,max}}$;当 $N_{\mathrm{m,min}}/N_{\mathrm{m,max}}<0.6$ 时,选两台电机,后期电机功率为 $N_{\mathrm{m,max}}$,初期电机功率可按下式计算:

$$N_{\mathrm{m}} = \sqrt{N_{\mathrm{m,max}} N_{\mathrm{m,min}}} \qquad (4\text{-}43)$$

根据计算的 $N_{\mathrm{m,max}}$、N_{m} 和通风机要求的转数,在电机设备手册上选用合适的电机。

【例 4-2】　某地下工程为抽出式通风,高瓦斯地下工程,地下工程需风量为 $Q_{\mathrm{m}}=400$ m³/s,地下工程投产后 20 年内最大和最小通风阻力分别为 $h_{\mathrm{max}}=2551$ Pa 和 $h_{\mathrm{min}}=1668$ Pa,阻力最大和最小时自然风压分别为 $H_{\mathrm{NOP}}=49$ Pa 和 $H_{\mathrm{NAS}}=147$ Pa,风井不作提升用,试选地下工程主要通风机和主要电机。(注:H_{NOP}、H_{NAS} 分别指最大通风阻力时期反对机械通风的自然风压,最小通风阻力时期帮助机械通风的自然风压。)

【解】　(1) 计算主通风机的工作风量
$$Q_{\mathrm{f}} = KQ_{\mathrm{m}} = 40 \times 1.15 = 46(\mathrm{m}^3/\mathrm{s}) = 16.56 \times 10^4 (\mathrm{m}^3/\mathrm{h})$$

(2) 计算风机工作风压

取通风机装置各部分阻力 $\Delta h=196$ Pa,风机装置动压 $h_{\mathrm{vd}}=49$ Pa,则
$$H_{\mathrm{s,max}} = h_{\mathrm{max}} + \Delta h + H_{\mathrm{NOP}} = 2551 + 196 + 49 = 2796(\mathrm{Pa})$$
$$H_{\mathrm{s,min}} = h_{\mathrm{min}} + \Delta h - H_{\mathrm{NAS}} = 1668 + 196 - 147 = 1717(\mathrm{Pa})$$

(3) 通风机的全压
$$H_{\mathrm{t,max}} = h_{\mathrm{max}} + \Delta h + h_{\mathrm{vd}} + H_{\mathrm{NOP}} = 2551 + 196 + 49 + 49 = 2845(\mathrm{Pa})$$
$$H_{\mathrm{t,min}} = h_{\mathrm{min}} + \Delta h + h_{\mathrm{vd}} - H_{\mathrm{NAS}} = 1668 + 96 + 49 - 147 = 1766(\mathrm{Pa})$$

(4) 根据设计工况点初选风机

① 在 4-72-11 型离心式通风机性能曲线(图 4-32)风量坐标 $Q=46$ m³/s 点,作 Q 轴垂线,在风压坐标 $H_{\mathrm{t}}=1766$ Pa 和 $H_{\mathrm{t}}=2845$ Pa 点作 Q 轴平行线,三条线段分别相交于 M_1 和 M_2 两点,由图 4-32 可见,能使两个时期工况点都在合理工作范围内的风机只有 No.20 风机。

② 在 G4-73-11 型离心式通风机性能曲线(图 4-33)风量坐标 $Q=16.56\times10^4$ m³/h 点,作 Q 轴垂线,在风压坐标 $H_{\mathrm{t}}=1766$ Pa 和 $H_{\mathrm{t}}=2845$ Pa 点作 Q 轴平行线,三条线段分别相交于 M_2 和 M_1 两点,由图 4-33 可见,能使两个时期工况点满足要求的风机只有 No.20 较好。

③ 观察 2K-60 系列轴流式通风机性能曲线(图 4-34)可知,No.18 号风机基本可满足要求,在其风量坐标 $Q=46$ m³/s 点,作 Q 轴垂线,在风压坐标 $H_{\mathrm{t}}=1766$ Pa 和 $H_{\mathrm{t}}=2845$ Pa 点作 Q 轴平行线,三条线段分别相交于 M_1 和 M_2 两点,由图 4-34 可见,此两个工况点均在合理工作范围内,故初选 No.18($Z_1=7$,$Z_2=7$)风机。

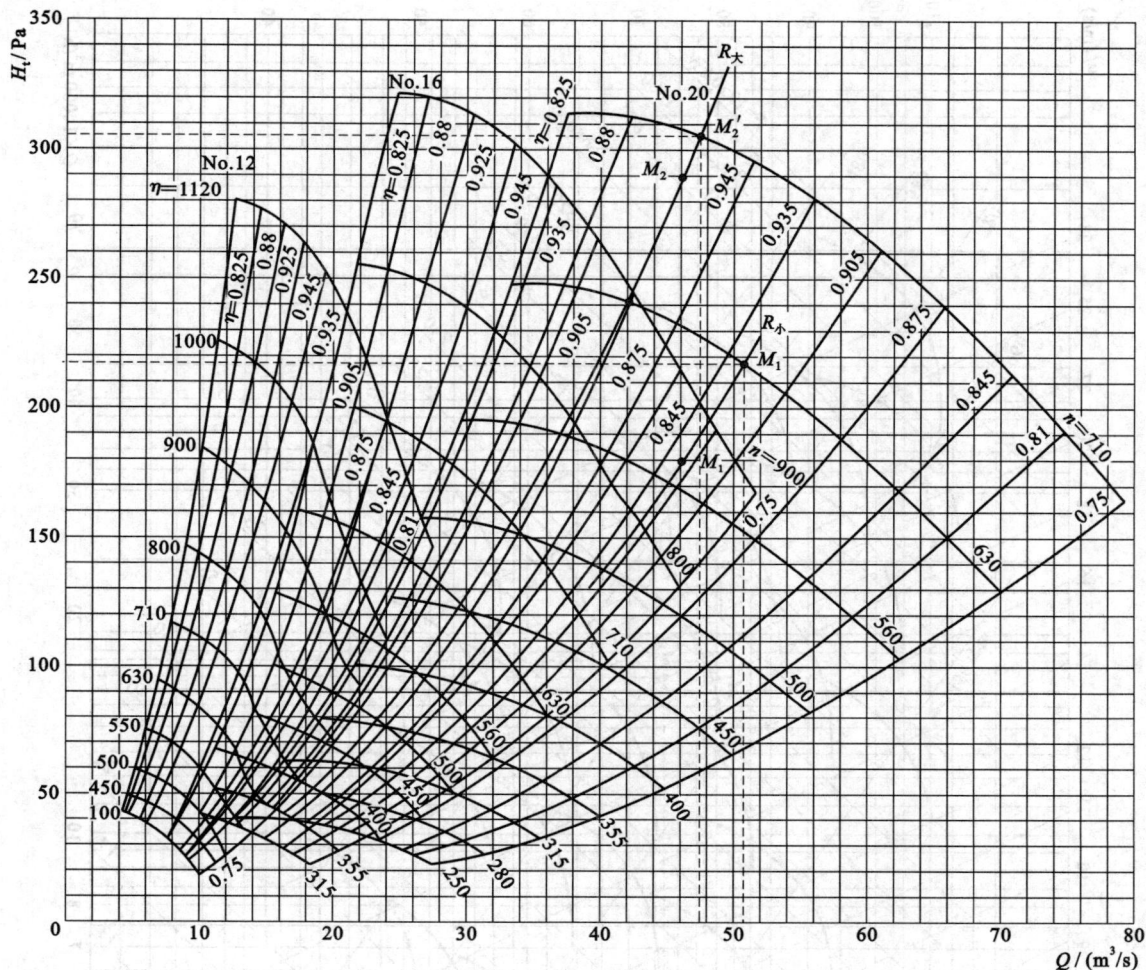

图 4-32　4-72-11 型离心式通风机性能曲线

（5）求风机的实际工况点

① 计算风机的工作风阻。

a. 离心式通风机的工作风阻。

$$R_{t,max} = \frac{H_{t,max}}{Q_f^2} = \frac{2845}{46^2} = 1.3445(N \cdot s^2/m^8)$$

$$R_{t,min} = \frac{H_{t,min}}{Q_f^2} = \frac{1766}{46^2} = 0.8346(N \cdot s^2/m^8)$$

b. 轴流式通风机工作风阻。

$$R_{s,max} = \frac{H_{s,max}}{Q_f^2} = \frac{2796}{46^2} = 1.321(N \cdot s^2/m^8)$$

$$R_{s,min} = \frac{H_{s,min}}{Q_f^2} = \frac{1766}{46^2} = 0.8114(N \cdot s^2/m^8)$$

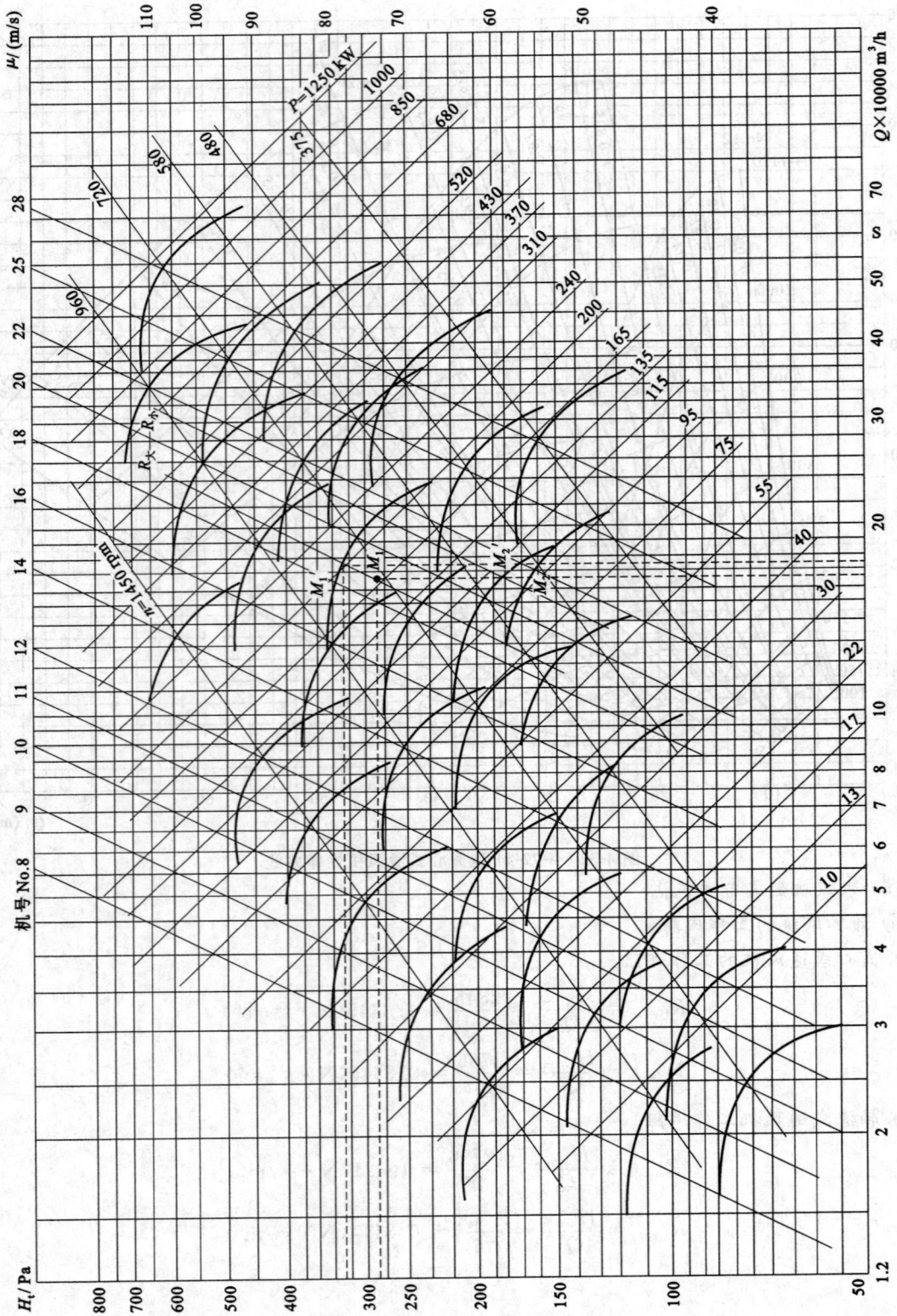

图 4-33　G4-73-11 型离心式通风机性能曲线

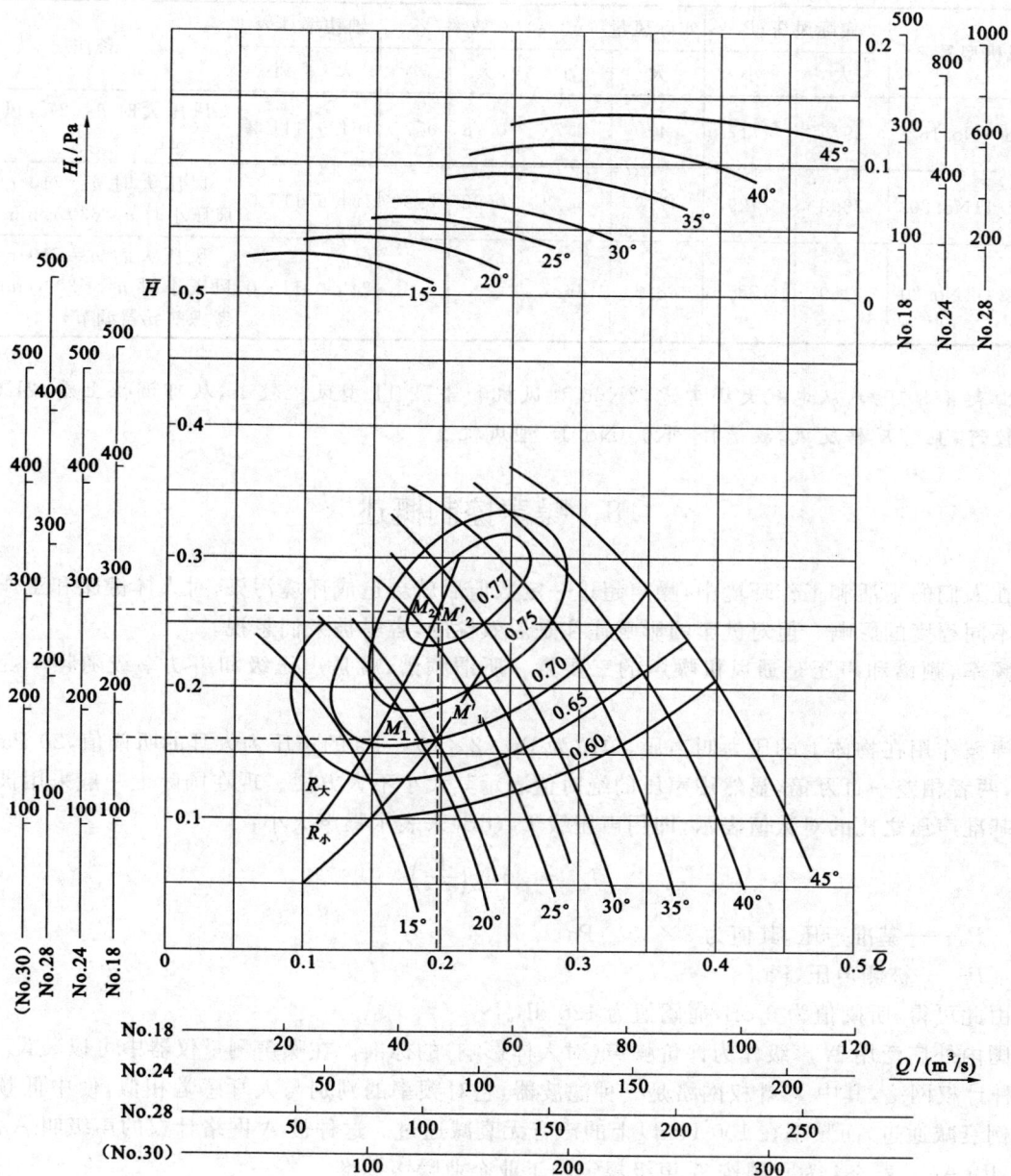

图 4-34 2K-60 系列轴流式通风机性能曲线

No. 18，$n=985$ r/min；No. 24，$n=750$ r/min；No. 28，$n=600$ r/min

② 根据风机的工作风阻,分别在初选的三个风机上作风阻曲线。由作图所得的三个初选风机的实际工况点 M_1' 和 M_2' 的坐标列入表 4-3 中。

表 4-3

风机性能参数选择

风机型号	实际风压/Pa		实际风量/(m³/s)		效率/%		轴功率/kW		备注
	大	小	大	小	大	小	大	小	
2K60-No.18	2976	1717	47	47	0.78	0.70	164.9	111.2	风压大时 $\theta=27°$,风压小时 $\theta=21°$
4-72-11No.20	2992	2129	47.8	50.2	0.92	0.93	154.5	115.0	风压大时 $n=710$ r/min,风压小时 $n=630$ r/min
G4-73-11No.20	3159	1785	48.3	46.7			240.0	115.0	风压大时 $n=710$ r/min,风压小时 $n=630$ r/min(未考虑前导器调节)

由表 4-3 可知,从电耗大小考虑,2K60 型风机和 4-72-11 型风机较小,从可调性上看,2K60 型风机较好,且可反转反风,故选择 2K60-No.18 型风机。

4.8 噪声控制概述

在人们的生活和工作环境中,噪声超过一定数值后就会造成环境污染,对人体健康和工作效率都有不同程度的影响。但对健康的影响往往是后效性的,容易被人们忽视。

频率、频谱和声压是通风机噪声的三要素。所谓频谱,就是声压级和声功率级随频率变化的图形。

声波作用在物体上的压力叫声压,单位为 Pa。$2×10^{-5}$ Pa 的声压为人耳的听阈值,20 Pa 为痛阈值,两者相差一百万倍,显然用声压的绝对值表示其大小不太方便。现在国际上一般采用被测声压与基准声压之比的对数值表示,即用声压级 L_P(dB)来表示噪声大小:

$$L_P = 20 \lg\left(\frac{P}{P_0}\right) \tag{4-44}$$

式中　P_0——基准声压,其值为 $2×10^{-5}$ Pa;

　　　P——被测声压,Pa。

由此可得,听阈值为 0 dB,痛阈值为 120 dB。

国内外广泛用 A 声级作为评价噪声(对人体影响)的标准。在噪声测量仪器中可以装设 A、B、C 三种计权网络,其中 A 计权网络是一种滤波器,它对频率的判别与人耳感觉相似,使中低频声波按比例衰减通过,而频率在 100 Hz 以上的声音无衰减通过。这种被 A 网络计权的声级叫 A 声级,记为 dB(A)。表 4-4 为我国按 A 声级规定的工业企业噪声标准。

表 4-4

工业企业噪声标准

每工作日接触噪声时间/h	新建、改建和扩建企业允许噪声级/dB(A)	现有达不到标准的企业允许噪声级/dB(A)
8	85	90
4	88	93
2	91	96
1	94	99
最高不得超过 115 dB(A)		

我国主要通风机的噪声(1 m 附近)一般为 100～120 dB,风机房噪声达 90 dB(A)以上,近年生产的对旋风机噪声相对较低。因此,把噪声控制在规定的范围之内,是不可忽视的任务。

① 风机产生噪声原因,归纳起来有:

a. 空气动力噪声,即由气流的冲击和涡流引起的噪声;

b. 机械振动噪声,是动轮等回转体不平衡及轴承磨损等原因引起的;

c. 空气与机械互相作用而引起的噪声。

② 噪声的危害,归纳起来有:

a. 噪声是一类引起人烦躁或音量过强而危害人体健康的声音。

b. 噪声给人带来生理上和心理上的危害主要有以下几方面:(a) 噪声会损伤听力;(b) 噪声干扰睡眠,使人疲倦;(c) 噪声干扰交谈、通信、思考;(d) 噪声诱发各种疾病,例如:心律不齐、血管痉挛、血压升高、消化不良、食欲不振等,有害于人的心血管系统,影响人的神经系统;(e) 噪声影响儿童智力和胎儿发育;(f) 噪声引起烦恼,使人急躁、易怒;(g) 噪声影响安全生产和降低劳动生产率。

③ 减小风机噪声的根本对策是风机的结构要设计合理,零件的加工精度高,即制造噪声低的风机;对于高噪声的风机要采取多种消音措施,实行综合治理。可采取如下措施:

a. 隔音。用消声材料将发声体与周围环境隔开。隔音效果取决于隔音体的结构及材料的面密度和厚度。如在 70B2-21-24 型风机的两侧砌筑 24 cm 厚的砖墙、顶盖采用 1.5 mm 的钢板,隔音量为 27 dB(A);电机房隔音,以减少电机噪声及由机体传出的固体声;还可以建造隔音值班室,以保护值班人员免受噪声危害。为了提高隔音效果,可以在机体隔音室的壁面上敷设吸声层。吸音材料可以用超细玻璃棉、甘蔗板等材料,如图 4-35 所示。

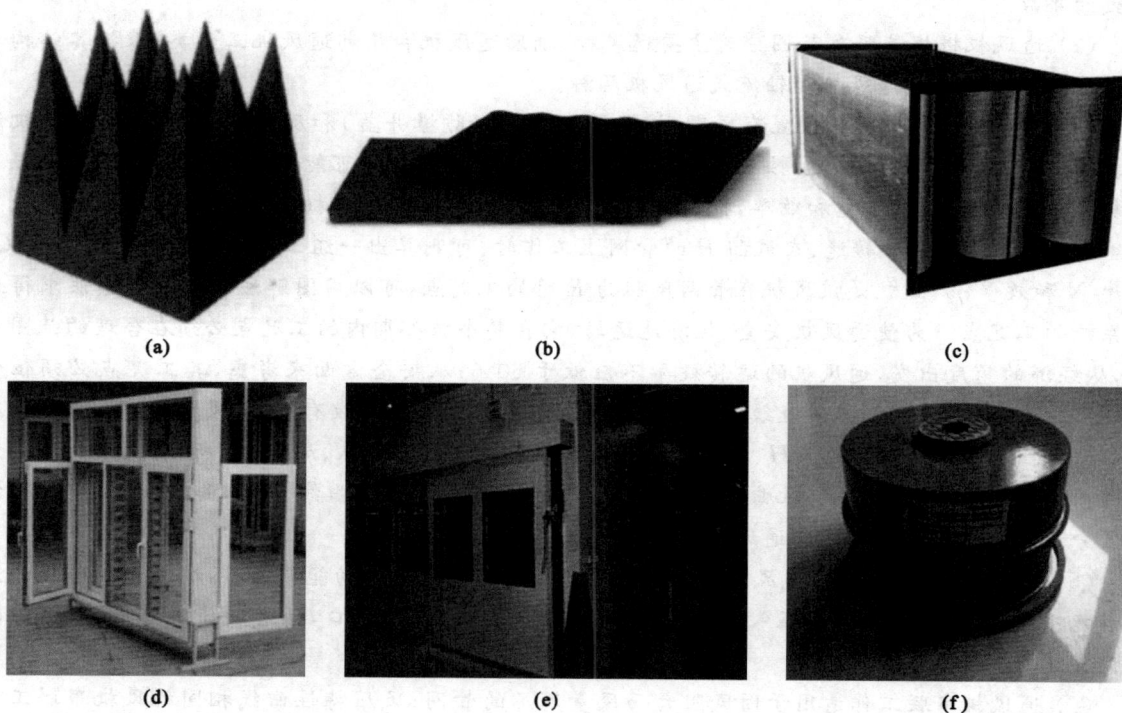

(a)   (b)   (c)

(d)   (e)   (f)

图 4-35　各种消音、吸音和隔音设备示意图

(a) 吸声尖壁;(b) 吸声棉;(c) 消声器;(d) 隔音门窗;(e) 隔音间;(f) 隔振器

b. 扩散器风道消声。风机的噪声源主要是风机出口风道里折气流冲击引起的空气动力噪声。用消声器减小或消除空气动力噪声是减少噪声的主要途径之一。消声器是既能够消除或减弱噪声的传播,而又允许气流通过的装置。

消声器有阻性和抗性两种。阻性消声器是依靠其壁面上的吸音材料来吸收声能,达到消除中、高频噪声的目的;抗性消声器主要是依靠空腔共振或改变声阻抗的原理减少声能辐射,主要消除低、中频的噪声。

目前,主要通风机主要是采用消声装置来降低噪声。消声装置有排式和方格式两种。将多孔性材料制成的消声板(或空心砖)平行间隔地安设在风道中,组成排式消声器;若在排式消声器中增设水平消声板,即为方格式消声器;有的地下工程外接扩散器的迎风面上贴上消声板,构成消声弯头,可以降低 5~10 dB(A)。消声装置的位置,有的使用单位装设在风机扩散器的出口,有的装在外接扩散器的出口,都有较好的降噪效果。

c. 消声材料。常用的消声材料有蛭石吸声体、矿渣膨胀珍珠岩吸声砖、超细玻璃棉、甘蔗板等。选用的消声材料应具有安全性(不易燃、无二次污染),经济性(造价低、服务年限长)和实用性(具有良好的吸声性能)。

本章小结

(1) 自然风压有时帮助通风机工作,有时阻碍通风机工作,它的值可正可负,自然风压随着季节、大气温度的变化而发生变化,有效地利用和控制自然风压,可避免由自然风压造成的风流不稳导致的事故。

(2) 通风机根据其服务范围分为主要通风机、辅助通风机和局部通风机三大类;根据其结构和工作原理分为离心式通风机和轴流式通风机两种。

(3) 通风机的主要附属装置有风硐、扩散器、防爆门(防爆井盖)和反风装置;风硐与通风机连接处的气密性和防爆门的气密性直接影响通风系统的供风量,应尽可能减少其外部漏风,以增强通风机的通风效果、通风质量和效率,提高有效风量的利用率,确保通风机安全、高效运行。

(4) 当风机以某一转速、在风阻 R 的管网上工作时、可测算出一组工作参数(风压 H、风量 Q、功率 N 和效率 η),这就是该风机在管网风阻为 R 时的工况点,可以用图解法和解方程方法求得通风系统的工况点。为使通风机安全、经济地运转,它在整个服务期内的工况点必须在合理的范围之内,从经济的角度出发,通风机的运转效率不应低于 60%;从安全方面来考虑,其工况点必须位于驼峰点的右下侧、单调下降的直线段上。通风机工作特性的基本参数有风压、风量、功率和效率;不断改变风阻 R,得到许多的 Q、H、N、η。以 Q 为横坐标,分别以 H、N、η 为纵坐标,将同名的点用光滑的曲线相连,即得到个体特性曲线,通风机性能特性曲线有 H-Q 曲线、N-Q 曲线和 η-Q 曲线;注意区分通风机性能特性曲线与通风机装置的特性曲线。

(5) 无论何种通风方式,通风动力都是克服风道的阻力和出口动能损失,不过抽出式通风的出口动能损失在扩散器出口,而压入式通风的出口动能损失在出风井口,两者数值上可能不等,但物理意义相同。

(6) 通风机串联工作适用于因风阻大而风量不足的管网;风压特性曲线相同的风机串联工作较好;串联合成特性曲线与工作风阻曲线相匹配,才会有较好的增风效果;串联工作的任务是增加风压,用于克服管网过大阻力,保证按需供风。通风机并联适用于管网风阻较小,但因风机能力小导致风量不足的情况;风压相同的风机并联运行较好;轴流式通风机并联作业时,若风阻过大,则可能出现不稳定运行,所以,使用轴流式通风机并联工作时,除考虑并联效果外,还要进行稳定性分析。

习题与思考题

习题与
思考题答案

4-1 自然风压是怎样产生的? 进、排风出口标高相同的通风系统内是否会产生自然风压?

4-2 影响自然风压大小和方向的主要因素是什么? 能否用人为的方法产生或增加自然风压?

4-3 如图 4-1 所示的通风系统,当风道中空气流动时,2、3 两点的绝对静压力之差是否等于自然风压? 为什么?

4-4 图 4-36 所示的通风系统,各点空气的物理参数如表 4-5 所示,求该系统的自然风压。

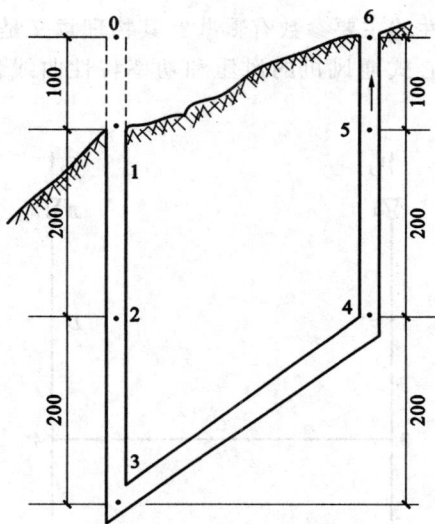

图 4-36 题 4-4 图

表 4-5 各点空气的物理参数

测点	0	1	2	3	4	5	6
$t/℃$	−5	−3	10	15	23	23	20
P/Pa	98924.9	100178.2	102751.2	105284.4	102404.6	100071.5	98924.9
$\varphi/\%$		0.5			0.95		

4-5 主要通风机附属装置各有什么作用? 设计和施工时应符合哪些要求?

4-6 什么叫通风机的工况点? 如何用图解法求单一工作或联合工作通风机的工况点? 并举例说明。

4-7 试述通风机串联或并联工作的目的及其适用条件。

4-8 某抽出式通风,主要通风机型号为 4-72-11No.20 型,转速 $n=630$ r/min,地下工程风阻 $R_m=0.73575$ N·s²/m⁸,扩散器出口断面 $S_{dv}=6.72$ m²,风阻 $R_d=0.03576$ N·s²/m⁸(自然风压忽略)。用作图法求主要通风机的工况点。

4-9 某主要通风机为 4-72-11No.16 型离心通风机,$n = 800$ r/min,主要通风机的全压工作风阻 $R_1 = 1.962$ N·s^2/m^8,在冬季自然风压 $H_{Nw} = 196.2$ Pa,夏季 $H_{Ns} = -98.1$ Pa,求冬、夏两季主要通风机的实际工况点。

4-10 某通风系统如图 4-27 所示,风机 F_1 为 4-72-11 No.20,$n = 630$ r/min,F_2 为 4-72-11 No.16,$n = 710$ r/min,$R_{OC} = 0.2943$ N·s^2/m^8,$R_{OA} = 0.981$ N·s^2/m^8,$R_{OB} = 1.4715$ N·s^2/m^8,试用图解法求两翼风机的工况点及各段风路的通风阻力(忽略自然风压和主要通风机装置各部分阻力损失)。

4-11 如图 4-37 所示,1、2 两点分别安装风机 F_1 和 F_2,进风井 A 和 B 的入风量拟定为 $Q_A = 40$ m^3/s,$Q_B = 30$ m^3/s,已知 $R_A = 0.981$ N·s^2/m^8,$R_B = R_D = 1.4715$ N·s^2/m^8,$R_C = 2.943$ N·s^2/m^8,$R = 0.249$ N·s^2/m^8,用作图法求主要通风机工况点及风路 C 中风流流向。

4-12 如图 4-37 所示,图中 F_1 和 F_2 的型号同题 4-11,风阻 R_A、R_B、R_C、R_D 和 R_E 的值同独立思考 4-11,用作图法求风机工况点和风路 C 中风流方向。

4-13 描述主要通风机特性的主要参数有哪些?其物理意义是什么?

4-14 轴流式通风机和离心式通风机的风压和功率特性曲线各有什么特点?在启动时应注意什么问题?

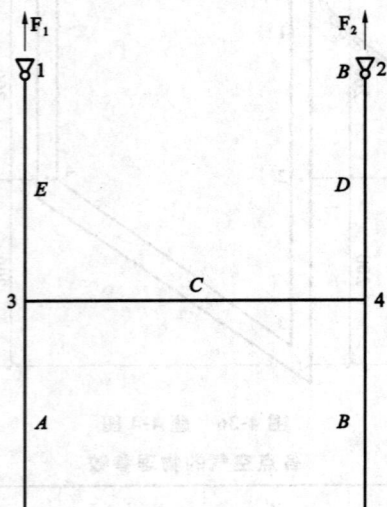

图 4-37 题 4-11 图

5 需风量计算

【内容提要】

本章主要内容包括:地下工程通风计算的一般概念、地下工程的风量计算、地下柴油发电机站需风量的计算、交通隧道需风量的计算。本章的教学重点为地下工程排风量、进风量的确定;教学难点为交通隧道需风量的计算。

【能力要求】

通过本章的学习,学生应了解地下工程通风计算的一般概念,掌握一些典型地下工程需风量的计算。

本章拓展资源

5.1 地下工程通风计算的一般概念

地下工程通风就是把地下工程内被污染的空气排出室外,向室内提供足够的新鲜空气,以供人员呼吸和设备耗氧,以满足地下工程中人体和生产工艺的需要。风量可按供氧量需求计算,也可按排除污染物的要求来计算。最后按计算最大值确定需风量。

在第3章中简述了地下工程通风按通风换气范围可分为局部通风和全面通风;按通风动力可分为机械通风和自然通风;按工程阶段的不同又可分为施工通风和运营通风两大类。而在通风系统运营条件下按工作性质的不同又可分为工作(平时)通风和事故通风。

工作(平时)通风就是在正常工作时采用的通风,通风系统在进行风量计算时除了要来考虑正常情况下的风量外,还必须考虑当生产设备偶然发生事故或故障时,短时间内产生的大量有害气体或有爆炸性气体的排出,这就称为事故通风。

下面重点讲解工作(平时)通风和事故通风的设计原则和规定。

5.1.1 工作(平时)通风

根据相关规定,地下工程工作(平时)通风的设计原则应遵循以下几点:

① 通风系统应该采用机械通风方式,通风系统应独立设置,不应和其他系统混设。

② 关于风量的确定,《人民防空地下室设计规范(2023 年版)》(GB 50038—2005)规定:防空地下室汽车库平时的最小换气标准量须不小于 6 次/h;《车库建筑设计规范》(JGJ 100—2015)规定:风量应按允许的废气标准量计算,且换气次数每小时不应小于 6 次,汽车出入不频繁时,实际换气量可以减少,故宜选用变速排风机,所以设计排风量应按允许的废气标准量计算确定,在无计算资料时,排风量可按 6 次/h 估算,送风量一般为排风量的 80%～90%。

③ 在满足排风量的基础上,排风宜按室内空间上、下两部分设置,上部地带按排风量的 1/3～1/2 计算,下部地带按排出风量的 1/2～2/3 计算,送入新鲜空气的进风口宜设在主要通道上。

④ 机械通风的进风口、排风口,宜采用竖井分别设置在室外的不同方向,进风口与排风口的水平距离不宜小于 5 m,进风口应设在空气流畅、清洁处,其风口的下沿高出室外地面高度不应小于 0.5 m。

5.1.2 事故通风

一般来说,事故通风系统应符合下列要求:放散有爆炸危险的可燃气体、粉尘或气溶胶等物质时,应设置防爆通风系统或诱导式事故排风系统;能自然通风的单层建筑物,所放散的可燃气体密度小于室内空气密度时,宜设置事故送风系统;事故通风宜由经常使用的通风系统和事故通风系统共同保证,但在事故发生时,必须保证能提供足够的通风量;事故风量宜根据工艺设计要求通过计算确定,但换气次数不应小于 12 次/h;事故排风的吸风口,应设在有害气体或爆炸危险物质可能放散最大或聚集最多的地点,对事故排风的死角处应采取导流措施。

事故排风的排风口,应符合下列规定:

① 不应布置在人员经常停留或经常通行的地点;

② 排风口与机械送风系统的进风口的水平距离不应小于 20 m,当水平距离不足 20 m 时,排风口必须高出进风口,并不得小于 6 m;

③ 当排气中含有可燃气体时,事故通风系统排风口与可能火花溅落点的间距应大于 20 m;

④ 排风口不得朝向室外空气动力阴影区和正压区;

⑤ 事故通风的通风机,应在室内外便于操作的地点设置电器开关。

5.2 地下工程的风量计算

5.2.1 排风量的确定

① 排风房间换气次数标准。所谓换气次数,就是排风量 $L(\text{m}^3/\text{s})$ 与通风房间体积 V_f 的比值,换气次数 $n=L/V_f$(次/h)。其中,n 为换气次数(次/h);V_f 为房间体积。则风量经验计算式为:

$$L = \frac{nV_f}{3600}$$

常用的排风房间换气次数标准见表 5-1。

表 5-1   **排风房间换气次数标准**

房间名称	换气次数 n/(次/h)
防毒通道	50
干便厕所	5
污水泵间	5
厨房、烧水间、贮藏室	3
变压器室	6
浴室、卫生间	1.5~2
油库	2

② 排风量的计算。排风量是指每小时从地下工程内排出到外界大气中的空气量。当此空间是一些污染型地下工程,有计划地从厕所、电站、蓄电池室、厨房等处排出废气,并在滤毒式通风时,能保证地下工程内的负压。

总排风量要大于或等于各排风房间的排风量之和(其中包括各房间外的风道内的废气),且小于地下工程总进风量的 80%～90%，即维持正压状态。

当利用风道将废气送入电站、厕所、蓄电池室时，使用后应将其排出地面，排风量除应保证防护门与密闭门之间的防毒通道换气的风量（通道体积的 50 倍）以外，还要有足够的风量用以清洗各产生毒气的房间（如蓄电池室产生的氢气）排出的有毒气体。

总排风量 L_{zp} 的概算公式表达如下：

$$L_{zp} = \sum L_p + g_f \tag{5-1}$$

式中　　$\sum L_p$——各排风房间的风量之和，m^3/h。

g_f——风道内应排出的废气，m^3/h。

$$g_f = L_j \times (80\% \sim 90\%) - \sum L_p \tag{5-2}$$

式中　　L_j——地下工程的进风量。

若 $\sum L_p = L_j \times (80\% \sim 90\%)$，则 $g_f = 0$。

若利用风道内废气，并保证工程有一定的正压，且能排出有毒气体（如氢气、氨气等），这一排风量可称为排毒排风量，应为：

$$L_{pd} = L_{dt} + L_h \tag{5-3}$$

式中　　L_{pd}——排毒排风量，m^3/h；

L_{dt}——防毒通道换气用的风量，一般为通道体积的 50 倍，m^3/h；

L_h——排出有害气体所用的风量，m^3/h。

5.2.2　进风量的确定

进风量的确定应分别按人员、排风量和造成正压等因素计算后选取相应的最大值。

① 按人员确定进风量。

按人员确定进风量的公式为：

$$L = A \cdot n \tag{5-4}$$

式中　　A——每人每小时供风标准，$m^3/(人 \cdot h)$；

n——工程内最大容纳人数，人。

② 按排毒排风量和正压确定滤毒式进风量，表达式如下：

$$L = L_{pd} + L_{ch} \tag{5-5}$$

式中　　L_{ch}——工程内造成正压所需风量，一般取全风道体积的 10%，m^3/h。

③ 按地下工程总排风量确定清洁式进风量，则

$$L = (1.11 \sim 1.25)L_{zp} \tag{5-6}$$

即清洁式进风量应大于总排风量的 1.11～1.25 倍，换言之，排风量为进风量的 80%～90%。

依上述计算，按下述方法选取总进风量。

滤毒式通风时，进风量取式（5-4）及式（5-5）计算结果的较大值，即选取按人员和按正压分别计算出风量值中的较大者。

清洁式通风时，进风量取式（5-5）和式（5-6）中的较大值，即选取按人员及按总排风量分别算出的风量值中的较大值。在选择通风机时，所用的风量数值应按这一清洁式进风量再附加 20% 的备用量。

上述计算是以特殊用途的地下工程通风为基础的。如用于地下医院的平时通风，还必须和空

气调节相配合,以保证医护人员和伤病人员的劳动卫生要求。地下医院各诊室的温度、相对湿度和最小换气次数的要求见表5-2。

表5-2　　地下医院的通风参数

病室	夏季室内条件		冬季室内条件		最小换气次数/(次/h)
	温度/℃	相对湿度/%	温度/℃	相对湿度/%	
手术室	23~25	55~60	24~26	55~60	8~12
外科	24~26	55~60	23~24	50~55	5
儿科	24~28	55~60	24~28	50~55	5
诊疗室	26~27	50~55	20~22	40~45	5
病房	26~27	50~55	20~22	40~45	5
X光室	26~27	50~55	22~24	40~45	5

5.2.3 按生产中排出有害气体计算风量

地下车间一般不进行涉及有毒有害气体的生产工艺,但有些行业则难以避免经常接触有毒有害物质。例如,化工厂、酸洗车间等,因此必须将有毒有害气体稀释排出。在工业生产中,经常接触的有毒物质叫作工业性毒物。它常以气体、蒸汽、烟、雾、尘等形式存在于生产环境中,其主要来源是燃料燃烧产生的有害气体;从生产设备或管道的不严密处,漏入室内的有害气体;容器及化学品自由表面的蒸发;喷涂过程中散入室内的有害气体或蒸汽;生产工艺过程中化学反应产生的有害气体等。

按照这些有毒气体和蒸汽对人体不同的作用,大致可分为三类:① 溶剂,如苯及其同系物,或醇类或醋酸类;② 刺激性的,如氯气(Cl_2)、氯化氢(HCl)、氟化氢(HF)、硫化氢(H_2S)、二氧化硫(SO_2)等;③ 其他,如 CO_2、CO 等。

为了将车间内所排出的有害气体或蒸汽稀释到国家卫生标准规定的最高容许浓度以下,它所需的通风量可按下述公式确定:

$$L = \frac{q_d}{1000(c-c_0)} \tag{5-7}$$

式中　q_d——车间生产时有毒气体发生量,mg/h;
　　　c——有害气体的最大允许浓度,mg/L;
　　　c_0——进入车间空气中有害气体原有浓度,mg/L。

c 的单位以 1 m³ 若干 mg 表示时,式(5-7)可简化为:

$$L = \frac{q_d}{c-c_0} \tag{5-8}$$

若进入车间的空气不含有害气体或蒸汽时,则式(5-8)还可简化为:

$$L = \frac{q_d}{c} \tag{5-9}$$

车间生产中各种有毒气体的发生量,即 q_d 的数值可按有关专业手册资料或实测来确定。车间可能同时散发多种有害物和余热余湿,根据《工业企业设计卫生标准》(GBZ 1—2010)的规定,全面通风量应按下面两种要求确定。

① 当数种溶剂(苯及其同系物,或醇类或醋酸类)的蒸汽(属于麻醉性气体),或数种刺激性气体(三氧化二硫及三氧化硫,或氟化氢及其盐类等)同时在室内放散时,由于它们对人体的作用是叠

加的,全面通风量应按各种气体分别稀释至规定的接触限值所需风量的总和计算,即 $L = \sum L_i$,L_i 为稀释各种有害物所需的风量。

② 除上述有害物质的气体及蒸汽外,还散发其他有害物质,这些有害物质对人体的作用是单独的,全面通风量应分别计算稀释各有害物所需的风量,然后取最大值,即 $L = \max\{L_i\}$。有害物质容许浓度按《工作场所有害因素职业接触限值 第1部分:化学有害因素》(GBZ 2.1—2019)的规定。

5.3 地下柴油发电机站需风量的计算

5.3.1 地下柴油电站的一般要求

作为地下重要人防工程、地下医院或地下车间的内部电源和战备电源用的柴油电站,分为带毒作业的和不带毒作业的两种。电站在地下工程内的位置,不应放在主体内部,一般放在防护门里的防毒通道附近,或临近洗消间或在地下工程的头尾边缘。电站位置还应考虑进、排风,给排水,供油与排烟方便,同时也要照顾到电站的冷却水及排出烟与余热的综合利用。柴油发电站机房的通风降温应按排除机房的余热和有害气体,并满足柴油机燃烧空气量设计。

要设法减少排烟钢管的阻力,为此排烟管径不应小于排气管,减少拐弯,有下倾段以防止凝结水流入汽缸。电站内温度不应超过 $35 \sim 40 \ ℃$。

5.3.2 机房及附属房间换气量的确定

(1)机房

① 当采用以水为冷媒,对机房的空气进行冷却处理时,换气量按有害物的散发量及室内最大允许浓度(主要是一氧化碳、丙烯醛)计算。

柴油机散发的有害物 x(mg/h):

$$x = (3k_1 + k_2) \cdot N \tag{5-10}$$

式中 N——柴油机的额定功率,hp(马力,1 hp=745.700 W);

k_1——汽缸系数,mg/(hp·h);

k_2——油箱系数,mg/(hp·h)。

对丙烯醛,$k_1 = 0.9$,$k_2 = 0.04$;对一氧化碳,$k_1 = 0.8$,$k_2 = 1.30$。丙烯醛最大的允许浓度为 $0.3 \ \text{mg/m}^3$,一氧化碳最大允许浓度为 $30 \ \text{mg/m}^3$。估算时,根据柴油机马力数来决定风量,可参考表 5-3。

表 5-3 　　　　　　　　　　　**排除电站机房有害气体的通风量**　　　　　　　[单位:m³/(hp·h)]

排烟管的敷设方式	柴油机系列		
	110、120	135、160、180、250	未定型号者
架空敷设时的风	10～13	10～15	15
地沟敷设时的风	20～25		

② 当利用洞外空气降温时,换气量按排除余热来计算,但不宜少于表 5-3 所列风量要求。

$$L = \frac{\sum Q}{(t_n - t_w)\gamma c} \tag{5-11}$$

式中　$\sum Q$——机房内总的散热量，kcal/h；

　　　t_w——夏季硐室外通风计算温度，℃；

　　　t_n——机房的排风温度，℃；

　　　γ——空气的容重，kg/m³；

　　　c——空气的比热，kcal/(kg·℃)。

当机房采用风冷与蒸发冷却时的通风量按下式计算：

$$L = \frac{\sum Q}{\gamma c(t_n - t_w) + [0.595\gamma(d_n - d_w)]} \tag{5-12}$$

式中　d_n——夏季机房空气计算含湿度，g/kg 干空气；

　　　d_w——机房进风含湿度，g/kg 干空气；

　　　0.595——汽化潜热，kcal/g。

(2) 柴油机燃烧空气量的确定

柴油机的燃烧空气量可按 5～7 m³/(hp·h)确定，或者按下式确定：

$$L = 60k_1 k_2 \tau i v_n na \tag{5-13}$$

式中　k_1——换算成大气条件的系数，$k_1 = 0.359\dfrac{P}{T}$，P 为进气压力(mmHg)，T 为进气温度(K)。

　　　k_2——发动机的结构特点的空气流量系数，四冲程非增压 $k_2 = \eta_v$，四冲程增压 $k_2 = \varphi\eta_v$；η_v 为冲量系数，四冲程增压柴油机 $\eta_v = 0.80～0.95$，四冲程高速柴油机 $\eta_v = 0.75～0.85$，四冲程增低速柴油机 $\eta_v = 0.80～0.90$；φ 为扫气系数，一般低增压四程柴油机 $\varphi = 1.05～1.20$，高增压 $\varphi = 1.2～1.25$。

　　　τ——冲气系数，四冲程 $\tau = 0.5$。

　　　i——汽缸数。

　　　v_n——汽缸的工作容积，$v_n = \dfrac{\pi d^2}{4}s$，m³；$d$ 为柴油机汽缸活塞行程(m)。

　　　n——发动机转速，r/min。

　　　a——燃烧空气量的附加系数，$a = 1.2～1.3$。

电站的排风量应根据机房进风量和柴油机的燃烧量之差确定。

(3) 机房的附属房间

① 机房水库换气次数为 1～2 次/h(以水库储满水后的空间计算)。

② 贮油间换气次数为 5～6 次/h。

5.4　交通隧道需风量的计算

5.4.1　交通隧道的基本概念

交通隧道可分为公路隧道、铁路隧道、地铁隧道、矿用隧道。

对于公路隧道来说，其通风目的有稀释一氧化碳，保证卫生标准；稀释烟雾，保证可见度；排除烟雾，用于火灾防排烟。按其重要性和使用性质分别要求不同的空气温度、相对湿度、流速和空气中有害物质的最高容许浓度和新鲜空气量等。一般以二氧化碳浓度和烟雾能见度作为衡量内部空气质量的标志。

对于铁路隧道来说,其通风目的有稀释氮氧化物,保证卫生标准;排出余热,保持正常工作条件;排除烟雾,用于火灾防排烟。主要考虑车站和区间要有适宜的气温,并控制好二氧化碳的浓度。一般来说,铁路隧道都采用中央空调,详见第6章。

隧道通风可分为施工通风和运营通风。

5.4.2 施工通风

(1)隧道施工时常用的通风方式

① 压入式通风。通风机将新鲜空气经风管直接压送到掘进工作面,替换炸药爆破后所产生的炮烟,并与炮烟混合后沿隧道排出洞外。

② 吸出式通风。通风机的吸风管进口靠近工作面,由通风机将炮烟直接吸出隧道之外,新鲜空气由隧道口流入补充到工作面。

③ 混合式通风。即压入式、吸出式通风同时使用,它既能消除工作面的炮烟停滞区,又能使炮烟由风管排出,这是长隧道施工常用的通风方式。

④ 平行导坑式通风。在有平行导坑的长隧道施工中,利用平行导坑及横通道作为通风道,以减小通风机的风压,在工作面附近则加设局部通风配合。

(2)通风风量

① 压入式通风量。

$$G_y = \frac{21.4}{t}\sqrt{QSL} \tag{5-14}$$

式中 G_y——压入式通风计算风量,m^3/min;

S——隧洞的断面面积,m^2;

L——隧洞长度,m;

Q——同时爆破的炸药量,kg;

t——通风时间,按掘进循环图表中确定的通风时间计算,一般定为 $0.5 \sim 1$ h。

从开挖面至稀释炮烟到安全浓度的距离 L,可按 $L_0 = 400Q/S$ 计算。当 $L < L'$ 时,取用 L;反之取用 L'。

② 抽出式通风量。

$$G_c = \frac{15}{t}\sqrt{QS\left(15 + \frac{Q}{5}\right)} \tag{5-15}$$

式中 G_c——抽出式通风计算风量,m^3/min;

其余符号意义同上。

一般布置时,风管吸风口距工作面的距离 L_c 应小于或等于风流有效吸程 L_x,即 $L_c \leqslant L_x$,$L_c = 1.5\sqrt{S}$;如果 $L_c > L_x$,按公式计算的吸出风量需增加 20%。

③ 混合式通风。

压入风量:

$$G_{hy} = \frac{7.8}{t}\sqrt[3]{QS^2L_y^2} \tag{5-16}$$

抽出风量:

$$G_{hc} = (1.2 - 1.3)G_{hy} \tag{5-17}$$

式中 G_{hy}, G_{hc}——混合式通风压入和抽出通风量,m^3/min;

L_y——压风管口至工作面距离,一般为 30 m 左右;

其余符号意义同上。

除按排除炮烟计算风量外,还必须按其他工序施工时人员呼吸需要的最大量以及排除内燃机(若选用内燃机设备时)废气所需风量进行校核,同时满足要求时的风量才为需要的量。作业人员呼吸所需通风量为每人 3 m³/min;施工设备作业时所需风量按洞内作业设备的数量和种类而定,装载机每额定功率应通风 2.5 m³/(min·kW),汽车及其他设备则相应为 1 m³/(min·kW)。

5.4.3 运营通风

隧道建成后的运营期间,汽车在行驶中会排出大量的尾气,其中一氧化碳、氮氧化物是隧道内主要污染指标,隧道通风主要任务是向隧道内部供给新鲜空气;排除有害气体,蒸汽,粉尘,炮烟等;使隧道内部空气的温度、相对湿度和流速达到规定标准。《铁路隧道设计规范(2024 年局部修订)》(TB 10003—2016)(以下简称《隧规》)规定:"车辆通过隧道后 15 min 以内(个别情况可延至 20 min 以内),空气中一氧化碳的浓度应在 30 mg/m³ 以下,氮氧化物(换算成 NO₂)浓度应在 8 mg/m³ 以下。"

随着经济的发展,特长交通隧道非常多,车辆运行时有活塞风的影响,其通风过程具有一定的特殊性,本小节就这类特殊地下工程的通风设计计算进行专门讨论。

5.4.3.1 自然风压及风量

对于长度不大,如 5000 m 以下及交通量小的隧道,可以采用自然通风。在隧道自然通风中,车辆行驶产生的活塞风始终占主导地位。当隧道内的自然风压方向与车辆行驶方向相同时,自然风压是通风动力,对排除有害气体有利;当自然风压方向与车辆行驶方向相反时,自然风压是通风阻力,对排除有害气体不利。在设计计算时一般按不利条件考虑。

当隧道较长时,一般会在其中部有通风竖井。竖井内风的流动状况,和隧道一样也是由行驶车辆的活塞作用和大气的气象状况所决定的,且车辆的活塞作用是起主导作用的。故车辆在隧道内行驶时,竖井内风的流动状况(风向、风速)主要由行驶车辆的活塞作用所控制。

(1)隧道内自然风压的形成

隧道内形成自然风流的原因有三:两端洞口的大气压差、隧道内外的温差和隧道外大气自然风的作用。

当隧道两洞口有高程差时,两洞口间的大气压不同。但是,隧道内外空气密度一致,且洞口间没有水平气压梯度与大气风时,此单纯由高程差所形成的气压差,并不能使空气流动,为高洞口的大气压力加位能恰好与低洞口相等。

① 热位差。

当隧道内外温度不同时,隧道内外的空气密度就不同,从而产生空气的流动,用压差来表示称为热位差。

热位差压头的计算式为

$$\Delta h_t = (\rho_a - \rho_n)gz \qquad (5-18)$$

式中 ρ_n——隧道内的空气密度,kg/m³;

ρ_a——隧道外的空气密度,kg/m³;

z——两洞口间的高差,m;

g——加速度,$g = 9.81$ m/s²。

② 隧道外大气自然风。

隧道外吹向隧道洞口的大气风,碰到山坡后,其动压的一部分可转变为静压。此部分动压的计算方法为,当无试验资料时,可根据隧道外大气自然风的风向与风速计算:

$$\Delta h_v = 0.5\rho(v_a\cos\alpha)^2 \tag{5-19}$$

式中　v_a——隧道外大气自然风速,m/s;

　　　α——自然风向与隧道中线的夹角,(°)。

当有试验资料时可按下式计算:

$$\Delta h_v = 0.5\delta\rho^2 v_a^2 \tag{5-20}$$

式中　δ——系数,与风向、山坡倾斜度、表面形状、附近地形以及洞口形状、尺寸等因素有关,由试验确定。

（2）自然风压差与隧道内自然通风量

上述两项加上大气梯度形成了隧道内自然风的压差之和,即为隧道内自然风压差 h_n,作用在隧道两洞口之间,计算时可以一端洞口为基准,作用在另一端洞口的相对压力（静压与位压之和）,如图 5-1 所示。若以洞口 A 为基准,则 BA 方向的自然风压差 h_{nBA}（也可简写成 h_{BA}）为:

$$\begin{aligned}
h_{nBA} &= \Delta h_v + P_B + \rho_n g\Delta z - P_A \\
&= \Delta h_v + P_B + \rho_n g\Delta z - (P_A' + \rho_a g\Delta z) \\
&= \Delta h_v + (P_B - P_A') + (\rho_n - \rho_a)g\Delta z \tag{5-21}
\end{aligned}$$

式中　P_A,P_B——洞口 A、B 外面的绝对大气压;

　　　P_A'——洞口 A 外面与洞口 B 同高程处的绝对大气压。

该式的右边第一项表示隧道外大气风动压,第二项表示气压梯度,第三项表示热位差。

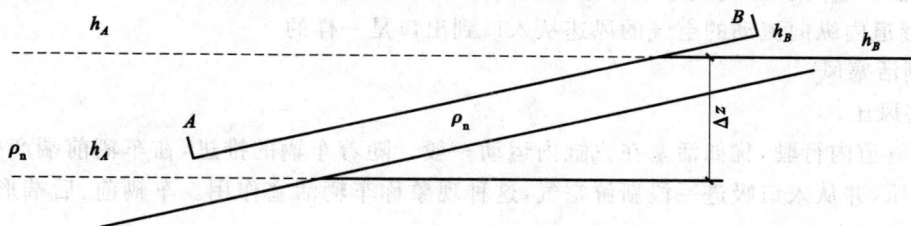

图 5-1　隧道自然风压

当隧道为等截面直线隧道时,由 h_n 产生的隧道内自然风量 Q_n 可按下式计算:

$$h_n = RQ_n^2 \tag{5-22}$$

式中　R——全隧道总风阻,为隧道全长的摩擦风阻与隧道进出口的局部风阻之和。

有竖井或斜井的隧道,井口 C 对洞口 A 的自然风压差 P_{nCA} 与隧道两洞口间的自然风压差 h_{nBA} 将不相同,井口 C 与洞口 B 间也有相对压差,此时,隧道与竖井中自然风的风向、风速,将因竖井、隧道的阻力状况而异,比较复杂。

从自然气象而言,一年四季中变化多端,昼夜早晚也不一样,自然风压对隧道通风有时有利,有时不利,通风设计中要考虑不利的情况。

如果有足够的气象资料预期一年中自然风压差 h_n 的数值及其频率,就可以按一定的保证率确定相应的 h_n 值并进行通风设计。但到目前为止,切合隧道通风设计所需气象资料的收集、分析、研究工作尚未进行,对于具体的隧道,其局部地区气象资料更为缺乏,欲由气象资料求算自然风压差比较困难。

因此,目前通风设计中,较一致的习惯是按对通风不利的隧道内自然反风 v_n 计算,也即两隧道洞口间自然风压差为 $h_n = RQ_n^2$，其中 $Q_n = v_n S$，S 为隧道断面面积，单位为 m^2。

我国铁路隧道运营通风计算中，推荐采用 $v_n = 1.5$ m/s；日本道路公团设计要领中，对于公路隧道运营通风计算中，推荐采用 $v_n = 2.5$ m/s。

自然通风不能满足隧道内通风排烟的要求时，要使用机械通风。

5.4.3.2 机械通风及需风量的计算

（1）机械通风

① 按风流的流动方向分类。

机械通风可以有很多分类方式，下面主要讲解按风流的流动方向进行分类。

a. 横流方式。

横流方式是送风道和排风道各自设在车道下面和天花板上面，由送风机送出新鲜空气，沿着隧道方向在送风道内流动，并设置等间距的送风支管，各自等量吹向风道，新鲜空气在车道内与污染空气相混合，由天花板上等间距设置的排风支管排风，各自等量的吸出污染空气在排风道内沿隧道方向流动，由排风道排至大气中。

b. 半横流方式。

半横流方式是沿车道设置独立的通风风道，使车道风速发生变化，隧道内各处的污染浓度基本接近一定值，该方式的标准方法称为送风风道方式。

c. 纵流方式。

纵流通风方式就是指从一边洞口直接向车道内送入新鲜空气，从另一侧洞口抽出隧道内的污染空气的方法。它与自然通风原理一样，对于低风速，空气也可看作不可压缩流体，所以认为在这种情况下，隧道内纵向流动的空气的风速从入口到出口是一样的。

② 车辆活塞风。

a. 活塞风压。

车辆在隧道内行驶，犹如活塞在汽缸内运动一般。随着车辆的推进，在车辆前端产生正压，在后端形成负压，并从入口吸进一段新鲜空气，这种现象称车辆活塞作用。车辆前、后端形成的压力差称车辆活塞压力。

$$h_{pi} = K_m \frac{\rho}{2} (v_T - v_m)^2 \tag{5-23}$$

式中　v_T——车辆在隧道内的速度，m/s；

v_m——车辆活塞风速，m/s；

K_m——活塞作用系数。

对于铁路隧道，根据我国实测资料：

$$K_m = \frac{86 \times 10^4 \times L_T}{(N \cdot \alpha)^2} \tag{5-24}$$

式中　α——车辆断面阻塞系数，$\alpha = S_T/S$；

S_T——车辆的平均横断面面积，m^2；

S——隧道断面面积，m^2；

L_T——隧道长度，m；

N——设计交通量，辆/s。

b. 活塞风速。

从车辆前、后方的隧道段来看,车辆活塞压力 h_{pi} 应与隧道内阻力相平衡。车辆前端的正压力 h_{piB} 用以克服车辆前方隧道段的摩擦阻力损失。

$$h_{pi} = \frac{\lambda L_B}{d} \frac{\rho}{2} v_m^2 \tag{5-25}$$

车辆尾部的负压 h_{piA} 用以克服隧道入口和车辆后方隧道段的摩擦阻力损失。压力分布如图 5-2 所示。故

$$h_{piA} = \left(1.5 + \frac{\lambda L_A}{d}\right) \frac{\rho}{2} v_m^2 \tag{5-26}$$

$$h_{pi} = h_{piB} - h_{piA} = \varepsilon_m \frac{\rho}{2} v_m^2 \tag{5-27}$$

式中 ε_m —— $\varepsilon_m = 1.5 + \dfrac{\lambda(L_T - L_m)}{d}$;

     λ —— 摩擦阻力系数;

     L_m —— 活塞作用长度(车辆引入洞内新鲜空气段长度)。

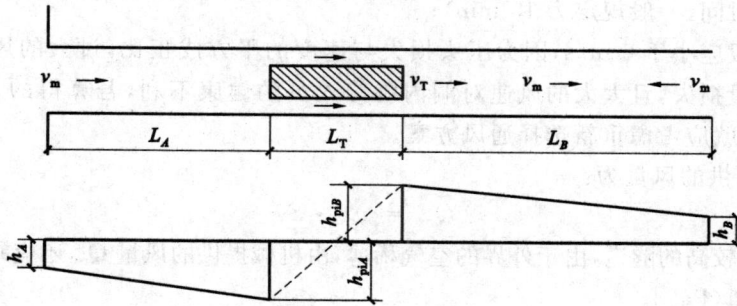

图 5-2 车辆活塞作用与隧道内压力分布

将式(5-26)代入式(5-27),则得:

$$\frac{v_m}{v_T} = \frac{1}{1 + \sqrt{\dfrac{\varepsilon_m}{K_m}}} \tag{5-28}$$

此公式即为单是隧道(无其他通道),且无自然风压时,车辆活塞风速的计算公式。

c. 隧道内排除有害气体的规律。

由于对隧道内排除有害气体规律的认识不同,因此存在不同的通风量计算公式。比较公认的排除有害气体过程如图 5-3 所示。

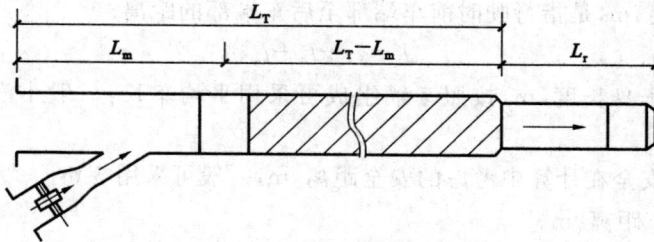

L_m—列车活塞作用引进的新鲜空气段长度;L_T—隧道长度;L_r—列车长度;$(L_T - L_m)$—有害气体长度。

图 5-3 隧道内排除有害气体过程示意图

隧道内排除有害气体的过程是以新鲜空气将有害气体挤压排出洞外。但在新鲜空气与有害气体的接触段,由于断面内风速分布不均匀,两者又互相紊流扩散,新鲜空气将有害气体浓度冲淡,因

此提出了"以挤压为主,考虑冲淡影响"的通风量计算公式。

d. 车辆活塞作用引进的新鲜空气段长度 L_m:

$$L_m = \frac{v_m t_T}{i} \tag{5-29}$$

式中 v_m——活塞风速[如前述:$v_m = v_T/(1+\sqrt{\varepsilon_m/K_m})$];

t_T——车辆在隧道内运行时间,s;

i——考虑冲淡作用的系数($i=1.1$,长大隧道还可适当减小)。

(2) 通风量计算

① 铁路隧道通风量。

对于铁路隧道,需要由通风机供给的风速为:

$$v_{req} = \frac{L_{req}}{t \times 60} \tag{5-30}$$

式中 L_{req}——需要由机械通风的隧道长度,$L_{req} = L_T - L_m$,m;

t——通风时间(一般规定为 15 min);

v_{req}——一般应小于 6 m/s,因为压头损失与速度的平方成正比,过大的风速会带来巨大的能量损失,且太大的风速对洞内维修人员的健康不利,若算得的 v_{req} 大于上面的数值,就应考虑重新选择通风方案。

需要由机械提供的风量为:

$$Q_{req} = v_{req} \cdot S \tag{5-31}$$

对于海拔位置较高的隧道,由于外界的空气稀薄,由机械提供的风量 Q_{req} 还应乘以系数 $101325/p$ [p 为当地大气压值(Pa)]。

② 公路隧道通风量。

a. 通风计算行车速度。

为了计算公路隧道通风量,首先需要确定行车速度。按照《城市道路设计手册》(北京市市政设计院)介绍的计算方法,每一条车道线的通行能力可用下式表示:

$$N = 3600 \frac{v}{L} \tag{5-32}$$

式中 N——每小时通过的车辆数,辆/h。

v——行车速度,m/s,与设计速度有关,根据日本资料,行车速度可用设计速度折减(表 5-4),我国也有类似的观测资料(表 5-5)。

L——行车距离,m,是指行驶时前车端部至后车端部的距离。

$$L = l_s + l_c + l_{sf}$$

式中 l_c——前车的车身长度,m,按照车辆组成可采用平均车长,一般小汽车为 5 m,大型车为 9 m。

l_{sf}——为保证安全在计算中考虑的安全距离,m,一般可采用 3 m。

l_s——制动停车距离,m。

$$l_s = l_v + l_z$$

式中 l_v——反应距离,m,在反应时间 t 内,汽车行驶的距离 $l_v = vt$;建议采用的 t 值,对于小汽车,$t=1.2$ s,对于大型车,$t=1.8$ s。

l_z——考虑制动力及坡度阻力作用的制动距离,m。

$$l_z = \frac{v^2}{2g(\varphi \pm i)}$$

式中 φ——车轮与路面间的纵向摩擦系数,一般略显潮湿的混凝土路面可采用 $\varphi=0.45$。

i——道路纵坡,以小数计,上坡用"$+$",下坡用"$-$"。

g——重力加速度,$g=9.81$ m/s²。

表 5-4   行车速度折减系数(日本资料)

设计速度/(km/h)	折减系数
80~120	0.85
40~60	0.90
20~30	1.00

表 5-5   行车速度折减系数(我国观测资料)

设计速度/(km/h)	折减系数
120	0.7
80	0.8
60	0.87
40	0.95
30	1.0

行车速度用 v(km/h)表示时,则有:

$$N = \frac{1000v}{L}$$

采用 $t=1.2$ s 时:

$$l_s = \frac{v}{3} + \frac{v^2}{254(\varphi \pm i)}$$

采用 $t=1.8$ s 时:

$$l_s = \frac{v}{2} + \frac{v^2}{254(\varphi \pm i)}$$

按上式计算的结果为等速行驶处于无干扰的情况下理论上车道的通行能力。当 v 为临界值时,即可求出最大通行能力值。

现假设均为大型车,采用 $t=1.8$ s,$l_c=9$ m,$l_{sf}=3$ m,道路纵坡分别为 $+3\%$ 和 -3% 时,用不同的设计速度(计算行车速度按折减系数折减)计算出相应的小时交通量 N;道路纵坡影响不大,按平坡计,取设计速度 40 km/h 的小时交通量为 1,则可计算出其他各设计速度时的折减系数 ξ(图 5-4)。由图可看出,当设计速度为 40~50 km/h 时,小时交通量为最大值,采用的设计速度增大或减小,小时交通量均应予以折减。

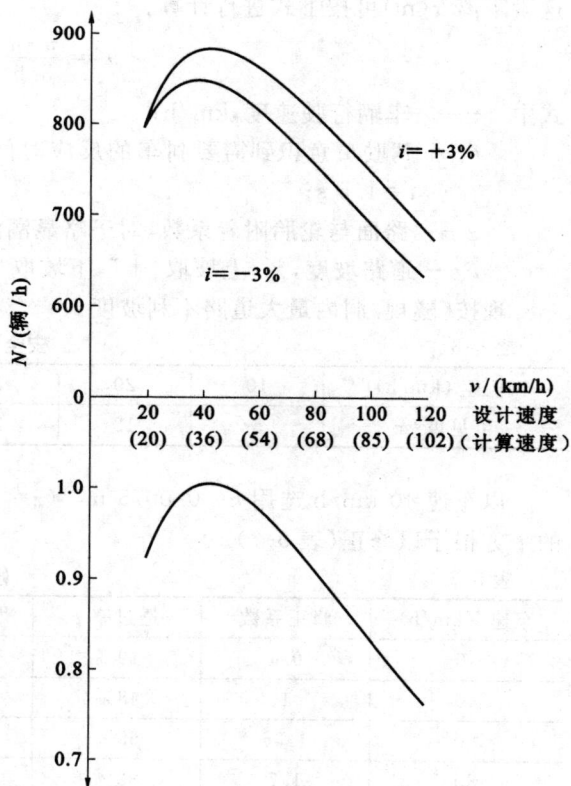

图 5-4   小时交通量与设计速度

　　一般说来,交通量少的时候,司机行车可不顾及前后的车辆,行车速度可在道路线形及规定速度的许可范围内自由选择;隧道交通量增多,由于受到前后车辆行动的约束,整个行车速度就会逐渐降低。

　　隧道内的行车速度又较一般路段为低。根据日本对尾原、天王山和都夫良野 6 座隧道每小时交通量最大值(约 3 个月)的实际观测资料,平均每小时交通量为 3268 辆/h,大型车混入率 9%,平均行车速度为 48 km/h。同一期间也对相应路段作了观测以资比较,平均每小时交通量为 3596 辆/h,大型车混入率为 10%,平均行车速度为 74 km/h。由此可见,在正常营运情况下,当实际交通量达到设计交通量时,隧道内的行车速度会受到自然的约束,通风设计计算中的计算行车速度采用 40~50 km/h 是适宜的。由于计算行车速度的选用将直接影响车辆活塞风压 h_{pi} 的大小,而在纵向式通风计算中,活塞风压 h_{pi} 的影响又非常大,故对此应予慎重比选。

　　b. 烟尘允许浓度。

　　《隧规》只规定了"高速公路一、二级公路隧道为 0.0075 m^{-1}"。这是正常营运时的烟尘允许浓度值,而未规定交通阻塞情况下的允许值,设计者均采用 0.0090 m^{-1},即按《隧规》"条文说明"表 9.2.2-5 较 0.0075 m^{-1}(稍有烟雾)下降一个等级(舒适度下降)。然而,表 9.2.2-5 是按行车速度为 40 km/h 时,司机对舒适水平的主观评价,若按此标准进行设计,则几乎所有通风设计均要由交通阻塞情况下的烟尘允许浓度所控制,所需的通风量及风机设备也将大大增加,而且这一标准的取值与交通阻塞时的行驶速度(10 km/h)也不相适应。为此,现仅根据《隧规》"条文说明"中有关论述,提出交通阻塞情况下烟尘允许浓度值的一些看法。为了保证停车视距,必须控制烟尘浓度,一般用光的透过率表示。容许透过率的大小首先取决于保证行车安全所需的可见度,并适当考虑人的舒适感。安全可见度可用驾驶员看到前方障碍物到刹车这段时间内汽车所走的距离来表示,这段距离 x(m)可按下式进行计算:

$$x = \frac{v \cdot t}{3.6} + \frac{v^2}{254(\varphi \pm i)} \tag{5-33}$$

式中　v——车辆行驶速度,km/h;

　　　　t——驾驶员意识到需要刹车的反应时间+汽车制动机械传动的迟滞时间,s,一般可采用 $t = 1.5$ s;

　　　　φ——路面与轮胎附着系数,对于略显潮湿的路面可采用 $\varphi = 0.45$;

　　　　i——道路坡度,%,上坡取"+",下坡取"−"。

　　现按《隧规》洞内最大道路不利坡度 $i = -3\%$ 计算各种车速时的 x 值(表 5-6)。

表 5-6　　　　　　　　　　　　　　　　安全可见距离

车速/(km/h)	10	20	30	40	50	60	80
可见度/m	5	12	21	32	44	59	93

　　以车速 40 km/h 选用 $k = 0.0075$ m^{-1}($\tau = 48\%$)为基数,不同行车速度时假设按可见度之比值的平方根予以修正(表 5-7)。

表 5-7　　　　　　　　　　　　　　　　修正值

车速/(km/h)	修正系数	透过率 τ	烟雾浓度 K/m^{-1}	推荐采用 K/m^{-1}	相当于 τ
10	0.4	19%	0.017	0.016	20%
40	1	48%	0.0075	0.0075	48%
60	1.36	65%	0.0043	0.0040	67%
80	1.7	82%	0.0020	0.0020	82%

日本道路公团设计要领中也提道：对煤烟的容许透过率基本上是根据对隧道内行驶的人员视线允许妨碍的程度来决定的，以往根据隧道照明的质量与亮度、车速（安全距）、障碍物反差等由煤烟浓度与能见度的关系用试验来求得。试验关系曲线见图5-5。由图可看出，当采用日光灯照明，洞内照度为30 lx时，车速为10 km/h，煤烟透过率$\tau=10\%$；车速为40 km/h，$\tau=48\%$；车速为60 km/h，$\tau=76\%$。现推荐采用值与此大致相适应，似可作为设计标准。

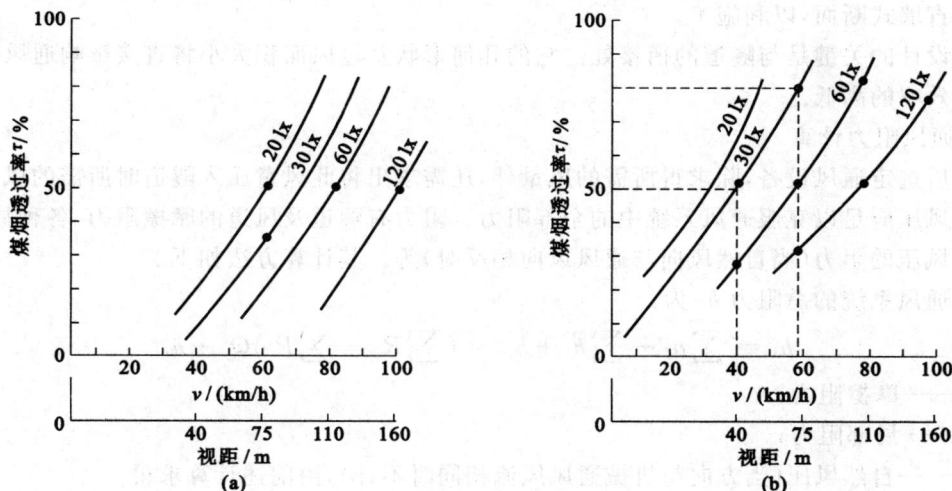

图 5-5　车速、照明、透过率关系图
（a）低压钠灯照明；（b）日光灯照明

c.通风量计算。

对于公路隧道，首先可根据汽车的行车距离、隧道长度计算隧道内平均存车辆数。

$$N = \frac{L_T}{L} \tag{5-34}$$

式中　L_T——隧道长度，m；

　　　L——行车距离，即行驶时前车端部至后车端部的距离，m。

通过统计计算各种汽车的污染排放量，然后按下式计算隧道内总的污染物排放速度：

$$G = NG_a \tag{5-35}$$

式中　G——总污染物排放量，m^3/s；

　　　G_a——汽车平均排放量，m^3/s。

按下式计算公路隧道通风量：

$$Q_{rep} = \frac{G}{c - c_0} \tag{5-36}$$

式中　Q_{rep}——隧道通风量，m^3/s；

　　　c——污染物允许浓度，mg/L，参见本节烟尘允许浓度；

　　　c_0——新鲜空气中的污染物浓度，mg/L。

5.4.4　通风阻力计算

（1）风道设计

按上述方法算出通风量Q_{rep}就可初步选择风机的大小、台数和尺寸，并可进行风道平面、纵断面和断面的设计。风道平面设计应使风道与隧道的交角尽量小，一般采用$15°\sim20°$。风道应设在地形、地质较好的一侧,或能使风道较短的一侧。当为曲线隧道时,尽量把风道设在曲线外侧,以使风流顺畅。

风道纵断面应设计成不小于 3‰的坡度向洞外下坡,以利风道排水。风道与隧道衔接处的标高,不宜低于该处线路轨面,一般应高出轨面 0.15~0.20 m 以上,以利风流。

风道横断面设计应结合初步选定的风机出口尺寸和考虑过风面积的需求。断面几何形状一般采用圆拱直墙式断面,以利施工。

风道设计的关键是与隧道的衔接处。它的几何形状及过风面积大小将直接影响通风效果的好坏与通风效率的高低。

(2) 通风阻力计算

为最后选定通风设备,除得所需的风量外,还需求出将此风量压入隧道时所需的风压。即风机产生的风压应足以克服通风系统中的全部阻力。阻力有隧道及风道的摩擦阻力、各种局部阻力、克服自然风压的阻力(当自然风向与通风风向相反时)等。其计算方法如下。

整个通风系统的总阻力 h_t 为:

$$h_t = \sum h_f + \sum h_l + h_n = \left(\sum R_{fi} + \sum R_l \right) Q^2 + h_n \tag{5-37}$$

式中　h_f——摩擦阻力;

h_l——局部阻力;

h_n——自然风压(当方向与机械通风风流相同时不计),由前述计算求得。

5.4.5　通风机选择

在隧道机械通风中,对通风机压头要求不高,但风量要大。而轴流式通风机具有这样的特性,并且具有效率高、尺寸小、紧凑、逆转效率不降低等优点,故在地下空间通风中应优先采用。

对于铁路隧道通风,通风机的选择与前几章所述相同。

在公路隧道通风中,常采用全射流纵向式通风,此时,可按下式计算每级射流风机所产生的风压:

$$h_j = \pm \frac{S_j}{S - 2S_j} \rho v_j^2 \cdot \frac{1}{K_j} \left(1 - \frac{v_e}{v_j} \right) \tag{5-38}$$

式中　S_j——射流风机出口面积,m²;

S——隧道断面面积,m²;

v_j——射流风机出口风速,m/s;

ρ——空气密度,kg/m³;

v_e——隧道中的平均风速,m/s;

K_j——风机与衬砌距离有关的损失系数,$K_j = 1.1 \sim 1.2$。

再由下式计算所需射流风机级数:

$$N_j = \frac{h_t}{h_j} \tag{5-39}$$

式中　N_j——所需射流风机级数;

h_j——每级射流风机所产生的风压;

h_t——隧道通风总阻力。

隧道运营通风设计是一项较为复杂的工作。从通风方案的选择到每个参数的确定,都应深入实际,详细调查;进行分析类比,才有可能取得质量较好的通风设计结果。

目前世界上很多交通隧道通风采用自动化控制,根据洞内有害气体监测自动控制风机启闭运转,这是隧道通风现代化的必然发展方向。

5.4.6 运营隧道防治有害气体的其他措施

对于运营隧道,若自然通风不能满足要求,则降低隧道内有害气体浓度的主要措施是设置机械通风。但为减少机械通风的能源消耗,节省费用,也常采取一些防治有害气体的辅助措施。

（1）提高车辆通过隧道的行驶速度

目前的机械通风方式都是在车辆驶离（或即将驶离）隧道后才开动通风机的。因此,在蒸汽牵引时,不能防止车辆通过隧道时乘务员受机车自身排出煤烟的侵袭。当采用双机内燃牵引时,后一机车乘务员的情况亦如此。此时,只有提高车辆通过隧道的行驶速度,才能减轻煤烟或废气大量涌入驾驶室的现象。

据有关部门实测,若蒸汽机车通过隧道的速度达到 25～30 km/h 以上,就能避免煤烟侵入驾驶室。另外,提高车速能在隧道内造成大的活塞风速,减少机车在洞内排放有害气体的数量。

（2）在隧道内设置整体道床

采用整体道床可减小通风阻力,改善通风效果。更主要的是整体道床维修工作量小,可减小线路养护维修人员在洞内的工作时间。

（3）避车洞安装防烟门及其他措施

由于车辆驶离隧道后才开动风机,此段时间内,待避的维修人员将受最高浓度有害气体的侵袭。这种情况要待新鲜空气将有害气体挤过待避点后才能解除。因此,可将避车洞装上防烟门,使待避人员免受有害气体高峰浓度的危害。实践证明效果良好。

另外,还可采用个人防护和提高隧道养护机械化水平进行内燃机车的废气净化等措施,来改善隧道内工作条件。

本章小结

（1）主要讲述了地下工程中一些洁净性空间和污染性空间需风量的计算。需要注意的是,如果是对于地下工程的洁净性空间和污染性空间,机械进风量和机械排风量是不相等的。

（2）讲述了运营期间的隧道和地铁需风量的设计。对于长度不大、交通量较小的隧道,可以采用自然通风。双向交通的隧道除长度很短或确知自然风压较为固定（风向、风速）且风速较大外,一般不考虑自然通风的作用。自然通风不能满足隧道内通风排烟的要求时,要使用机械通风。

（3）讲述了交通隧道中通风阻力的计算和通风机的选择。

习题与思考题

5-1　地下通风方式有哪几种?

5-2　何谓正常通风和事故通风?

5-3　某污水泵间的面积为 6048 m^2,现难以确定其内的污染物,请使用换气次数来确定其排风量。

5-4　若某地下室某一实验房间产生有毒化学污染物,应如何控制该房间与邻室的压力以防止有毒气体进入邻室?试给出一种实现该压力分布的具体方法。

习题与
思考题答案

5-5 某地下工程的变电站总的进风量为 2040 m^2/h,求此变电站的总排风量。

5-6 某地下车间同时有两种刺激性气体散发,它们散发至车间的气体量为:氯化氢 0.018 g/s 和二硫化碳 0.015 g/s,车间通道体积为 240 m^3,防毒通道体积为 110 m^3,车间内人员共 20 人,每人每小时供风标准为 90 m^3/h,求此车间所需的进风风量。(查得上述两种刺激性气体的最高容许浓度为氯化氢 15 mg/m^3,二硫化碳 10 mg/m^3)。

5-7 有一公路隧道,全长 2000 m,平均坡度 6.0‰,洞内空气平均温度 12 ℃,洞外空气平均温度 8 ℃,当地大气压为 99999 Pa,试计算此隧道因热位差而造成的自然风压。

5-8 有一公路隧道如图 5-6 所示,全长 2000 m,平均坡度 6.0‰,主导风向亦如该图所示,平均风速 5 m/s,试计算自然风在隧道内产生的自然风压。

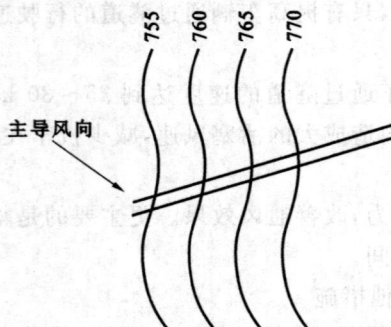

图 5-6 题 5-8 图

5-9 有一公路隧道,全长 2000 m,自然风压同题 5-7、题 5-8,大型车混入率为 10%,小汽车污染物排放速度为 5 mg/s,行驶速度为 50 km/h;大型车污染物排放速度为 8 mg/s,行驶速度为 40 km/h;设所有污染物的允许浓度为 5 mg/m^3,试计算该隧道通风量,并分析该隧道是否可采用自然通风。

6 空气调节过程与控制

【内容提要】

本章主要内容包括：空调系统的组成与分类、地下工程热湿负荷计算、空调系统的选用。本章的教学重点为空调系统的形式及分类，围护结构传热量的简化计算和新风负荷等；教学难点为围护结构传热量的简化计算。

【能力要求】

通过本章的学习，学生应了解空调系统的组成与分类，掌握地下工程热湿负荷的计算及设计应用一般地下建筑空调方案。

本章拓展资源

6.1 空调系统的组成与分类

6.1.1 空气调节任务与作用

空气调节是控制室内空气的温度、湿度、洁净度和气流速度等符合一定要求的工程技术，使其满足人体舒适性或者生产工艺的要求。

仅满足人体舒适性要求的空调为舒适性空调，它对温度和湿度的精度要求不是很严格，一般的民用建筑多为舒适性空调，如会议室、办公楼、商业中心等。舒适性空调虽然对温度、湿度的精度要求不严格，但是如新风量不够，风速过高，吹风中含尘量过大，也会令人感觉不适。因此舒适性空调对空气的要求除要保证一定的温度、湿度以外，还要保证足够的新风量、一定的洁净度和一定的空气流速。

根据工艺、生产的要求而将温度、湿度等严格控制在一定范围内的空调称为工艺性空调，如纺织工业的空调、医院的空调、药品工业的空调等。

6.1.2 空调系统的基本组成

一般来说，一个完整的空调系统主要由以下几部分组成：

（1）空气处理设备

空气处理设备是空调系统的核心，地下工程内循环空气和地下工程外新鲜空气被送到空气处理设备进行过滤净化、加热、冷却、加湿、去湿等处理，主要包括过滤器、喷水室、加热器、加湿器等。

（2）能量输配系统

能量输配系统包括空气和水的能量输配系统。空气的能量输送设备主要是指将处理后的空气输送到各个空调房间和从空调房间排出部分空气的设备，主要包括风机，送风管、风口等。

水的输送部分包括水泵、水管和水阀等。

（3）供冷、供热设备

供冷、供热设备是空气处理设备的冷源、热源。夏季降温用冷源，一般由制冷机承担，而再热或者冬季加热,一般用锅炉、热电站等。

空调系统的组成如图 6-1 所示。

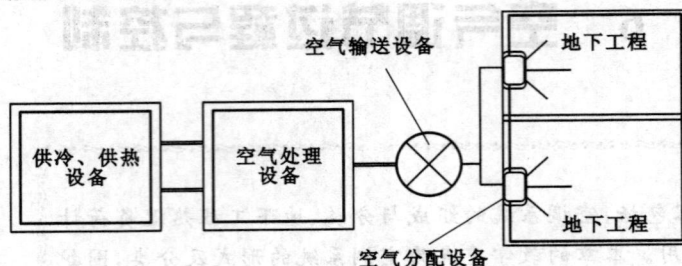

图 6-1 空调系统的组成示意图

6.1.3 空调系统的形式及分类

空调系统分类有不同分法,其根据空调控制的参数精确度不同可分为工艺性空调系统和舒适性空调系统;根据冷凝器冷却方式的不同可分为风冷式空调系统和水冷式空调系统;根据空气处理设备的集中程度不同可分为集中式空调系统、半集中式空调系统和分散式空调系统;按处理空调负荷的介质可分为全空气系统、全水系统、空气-水系统和制冷剂系统。为了便于说明系统设计及运行特点,推荐采用按空气处理设备的集中程度分类的方法,分述如下。

6.1.3.1 集中式空调系统

集中式空调系统是指全部室内热湿负荷均由经过集中处理的空气介质所吸,不需另外的二次冷却。目前常用的全空气空调系统就属于这种类型。其组成如图 6-2 所示。

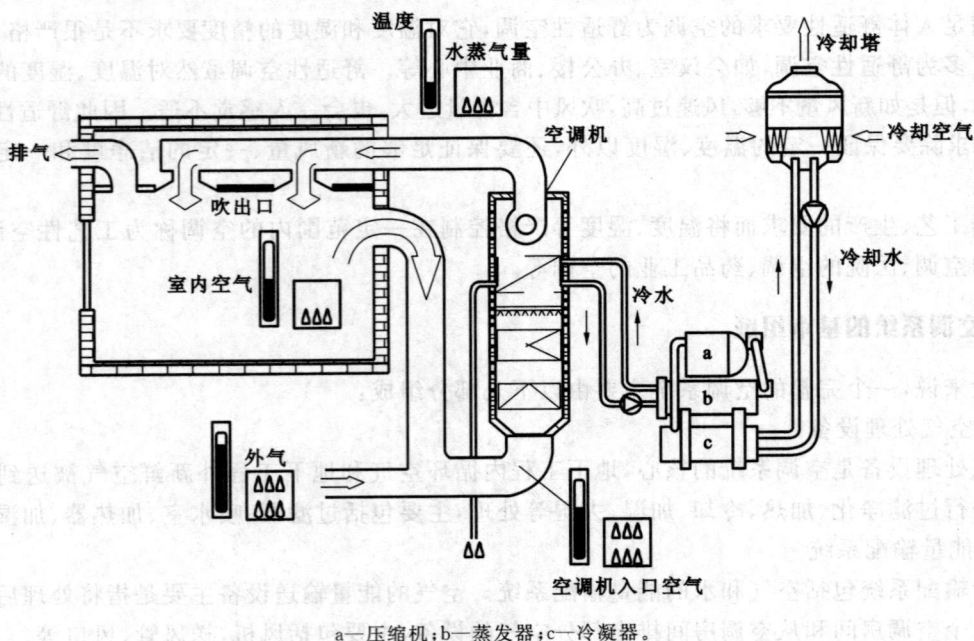

a—压缩机;b—蒸发器;c—冷凝器。

图 6-2 集中式空调系统

集中式空调系统是指空气处理设备如过滤器、加热器、加湿器、风机等集中设置在空调机房内,空气经过处理后,经风道送入各个房间的系统。

在集中式空调系统中,根据送风量是否变化又可分为定风量系统和变风量系统两种。定风量系统把送风量作为一个常量,不随室内热湿负荷的变化而变化,而是用改变送风温度来补偿室内热负荷的变化,从而维持室温不变。这是出现最早的空调系统。变风量系统也称作 VAV 系统,它把送风温度作为常量,用改变送风量补偿室内热负荷的变化以维护室温不变。热湿负荷大时,送风量大;热湿负荷小时,送风量小。变风量系统具有节省能量、降低风机电耗的特点。

集中式空调系统具有如下优点:

① 设备简单,节省最初投资;

② 可以严格地控制室内温度和相对湿度;

③ 可以充分进行通风换气,室内卫生条件好;

④ 空气处理设备集中设置在机房内,维修管理方便;

⑤ 可以实现全年多工况节能运行调节,经济性好;

⑥ 使用寿命长;

⑦ 可以有效地采用消声和隔振措施。

集中式空调系统也有以下缺点:

① 机房面积大,风道断面大,占用建筑空间多;

② 风管系统复杂,布置困难;

③ 一个系统供给多个房间,当各房间负荷变化不一致时,无法进行精确调节;

④ 空调房间之间有风管连通,使各房间互相污染;

⑤ 设备与风管的安装工作量大,周期长。

集中式空调根据回风混合过程还可以分为一次回风系统和二次回风系统。

（1）一次回风系统

为节约能源,在空调系统中回收一定量的室内空气并引入一定新鲜的室外空气与之混合,这种系统称为一次回风系统。室外新风量最少为总风量的 10% 或按卫生标准确定。在组装式的空调箱中设有一个新回风混合室。新回风混合的百分比可按需要由对开式风阀进行调节。一次回风系统的组成如图 6-2 所示。

一次回风系统的应用很广泛,为大多数中央空调系统所采用,除中央式空调系统的组合式空调机外,整体式（柜式）空调机也设有新风口和回风口。

（2）二次回风系统

二次回风系统是在一次回风系统的基础上将空调室内的循环回风分成两部分引入设备内,一部分回风在一次混合室内与新风混合,另一部分回风的风口开在空调设备的二次混合室。

二次回风系统的采用没有一次回风广泛。它具有同时节省空调冷量和空调热量的显著效果,但是由于加设了二次回风风管和回风口,使设备不可避免地在安装和调节方面比一次回风系统复杂些。

6.1.3.2　半集中式空调系统

半集中式空调系统是指在空调机房集中处理部分或全部风量,然后送往各房间,由分散在各被调房间内的末端设备再进行处理的系统。最常见的半集中空调系统有风机盘管空调系统和诱导器空调系统。

（1）风机盘管空调系统

利用空调机、冷水机组、锅炉和风机盘管,可对房间进行空气调节。风机盘管为末端装置,可吹送出冷风、热风。其系统组成如图 6-3 所示。

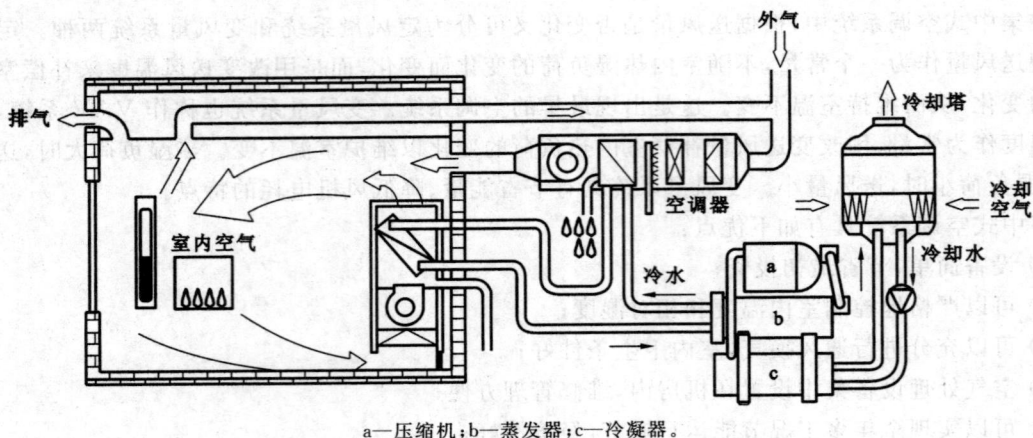

a—压缩机;b—蒸发器;c—冷凝器。

图 6-3　风机盘管空调系统

该系统中以风机盘管为主负担空调房间的冷(热)负荷,风机盘管一般安装在每个空调房间内,而新风则是通过独立的新风机组和新风管道送入每个空调房间。一台新风机组可负担众多的空调房间或承担一层房间的新风。新风机组可安装在新风机房内(卧式或立式),也可安装在房间的顶棚内。

根据新风是否承担室内负荷,新风系统设计上通常有两种考虑:① 将新风处理到室内空气的焓值,新风不承担室内负荷,室内负荷全部由风机盘管承担;② 将新风处理到低于室内空气的焓值,新风承担部分室内负荷。新风的供给方式常常设立独立的新风系统,将新风处理到一定参数后,再送入室内。这时新风送入室内有两种方式:a. 直接送到风机盘管吸入端,与房间回风混合后,再被风机盘管冷却(或加热)后送入室内。这种方式的优点是比较简单,缺点是一旦风机盘管停机后,新风将从回风口吹出,而回风口一般都有过滤器,此时过滤器上的灰尘将被吹入房间。如果新风已经冷却到低于室内温度,这将会导致风机盘管进风温度降低,从而降低风机盘管的出口压力。b. 新风与风机盘管的送风并联送出,可以混合后再送出,也可以各自单独送入室内。这种系统在安装方面稍微复杂一些,但是避免了上述两条缺点,且卫生条件好,应优先采用。

风机盘管空调系统的主要优点如下:

① 布置灵活,可以和集中处理的新风系统联合使用,也可单独使用;

② 各空调房间互不干扰,可以独立地调节室温,并可随时根据需要开、停机组,节省运行费用,灵活性大,节能效果好;

③ 不需回风管道,节省建筑空间;

④ 机组部件多为装配式,定型化、规格化程度高,便于用户选择和安装;

⑤ 只需新风空调机房,机房面积小;

⑥ 使用季节较长;

⑦ 各房间之间不会互相污染。

风机盘管空调系统具有以下缺点:

① 对机组制作质量要求高,否则维修工作量很大;

② 机组剩余压头小,室内气流分布受限制;

③ 分散布置,敷设各种管线较麻烦,维修管理不方便;

④ 无法实现全年多工况节能运行;

⑤ 水系统复杂,易漏水;

⑥ 过滤性能差。

（2）诱导器空调系统

诱导器空调系统是采用诱导器作为末端装置的半集中式空调系统。经过处理的一次风首先进入诱导器的静压箱，然后通过喷嘴高速喷出，使喷嘴周围的箱内形成负压，从而将室内二次风诱导进来，与一次风混合后送入空调房间。其可分为全空气诱导器空调系统和空气-水诱导器空调系统。

诱导器空调系统有以下优点：

① 由于集中处理的仅仅是一次风，所以机房面积和风道尺寸较小，节省建筑空间；

② 当一次风为全新风时，回风不经过风机，因而在防爆与卫生方面都有优越性；

③ 诱导器中无转动设备，使用寿命长。

诱导器空调系统有以下缺点：

① 二次风过滤效率低，所以对空气净化要求高的地方不宜使用；

② 过渡季节无法增加新风量，不利于调节；

③ 喷嘴处风速高时风机动力消耗大，室内噪声大；

④ 系统初期投资高，管路复杂。

半集中式系统中风机盘管系统使用得较多。

6.1.3.3　分散式空调系统

分散式空调系统是指将冷、热源和空气处理、输送、控制设备集中在一个箱体中，直接在空调房间或邻近地点就地处理空气，主要用于住宅、办公场所等。一般是指制冷剂直接作为承载空调负荷的介质的系统。分散安装的局部空调器内部带有制冷剂，制冷剂通过直接蒸发器与房间空气进行热湿交换，达到冷却、除湿的目的。一般家用窗式空调或者柜式空调都是分散式系统。

6.1.4　主要的一些设备

其中最主要的设备是空气处理机组、冷却塔和冷水机组等。

（1）空气处理机组

工作原理：通过机组表冷、过滤、消声、风机等若干功能段的组合，外界提供冷源，实现对空气进行冷却、过滤、消声、输送等处理过程。空气处理机组如图 6-4 所示。

（2）冷却塔

冷却塔是为冷水机组冷却器提供冷却水的设备，如图 6-5 所示。冷却塔的工作原理：用水和空气的接触，通过蒸发作用来散去冷水机组冷却器产生的热。当干燥（低焓值）的空气经过风机的抽动后，自进风网处进入冷却塔内；饱和蒸汽分压力大的高温水分子向压力低的空气流动，湿热（高焓值）的水自洒水系统洒入塔内。当水滴和空气接触时，由于水蒸气表面和空气之间存在压力差，在压力的作用下产生蒸发现象，带走蒸发潜热，将水中的热量带走，即蒸发传热，从而达到降温的目的。

图 6-4　空气处理机组

图 6-5　冷却塔

图 6-6 冷水机组

地铁通风空调工程冷却塔一般安装在城市交通要道绿化带,要求为超低噪声玻璃钢冷却塔。

(3) 冷水机组

冷水机组是空调大、小系统中提供冷源的设备。常用的冷水机组有螺杆式冷水机组、离心式冷水机组。机组由制冷压缩机、冷凝器、蒸发器、润滑系统、控制系统、保护系统、节流装置等组成;压缩机机组分为全封闭或半封闭螺杆式制冷压缩机,图 6-6 所示为冷水机组。

6.2 地下工程热湿负荷计算

地下建筑的传热特性与地面建筑不同,由于地下建筑内环境的特殊性,地下建筑具有蓄热能力强、温度变化幅度小、热稳定性好、夏季潮湿等特点。

通风空调系统对地下建筑内部环境的优劣起着重要的作用,地下建筑受进风温度、通风量、几何形状、埋深等影响。而地下建筑在传热的同时,还伴随着复杂的传湿过程。合理地确定地下建筑热湿负荷是设置好通风空调系统的基础。地下建筑热湿负荷主要由围护结构传热形成的负荷、室内热源散热形成的负荷、新风负荷、湿负荷几部分构成。

在热工计算中,一般是根据地下建筑的几何尺寸将建筑物简化成两类,即当量圆柱体和当量球体。所谓当量圆柱体,是指建筑物的长宽比大于 2,当量球体则是指建筑物的长宽比小于 2。

本节所介绍的传热计算方法,包括了浅埋和深埋地下建筑。

浅埋和深埋地下建筑的界限 y:

$$y = \left(\frac{2\alpha}{\omega_1}\right)^{\frac{1}{2}} \ln \frac{\theta_d}{\theta_{d(y)}} \tag{6-1}$$

式中　　α——地层材料的导热系数,m^2/h;

ω_1——温度年周期波动频率,$\omega_1 = \frac{2}{T} = 0.000717$,$T$ 为温度年波动周期,$T = 8760$ h;

θ_d——地表面温度的年周期波动波幅,℃;

$\theta_{d(y)}$——地层深 y 处低温年周期波动波幅,$\theta_{d(y)} = \theta_d \sqrt{\frac{\omega_1}{2\alpha}} y$,℃。

6.2.1 围护结构传热量的简化计算

在实际工作中,往往情况比较复杂,难以模拟计算,地下建筑围护建构的传热是一个不稳定传热过程,地下工程刚建成,其围护结构湿度较大,需要进行一段时间的预热,并配合通风,使地下建筑室内的温度、湿度达到要求,一般来讲,夏季预热通风比冬季好。而随着使用时间加长,恒温传热过程逐步稳定。

深埋地下建筑围护结构的传热主要受硐室内的空气温度的变化影响,而浅埋地下建筑围护结构的传热,除了受硐室内的空气温度的变化影响,还受地表面温度年周期变化的影响,传热过程复杂一些,下面分别介绍浅埋和深埋地下建筑传热量的计算方法。

6.2.1.1 深埋地下建筑

（1）恒温建筑

恒温建筑是指硐室内的空气温度恒定不变的地下建筑。

$$Q_1 = aF(t_{nc} - t_0)[1 - f(F_0, B_i)]m \qquad (6-2)$$

式中 Q_1 ——恒温深埋地下建筑壁面传热量，W。

a ——基岩或土壤导温系数，m^2/h。

F ——传热壁面面积，m^2。

t_{nc} ——地下空间内的空气恒温温度（或年平均温度），℃。

t_0 ——地表面的平均温度，℃。

$f(F_0, B_i)$ ——壁面恒温传热计算参数，根据准数 $F_0 = \partial\tau/r_0^2$ 及 $B_i = \alpha r_0/\lambda$ 值，查图 6-7 或图 6-8。

m ——壁面传热修正系数，衬砌结构 $m=1$；对于离壁式衬砌结构或衬套结构，当建筑物周围 为岩石时，m 为 0.72；为土壤时 m 为 0.86。

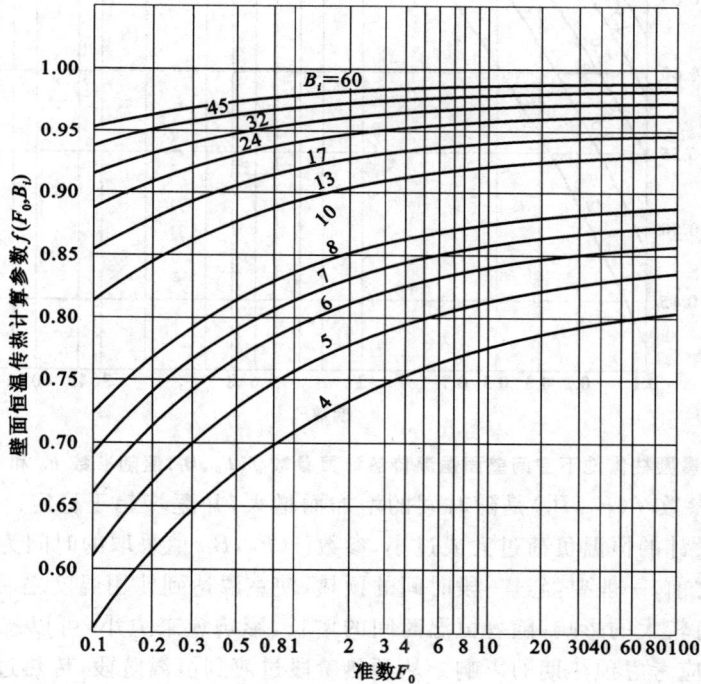

图 6-7 当量球体地下空间壁面恒温传热计算参数 $f(F_0, B_i)$ 值随准数 F_0 和 B_i 的变化

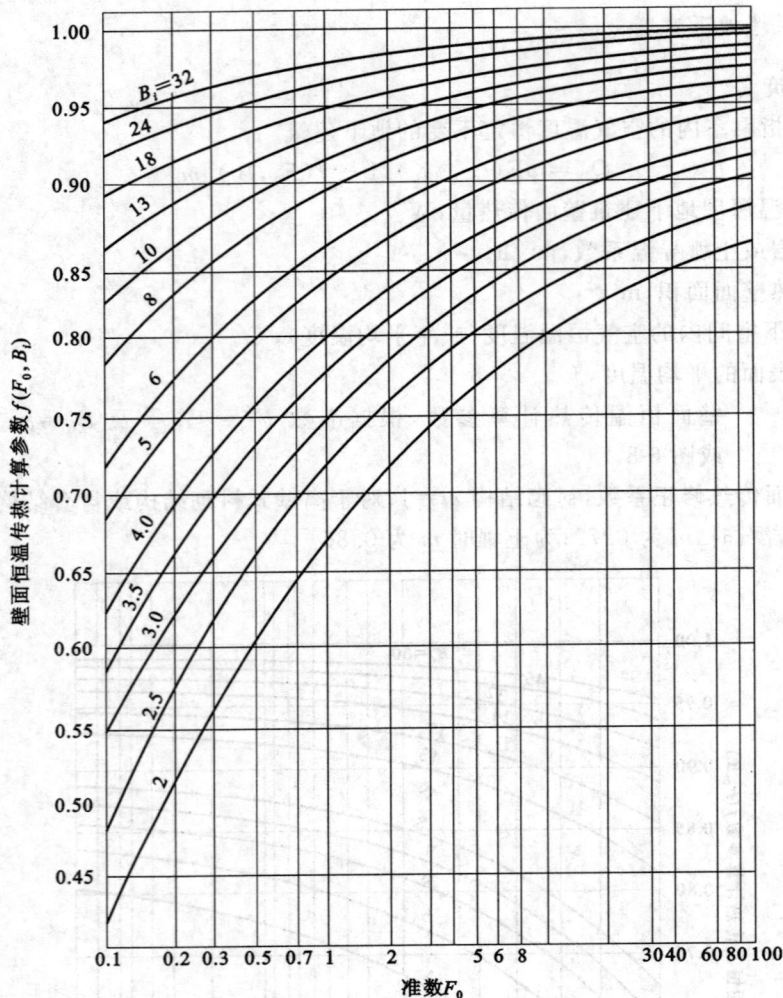

图 6-8　当量圆柱体地下空间壁面恒温传热计算参数 $f(F_0, B_i)$ 值随准数 F_0 和 B_i 的变化

　　恒温传热计算参数 $f(F_0, B_i)$ 是随时间的增加而增大,并逐步趋于稳定。稳定的时间一般为 3～5 年。为了不使设计的恒温负荷过大或过小,参数 $f(F_0, B_i)$ 值采取的时间为 2 年左右。恒温地下空间在投入使用之前,一般要经过一段时间的预热,使室温达到使用温度之后再恒温。预热期对恒温初期的传热量有较大的影响,随着恒温时间的增长,影响愈来愈小,可以忽略不计。计算恒温初期壁面传热量时,应考虑预热期的影响。从预热阶段过渡到恒温阶段,传热过程是较复杂的。为了便于工程设计计算,建议采用近似方法将预热时间当量转移为恒温时间。转移的原则是根据预热时间,求出传热系数 K,按下式计算壁面恒温传热计算参数 $f(F_0, B_i)$:

$$f(F_0, B_i) = 1 - \frac{K}{\alpha} \tag{6-3}$$

式中　α——换热系数,W/(m² · ℃);

　　　K——传热系数。

　　根据参数 $f(F_0, B_i)$ 和 B_i 准数,查《地下建筑暖通空调设计手册》(中国建筑工业出版社,1983)表 4-4 或本章图 6-8,得傅立叶准数 F_0 值。则预热时间当量转移为恒温时间,可按下式确定:

$$\tau = \frac{F_0 r_0^2}{\alpha} \tag{6-4}$$

式中　r_0——地下建筑当量直径,m。

（2）非恒温地下建筑

一般的地下建筑就是非恒温的地下建筑,这类建筑壁面传热量受进风温度年周期性变化的影响,发生年周期性变化。

$$Q = Q_1 + Q_2 \tag{6-5}$$

$$Q_2 = \theta_{n1} \lambda m F f(\xi, \eta) \cos[\omega_1 \tau + \beta(\xi, \eta)]/r_0 \tag{6-6}$$

式中　Q——非恒温深埋地下建筑壁面传热量,W;

　　　Q_1——壁面恒温传热量,见式(6-2),W;

　　　Q_2——壁面年波动传热量,W;

　　　θ_{n1}——地下建筑内空气温度年周期的波动波幅,℃;

　　　λ——基岩或土壤材料的导热系数,kcal/(m·h·℃);

　　　$f(\xi, \eta), \beta(\xi, \eta)$——壁面年周期性波动传热计算参数和壁面热流超前角度,(°)。

根据准数 $\xi = r_0\sqrt{\dfrac{\omega_1}{\alpha}}$,$\eta = \dfrac{\lambda}{\alpha}\sqrt{\dfrac{\omega_1}{\alpha}}$值,查图 6-9(或图 6-10)和图 6-11(或图 6-12),$f(F_0, B_i)$是壁面恒温传热计算参数,根据准数 $F_0 = \alpha\tau/r_0^2$ 及 $B_i = \alpha r_0/\lambda$ 值确定,τ 为时间(h)。

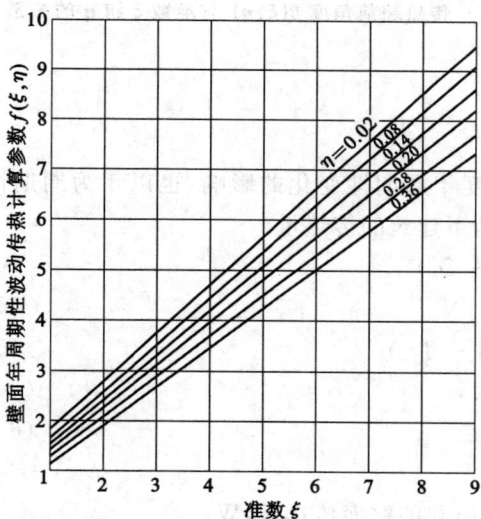

图 6-9　当量球体地下空间壁面年周期性波动传热
计算参数 $f(\xi, \eta)$ 与准数 ξ 和 η 的关系

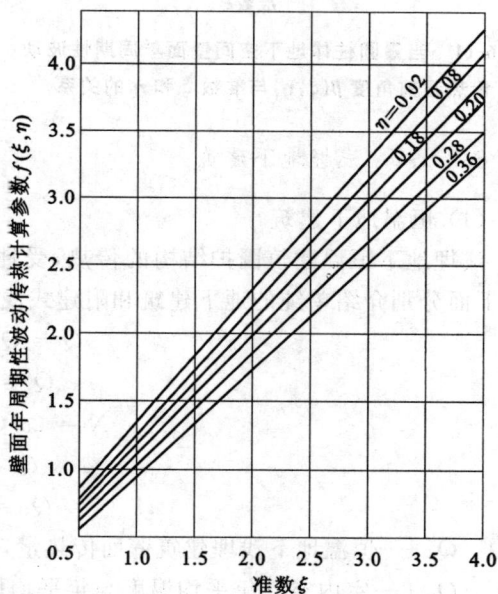

图 6-10　当量圆柱体地下空间壁面年周期性波动传热
计算参数 $f(\xi, \eta)$ 值与准数 ξ 和 η 的关系

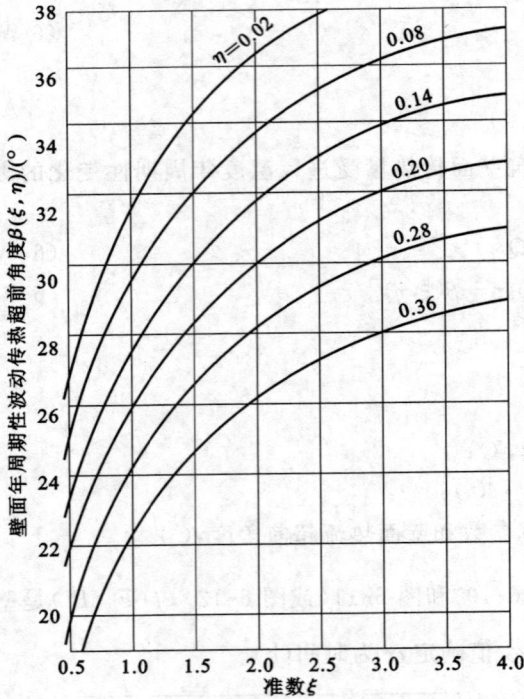

图 6-11　当量圆柱体地下空间壁面年周期性波动
传热超前角度 $\beta(\xi,\eta)$ 与准数 ξ 和 η 的关系

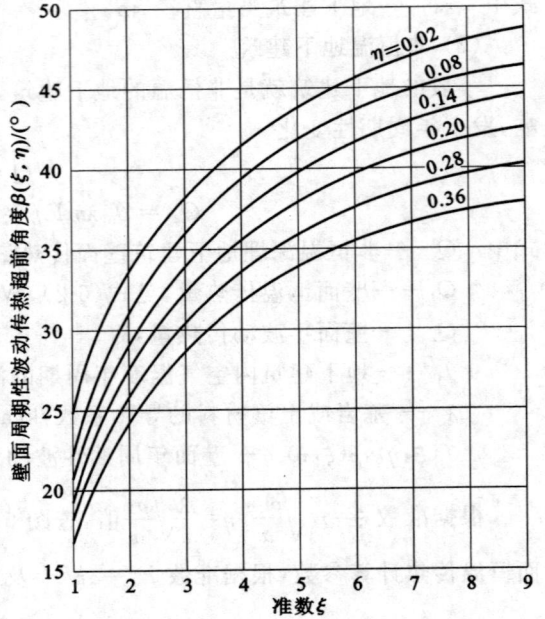

图 6-12　当量球体地下空间壁面年周期性波动
传热超前角度 $\beta(\xi,\eta)$ 与准数 ξ 和 η 的关系

6.2.1.2　浅埋地下建筑

（1）恒温地下建筑

浅埋地下恒温建筑围护结构的传热，受地表面温度年周期性变化的影响，也以年为周期性变化，下面分别介绍单纯的地下建筑和附建式浅埋恒温地下建筑的传热量。

$$Q = Q_1 \pm (Q_2 + Q_3) \tag{6-7}$$

$$Q = (t_{nc} - t_0)N \tag{6-8}$$

$$N = 2\alpha l(b+h)(1 - T_{pb}) \tag{6-9}$$

$$Q_2 = \alpha b l \theta_d \Theta_{ad} \tag{6-10}$$

$$Q_3 = 2\alpha h_y l \theta_d \Theta_{ad} \tag{6-11}$$

式中　Q——恒温地下浅埋建筑壁面传热量，W；

　　　Q_1——室内空气年平均温度与年平均地温之差引起的壁面传热量，W；

　　　Q_2——地面与地下建筑室内温差引起的顶板传热量，W；

　　　Q_3——地表面温度年周期性波动通过地下建筑侧墙传递的热量，W；

　　　t_{nc}——地下建筑室内空气恒定温度（或年年平均温度），℃；

　　　t_0——地下建筑周围年平均温度，℃；

　　　N——壁面年平均传热计算参数，W/℃；

　　　α——换热系数，一般取 5.8~8.7 W/(m² · ℃)；

　　　l——地下建筑长度，m；

　　　b——地下建筑宽度，m；

h——地下建筑高度，m；

T_{pb}——年平均温度参数，根据土壤的导热系数、建筑的宽度和高度确定，按下式计算：

$$T_{pb} = \frac{K_p B_i}{1 + K_p B_i} \tag{6-12}$$

K_p——参数，根据准数 $H = \dfrac{0.5h + h_d}{r_0}$ 值，查图 6-13，r_0 为

当量直径，$r_0 = \dfrac{h+b}{\pi}$(m)；

h_y——围护结构侧壁面传热面积的计算参数，当 $6 - h_d \geqslant$
h 时，$h_y = h$，当 $6 - h_d < h$ 时，$h_y = 6 - h_d$，h_d 为覆盖
层厚度(m)；

θ_d——地表面温度年周期性振幅，℃；

Θ_{ad}——地表面温度年周期性波动引起的侧壁面温度参
数，根据土壤的导热系数以及地下建筑高度确定；

$\pm$——冬季取"+"，夏季取"−"。

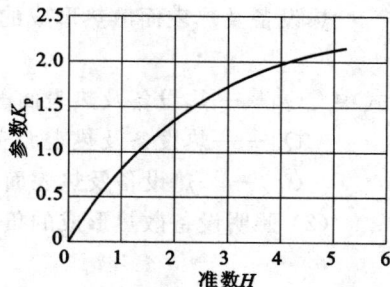

图 6-13　参数 K_p 与 H 值的关系

（2）无恒温要求的单建式地下建筑

一般通风浅埋地下空间壁面传热量，受地下空间内空气的温度和地表面的温度年周期变化的影响。

$$Q = Q_1 + Q_2 \tag{6-13}$$

$$Q_2 = \pm \theta_{nl} \cdot M \tag{6-14}$$

$$M = 2al(b+h)(1 - \Theta_{nd}) \tag{6-15}$$

式中　Q——非恒温浅埋地下建筑壁面传热量，W；

Q_1——室内空气年平均温度与年平均地温之差引起的壁面传热量，W；

Q_2——壁面年波动传热量，W；

θ_{nl}——室内空气温度年波动幅，℃，$\theta_{nl} = t_{np} - t_{nc}$，其中，$t_{np}$ 为夏季室内空气日平均温度(℃)，
t_{nc} 为夏季室内空气年平均温度(℃)；

M——壁面周期性波动传热计算参数，W/℃；

Θ_{nd}——地下建筑室内温度年周期性波动的温度参数，根据土壤的导热系数和导温系数以及
$0.5b + h$ 值确定；

$\pm$——冬季取"−"，夏季取"+"。

6.2.2　室内热源散热形成的负荷及新风负荷

室内热源包括工艺设备散热、照明散热及人体散热等。室内热源散热包括显热和潜热两部分，显热散热中对流热成为瞬时冷负荷，辐射热部分则先被围护结构等物体表面所吸收，然后以对流方式散出，形成冷负荷。而潜热散热为瞬时负荷。

与围护结构传热形成的负荷不同，设备、照明和人体等室内热源散热所形成的负荷相对来说比较稳定，而且在地下建筑空调负荷中所占比例较大。但是，某些因素的不确定性导致这部分负荷在计算时容易产生较大波动。正确计算出室内的设备、照明和人体等散热所形成的负荷，对于正确计算地下建筑的热湿负荷，确定降湿方法及设备，保证地下建筑室内热湿环境及室内空气品质，特别是对于地下建筑室内的防潮除湿尤为重要。

空调负荷的计算方法很多，我国较多采用的是冷负荷系数法和谐波反应法的简化计算方法。冷负荷系数法是建立在传递函数法的基础上便于工程计算的一种简化算法。本章采用的是冷负荷

系数法的计算方法。

6.2.2.1 室内热源散热形成的负荷

(1) 热设备散热形成的负荷

热设备及热表面散热形成的计算时刻冷负荷,可由下式计算:

$$Q_{\tau1} = Q_{s1} + C_{LQ1} \tag{6-16}$$

式中 $Q_{\tau1}$——热设备及热表面散热形成的冷负荷,W;

Q_{s1}——热设备及热表面实际显热散热量,W;

C_{LQ1}——热设备及热表面显热散热的冷负荷系数,若空调系统不连续运行,则取 $C_{LQ1}=1.0$。

(2) 照明设备散热形成的负荷

$$Q_{\tau2} = Q_{s2} C_{LQ2} \tag{6-17}$$

式中 $Q_{\tau2}$——照明设备散热形成的负荷,W;

Q_{s2}——照明设备的散热量,W;

C_{LQ2}——照明设备散热的冷负荷系数。

(3) 人体散热形成的负荷

① 人体显热负荷。

人体散热的显热负荷的辐射部分约占 2/3,也存在蓄热滞后的问题。人体散热形成的计算时刻冷负荷,可由下式计算:

$$Q_{\tau3} = Q_{s3} C_{LQ3} = q_s n\Phi C_{LQ3} \tag{6-18}$$

式中 $Q_{\tau3}$——人体显热散热形成的冷负荷,W;

Q_{s3}——人体显热散热量,W;

C_{LQ3}——人体显热散热的冷负荷系数;

q_s——不同室温和劳动性质的成年男子显热散热量,W;

n——空调房间内的人员总数;

Φ——某些建筑内的群集系数,见表 6-1。

表 6-1   **某些工作场所的群集系数**

工作场所	群集系数	工作场所	群集系数
影剧院	0.89	旅馆	0.93
百货商场(售货)	0.89	图书馆阅览室	0.96
工厂(轻度劳动)	0.90	工厂(繁重劳动)	1.0
体育馆	0.92	银行	1.0

对于人员特别密集的场所,如电影院、剧场、会堂等,人体对围护结构和室内家具的辐射热量相对较少,可取 $C_{LQ3}=1$。若单位体积内人员很少,人体冷负荷占总负荷的比例很少,则可取 $C_{LQ3}=1$。在上述情况下,即可按稳定负荷计算人体负荷。即

$$Q_{\tau3} = Q_{s3} = q_s n\Phi \tag{6-19}$$

式中符号意义同前。

② 人体潜热散热负荷。

人体潜热散热负荷可按即时负荷考虑,即与潜热散热量相等,可按下式计算:

$$Q_q = q_q n\Phi \tag{6-20}$$

式中　Q_q——人体潜热散热形成的冷负荷，W；

　　　　q_q——不同室温和劳动性质的成年男子潜热散热量，W；

　　　　其余符号意义同前。

③ 人体总冷负荷。

综上所述，人体散热形成的总冷负荷为显热负荷与潜热负荷两部分之和，即

$$Q = Q_{\tau3} + Q_q \tag{6-21}$$

式中　Q——人体散热形成的总冷负荷，W；

　　　　其他符号意义同前。

6.2.2.2　新风负荷

空调新风负荷可按下式计算：

$$Q_w = G_w(i_w - i_n) \tag{6-22}$$

式中　Q_w——空调新风负荷，kW；

　　　　G_w——新风量，kg/s；

　　　　i_w——室外空气焓值，kJ/kg；

　　　　i_n——室内空气焓值，kJ/kg。

6.2.3　湿负荷

（1）地下建筑围护结构壁面散湿量

地下建筑围护结构壁面的散湿包括施工余水、衬砌渗漏水和衬砌层外湿空气的渗透散湿等。

① 施工余水。

在地下建筑物工程构筑、混凝土搅拌、砖砌衬套等施工过程中，使用大量的水，其中的一小部分参加了水化反应，而大部分在混凝土凝结过程中游离存在，不断蒸发，并使混凝土内部形成了空隙和相互贯通的毛细孔。可按混凝土或钢筋混凝土为 $180 \sim 250$ kg/m³、水泥砂浆为 $300 \sim 450$ kg/m³、砖砌墙体为 $110 \sim 270$ kg/m³ 估算施工余水散发量。

地下建筑物在竣工后，应采取消除余水的技术措施（加热通风驱湿等），充分消除施工余水对空气环境的影响。依靠自然干燥，一般需要 $2 \sim 3$ 年。而后，工程进入正常使用和维护阶段。在进行建筑物内除湿设备湿负荷计算时，仅考虑工程在正常使用期的湿负荷，一般不考虑施工余水，但它可作为除湿系统运行调试时的除却对象。

② 衬砌渗漏水。

地下建筑物周围的岩石或土壤中的地下水，通过壁面衬砌的裂缝、施工缝、伸缩沉降缝等渗漏到工程内部，形成水滴或水流，造成工程内空气湿度增大。如果工程内没有引水措施，这部分水分都将成为湿负荷。因此，地下建筑在施工过程中要做好防水堵漏。

对于贴壁衬砌，地下建筑物的壁面与岩石或土壤连接，由于壁面衬砌材料的不密实性以及施工水的蒸发，在衬砌层中留下了微小的毛细管，岩石的裂隙水和土壤中的水分通过毛细孔渗透到工程的内壁面，散发到室内。贴壁衬砌的壁面散湿量与衬砌材料、室内温度、相对湿度、室内风速密切相关。衬砌层越厚，材料越密实，散湿量越小；室内水蒸气分压力越高，散湿量越小；壁面风速越大，散湿量越大，当壁面风速为 $0.3 \sim 0.5$ m/s 时，壁面散湿量是不通风的 $2 \sim 3$ 倍。由于影响壁面散湿的因素的复杂性，目前还没有成熟的壁面散湿量计算公式，在没有实测数据的情况下，可取贴壁衬砌时围护结构散湿量为 $1 \sim 2$ g/(m²·h)。

③ 衬砌层外湿空气的渗透散湿。

对于离壁衬砌或砖砌衬套的工程而言,地下水不能直接进入工程内壁面,而是进入衬砌层或衬套外的空间中,使该空间充满饱和状态的潮湿空气,水蒸气分压力明显高于工程内部水蒸气分压力,水蒸气在压差作用下,透过壁面进入工程内。其散湿量的大小同样与衬砌材料、内部空气温湿度、气流速度等因素有关,在工程设计过程中,很难得到准确的资料。为了方便设计计算,在没有实测数据时,其壁面散湿量可按 0.5 g/(m² · h)估算。

因此,地下建筑在不考虑施工余水和漏水的情况下,壁面散湿量为:

$$W_1 = Fg \tag{6-23}$$

式中　W_1——壁面散湿量,g/h;

　　　F——衬砌层内表面积,m²;

　　　g——单位内表面积散湿量,g/(m² · h),对于一般混凝土贴壁衬砌,取 $g=1\sim2$ g/(m² · h),对于衬套、离壁衬砌,取 $g=0.5$ g/(m² · h)。

（2）人体散湿量

人员在地下建筑物内会通过呼吸、排汗向空气中散湿,其散湿量与周围环境温度、空气流动速度及人员的活动程度有关。人体散湿量可用式(6-24)计算:

$$W_2 = n\omega \tag{6-24}$$

式中　W_2——建筑物内人体散湿量,g/h;

　　　n——建筑物内人数;

　　　ω——每人每小时散湿量,g/(h · 人),其取值见表 6-2。

表 6-2　　　　　　　　　　　不同状态下人体散湿量　　　　　　　　　　[单位:g/(h · 人)]

室内温度/℃	静止	轻度劳动	中度劳动	繁重劳动
15	40	55	110	190
16	40	60	117	201
17	40	64	124	212
18	40	68	131	223
19	40	74	138	234
20	40	80	145	245
21	42	86	154	256
22	44	92	163	267
23	46	98	172	278
24	48	106	181	289
25	50	115	190	300
26	56	122	199	311
27	61	129	207	322
28	65	136	216	333
29	71	144	224	345
30	77	152	233	357
31	85	162	242	368
32	93	172	251	379
33	101	183	260	390
34	109	194	270	401
35	117	205	280	412

（3）敞开水表面或潮湿表面的散湿量

在地下建筑物内部，存在着水箱、水池、地面水洼等自由液面，这些液面会不断地向空气中散湿，其散湿量可由下式计算：

$$W_3 = F(\alpha + 0.00363v)(p_2 - p_1)\frac{B_0}{B} \tag{6-25}$$

式中 W_3——自由水面散湿量，kg/s；

         F——水分蒸发的总表面积，m^2；

         v——蒸发表面的空气流动速度，建议取 0.3 m/s；

         p_1——相应于水表面温度的饱和水蒸气分压，Pa；

         p_2——空气的水蒸气分压，Pa；

         B_0——标准大气压，Pa；

         B——当地实际大气压，Pa；

         α——不同水温下的蒸发系数，见表 6-3。

表 6-3   不同水温下的蒸发系数 α

水温/℃	<30	40	50	60	70	80	90	100
α	0.022	0.028	0.033	0.037	0.041	0.046	0.05	0.06

对湿地面来说，可近似认为地面上有一薄层的水，它与室内空气之间的热湿交换是在绝热条件下进行的，即水蒸发时所需的全部热量都由空气供给。因此，水层的温度基本上等于空气的湿球温度。散湿量可由下式计算：

$$W_4 = \frac{kF(t_n - t_{ns})}{r} \tag{6-26}$$

式中 W_4——湿地面散湿量，kg/s；

         k——水面与空气间的换热系数，可取 4.1 $W/(m^2 \cdot ℃)$；

         F——湿地面表面积，m^2；

         t_n——室内空气干球温度，℃；

         t_{ns}——室内空气湿球温度，℃；

         r——水的汽化潜热，kJ/kg。

（4）人为散湿量

人为散湿是指地下建筑物内人员日常生活，如洗脸、吃饭、喝水形成的水分蒸发，出入盥洗室、厕所等带出的水分等。根据试验测定，人员 24 h 在建筑物内生活、工作时，人为散湿量可按 30～40 g/(h·人)计算。

$$W_5 = nm \tag{6-27}$$

式中 W_5——人为散湿量，g/h；

         n——建筑物内人数；

         m——每人每小时散湿量，可取 30～40 g/(h·人)。

（5）外部空气带入的水分

夏季，潮湿的外部空气进入地下建筑物内，由于其含湿量高于工程内空气含湿量，会增加工程内空气的相对湿度，甚至会在壁面上结露，形成凝结水。外部空气带入的水分可按下式计算：

$$W_6 = L\rho(d_w - d_n) \tag{6-28}$$

式中　W_6——新风带入的湿量,g/h;

　　　L——进入建筑物内部的新风量,m³/h;

　　　ρ——空气密度,kg/m³;

　　　d_w——建筑物外部空气含湿量,g/kg;

　　　d_n——建筑物内部空气含湿量,g/kg。

为了消除地下建筑物的水分,保持工程内适宜的相对湿度,根据使用场合的湿度要求,往往选用冷冻除湿机、转轮除湿机、固体或液体吸湿以及组合除湿系统。在选择除湿机时,应充分调查工程的实际情况,将上述5种湿负荷相加,作为设备选择的依据。同时应当注意,上述设备的名义除湿量是额定工况下的除湿量,如果进风参数变化,应查阅设备的性能曲线。

6.3　地铁中央空调系统

6.3.1　通风空调系统的形式

根据城市轨道交通隧道通风换气的形式以及隧道与车站站台层的分隔关系,城市轨道交通通风空调系统一般划分为三种制式:开式系统、闭式系统和屏蔽门系统。

(1)开式系统

隧道内部与外界大气相通(图6-14),仅考虑活塞通风或机械通风,它是利用活塞风井、车站出入口及两端硐口与室外空气相通,进行通风换气的方式,主要用于北方,我国采用该系统的有北京地铁1号线等。

① 活塞通风。

当列车的正面与隧道断面面积之比(称为阻塞比)大于0.4时,由于列车在隧道中高速行驶,如同活塞作用,列车正面的空气受压,形成正压,列车后面的空气稀薄,形成负压,由此产生空气流动。利用这种原理通风,称为活塞通风。

活塞风量的大小与列车在隧道内的阻塞比、列车行驶速度、列车行驶空气阻力系数、空气流经隧道的阻力等因素有关。由于设置许多活塞风井对大多数城市来说都是很难实现的,因此,全"活塞通风系统"只有早期地铁应用,现今建设的地铁多设置活塞通风与机械通风的联合系统。

图6-14　城市轨道交通通风空调开式系统

② 机械通风。

当活塞通风不能满足地铁除余热与余湿的要求时,要设置机械通风系统。

根据地铁系统的实际情况,可在车站与区间隧道分别设置独立的通风系统。车站通风一般为横向的送排风系统;区间隧道一般为纵向的送排风系统。这些系统应同时具备排烟功能。区间隧道较长时,宜在区间隧道中部设中间风井。对于当地气温不高、运量不大的地铁系统,可设置车站与区间连在一起的纵向通风系统,一般在区间隧道中部设中间风井,但应通过计算确定。

(2)闭式系统

闭式系统使地铁内部基本上与外界大气隔断,仅供给满足乘客所需的新鲜空气量。车站一般采用空调系统,而区间隧道的冷却是借助列车运行的"活塞效应"携带一部分车站空调冷风来实现的。

这种系统多用于当地最热月的月平均温度高于 25 ℃且运量较大、高峰时间内每小时的列车运行对数和每列车车辆数的乘积大于 180 的地铁系统。

闭式系统通过风冀控制,可进行开、闭式运行。我国采用该种形式的有广州地铁 1 号线、上海地铁 2 号线、南京地铁 1 号线和哈尔滨地铁 1 号线等。

还有另一种闭式系统,即大表冷器闭式系统,在其空气处理模式方面同上述闭式系统基本一致,只是将隧道事故风机多功能化以取代组合空调机组的离心风机和回、排风机,采用结构式空调设备,空气过滤装置和翅片式换热装置设置于土建结构的风道内。我国采用该系统的有南京地铁 2 号线,北京地铁 4 号线、5 号线、10 号线、复八线。

在闭式系统的城市轨道交通线中,为了加强旅客的安全性,许多车站在站台边缘设置了安全门,但其并没有将隧道和车站的空气隔离开来。

（3）屏蔽门系统

在车站的站台与行车隧道间安装屏蔽门（图 6-15）,将其分隔开,车站安装空调系统,隧道用通风系统（采用机械通风或活塞通风,或两者兼用）。若通风系统不能将区间隧道的温度控制在允许值以内,则应采用空调或其他有效的降温方法。

安装屏蔽门后,车站成为单一的建筑物,它不受区间隧道行车时活塞风的影响。车站的空调冷负荷只需计算车站本身设备、乘客、广告、照明等发热体的散热,以及区间隧道与车站间通过屏蔽门的传热和屏蔽门开启时的对流换热。此时屏蔽门系统的车站空调冷负荷仅为闭式系统的 22%～28%,且由于车站与行车隧道隔开,减少了运行噪声对车站的干扰,不但使车站环境较安静、舒适,而且更为安全。

地铁环控系统一般采用屏蔽门制式环控系统或闭式环控系统。屏蔽门制式系统,即站台和轨行区分开,车站为独立的制冷、除湿区,因此有安全、节能和美观等优点。

图 6-15 城市轨道交通通风空调屏蔽门系统

由于屏蔽门的隔断,屏蔽门制式环控系统形成了两个相对独立的系统——车站空调通风系统和隧道通风系统。

（4）各系统应用的效果评价

屏蔽门系统的优点是由于屏蔽门的存在创造了一道安全屏障,可防止乘客无意或有意跌入轨道;屏蔽门可隔断列车噪声对站台的影响;此外,同等规模的车站加装屏蔽门系统的冷量约为未加装屏蔽门系统冷量的 2/5,相应的环控机房面积可减少 1/3 左右,这样年运行费用仅是闭式系统的 1/2。但是安装屏蔽门需要较大投资,并随之增加了屏蔽门的维修保养工作量和费用,且屏蔽门的存在将影响站台层车行道壁面广告效应,站台有狭窄感,对于侧式站台这种感觉尤甚。

闭式系统的优点是车站和区间隧道内设计温度和气流速度在不同工况条件下符合设计要求,环控工况转换简单明了,站台视野开阔,广告效应良好,但其相对屏蔽门系统带来冷量大、所需环控机房面积大、耗能高,此外站台层环境会受到列车噪声影响。

只采用通风的开式系统主要应用在我国北方,在我国夏热冬冷和夏热冬暖地区是不适合采用的。闭式系统和屏蔽门系统在夏热冬冷和夏热冬暖地区应用较多,偶尔也采用大表冷器闭式系统。

6.3.2 通风空调系统的技术要求

我国 2013 年颁布的《地铁设计规范》(GB 50157—2013)中要求:"地铁的通风与空调系统应保证其内部空气环境的空气质量、温度、湿度、气流组织、气流速度和噪声等均能满足人员的生理及心理条件要求和设备正常运转的需要。"

在城市轨道交通设计中,确定夏季空调调节新风的室外计算干球温度时,采用"近 20 年夏季地下铁道晚高峰负荷时平均每年不保证 30 h 的干球温度",而不采用《工业建筑供暖通风与空气调节设计规范》(GB 50019—2015)(以下简称《暖通规范》)规定的"采用历年平均不保证 50 h 的平均温度",因为《暖通规范》主要针对地面建筑工程,与地下铁道的情况不同。《暖通规范》的每年不保证 50 h 的干球温度一般出现在每天的 12:00—14:00,而据城市轨道交通运营资料统计,此时城市轨道交通客运负荷较低,仅为晚高峰负荷的 50%~70%,若按此计算空调负荷,则不能满足城市轨道交通晚高峰负荷要求;若同时采用夏季不保证 50 h 干球温度与城市轨道交通晚高峰负荷来计算空调冷负荷,则形成两个峰值叠加,使空调负荷偏大。因此采用地下铁道晚高峰负荷出现的时间相对应的室外温度较为合理。

(1)温度、湿度标准

① 公共区室内温、湿度标准:站厅干球温度为 30.0 ℃,相对湿度范围为 45%~65%;站台干球温度为 28.0 ℃,相对湿度范围为 45%~65%。

② 区间隧道设计参数。

区间允许最高干球温度:正常运行时区段温度不大于 40.0 ℃;阻塞运行时区段温度不大于 40.0 ℃;列车空调冷凝器附近不大于 45.0 ℃。

(2)新风量的标准

① 车站公共区空调季节小新风工况时取下面三者最大值:

a.每个计算人员按 12.6 m³/(人·h)计;

b.新风量不小于系统总风量的 10%;

c.屏蔽门漏风量。

② 车站公共区非空调季节全新风工况时取下面两者最大值:

a.每个计算人员按 30 m³/(人·h)计;

b.车站公共区换气次数不小于 5 次/h。

③ 车站设备管理用房新风取下面两者最大值:

a.每个工作人员按 30 m³/(人·h)计;

b.新风量不小于系统总风量的 10%。

(3)空气质量和噪声标准

① 空气质量标准。

a.二氧化碳浓度小于 1.5‰;

b.可吸入颗粒物日平均浓度不大于 0.25 mg/m³。

② 噪声标准。

a.通风及空调机房不大于 90 dB(A);

b.车站内站厅、站台不大于 70 dB(A);

c.其他设备管理用房不大于 60 dB(A);

d.通风空调设备传至地面风亭的噪声应符合《声环境质量标准》(GB 3096—2008)。

由于城市轨道交通车站是一个长方形的有限空间,具有较大的发热量,要求沿车站长度方向均匀送风,回风口宜设置在上部,因此典型的岛式车站采用两侧由上往下送风、中间上部回风的"两送一回"或"两送两回"形式,送风管分设在站厅和站台上方两侧,风口朝下均匀送风,回风管设在车站中间上部,也可采用在车站两端集中回风的形式。侧式站台则分别采用"一送一回"形式。站台排风由列车顶排风和站台下排风组成:列车顶排风道布置在列车轨道上方,列车顶排风口与列车空调冷凝器的位置对应;站台下送排风道为土建风道,站台下排风口与列车下发热位置对应。列车顶排风道兼作排烟风道。

风速设计标准按正常运营情况和事故通风与排烟两种情况设定。

正常运营情况下,结构风道、风井风速不大于 6 m/s;风口风速为 2~3 m/s;主风管风速不大于 10 m/s;无送、回风口的支风管风速为 5~7 m/s,有送、回风口时风速为 3~5 m/s;风亭格栅风速不大于 4 m/s;消声器片间风速小于 10 m/s。

事故通风与排烟情况下,区间隧道风速控制在 2~11 m/s;排烟干管风速小于 20 m/s(采用金属管道);排烟干管风速小于 15 m/s(采用非金属管道);排烟口的风速小于 10 m/s。防灾主要设计标准包括:城市轨道交通火灾只考虑一处发生;站厅火灾按 1 m³/(min·m²)计算排烟量;站台火灾按站厅至站台的楼梯通道处向下气流速度不小于 1.5 m/s 计算排烟量;区间隧道火灾按单洞区间隧道过风断面风速 2~2.5 m/s 计算排烟量。

6.3.3 通风空调系统的组成

城市轨道交通通风空调系统的组成实际上与各地下车站功能区的划分密切相关,其中还必须兼顾安全性,如防排烟系统的设置问题。不管是站台加装了屏蔽门的屏蔽门系统还是通常所说的闭式系统,车站内部的通风空调系统均可简化为四个子系统:公共区通风空调兼排烟系统、设备管理用房通风空调兼排烟系统、隧道通风兼排烟系统、空调制冷循环水系统。

(1)公共区通风空调兼排烟系统

城市轨道交通车站的站厅、站台层公共区是乘客活动的主要场所,也是环控系统空调、通风的主要控制区。公共区的通风空调简称大系统。设计中除在站厅、站台长度范围内设有通风管道均匀送、排风外,还在站台层列车顶部设有车顶回、排风管(OTE),站台层下部设有回、排风道(UPE),并在列车进站端的车站端部设有集中送风口,其作用是使进站热风尽快冷却、增加空气扰动、减少活塞风对乘客的影响。

(2)设备管理用房通风空调兼排烟系统

车站的管理及设备用房区域内主要分布各种运营管理用房和控制系统的设备用房,它的工作环境好坏将直接影响城市轨道交通能否安全、正点运营,实际上它是城市轨道交通车站管理系统的核心地带,也是环控系统设计的重点地区,这类用房根据各站不同的需要而设置。车站设备用房通风空调系统又简称小系统。机房一般布置在车站两端的站厅层、站台层,站厅层主要集中了通信、信号、环控电控室、低压供电、环控机房以及车站的管理用房,而站台层主要布置的是高、中压供电用房。

由于各种用房的设备环境要求不同,温度、湿度要求也不同,根据各种用房的不同要求,小系统的空调、通风基本上根据以下 4 种形式分别设置独立的送风和(或)排风系统:

① 需空调、通风的用房,例如通信、信号、车站控制、环控电控、会议等用房;
② 只需通风的用房,例如高、低压室,照明配电室,环控机房等;
③ 只需排风的用房,例如洗手间、储藏间等;
④ 需气体灭火保护的用房,例如通信、信号设备室,环控电控室,高、低压室等。

车站小系统的设备组成主要包括车站的设备及管理用房服务的轴流风机,柜式、吊挂式空调机组及各种风阀,其作用是通过对各用房的温度、湿度等环境条件的控制,为管理、工作人员提供一个舒适的工作环境,为各种设备提供正常运行的环境。在火灾发生时,通过机械排风方式进行排烟,有利于工作人员撤离和消防人员灭火。在气体灭火的用房内关闭送、排风管进行密闭灭火。

(3)隧道通风兼排烟系统

隧道通风系统的设备主要由分别设置在车站两端站厅、站台层的四台隧道通风机,以及与其相应配套的消声器、组合风阀、风道、风井、风亭等组件构成,其作用是通过机械送、排风或列车活塞风作用排除区间隧道内余热余湿,保证列车和隧道内设备的正常运行。另外,在每天清晨运营前半小时打开隧道风机,进行冷却通风,既可以利用早晨外界清新的冷空气对城市轨道交通进行换气和冷却,又能检查设备及时维修,确保事故时能投入使用。在列车基于各种原因停留在区间隧道内,而乘客不下列车时,顺列车运行方向进行送-排机械通风,冷却列车空调冷凝器等,使车内乘客仍有舒适的旅行环境。当列车发生火灾时,应尽一切努力使列车运行到车站站台范围内,以利于人员疏散和灭火排烟。当发生火灾的列车无法行驶到车站而被迫停在隧道内时,应立即启动风机进行排烟降温:隧道一端的隧道通风机向火灾地点输送新鲜空气,另一端的隧道通风机从隧道排烟,以引导乘客迎着气流方向撤离事故现场,消防人员顺着气流方向进行灭火和抢救工作。

另外,隧道通风系统中还包括闭式系统隧道洞口处的设备及过渡段折返线处的局部通风设施。隧道洞口和车站出入口通道是外界大气与城市轨道交通地下空间直接相通的地方,为了减少外界高温空气对城市轨道交通空调系统的影响,在地面至隧道洞口处设有空气幕隔离系统,该系统是由两台风机和空气幕喷嘴组成,机房设置在地下隧道洞口处;折返线两端均设道岔与正线相连接,折返线一般在正线的中部,断面积较大,原车站内的隧道通风机很难满足正线和折返线的同时通风,另设风机将增大机房面积,也较难实施。通过各种方案比较,较常采用的是射流风机通风的方案,由射流风机和车站隧道通风机共同组织气流,此设计主要解决地下空间紧张及折返线(过渡段)气流组织困难的问题。

(4)空调制冷循环水系统

空调制冷循环水系统的作用是为车站内空调系统制造冷源并将其供给车站空调大、小系统中的空气处理设备(组合式窄凋箱、柜式风机盘管),同时通过冷却水系统将热量送出车站。

目前,城市轨道交通通风空调系统根据冷源与车站的配置关系分为独立供冷与集中供冷两种形式。

① 独立供冷。

一般每个地下车站中均设置独立冷冻站,通常采用两台制冷能力相同的较大(制冷量不小于1000 kW)的螺杆式机组和一台较小的(制冷量不大于500 kW)螺杆式冷水机组(或活塞式冷水机组及其他形式)组合运行的模式。两台制冷量大的螺杆式机组按大系统空调冷负荷选型;一台制冷量小的螺杆式冷水机组按小系统(负责设备管理用房)空调冷负荷选型,它既可单独运行,也可并入大系统,与大容量的螺杆式机组联合运行。空调水系统还包括冷冻、冷却水泵、冷却塔、空调箱等末端设备。

系统图中冷冻水泵、冷却水泵与冷水机组台数一一对应,小系统分集水器与公共区冷源分集水器间通过管道连通,连通管上设有阀门,正常运行时关闭,互为备用时则需要手动开启。冷冻站集中设置在车站一端制冷机房内,尽可能靠近负荷中心,力求缩短冷冻水供/回水管长度。

空调冷冻水温度:供水7 ℃,回水12 ℃。冷却水温度:供水32 ℃,回水37 ℃。冷冻水系统采用一次泵系统,小系统空调机组的回水管上设置电动二通阀,小系统集水器和分水器间设置压差式旁通阀,大系统集水器和分水器不连通。

冷冻水系统的定压采用膨胀水箱。

空调季节,在正常运行工况下,根据车站冷负荷的大小来控制大容量螺杆式机组及小容量螺杆式冷水机组启停的台数;非空调季节,水系统全部停止运行。当发生区间隧道堵塞事故时,水系统按当时正常的运行工况继续运行。当站厅层、站台层公共区或区间隧道发生火灾时,关闭作为大系统冷源的那部分水系统,只运行与小系统有关的部分;当小系统设备用房发生火灾时,水系统全部停止运行。

② 集中供冷。

集中供冷系统具有能效高、环境热污染小、便于维护管理等优点,它作为节能环保重要途径在城市的规划和发展中正成为一大趋势。

在城市轨道交通线路中采用集中供冷系统形式具有以下优点:第一,通过对线网中冷冻站合理布局减少冷却塔对周围环境的影响;第二,减少了前期室外冷却塔设备占地及美观等要求与城市规划部门的协调工作量;第三,减少了冷冻站的数量,节约了地下的有限空间;第四,提高了运营效率,同时也便于集中维护和管理,提高自动化水平。集中供冷系统已在中国广州地铁2号线、香港地铁车站、埃及开罗地铁车站中成功应用。

城市轨道交通集中供冷系统采用集中设置冷水机组、联动设备及其他辅助设备,经过室外管廊、地沟架空、区间隧道敷设冷水管,用二次水泵将冷水输送到车站空调大系统末端。

6.3.4　通风空调系统的运行模式

所谓模式,可以解释为一种标准形式,对于通风空调系统来说定义各种运行模式,首先它是通风空调系统自身运行节能的要求,其次它是环境控制系统(BAS)控制接口的依据,再者车站通风空调系统均兼有防排烟功能,从安全性考虑,它必须应对各种可预见的灾害形式,事先定义出各种模式状况,做到预防为主。

城市轨道交通通风空调系统的运行可分为正常运行与阻塞及火灾事故运行两种状态,对应这两种状态系统又可细分出正常运行模式、阻塞及火灾事故运行模式。

(1) 正常运行

① 车站空调、通风系统。

在全新风空调、通风运行环境下,外界大气焓值小于车站空气焓值,启动制冷空调系统,运行全新风机,外界空气经由空调机冷却处理后送至站厅、站台公共区,排风则全部排出地面,此种运行模式称为全新风空调、通风运行。

在小新风空调、通风运行环境下,$i_{外} \geqslant i_{站}$,启动制冷空调系统,运行空调新风机,部分回/排风排出地面,部分作为回风与空调新风机所输送的外界新风混合,经由空调机冷却处理后送至站厅、站台公共区,此种运行模式称为小新风空调、通风运行。

② 区间隧道通风系统。

在自然闭式系统中,$i_{外} \geqslant i_{站}$,关闭隧道通风井,打开车站内迂回风道,区间隧道内由列车运行的活塞作用进行通风换气,活塞风由列车后方车站进入隧道,列车前方气流部分进入车站,部分从迂回风道循环到平行的相邻隧道内口。

在自然开式系统中,$i_{外} < i_{站}$,打开隧道风井,由于列车的活塞作用,外界大气从列车运行后方的隧道通风井进入城市轨道交通隧道,此方式为进风方式;由于列车的活塞作用,外界大气从列车运行前方的隧道通风井排出地面,此方式为排风方式。

在机械开式系统中,$i_{外}<i_{站}$,自然开式又不能满足隧道内温度、湿度要求,隧道通风机启动,进行机械通风。外界大气从列车运行后方的隧道通风井经隧道通风机送至隧道内,此方式为送风方式;外界大气从列车运行的前方隧道通风井经隧道通风机排出地面,此方式为排风方式。

综上所述,区间隧道通风系统的运行模式以及通风方式是个较为复杂的问题,它不是完全独立的系统,与车站大系统有很多联系,运行中将与车站大系统共同动作。

(2)阻塞及火灾事故运行

① 阻塞事故运行。

阻塞事故运行是指列车在正常运行时基于各种原因停留在区间隧道内,此时乘客不下列车,这种状况下称为阻塞事故运行。

在车站空调、通风系统中,当列车阻塞在区间隧道内时,车站空调、通风系统按正常运行,当TVF风机需运转时,车站按全新风空调通风运行。在运行 TVF 风机时,该端站台回、排风机停止运行,使车站的冷风经 TVF 风机送至列车阻塞的隧道内。

在区间隧道通风系统中,在闭式机械运行环境下,当车站自然闭式运行时,若发生列车在区间隧道内阻塞,TVF 风机运转,将车站冷风送至隧道内;在开式机械运行环境下,当车站开始运行时,若发生列车在区间隧道内阻塞,TVF 风机按机械开式的模式运行。

② 火灾事故运行。

地下铁道空间狭小,一旦发生火灾,乘客疏散和消防条件较地面更为恶劣,因此,设计中应作为重点解决的问题。火灾时一切运行管理都应绝对服从乘客疏散及抢救工作的需要。火灾事故包括区间隧道火灾及车站火灾,其中车站火灾又包括车站内列车、站台、站厅火灾。

列车在区间隧道内发生火灾时,应首先考虑将列车驶入车站,如停在区间时,应判断列车着火的部位、列车的停车位置,按火灾运行模式向火灾地点输送新鲜空气和排除烟气,让乘客迎着新风方向撤离事故现场,同时让消防人员进入现场灭火抢救。

列车发生火灾及站台发生火灾时,应使站台到站厅的上、下通道间形成一个流速不低于 1.5 m/s 的向下气流,使乘客从站台迎着气流撤向站厅和地面,因此,除车站的站台回、排风机运转向地面排烟外,其他车站大系统的设备均停止运行。

站厅发生火灾时,站厅回、排风机全部启动排烟,大系统其他设备均停止运行,使得出入口通道形成由地面至车站的向下气流,乘客迎着气流方向撤向地面。

这里需要指出的是,上述模式的功能转换与实现必须借助设备监控系统和防灾报警监控系统来自动完成,根据在车站的风亭,风道,送、排风室,站厅,站台,区间隧道以及各管理设备用房内安装的温度、湿度、CO_2 浓度和火灾报警探测器所探测的数据,经设备监控系统和防灾报警监控系统的协同工作,得出不同的结果,以确定出不同的运行模式,同时控制各种设备按运行模式投入运行。

6.4　空调系统的选用

从空调设施来看,凡地面建筑使用的空调设施绝大多数都适用于地下。在设备的选择上,应着重选择体型小、效率高、耐腐蚀的设备。为了克服地下建筑的潮湿,一般都设有防潮降湿的设施。在通风、空调系统设置上,有分区和集中两种形式。大型通风、空调系统因为管道多、灵活性差而较少使用,故趋向于简化分区,提高其灵活性和可靠性。在操作运行上已部分或全部采用自控。

一般而言,对于像地下商场这样的大空间,集中式全空气定风量空调是地下商场通风空调设计中采用最多的方案。而一次回风系统设计方案具有空调机房集中设置,能对空气进行各种过程处理,运转维修容易,振动噪声易于控制,送风量大,换气充分,能实现过渡季节全新风空调等优点,所以这种空气处理方式在地下空调中被广泛采用。

而地下旅馆一般就是制冷设备集中,末端设备分散的中央空调系统。例如,客房就是采用风机盘管十新风机组的系统。室内温度可根据旅客各自的适应性方便选择。

下面就平战结合地下商业人防工程做具体介绍。

近年来,随着经济的发展和《中华人民共和国人民防空法》的颁布实施,人防工程的建设进入了快速发展期,全国各地兴建了大量平战结合的人防工程,平时作为商业用房,战时作为物资库或人员掩蔽部。此类人防工程一般有三种形式:第一种是结合市政道路改造,在城市交通干道下面修建的人防工程,一般建筑面积较大;第二种是结合城市广场和城市绿地修建的大型人防工程;第三种是附建式的人防地下室,一般规模较小。

6.4.1 对空调系统的要求

平时作为商业用房使用的人防工程,其室内空气温度、湿度参数以满足人员舒适度为前提,该类人防工程的特点是人流密度大,工程内部空气品质难以保证,必须保证有足够的新风量,因此人员负荷及新风负荷均较大;此外,当工程位于不同地区时,室外空气的温度、湿度参数有很大差别,这将直接影响空调方案及空调系统的选择。

6.4.2 常用的空调方案

(1)冷水机组十冷却塔十组合式空调机组

该空调方案采用组合式空调机组作为末端空气处理设备(空调机组内有表冷加热器、风机等功能设备,必要时可增加电加热段和热回收段),由离心或螺杆式冷水机组、冷却塔、冷却水循环泵、冷水循环泵等组成制冷管路系统,是目前地下商业人防工程中比较常见且应用较多的方案。其空调系统流程图见图 6-16。

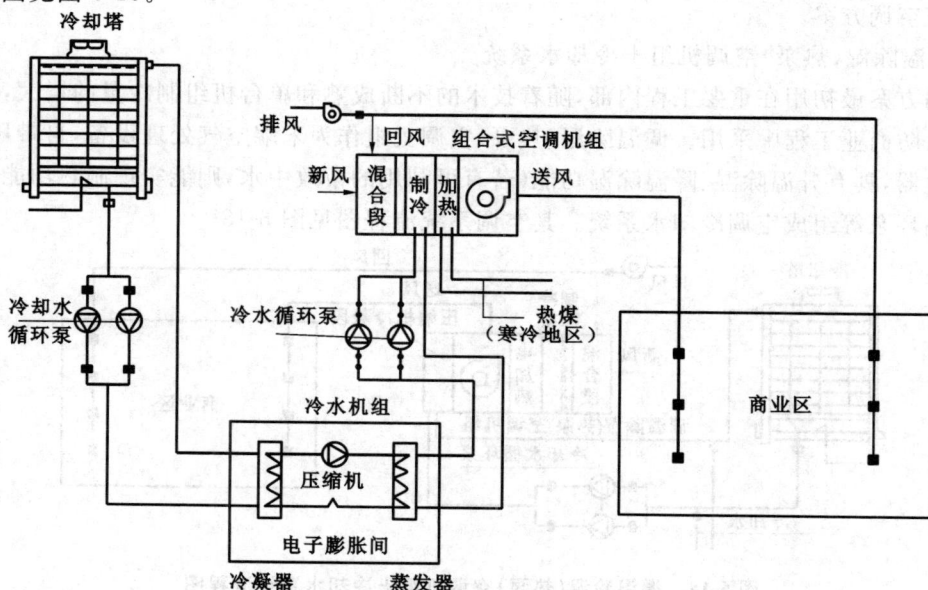

图 6-16 冷水机组十冷却塔十组合式空调机组系统流程图

该空调方案的优点是技术成熟,由冷水机组提供冷水,夏季可实现制冷和除湿(降温除湿)功能。在严寒和寒冷地区,若接入市政或自备锅炉的热源,则可实现冬季供热功能,基本上能够满足工程内部的冷热需求。但该空调方案系统相对复杂,运行管理烦琐,对于1万平方米以上的大型地下商业街,冷却塔的安装位置将比较难以解决。该空调方案的综合能效较低,采用高效离心机组时,综合COP(能效比)值仅能达到3.6左右。组合式空调机组不具备升温除湿功能,送风温度和相对湿度不能同时保证,当工程需要单独除湿时,必须开启冷水机组对空气进行降温除湿,然后将空气加热至需要的温度,存在不同程度的冷热抵消现象,不利于节能。因此该空调方案的使用具有一定的局限性,不宜在南方和沿海潮湿地区使用。

(2)空气源热泵冷水机组+组合式空调机组

该空调方案的末端空气处理设备采用组合式空调机组,由空气源热泵冷水机组、空调水循环泵等组成制冷(热)管路系统。其空调系统流程图见图6-17。

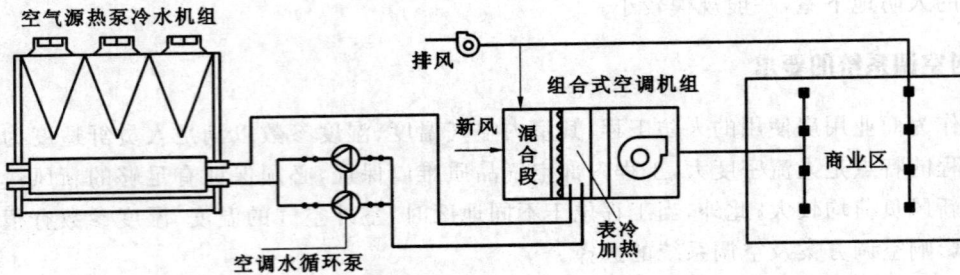

图6-17 空气源热泵冷水机组+组合式空调机组系统流程图

该空调方案的优点是技术成熟、系统简单、运行管理方便,由空气源热泵冷水机组提供7 ℃/12 ℃的冷水和40 ℃/45 ℃的热水,可实现夏季制冷、冬季制热功能。但该空调方案也不具备过渡季的独立除湿功能,而且空调系统的能效较低,空气源热泵机组本身的COP值在3.1左右,加上循环水泵的电耗,综合能效比在2.7左右,运行费用较高;当冬季室外气温低于−10 ℃时,空气源热泵机组的效率急剧降低,因此不太适合在北方严寒地区使用;当过渡季工程内部有单独除湿要求时,也不建议采用该空调方案。

(3)调温除湿(热泵)空调机组+冷却水系统

该空调方案最初用在重要工程内部,随着技术的不断成熟和单台机组制冷量的增大,近几年逐渐在地下人防商业工程中采用。调温除湿(热泵)空调机组作为末端空气处理设备,自带压缩机、冷凝器和蒸发器,具有升温除湿、降温除湿功能(若有可利用的市政中水,则能实现制热功能),冷却塔和冷却水循环泵等组成空调冷却水系统。其空调系统流程图见图6-18。

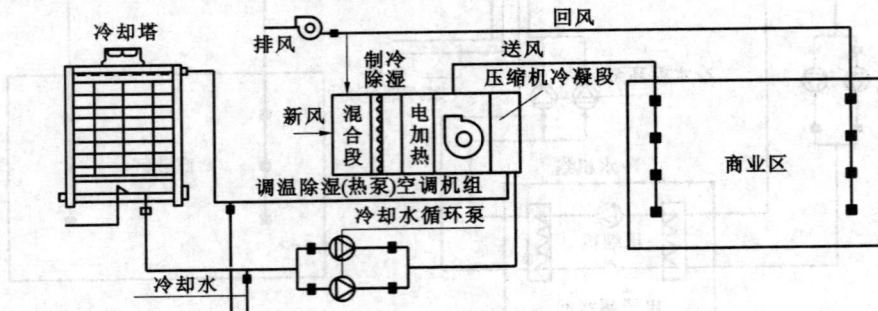

图6-18 调温除湿(热泵)空调机组+冷却水系统流程图

由于采用调温除湿（热泵）空调机组作为空气处理设备（空调机组内有压缩机、风冷蒸发器、风冷冷凝器和水冷冷凝器、风机等功能设备，必要时可增加电加热段和热回收段），只需提供 $10\sim30\,℃$ 的冷却水即可实现升温除湿、制冷、降温除湿、制热等诸多功能，并可控制空调送风温度；系统集成度高、功能强，尤其适合在地下潮湿场所应用；空调系统的能效比高，调温除湿机组本身的 COP 值在 4.2 以上，加上循环水泵、冷却塔的能耗，整个空调系统的综合能效比在 3.7 左右，运行费用较低；空调水系统由冷却塔、冷却水循环泵组成，系统简单，运行管理方便。该空调方案的使用也有一定的局限性，当没有热源时，在寒冷地区一般要加电加热段，以保证送风温度。

近几年，随着国家各种节能减排及环保政策的实施，要求将城市污水处理后二次利用，如果能将城市中水作为热泵型调温除湿空调机组的冷却（蒸发）介质，则完全能满足制冷、除湿及制热等各种工况的需要。若工程所在地的地下水源和地质构造适合，还可以利用地下水源作为空调机组的冷却（蒸发）介质，以满足各种工况的使用需求，但应进行冬夏季地下热平衡计算，必要时加冷却塔辅助散热。

（4）调温除湿（热泵）空调机组＋风冷冷凝器

该空调方案的空气处理末端设备与调温除湿（热泵）空调机组＋冷却水系统方案相似，不同之处是水冷冷凝器改为了风冷冷凝器，取消了冷却水循环泵，系统更简化，使用和管理更方便。其空调系统流程图见图 6-19。

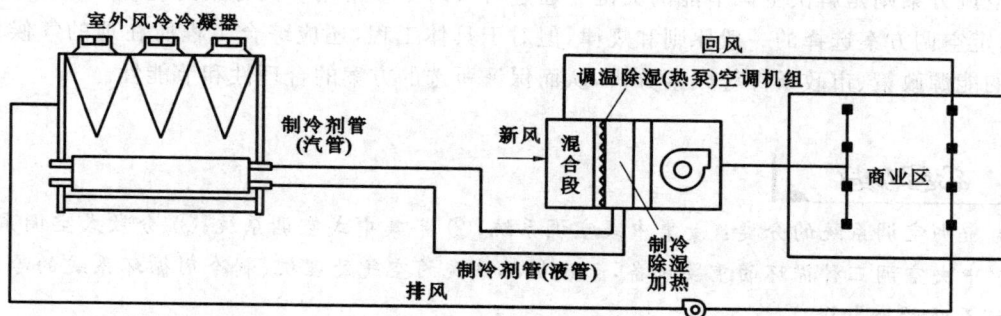

图 6-19　调温除湿（热泵）空调机组＋风冷冷凝器系统流程图

由于采用了风冷冷凝器，该空调方案无须外界水源即可实现制冷、除湿和制热功能。受风冷冷凝器的效率限制，调温除湿（热泵）空调机组同样存在制冷效率较低的问题。如能结合室内排风和室外冷凝器的布置，把工程内排风作为室外冷凝（蒸发）器的部分冷却介质，则可相应提高 COP 值，特别是在冬季，基本上能满足寒冷地区工程内的供热需求。在寒冷地区、沿海潮湿地区和夏热冬冷地区，该空调方案使用灵活，具有较强的适应性。

（5）新风换气机＋商用变频多联机系统

该空调方案的末端空气处理设备是变频多联空调室内机，利用新风换气机回收室内排风的能量，基本上可满足夏季制冷和冬季制热的需要。其空调系统流程图如图 6-20 所示。

该空调方案的优点是各空调区的温度可独立控制，使用灵活，特别适用于多单元小空间的地下商业场所；一般情况下采用最小新风量送风，风管截面面积较小，占用吊顶空间小。不足之处是当过渡季室外空气温度低于室内时，无法有效利用自然冷源进行大风量通风，以缩短空调开机时间，降低制冷能耗。当采用该空调形式时，新风换气机宜设旁通功能，使新风量和排风量可调。该空调系统无独立除湿功能，不建议在南方及沿海潮湿地区使用。

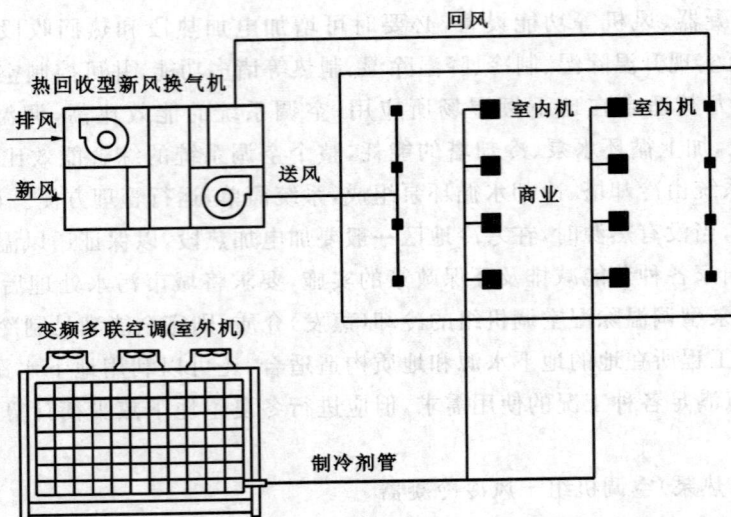

图 6-20　新风换气机＋商用变额多联机系统流程图

随着全国各地修建越来越多的大型平战结合工程,空调运行能耗越来越受重视,而选择正确、合理的空调方案则是解决空调节能的关键。通过对人防工程常用空调方案的优缺点和使用场合的分析,确定空调方案选择的一般原则和规律,但对于具体工程,还应综合工程所在地的气候条件及该地区的能源政策、市政条件等因素分析,从而保证所选的方案的合理性和节能性。

本章小结

(1) 中央空调系统的分类:① 集中式空调系统;② 半集中式空调系统;③ 分散式空调系统。

(2) 中央空调三种循环的重要设备,如风循环系统的空气处理机、制冷剂循环系统的冷水机组和水循环系统的冷却塔。

(3) 讲解了浅埋和深埋地下工程的热湿负荷的计算。设计地下工程中,选用参数不能查找《暖通规范》,因为其主要是针对地面建筑工程的,与地下的情况不同。

习题与思考题

习题与思考题答案

6-1　试说明舒适性空调和工艺性空调的适用范围。

6-2　根据空调的空气处理设备的集中的形式,空调系统可分为哪几种? 试简述其各自的优缺点。

6-3　某深埋恒温地下车间,长 L 为 100 m,宽为 9 m,高 h 为 7 m,车间内表面面积为 3200 m²,体积为 6300 m³,导温系数 α 为 0.0052 m²·h,当量直径 $r_0=5.0$ m,导热系数 $\lambda=2.9$ kcal/(m·h·℃),恒热预热 2 个月,将车间空气温度预热到 22 ℃后再恒温。换热系数为8.1 W/(m³·℃),传热系数 $K=0.86$ kcal/(m²·h·℃),年平均低温 t_0 为 12 ℃,求预热 2 个月时壁面热流强度和传热量及预热 2 个月相当于恒温的时间 τ。

6-4 某地下商场统计,室内温度为24℃,其工作日顾客人流量平均为201人/h,节假日为712人/h,商场的工作人员每班有184人,求商场节假日和工作日的总散湿量。

6-5 简述冷水机组＋冷却塔＋组合式空调机组的特点。

6-6 室内热源散热形成的负荷包括哪几部分?

7 地下工程通风与空调设计

【内容提要】

本章主要内容包括：地下工程通风与空调设计原则、地下工程通风与空调设计任务与内容、地下工程通风量计算及风机选型、地下工程通风与空调设计案例。本章的教学重点为地下工程通风系统布置原则、综合防潮除湿措施、通风与空调设计程序、风机选型以及地下工程通风与空调设计案例；教学难点为地下工程通风与空调设计程序和与工程实践存在紧密联系的地下工程通风与空调设计案例。

【能力要求】

通过本章的学习，学生应了解地下工程所采用的综合防潮措施，掌握地下工程通风系统布置原则、通风与空调设计程序以及地下工程风机选型依据；并且在此基础上结合地下工程通风与空调设计案例的学习加深对基础知识的理解，从而达到在工程实践中对以上知识的综合、熟练应用。

本章拓展资源

7.1 地下工程通风与空调设计原则

7.1.1 地下工程通风系统布置的一般原则

通风系统也就是风流流动的路线。从进风口到排风口，以通风机为动力，包括风道网路、三防设施、消音装置等组成的空气流动系统，称为工程的通风系统。

7.1.1.1 地下工程通风设计时应遵循的原则

综合《建筑设计防火规范（2018 年版）》（GB 50016—2014）、《汽车库、修车库、停车场设计防火规范》（GB 50067—2014）、《人民防空工程设计防火规范》（GB 50098—2009）中关于通风系统的布置规定，地下工程通风设计应遵循下列原则：

① 进排风口的数量至少有两个，其中一个进风，一个排风。其设防标准根据地下工程的性质和设计要求确定，应与地下空间入口的防护能力相适应。

② 在考虑地下工程时，就应充分考虑通风方式和通风系统的布置。在大型地下工程内需设多个通风机房时，宜分散布置、集中控制，通风机房布置应注意消声与减震。

③ 多台风机并联时应注意并联通风机规格、性能和运行工况要尽量相同，并联台数越少越好。

④ 人防工程的通风滤毒间应位于工事坚固地区，并力求染毒管路最短。

7.1.1.2 地下工程通风系统布置原则

在地下工程设计时，首先要因地制宜地确定通风系统。地下车库的通风与防排烟系统的设计应执行《汽车库、修车库、停车场设计防火规范》(GB 50067—2014)。人防工程的通风系统设计时应根据具体情况按照《人民防空工程设计防火规范》(GB 50098—2009)确定通风方式、风机位置、网络连接、分区划段、风量分配、防止漏风、平战结合、清洗与滤毒转换、洞口伪装等。

（1）关于通风方式

一般地下工程，可以采用机械送风、自然排风（图7-1）；较重要的地下工程，或地下网路分支多、距离长，或有毒气产生的地下车间，或对地下电站、厕所、厨房、充电室等能产生有害气体和臭味的场合，在机械送风的同时，对全风道工程或局部房间还辅之以机械排风，如图7-2所示。在范围较小且高差较大地下工程内外有显著温差者，可在平时采用自然送风、自然排风时，辅之以机械送风、排风。

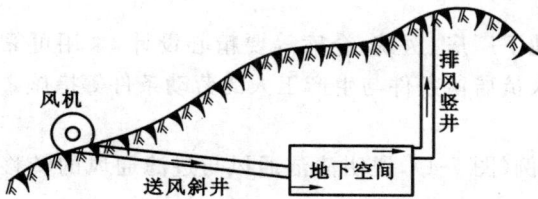

图 7-1 机械送风、自然排风示意图

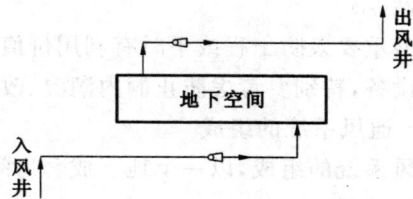

图 7-2 机械送风、机械排风示意图

（2）压入式送风和抽出式排风

通风机设在入风口一侧，向地下空间内送风，称为压入式送风；通风机设在出风口一侧，从工程向外抽风者，称为抽风式通风。为造成地下空间的正压，风机和过滤装置应设置在入风口侧，由通风机向工事做压入式通风，供房间、车间等人员呼吸用。某些单独房间必须排出废气时可以设置抽出风机。当地下风道阻力过大，单纯压入式风机不足以克服网路阻力时，亦可在全工程的进风侧安装压入式风机；在总排风侧设置抽出式风机，此即所谓的抽压混合式通风。为保持地下工程有一定的正压，抽出风量必须小于压入的风量。

（3）网路并联

为减小通风距离，降低网路阻力，必须尽量减少串联风路，广泛利用并联风路。例如，长距离的地下主干道、连通道，在分区段通风时，通风间应设在每一区段的中间，风流从中央压入，两翼排出，排风口尽量设置在区段两侧末端，以减少死角，如图7-3所示。

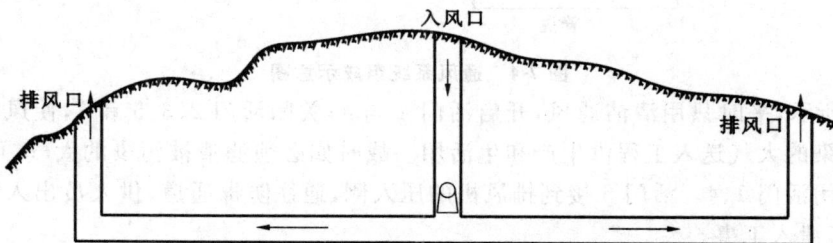

图 7-3 中间进风、两翼排风

（4）关于划分通风区段

地下工程若是由长风道组成的风道网，应采用分区通风。每一区段的距离视具体情况而定。通风区段越大，风道内容纳的人员越多，则所需风量、风压也越大；通风机的型号尺寸和过滤面积也相应增大，但通风和滤毒设备的数量则应随通风区段数目的减少而减少。反之，通风区段越短，对一定长度的风道网来说，通风及滤毒装置的组数就相应增加，但从分散设置的角度来看则较为安全。

（5）通风区的划分

通风区的划分要因地制宜,大要大得合理,小要小得适当,要注意节约,统筹兼顾。对单元地下室或地下车间、医院、商店来说,所谓的通风系统主要是通风管道的布置。管道通风也有增加并联网路、减少局部阻力和摩擦阻力的问题,这和整个风道通风的划分区段不是一个范畴的问题,不能混为一谈。

（6）地下"风道型"工程是否设置管道的问题

一般来说,除风道开凿时的掘进通风以外,只要是已形成贯通风流的全系统通风并已投入使用的风道,为节约材料、降低通风阻力,除通风机室内在通风机前后设置部分短管外,在风道内可以不设通风管,因为人、物停放剩余的空间都是通风道,这叫无风管风道通风(但风口、拐弯、小断面处禁止有人站立)。

大型重要人防工程或平时有利用价值的地下厂房、医院、仓库等要精心设计,采用可靠的通风与空调设备,特别要考虑防止洞内潮湿、改善人员居留条件与生产工人的劳动条件等措施。

（7）通风系统的组成

通风系统的组成,以一个地下成套房间为例(图 7-4),说明清洁通风与过滤通风的转移以及附属装置的关系。

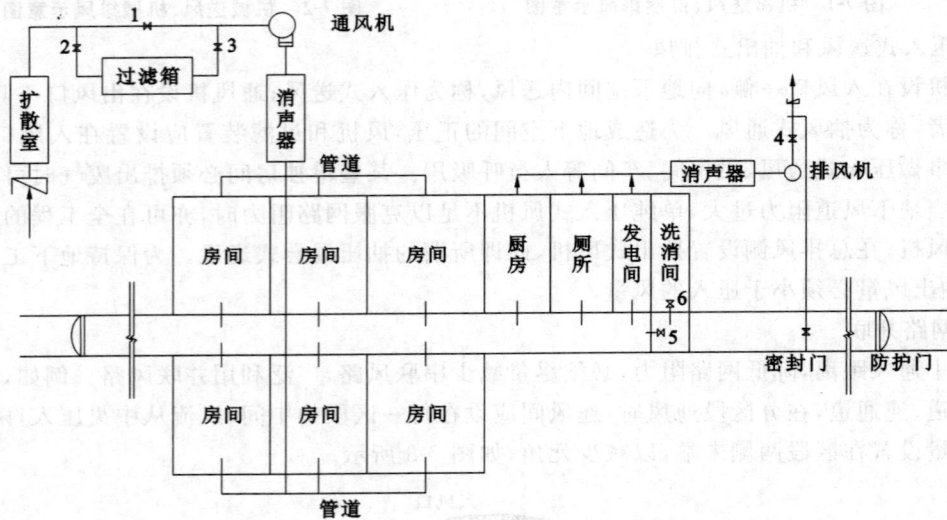

图 7-4 通风系统组成示意图

如图 7-4 所示,平时只用清洁通风,开启活门 1 与 4;关闭活门 2、3、5 和 7,使风流不经过滤装置把没受到污染的大气送入工程供生产和生活用。战时如必须滤清被污染的大气,可开启活门 2、3、5 和 7,而关闭活门 1、4。活门 6 接到排风机的压入侧,通往防毒通道,供人员出入密封门时形成正压,以防毒气泄入工事。

由图 7-4 可知,进风系统包括进风口、扩散室、洗消间、滤毒室、通风机、消声器及连接这些设备的管道;排风系统包括排风口、消声器、排气活门及连接这些设备的管道。平时使用时除通风机及消声器外均可省去。

一般单元地下室、地下车间、小型地下车间,进排风组成一个系统,可省略排风系统。

7.1.2 地下工程防潮除湿措施

地下工程防潮除湿是空调的一个重要任务,为确保地下空间的湿度要求,在地下工程设计之初就要着眼于综合防潮。否则,就有可能给采暖通风或者空气调节技术带来难以解决的问题。为了减轻地下工程通风除湿防潮的负担,地下工程在设计和施工阶段应优先考虑防水防潮的要求。结合我国地下工程防水设计和施工的"防、排、截、堵相结合,刚柔相济,因地制宜,综合治理"原则,防潮除湿可以从以下几方面考虑。

7.1.2.1 整体布局

整体布局常常成为地下空间能否正常使用的关键。在确定整体方案时,除考虑战备防护能力、生产使用方便、组织施工实施和节约投资等因素外,还必须考虑地下空间的防潮要求。

(1) 地下工程选址

① 地下工程设计时应根据工程的特点和需要搜集所选几处施工地点的最高地下水位高程、出现的年代,近几年的实际水位高程和季节变化情况,以及地下水的类型、补给水源、水质、流量、流向、压力等,此外,施工可能遇到的工程地质条件也必须考虑,包括岩层走向、倾角、节理及裂隙,含水层的特性、分布情况和渗透系数及陷穴等情况。最好选择山形完整、岩性均一、节理裂隙不发育、无断层、地下水少和覆盖层厚的地段布置地下空间。选址条件好,既有利于地下空间围护结构的设计,又为综合防潮提供了良好条件。

② 洞轴走向要尽量沿山脊布置,并避开山体表面外露岩石突出、破碎、构造差异大的地段,以减少山体裂隙向地下空间内渗漏。地下空间上面的山体表面不应有大面积的坑洼,以免下雨积水。若铁路或公路隧道等地下工程必须通过含水地层,则遵循相关规定,装配式衬砌或现浇混凝土衬砌管片应采用防水混凝土制作,并外涂耐腐蚀的防水涂层。

(2) 山体地表积水的疏导

① 地下空间范围内的山体表面,结合地质情况,有条件时应进行整修,使地表水不致滞留在地下空间附近。地质调查遗留的探坑,以及影响空间的溶洞、大裂隙等,应尽可能地回填密实,防止地表水大量渗入地下,给地下空间的防排水工程带来困难。

② 地下空间范围内如有农业灌溉水渠或水管通过,要特别注意水渠或水管的防水问题,以免其漏水而对地下空间造成危害。地下空间附近的山顶不宜设蓄水池。

③ 当地下空间范围内有可能汇集部分山体地表水时,应设置截水沟,将地表水引至地下空间范围以外。为确保洞口安全和截住仰坡流下的地表水,地下空间的引洞部分宜延伸出山体一段距离,并设置挡渣墙和截水沟。当通向江、河、湖、海的排水口高程低于洪潮水位时,应采取防倒灌措施。

(3) 地下空间平面设计和洞口布置

① 地下空间采用一字形的穿洞,有利于自然通风。若因地形、地质条件限制,需要采用"V"字形或"N"字形,则夹角应大一些,两个洞口的距离尽量远一些。若工艺生产需要,也可采用"E"字形、梳子形和棋盘形,但这几种形式的自然通风条件差,一般需要配置机械通风。为避免形成通风死角,主洞两侧应少开盲洞。同时应尽量避免在主洞内设横墙和隔间。

② 要结合当地的气候特点、主导风向和频率、周围环境影响和洞口隐蔽等,合理选择洞口朝向。两个洞口最好不在一个朝向,并有一定的高差,这样有利于自然通风,缓解地下空间的湿气。

③ 在考虑主洞位置时,应同时考虑进、排风口的位置。应尽可能利用施工导洞作为进、排风道。当需开挖专用的进、排风道时,可考虑与平时不走人的安全通道合用。当洞口附近设置通风室及生活间时,应与洞口的隐蔽措施结合起来处理。

④ 主洞的地坪标高宜高于引洞的地坪标高,引洞的地坪标高应高于洞外道路的路面标高,以利于地下空间内的生产、生活和山体裂隙水的排水。

⑤ 洞口地坪标高一般宜高出百年一遇的洪水位 1.0 m 以上。同时要考虑由于打洞排除石渣，缩小原有水沟断面而导致洪水位抬高的影响。

7.1.2.2 工艺布置

地下工程施工工艺在满足生产流程、保证交通运输的前提下，要有利于防潮和通风除湿的要求。

① 地下工程的防水，应积极采用经过试验、检测和鉴定并经实践检验质量可靠的新材料、新技术、新工艺。

② 对防潮要求高的构件、设备和仪器，宜采用局部防潮措施。

③ 地下工程结构的内表面和外表面做防水砂浆，抹面防水是我国传统的简便、有效的防水方法，特别是在结构自防水或外贴卷材防水失败后，往往用这种方法补救，随着材料科学的进步，外加剂、防水剂和聚合物乳液的砂浆在技术性能上都有了很大的进步。

④ 对可能产生表面结露的冷水管及其他冷水面、散湿表面，应尽量不在车间内通过，若必须通过，则应做保温处理，或采取防止散湿的技术措施。

⑤ 为确保洞内车间通风除湿系统正常运行，供除湿系统用的冷却水管、供热管等，有条件时应与地面厂房的管线分开配置。

7.1.2.3 土建设计

地下工程的综合防潮与地下建筑物的防水关系紧密，根据《地下工程防水技术规范》(GB 50108—2008)地下工程的防水等级分为四级，各等级防水标准应符合表 7-1 的规定。

表 7-1　　　　　　　　　　　　　　　地下工程防水标准

防水等级	防水标准
一级	不允许渗水，结构表面无湿渍
二级	① 不允许漏水，结构表面可有少量湿渍。 ② 工业与民用建筑：总湿渍面积不应大于总防水面积（包括顶板、墙面、地面）的 1/1000。 ③ 任意 100 m² 防水面积上的湿度不超过 2 处，单个湿渍的最大面积不大于 0.1 m²。 ④ 其他地下工程：中湿渍面积不应大于总防水面积的 2/1000；任意 100 m² 防水面积上的湿渍不超过 3 处，单个湿渍的最大面积不大于 0.2 m²；其中，隧道工程还要求平均渗水量不大于 0.05 L/(m²·d)
三级	① 有少量漏水点，不得有线流和漏泥砂。 ② 任意 100 m² 防水面积上的漏水或湿渍点数不超过 7 处，单个漏水点的最大漏水量不大于 2.5 L/(m²·d)，单个湿渍面积不大于 0.3 m²
四级	① 有漏水点，不得有线流和漏泥砂。 ② 整个工程平均漏水量不大于 2 L/(m²·d)；任意 100 m² 防水面积上的平均漏水量不大于 4 L/(m²·d)

地下工程不同防水等级的适用范围应根据工程的重要性和使用中对防水的要求按表 7-2 选定。

表 7-2　　　　　　　　　　　　**不同防水等级的使用范围**

防水等级	使用范围
一级	人员长期停留的场所；因有少量的湿渍而使物品变质、失效的储物场所及严重影响设备正常运转和危及工程安全运营的部位；极重要的战备工程；地铁车站
二级	人员经常活动的场所；在有少量湿渍的情况下不会使物品变质、失效的储物场所及基本不影响设备正常运转和工程安全运营的部位；重要的战备工程
三级	人员临时的活动场所，以及战备工程
四级	对渗漏水无严格要求的工程

对于不同防水等级的地下空间采取不同的防水措施，并且确保施工质量良好，为地下空间的通风除湿提供有利条件。对地下工程土建方面的要求，应确保混凝土主体结构、混凝土结构细部构造符合《地下工程防水技术规范》(GB 50108—2008)。除此之外，对于特殊施工法建造的地下空间也应按照相关规范操作。

（1）地下工程混凝土结构主体防水防潮

首先，地下工程施工使用的混凝土应满足一定的抗渗等级，即应符合表 7-3 的规定。

表 7-3　　　　　　　　　　　　**防水混凝土设计抗渗等级**

工程埋置深度/m	设计抗渗等级
$H<10$	P6
$10 \leqslant H<20$	P8
$20 \leqslant H<30$	P10
$H \geqslant 30$	P12

其次，防水混凝土结构还应符合下列规定：结构厚度不应小于 250 mm；裂缝宽度不应大于 0.2 mm，并不得贯通；钢筋保护层厚度应根据结构的耐久性和工程环境选用，迎水面钢筋保护层厚度不应小于 50 mm。此外，防水混凝土可根据工程需要掺入减水剂、膨胀剂、防水剂、密实剂、引气剂、复合型外加剂及水泥基渗透结晶型材料，其品种和用量应按经验确定，所用外加剂的技术性能应符合国家现行有关标准质量要求。防水混凝土施工前应做好降排水工作，不得在有积水的环境中浇筑混凝土。防水混凝土拌合物在运输后如出现离析，必须进行二次搅拌，当坍落度损失后不能满足施工要求时，应加入原水胶比的水泥浆或掺加同品种的减水剂进行搅拌，严禁直接加水。

防水混凝土应连续浇筑，宜少留施工缝。当留设施工缝时应符合下列规定：墙体水平施工缝不应留在剪力最大处或底板与侧墙的交接处，应留在高出底板表面不小于 300 mm 的墙体上。拱（板）墙结合的水平施工缝，宜留在拱（板）墙解封线以下 150～300 mm 处。墙体有预留孔洞时，施工缝距孔洞边缘不应小于 300 mm；垂直施工缝应避开地下水和裂隙水较多的地段，并宜与变形缝结合。

施工缝防水构造形式宜按图 7-5～图 7-8 选用，当采用两种以上构造措施时可进行有效组合。

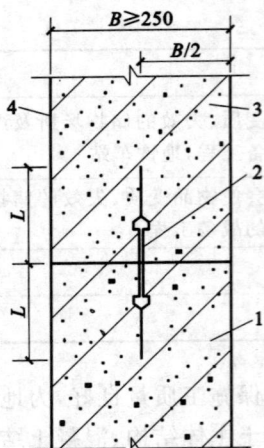

1—先浇混凝土;2—中埋止水带;
3—后浇混凝土;4—结构迎水面。

图 7-5 施工缝防水构造(1)

注:钢板止水带 $L \geqslant 150$;橡胶止水带 $L \geqslant 200$;
钢边橡胶止水带 $L \geqslant 120$。

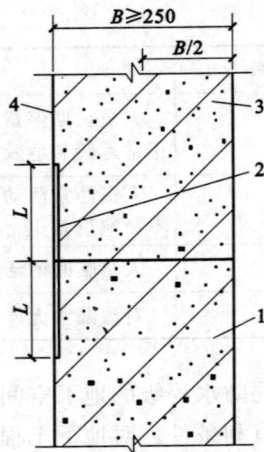

1—先浇混凝土;2—中埋止水带;
3—后浇混凝土;4—结构迎水面。

图 7-6 施工缝防水构造(2)

注:钢板止水带 $L \geqslant 150$;橡胶止水带 $L = 200$;
钢边橡胶止水带 $L = 120$。

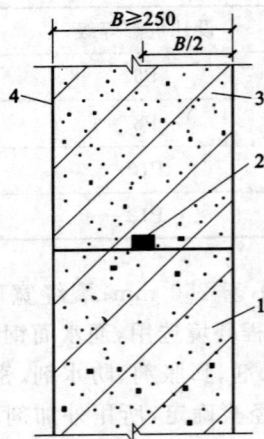

1—先浇混凝土;2—遇水膨胀止水带(胶);
3—后浇混凝土;4—结构迎水面。

图 7-7 施工缝防水构造(3)

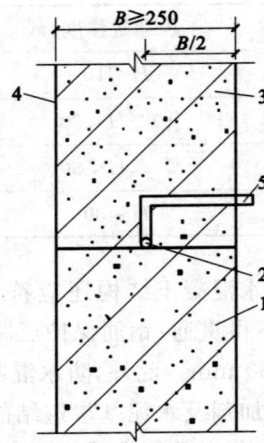

1—先浇混凝土;2—预埋注浆管;3—后浇混凝土;
4—结构迎水面;5—注浆导管。

图 7-8 施工缝防水构造(4)

卷材防水层宜用于经常处在地下水环境,且受侵蚀性介质作用或受震动的地下工程,卷材防水层用于地下建筑物地下室时,应铺设在结构底板垫层至墙体防水设防高度的结构基面上,用于单建式的地下工程时,应从结构底板垫层铺设至顶板基面,并在外围形成封闭的防水层。

混凝土结构完成,铺贴里面卷材时,应先将接槎部位的各层卷材揭开,并将其表面清理干净,如卷材有局部损伤,应及时进行修补;卷材接茬的搭接长度,高聚物改性沥青类卷材应为 150 mm,合成高分子类卷材应为 100 mm;当使用两层卷材时,卷材应错槎接缝,上层卷材应盖过下层卷材。卷材防水层甩槎、接槎构造见图 7-9。

(2)混凝土结构细部构造防水防潮

土建工程中的变形缝是防水防潮的薄弱环节,因此,变形缝应满足密封防水、适应变形、施工方便、检修容易等要求;用于伸缩的变形缝宜少设,可根据不同的工程结构类别、工程地质情况采用后

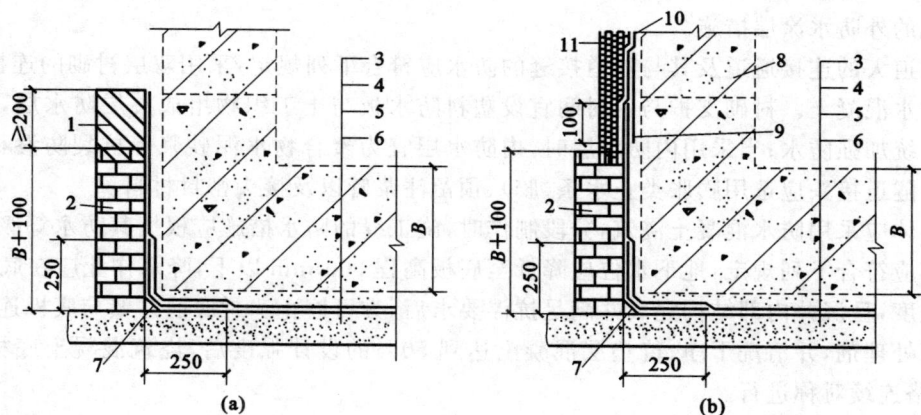

1—临时保护墙；2—永久保护墙；3—细混凝土保护层；4,10—卷材防水层；5—水泥砂浆找平层；
6—混凝土垫层；7,9—卷材加强层；8—结构墙体；11—卷材保护层。

图 7-9　卷材防水层甩槎、接槎构造

（a）甩槎；（b）接槎

浇带、加强带、诱导缝等替代措施。

地下工程通向地面的各种孔口应采取防地面水倒灌的措施。人员出口高出地面的高度宜为 500 mm，汽车出入口设置明沟排水时，其高度宜为 150 mm，并应采取防雨措施。窗井的底板和墙应做防水处理，并与主体结构断开。窗井的底部在最高地下水位时，窗井的底板和墙应做防水处理，并宜与主体结构断开，如图 7-10 所示。

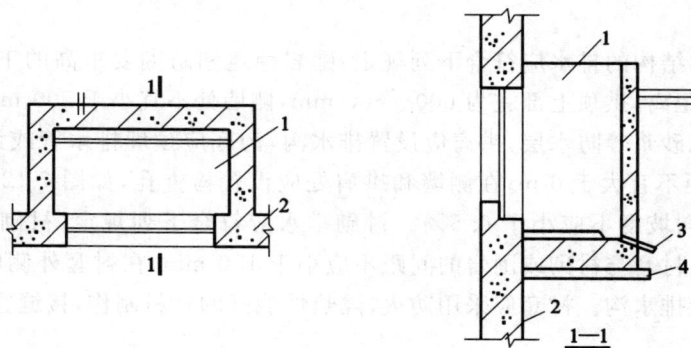

1—窗井；2—主体结构；3—排水管；4—垫层。

图 7-10　窗井防水构造

坑、池、储水库宜采用防水混凝土整体浇筑，内部应设防水层。受振动作用时应设柔性防水层。底板以下的坑、池，其局部底板应相应降低，并应使防水层保持连续，如图 7-11 所示。

（3）特殊施工法的结构防水防潮

盾构法施工的隧道，宜采用钢筋混凝土管片、复合管片等装配式衬砌或现浇混凝土衬砌。衬砌管片应采用防水混凝土制作。当隧道处于侵蚀性介质的地层时，应采取相应的耐侵蚀混凝土或外涂侵蚀的外防水涂层的措施。当其处于严重腐蚀地层时，可采取耐侵蚀混凝

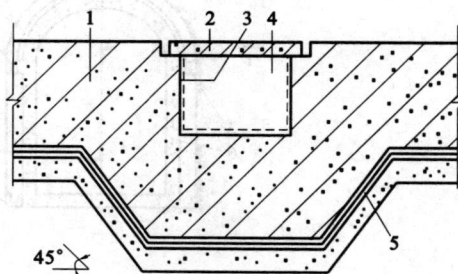

1—底板；2—盖板；3—坑、池防水层；
4—坑、池；5—主体结构防水层。

图 7-11　底板下池、坑的防水构造

土和耐侵蚀的外防水涂层措施。

盾构隧道大的连接通道及其与隧道接缝的防水应符合下列规定:采用双层衬砌的连接通道,内衬应采用防水混凝土。衬砌支护与内衬间宜设塑料防水板与土工织物组成夹层防水层,并宜配以分区注浆系统加强防水;当采用内防水层时,内防水层宜为聚合物水泥砂浆等抗裂防渗材料;连接通道与盾构隧道接头应选用膨胀类止水条(胶)、预留注浆管以及接头密封材料。

沉井主体应采用防水混凝土浇筑,分段制作时,施工缝的防水措施应根据其防水等级选用。沉井的干封底应符合下列规定:地下水位应降低至底板高程500 mm以下,降水作业应在底板混凝土达到设计强度,且沉井内部结构完成并满足抗浮要求后,方可停止。封底前井壁与底板连接部位应凿毛或刷面处理剂,并清洗干净;待垫层混凝土达到50%的设计强度后,浇筑混凝土底板,应一次浇筑,并分格连续对称进行。

地下连续墙应根据工程要求和施工条件划分单元槽段,并减少槽段数量。墙体幅间接缝应避开拐角部位。地下连续墙的主体结构应符合下列规定:墙厚度宜大于600 mm;应根据地质条件选择护壁泥浆及配合比,遇到地下水含盐或受化学污染时,泥浆配合比应进行调整;浇筑混凝土前应清槽、置换泥浆和清除沉渣,沉渣厚度不应大于100 mm。

锚喷支护的地下工程,喷射混凝土前,应根据围岩裂隙及渗透水的情况,预先采用引排或注浆堵水。采用引排措施时,应采用耐侵蚀、耐久性好的塑料丝盲沟或弹塑性软式导水管等导水材料。锚喷支护用作工程内衬砌时,应符合下列规定:宜用于防水等级为三级的过程;喷射混凝土宜掺入速凝剂、膨胀剂和复合型外加剂、钢纤维与合成纤维等材料,其品种及掺量应通过试验确定;喷射混凝土的厚度应大于80 mm,对地下工程变截面及轴线转折点的阳角部位,应增加50 mm以上厚度的喷射混凝土。

地下工程的衬砌结构的排水应符合下列规定:围岩稳定和防潮要求高的工程可设置离壁式衬砌,衬砌与岩壁间的距离,拱顶上部宜为600~800 mm,侧墙处不宜小于500 mm;衬砌拱部宜做卷材、塑料防水板、水泥砂浆等防水层,拱肩应设置排水沟,沟底应预埋排水管或设置排水孔,直径宜为50~100 mm,间距不宜大于6 m;在侧墙和拱肩处应设置检查孔,如图7-12所示。侧墙外排水沟应做成明沟,其纵向坡度不应小于0.5%。衬砌排水应符合下列规定:衬砌套外形应有利于排水,底板宜架空;离壁衬套与衬砌或围岩的间距不应小于150 mm,在衬套外侧应设置明沟;半离壁衬套应在拱肩处设置排水沟。衬套应采用防火、隔热性能好的材料制作,接缝宜采用嵌缝、粘接、焊接等方法密封。

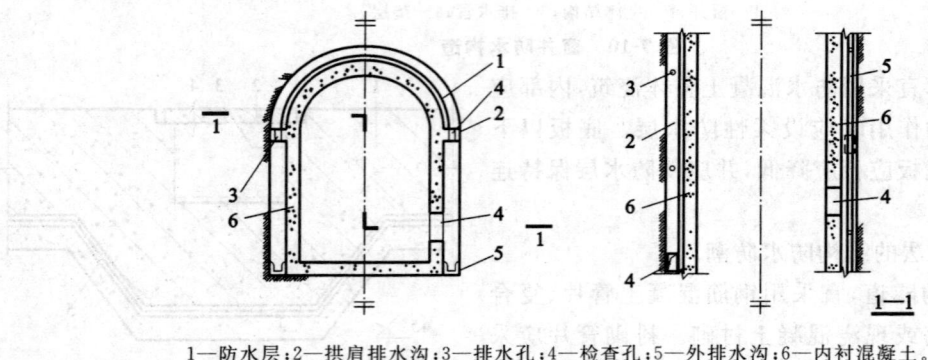

1—防水层;2—拱肩排水沟;3—排水孔;4—检查孔;5—外排水沟;6—内衬混凝土。

图 7-12 离壁式衬砌排水构造

（4）地下工程的渗透水治理

地下工程渗透水治理前应掌握工程原防水、排水系统的设计、施工验收资料；渗透水治理施工时应按先顶（后）墙而后底板的顺序进行，宜少破坏原结构层和防水层；有降水和排水条件的地下工程，治理前应做好降水、排水工作。大面积严重渗漏水可采取下列措施：衬砌后和衬砌内注浆止水或引水，待基面无明水或干燥后，用掺外加剂防水砂浆、聚合物水泥砂浆、挂网水泥砂浆或防水涂料等加强处理；引水孔最后封闭，必要时采用贴壁混凝土衬砌。大面积轻微渗漏水和漏水点，可先采用速凝材料堵水，再做防水砂浆抹面或防水涂料等加强处理。锚喷支护工程渗漏水部位，可采用引水带或导管排水，也可喷涂快凝材料及化学注浆堵水。

7.2　地下工程通风与空调设计任务与内容

地下工程通风与空调设计是地下工程总体设计的一个不可或缺的组成部分。它的基本任务是：与地下工程的使用相配合，建立一个安全可靠、经济合理的地下工程通风与空调系统；计算地下工程掘进时和形成以后的各个作业点的需风量及总的需风量；计算地下工程总阻力；计算地下工程热湿负荷量；以此为依据，选择通风、排热（供热）与除湿设备。

7.2.1　地下工程通风与空调设计所需的原始资料

（1）自然条件

工程所在地区的气候条件，包括年最高气温、最低气温、平均气温、常年主导风向等。

（2）地下工程用途

地下工程在使用中产生的热湿负荷量、有毒有害气体产生强度、地下工程对空气质量的要求等。

7.2.2　地下工程通风与空调设计的程序

地下工程通风与空调设计的程序（图 7-13）如下：

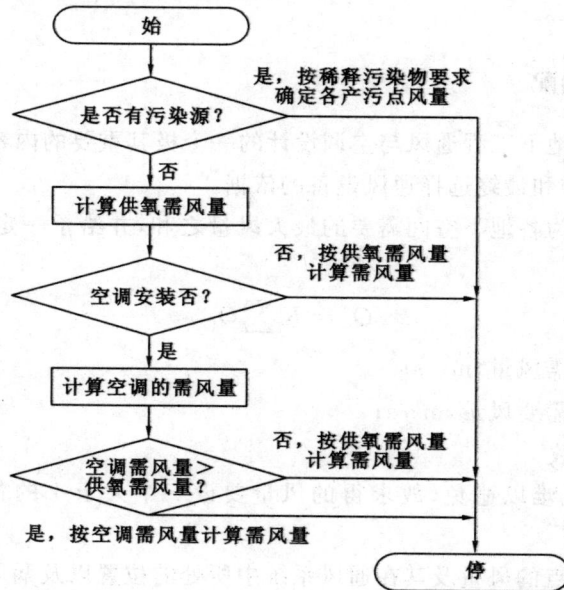

图 7-13　通风与空调设计程序图

① 拟定通风系统,画出通风系统图;

② 拟定空调除湿系统;

③ 计算热湿负荷及风量分配;

④ 计算需风量及风量分配;

⑤ 选择除湿设备;

⑥ 选择制冷(制热)设备;

⑦ 计算通风阻力;

⑧ 选定通风设备;

⑨ 编制通风空调经济部分。

7.3　地下工程通风量计算及风机选型

7.3.1　地下工程风量计算的一般原则

地下工程通风与空调的目的在于:排除有毒有害气体,提供足够的氧气,控制地下工程的温度与湿度,创造良好的生产、生存条件,保证人员身体健康。因此,根据地下工程通风与空调的目的不同,地下工程通风量的计算方法也有所不同。在一般通风工程中,通风的目的仅限于排除有毒有害气体和提供足够的氧气。通常情况下,满足排除有毒有害气体的需风量要求也能满足供给充足氧气的要求。因而在这种场合往往只需要计算排除有毒有害气体的需风量。但对于有大量消耗氧气的设备存在或没有有毒有害气体产生的地下工程,则应以供氧量来计算通风量。当地下工程采用空调时,为了保证地下工程内的温度、湿度要求,保证排除有毒有害气体和供氧量的条件下,一般供风量越小越经济。因此,对于大多数地下工程而言,如果有毒有害气体产生,则按排除有毒有害气体计算其通风量,否则按供给足够新鲜空气计算其通风量。在有空调需要,且工程外的空气可用于空调时,则按空调需风量计算。计算时可按图 7-13 所示的程序结合第 5 章所讲述的方法计算总需风量。

7.3.2　地下工程风量与分配

地下工程风量计算是地下工程通风与空调设计的一个极其重要的内容。地下工程需风量是计算通风阻力、空调负荷调控和最终选择通风设备的依据。

地下工程总需风量应为各地下空间需要的最大风量之和,并给予一定的备用系数。即地下工程总需风量按下式计算:

$$Q_t = K \sum Q_i \tag{7-1}$$

式中　Q_t——地下工程总需风量,m^3/s;

　　　Q_i——各地下空间需要风量,m^3/s;

　　　K——风量备用系数。

由于地下工程的漏风难以避免,故求得的风量要设一个大于 1 的备用系数,一般地下工程可取 1.1。

根据地下工程各需风点的风量及其在通风系统中所处的位置以及漏风地点和漏风量来确定风量分配。进行风量分配时,要保证风网中各节点的风量平衡。将各风道的风量值一一比标在通风系统图和通风网路结构示意图上。

7.3.3　地下工程通风阻力计算

地下工程通风总阻力,是指风流由进风口到排风口沿任意风路流动途中所产生的摩擦阻力和局部阻力的总和。地下工程通风总阻力是由扇风机的有效静压(抽出式通风时)或扇风机全压(压入式通风时)加上(或减去)自然风压来克服的。

新鲜风流进入地下工程后,流经各个地下空间,然后在另一处汇合,形成并联、串联或复杂联通网路。在计算地下工程通风总阻力时,不需要计算每一条风道的通风阻力,而只需选择一条阻力最大的风流路线计算各风道的阻力之和即可。地下工程各处需风量确定后,按照各需风点所在位置分配风量,可确定整个工程内各个风道流过的风量。据此,选择一条路线较长、风量较大的路线计算即可。

计算前,在通风系统图上,逐点标出最大阻力路线,然后逐段用第3章介绍的方法计算各段的摩擦阻力和局部阻力。最后将各段阻力求和即得地下工程总阻力。

7.3.4　风机选择

选择风机首先要知道地下工程需要风机提供的风量和必须克服的阻力。

(1) 风机风量

$$Q_r = \rho Q_t \tag{7-2}$$

式中　Q_r——风机需要提供的风量,m^3/s;

ρ——风机风量备用系数,一般取 $\rho = 1.05\sim1.1$,当风机装置安装密闭完好时取小值。

(2) 风机的风压

$$H_r = h_t + H_n + h_1 + h_v \tag{7-3}$$

式中　H_r——风机需克服的阻力;

h_t——地下工程通风总阻力,Pa;

H_n——与风机方向相反的自然风压,Pa;

h_1——风机装置的局部阻力,一般 $h_1 = 100\sim150$ Pa;

h_v——出口动压损失,Pa。

确定 Q_r、H_r 后,在扇风机个体特性曲线上描出横坐标为 Q_r、纵坐标为 H_r 的点 M,当点 M 落在特性曲线下方且离特性曲线较远时,表明该风机用于该地下工程时有风量富余,只要 M 点位于特性曲线下方,该扇风机就能用于该地下工程。当点 M 位于特性曲线上方时,需要另选风机。

(3) 风机的电机功率

根据 Q_r、H_r,按 $R = H_r/Q_r^2$ 计算总风阻,再在风机特性曲线上作总风阻曲线 $h = RQ^2$,该曲线与风机特性曲线的交点 M 即为该风机安装用于该地下工程时实际运转的工况点。M 点的横坐标为风机实际的风量 Q,纵坐标为风机实际克服的阻力,显然 $Q \geqslant Q_r$,$H > H_r$。

计算得出 M 点的 H,Q 值后,按式(7-4)计算风机功率:

$$N_f = \frac{HQ}{\eta_f} \tag{7-4}$$

式中　N_f——风机功率,W;

H——风机实际的风压,Pa;

Q——风机实际的风量,m^3/s;

η_f——风机的效率。

按式(7-5)计算电动功率:

$$N_e = K \frac{N_f}{\eta_t \cdot \eta_e} \tag{7-5}$$

式中　K——电动机容量备用系数,轴流式通风机 $K=1.1\sim1.2$,离心式通风机 $K=1.2\sim1.3$;

　　　η_t——传动率,直接传动 $\eta_t=1$,皮带传动 $\eta_t=0.95$;

　　　η_e——电动机效率,$\eta_e=0.9\sim0.95$。

确定 N_e 后,选定额定功率略大于 N_e 的电动机即可。

7.4　地下工程通风与空调设计案例

7.4.1　某隧道施工过程中的通风设计

7.4.1.1　工程概况

雅砻江两河口交通工程 5# 公路起于电站左岸交通工程 1# 公路,高程 2662.72 m,沿雅砻江左岸逆流而上,设特长隧道(即 2# 隧道,长 3143 m,其中进口段开挖 1780 m,开挖断面面积 90 m²)穿越左岸枢纽工程区至电站上游庆大河左岸连接 11# 公路,终点高程 2877.56 m,路线全长 4.0728 km。

该工程具备以下特点:

① 施工区域处于高原地区,海拔高度达 2700 m。

② 2# 隧道进口段为连续长大上坡,最大坡度达 6.8%,隧道进口与合同桩号标高差为 108 m,施工通风极为困难。

③ 工程所在地区电力不足,需采用自发电施工。

7.4.1.2　排烟通风

隧道在施工过程中是一个相对密闭的容器,由于开挖爆破、设备排放、喷锚支护等产生大量的烟尘无法自然排放,进而导致设备故障率高、施工人员尘肺病等职业病高发和能见度极差等种种问题,因此,必须采用人为方式进行通风排烟,以改善隧道工作环境,降低安全风险。

根据雅砻江两河口交通工程 5# 公路 2# 隧道进口段施工方案可知,隧道开挖深度为 1780 m,隧道内施工人员最多为 30 人,开挖面每次爆破炸药量为 0.45 t。实施通风排烟措施的目的在于保障施工人员能有充足新鲜空气、爆破后 30 min 内距开挖面 100 m 内无烟尘且隧道断面最小风速不低于 0.15 m/s。根据衬砌台车的通过空间,风管选用聚氯乙烯塑料风管,风管直径为 800 mm。因此计算参数为:

① 洞内同时工作人数最多为 30 人;

② 断面最小风速 $v_{min} \geqslant 0.15$ m/s;

③ 成年人呼吸需要空气为 3 m³/min;

④ 风管直径为 800 mm;

⑤ 风管平均百米漏风率 $\beta \leqslant 1.5\%$,风管摩擦阻力系数 $\lambda \leqslant 0.00018$;

⑥ 每次爆破用炸药量 $N=0.45$ t;

⑦ 爆破后 $t=30$ min 内距开挖断面 $L=100$ m 内无烟；

⑧ 隧道工作断面面积 $A=90$ m^2；

⑨ 最大掘进深度 $L_{max}=1990$ m，则风管长度 $L_{管}=L_{max}=1990$ m（前端距开挖断面 30 m，主机距洞口 30 m）。

7.4.1.3 通风方式与通风计算

（1）风量计算

① 按洞内同时工作的最多人数计算。

$$Q = kmq$$

其中，$k=1.15$，$m=30$ 人，$q=3$ $m^3/(min \cdot 人)$，则

$$Q = 1.15 \times 30 \times 3 = 103.5(m^3/min)$$

② 按同时爆破的最多炸药量计算。

由于采用管道压入式通风，则

$$Q = \frac{7.8}{t}\sqrt[3]{N \cdot A^2 \cdot L_{散}^2}$$

其中 $t=30$ min，$N=0.45$ t$=450$ kg，$A=90$ m^2，$L_{散}=105$ m，则

$$Q = \frac{7.8}{30} \times \sqrt[3]{450 \times 90^2 \times 105^2} = 890.56(m^3/min)$$

③ 按洞内允许最小风速计算。

$$Q = 60vA$$

其中 $v=0.15$ m/s，则 $Q=60 \times 0.15 \times 90 = 810(m^3/min)$。

Q 应取最大值 890.56 m^3/min。

（2）漏风计算

通风机的供风量，除满足上述计算的需要风量外，还应考虑漏失的风量，即

$$Q_{供} = PQ = 1.251 \times 890.56 = 1114.09(m^3/min)$$

修正供风量：

$$Q_{高} = \frac{100}{P_{高}}Q_{正} = \frac{100}{5.357} \times 1114.09 = 20796.90(m^3/min) = 346.165(m^3/s)$$

（3）风压计算

气流所受到的阻力有摩擦阻力、局部阻力及正面阻力，可采用下式计算：

$$h_{机} \geqslant h_{总阻}$$

$$h_{总阻} = \sum h_{摩} + \sum h_{局} + \sum h_{正}$$

其中：

$$h_{摩} = \frac{\lambda LUQ^2}{S^3} = \frac{0.0013 \times 2010 \times \pi \times 0.8 \times 346.165^2}{90^3} = 1.079(Pa)$$

$$h_{局} = 0.612\xi\frac{Q}{A^2} = 0.612 \times 1.0 \times \frac{346.165^2}{90^2} = 9.054(Pa)$$

机车类型为韶山 7E 列车，则：

$$h_{正} = 0.612\phi\frac{S_mQ^2}{(S-S_m)^3} = 0.612 \times 1.5 \times \frac{3.105^2 \times 346.165}{(90-3.015)^3} = 0.405(Pa)$$

式中　ϕ——收缩系数，取 1.5。

7.4.1.4 风机选择

根据相关资料调研选用 SDF(A)型隧道施工专用轴流式通风机,其特点与相关参数如下。

(1) 特点

SDF(A)型隧道施工专用轴流式通风机主要用于小断面、隧道及巷道掘进。其具有节能、低噪、高效、安装简便、易维修等优点。

(2) 风机型号表示方法

S:隧道;D:对旋;F:风机;(A):单转速 A 系列。No. 6.0:机号为 6.0、叶轮直径 600 mm。

(3) SDF(A)型轴流式通风机规格型号技术性能参数表

SDF(A)-Ⅱ型隧道施工专用轴流式通风机技术性能参数见表 7-4。

表 7-4 **SDF(A)-Ⅱ型隧道施工专用轴流式通风机技术性能参数**

风机型号	电机型号	功率/kW	风量/(m³/min)	全压/Pa
5.0	YBFh132S1	2×5.5	160~270	300~2600
6.0	YBFh160M1	2×11	260~390	500~3000
	YBFh160M2	2×15	300~490	600~3600
6.3	YBFh180L1	2×18.5	460~730	700~3600
	YBFh180L2	2×22	480~810	720~3600
7.1	YBFh200L1	2×30	620~1000	850~3600
	YBFh200L2	2×37	750~1200	950~3600

(4) SDF(A)型隧道施工专用轴流式通风机结构

SDF(A)型隧道施工专用轴流式通风机结构示意图见图 7-14。

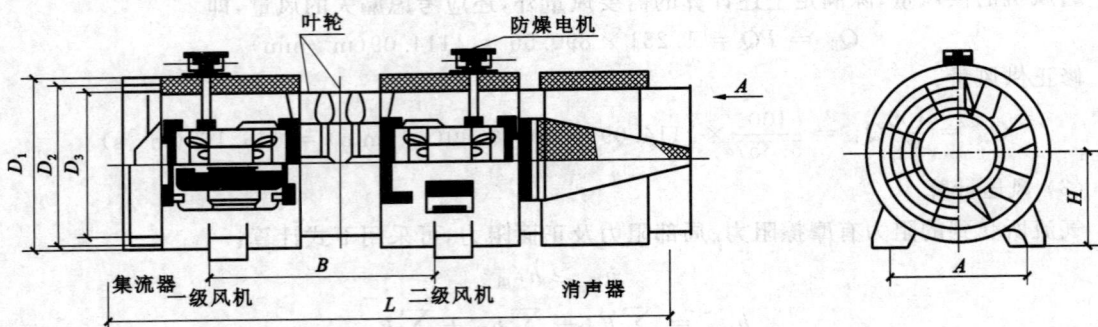

图 7-14 SDF(A)型隧道施工专用轴流式通风机结构示意图

(5) SDF(A)型隧道施工专用轴流式通风机外形尺寸

风机型号的选择必须综合考虑隧道现场的施工条件,风机计划安装位置的现场条件以及通风机的外形尺寸。表 7-5 罗列出了 SDF(A)型隧道施工专用轴流式通风机外形尺寸,可为风机选型提供一定依据。

表 7-5　　　　　　**SDF(A)型隧道施工专用轴流式通风机外形尺寸**　　　　　　（单位：mm）

型号	尺寸								
	D_1	D_2	D_3	D	H	L	A	B	$n-\varphi d$
4.5	570	510	459	450	570	510	500	730	8—12
5.0	620	560	509	500	330	1400	530	730	12—12
5.6	680	620	570	560	350	2000	500	800	12—12
6.0	720	660	610	600	370	2080	540	800	12—12
6.7	830	750	682	670	430	2270	600	900	12—12
7.5	910	830	762	750	470	2420	670	1000	12—12
8.0	970	890	812	530	2850	720	1100	16—13	
9.0	1070	990	912	900	600	3050	810	1200	16—13
10	1170	1090	1012	1000	670	3250	900	1300	16—15

根据以上数据，选择 7.1 型 YBFh200L2 电机的 SDF(A)型隧道施工专用轴流式通风机，风量为 1000 m³/min，全压 4000 Pa，风管选用直径为 1000 mm 的聚氯乙烯塑料风管。

根据 $Q_机 \geqslant 1.1 Q_供$，$h_机 \geqslant P \sum h_供$，则需风机台数为 20631.3×1.1/1000＝22.69(台)，选用 23 台。

$$h_机 = 23 \times 4000 = 92000 (Pa) \geqslant P \sum h_供$$

7.4.1.5　风机及风管布置

风机设置于洞口，风管设置于拱顶中央，在锚杆上安装特殊夹具挂承力索，而后通过吊钩安装风管。

7.4.2　某隧道现状通风与空调设计

7.4.2.1　工程概况

武汉长江隧道工程位于武汉长江一桥、二桥之间，是解决内环线内主城区过江交通的关键性工程，其汉口岸和武昌岸接线道路分别为大智路和规划沙湖路。越江位置分别位于汉口江滩公园入口上游侧和武昌船舶设计院附近。隧道通风设计段全长 3440 m，隧道内设双向四车道，设计车速为 50 km/h。工程江中段采用盾构法施工，汉口岸于胜利街设右进隧道的匝道，于天津路设右出隧道的匝道；武昌岸隧道与友谊大道设四条匝道连接。

7.4.2.2　通风卫生标准

（1）通风标准

目前国内尚无城市道路隧道的通风标准，隧道通风一般在参考《公路隧道通风设计细则》（JTG/T D70/2-02—2014）及借鉴 PIARC（世界道路协会）的推荐基础上，结合隧道的具体条件及国内既有城市道路隧道通风的实际效果综合确定。《公路隧道通风设计细则》（JTG/T D70/2-02—2014）对于污染空气稀释标准为：当隧道长度大于 3000 m 时，若采用纵向通风，其 CO 设计浓度为 250 ppm，交通阻滞时阻滞段平均 CO 设计浓度可取 300 ppm，经历时间不超过 20 min，阻滞段长不宜超过 1 km。PIARC 对 CO_2 设计浓度的建议值：正常及经常堵塞工况为 100 ppm，偶尔堵塞工况为 150 ppm，维修养护（交通照常）为 30 ppm。

根据武汉长江隧道交通量大、高峰时段不明显、隧道内长期处于超饱和运行状态的特点及经济性，通风设计参照 PIARC 取值。采用的通风卫生标准见表 7-6。

表 7-6   武汉长江隧道工程设计采用的通风卫生标准

交通工况	车速/(km/h)	CO 浓度/ppm	烟雾浓度/m^{-1}
正常	50	100	0.0075
慢速	30	125	0.0075
全段阻塞	20	150(15 min)	0.0075
局部阻塞	10(局部)	150(15 min)	0.0075
双向行驶	30	150	0.0075
检修	30	30	0.0075

在阻塞工况下，当 CO 浓度达到 150 ppm 的时间超过 15 min 或阻塞长度接近 1 km，以及烟雾浓度达到 0.012 m^{-1} 时，应采取禁止洞口车辆进入等交通管制措施。由于隧道位于武汉市中心城区，连接两端主干道，车流密集，监控设施齐备，设计考虑全隧道车辆以 30 km/h 的速度缓慢行驶和局部阻塞两种情况，其中局部阻塞阻滞段长度取 1000 m，阻滞段位置分别取隧道出口和隧道中部进行计算。隧道内风速应满足稀释空气中异味的需风量要求风速，按每小时换气次数不少于 5 次考虑。隧道内禁止货车通行，火灾规模按 20 MW 设计；根据隧道内纵坡情况，采用纵向排烟时，要求保证隧道内风速不小于 3 m/s。

（2）尾气排放标准

尾气排放标准应与目标年车辆通过隧道的实际情况相一致，根据《轻型汽车污染物排放限值及测量方法（中国第六阶段）》(GB 18352.6—2016) 以及有关车辆使用年限和报废的相关规定，在隧道投入运营时，通行车辆均应满足该标准的排放限值要求，因此，通风设计尾气排放量按上述标准取值。

7.4.2.3　通风方式选择及污染空气排放

（1）非火灾条件下的通风方式选择

隧道通风方式主要包括：纵向式通风、全横向式通风、半横向式通风和空气净化。纵向式通风包括全射流通风和射流加轴流组合式分段通风方式，根据隧道长度和需风量，结合隧道辅助坑道设置送排风井，可灵活掌握其组合方式，做到经济、合理。纵向式通风具有以下优点：

① 充分利用隧道拱部净空，对土建工程影响极小；

② 有害物浓度呈三角形分布，空气清新程度较好；

③ 通风设备功率较省，运营控制简便；

④ 单向行车时可充分利用交通风，节省运营费用。

纵向式通风方式以其简单、实用的优点在隧道通风中起到越来越大的作用，成为隧道通风方式的首选。根据本工程特点，隧道通风采用分段纵向式通风，其中左线隧道利用汉口通风井排风，右线隧道利用武昌通风井排风。

（2）火灾条件下的通风方式选择

由隧道交通量预测资料及隧道通行能力服务水平可知，由于本隧道交通量大，高峰时段基本不明显，隧道内长时间处于超饱和交通状态，一旦发生火灾，很可能导致事故地点前方交通阻塞，火灾前方车辆难以及时远离危险区。因此，为确保人员安全，火灾情况下不能采用顺车流方向纵向排烟方式，以免引发更大的灾害。针对隧道的这个特点，设计中考虑在盾构段隧道顶部设置专门的火灾排烟风道，当火灾发生时采用半横向式通风方式。

（3）污染空气排放

由于隧道地处武汉市中心城区，因此污染空气排放必须满足空气环境质量标准要求，并结合隧道的具体情况综合考虑。

① 右线隧道排污方式。

右线隧道出口与武昌工作井内的排风口距离较近（相距约 240 m），有条件采用竖井合流吸出式通风排污，同时隧道管理中心位于洞口前方约 130 m 处，位于洞口排污的影响范围之内。因此通风设计右线隧道采用竖井合流吸出式纵向通风，即污染空气全部从武昌通风井排出。

② 左线隧道排污方式。

受周边环境条件限制，汉口通风井必须位于汉口工作井附近，工作井内排风口与左线隧道出口（汉口洞口）的距离约 630 m。考虑到汉口洞口周边建筑物密集，对排污有严格限制要求，《环境影响评价报告书》亦提出：考虑污染气象及高峰流量出现概率，要求隧道洞口中心两侧宽 40 m、长 200 m 区域内可绿化面积内 100% 设置绿化带，并在绿化带边缘设置汽车尾气污染区域严禁行人进入的警示牌，估计增加拆迁面积约 6000 m²（扣除红线内面积）。天津路匝道分流主线车流量约 40%，使主线隧道内车流阻力明显减少，因此从环境保护角度出发，通风设计左线隧道采用竖井合流吸出式通风方式，即污染空气全部由汉口通风井排除。

7.4.2.4　通风工程量计算

（1）通风计算工况

考虑隧道所处的复杂环境以及处于交通核心位置的重要性，隧道通风设计考虑了以下通风工况：

① 隧道内正常交通（50 km/h 车速）。

② 隧道内车辆慢速行驶（30 km/h 车速）。

③ 隧道内交通阻塞，全隧道慢行（全隧道 20 km/h 车速）。

④ 隧道内出现突发事故，导致局部交通堵塞，考虑不同阻塞区段，堵塞长度按 1000 m 计，其余地段正常行车。

⑤ 一孔隧道基于特殊原因临时关闭，另一孔隧道双向交通。在该工况下，隧道内仅考虑公交车辆通行，其余车辆不允许通行，以保证隧道内的交通安全，双向交通时隧道内行车速度按 30 km/h 计算。

⑥ 火灾通风。

（2）通风量与污染空气浓度

不同工况下隧道内通风量及污染物浓度计算结果见表 7-7。

表 7-7　　　　　　　　　　　　隧道通风量及污染物浓度

线别	工况	风速/(m/s)		稀释污染空气需风量/(m³/s)		风速/(m/s)		洞内风速/(m/s)		控制因素		排除污染物	
		进口段	出口段	进口风量	出口风量	进口风速	出口风速	进口段	出口段	进口段	出口段	浓度/ppm	风速/(m/s)
左线	正常工况-50	3.903	0.875	202.80	35.51	4.55	0.79	5.65	0.88	CO	换气	77.40	9.62
	慢速-30	3.903	0.875	243.34	42.61	5.46	0.94	5.46	0.94	CO	CO	118.39	9.44
	全段堵塞-20	3.903	0.875	304.17	53.24	6.82	1.18	6.82	1.18	CO	CO	142.07	11.80
	中部堵塞-10	3.903	0.875	279.51	35.51	6.27	0.79	6.27	0.88	CO	换气	127.00	10.98
	出口堵塞-10	3.903	0.875	188.57	94.49	4.23	2.09	5.25	2.09	CO	CO	130.32	10.70
	火灾	3.000	3.000	76.06	76.06	1.71	1.68	3.00	3.00	换气	换气	未计	未计
	双向行驶	3.903	0.875	96.69	21.67	2.17	0.48	3.90	0.88	换气	换气	75.55	7.05
右线	正常工况-50	4.458	0.319	231.65	4.75	5.19	0.11	6.25	0.32	CO	换气	75.51	7.66
	慢速-30	4.458	0.319	277.99	5.70	6.23	0.13	6.23	0.32	CO	换气	113.60	7.64
	全段堵塞-20	4.458	0.319	347.48	7.15	7.79	0.16	7.79	0.32	CO	换气	138.60	9.43
	中部堵塞-10	4.458	0.319	298.78	4.75	6.70	0.11	6.70	0.32	CO	换气	132.50	8.18
	出口堵塞-10	4.458	0.319	265.55	12.57	5.95	0.28	6.75	0.32	CO	换气	131.54	8.24
	火灾	3.000	3.000	76.06	76.07	1.71	1.68	3.00	3.00	换气	换气	未计	未计
	双向行驶	4.458	0.319	110.43	5.70	2.48	0.13	4.46	0.32	换气	换气	73.71	5.62

7.4.2.5　通风系统设计

（1）通风系统平面布置

行车道通风系统包括左线和右线两套分系统，通风系统平面布置见图 7-15。

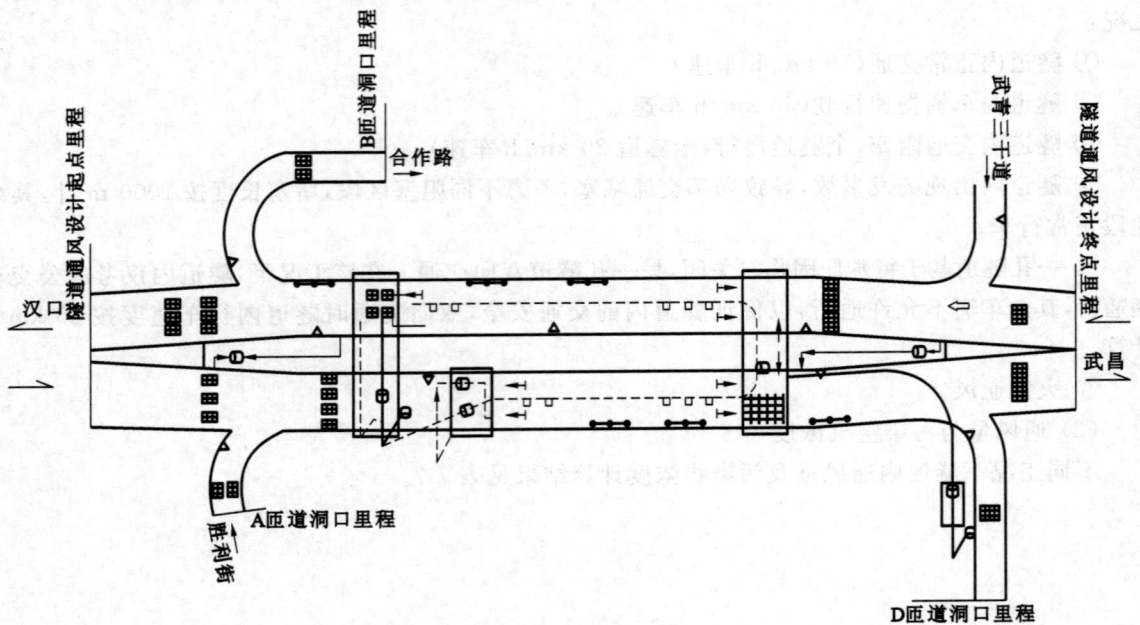

图 7-15　通风系统平面布置图

　　左线排风机房包括工作井内排风机房和工作井外排风机房,工作井内排风机房布置 3 台排风机(2 台兼排烟),工作井外排风机房布置 1 台排烟风机。排风机进气通过行车道上部排风格栅,排气通过排风井。右线通风采用单竖井合流排出式通风方式,设置排风机 3 台(2 台兼排烟)和排风井 1 个。右线排风系统进气通过行车道上部排风格栅,排气通过排风井。

　　盾构段隧道顶部空间设置了排烟道,盾构段已无法布置射流风机,因此射流风机均相对集中布置于明挖暗埋段行车道上部。由于 A、B、D 匝道暗埋段较长,为控制其通风效果并为防灾需要,于 A、B、D 该匝道内各设置 2 台射流风机。风机布置处结构需进行加高,根据结构断面宽度不同,每个断面布置 25 台。

　　(2) 风机数量及性能

　　风机数量及性能见表 7-8。

表 7-8　　　　　　　　　　　　　　　　　风机数量及性能

风机类型	数量/台	型号
轴流风机 (静态可调叶角)	耐高温 2 常温 4	DTF-24
轴流风机	耐高温 1	DTF-24
射流风机 (耐高温,两端带消声器,单向)	12	SDS-12.5
射流风机 (耐高温,带两端消声器,可逆)	18	SDS(R)-12.5

　　(3) 气流组织

　　非火灾情况下通风气流组织见图 7-16。

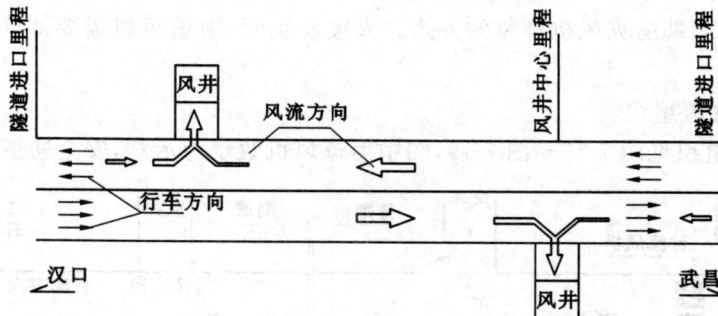

图 7-16　非火灾情况下通风气流组织图

7.4.2.6　防灾通风设计

　　(1) 隧道防灾通风的目的

　　隧道防灾通风的目的是保证隧道内人员的疏散并为灭火提供通风方面的安全保证,主要表现在以下两点:

　　① 提供逃生人员需要的新鲜空气。火灾发生时会消耗大量的氧气,导致隧道内滞留人员缺氧,威胁其生命安全。

　　② 阻止火灾产生的烟雾四处蔓延。在外界风力较弱的情况下,火灾产生的有毒烟雾四处蔓

延,影响隧道内滞留人员的判断能力和行动能力,导致判断能力差、行动迟缓,严重影响人员逃生,威胁其生命安全。

（2）隧道防灾通风范围

隧道防灾通风包括行车道排烟、行车道气流控制、疏散人员供氧。

（3）防灾通风设计

① 火灾通风设计原则。

a.火灾工况按一次火警考虑进行设计。

b.火灾规模根据预测交通量、交通方式和车种比例等选择 20MW 作为设计标准,相当于一辆大型客车着火。

c.隧道发生火灾时,按纵向通风系统提供阻止烟雾逆向流动的临界风速所需的推力来配置射流风机,按顶部排烟道进行排烟所需的排烟风量选择轴流风机,两者均需耐高温。

② 火灾通风设计。

火灾情况下通风的重点是排烟。烟道设置在盾构段行车道顶部,截面面积为 6.88 m²,在行车道顶部隔板中央每隔 30 m 设置 2.0 m×1.5 m 电动可调风门一个,每 3 个为一组,发生火灾时,火灾发生点和火灾发生点前方两组风门同时打开排烟。由于隧道内行车将相当拥挤,而且隧道内风速较大,改变风向将不利于火灾发生点后方人员的疏散。

考虑这些情况,在火灾发生后隧道的通风首先应降低隧道内风速,防止火源迅速扩大和烟雾的蔓延;然后启动排烟程序,顺行车方向提供足够的气流,保证疏散人员安全以及防止烟雾反向蔓延。疏散人员供氧除行车道内人员通风供氧外,还包括安全通道内人员的供氧,在工作井地下三层设置风机房,安装送风机,采取正压送风方式。在安全通道内形成足够的风量、风速和风压,保证行车道内疏散人员的安全。安全通道送风口设置在盾构段端部距工作井 2 m 处疏散通道顶端。防灾风机包括排烟风机、维持行车道气流的射流风机和安全通道风机。排烟风机除右线汉口侧需要单独设置一台防灾风机外,其余均可利用正常运营风机,风机单机保证 120 m³/s 的排烟量,采用射流风机行车道增压送风、两端防灾风机排风的方式。火灾发生时,射流风机需要 6～10 台,以维持行车道内 3 m/s 的风速。

（4）防灾通风气流组织

防灾通风气流组织见图 7-17～图 7-19,图中射流风机数量为示意,安全通道正压送风。

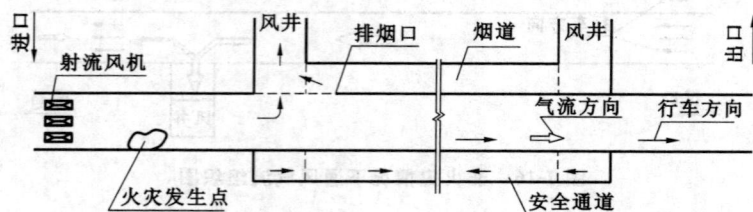

图 7-17 进口段火灾

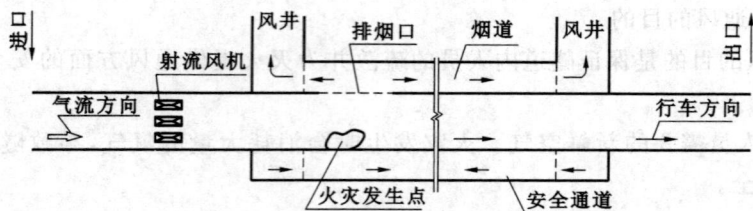

图 7-18 中部火灾

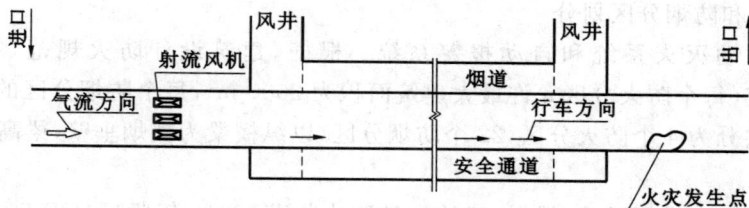

图 7-19 出口段火灾

7.4.2.7 风机运行

隧道运营时根据隧道内交通情况对风机的运行进行控制。中央控制室根据监测的 CO、VI 浓度和车流密度以及其他感应装置判断隧道内的行车状况，以控制风机的起闭。

7.4.3 某地下商场空调与通风设计

7.4.3.1 工程概况

贵阳某地下建筑由地下停车库和地下商场两部分组成，总面积为 14000 m²，其中地下商场有 9100 m²（包括辅助用房 1200 m²）。商场建筑柱网为 7200 mm×200 mm 和 7200 mm×600 mm，层高为 4.8 m，采用不燃材料吊顶，吊顶后净高 3 m，设有 6 个直接对外的出口，在商场的两端是对称布置的设备间、卫生间等辅助用房。

7.4.3.2 适用规范

此地下商场，不是平战结合的人防工程，不适用《人民防空地下室设计规范（2023 年版）》（GB 50038—2005），其地面建筑也不是高层建筑，适用于《建筑设计防火规范（2018 年版）》（GB 50016—2014）。在《建筑设计防火规范（2018 年版）》（GB 50016—2014）中，没有对地下室应设置排烟设备的规定条文。但是，当地下室发生火灾时，高温烟气会很快充满整个地下室，扑救人员在浓烟、高温的情况下很难接近火源进行扑救，疏散扑救都比地上建筑困难得多。因此，对该地下商场，应按照《建筑设计防火规范（2018 年版）》（GB 50016—2014）中对地下室的有关规定，设置排烟设施。

7.4.3.3 系统设置

（1）空调系统

贵阳属北亚热带，春夏为半湿润型气候，最热月平均干球温度 25.3 ℃，平均相对湿度 77%；最冷月平均干球温度 4.2 ℃，平均相对湿度 82%；年平均干球温度 15.2 ℃；冬无严寒，夏无酷暑，自然条件较好。据此，建议该商场不设空调系统。

（2）排烟系统

根据《建筑设计防火规范（2018 年版）》（GB 50016—2014）对面积超过 200 m² 且经常有人停留或可燃物较多的地下室应设置机械排烟设施的规定，在该地下商场设置排烟系统。

（3）通风系统

该商场建筑面积较大，为在商场内营造舒适的空气环境，保证商场内的空气卫生品质，满足《民用建筑设计统一标准》（GB 50352—2019）和《建筑设计防火规范（2018 年版）》（GB 50016—2014）的要求，同时设置送风系统和排风兼排烟系统。

（4）防火分区和防烟分区划分

该商场设有自动灭火系统和自动报警系统。根据《建筑设计防火规范（2018年版）》（GB 50016—2014）规定（每个防火分区允许最大建筑面积为 2000 m²，每个防烟分区的建筑面积不超过 500 m²），该商场共分为 4 个防火分区，22 个防烟分区，以纵横梁为挡烟垂壁，梁高均大于 500 mm。

（5）排烟量

地下商场设置集中排烟风机，根据《建筑设计防火规范（2018年版）》（GB 50016—2014）规定，排烟风机风量按最大防烟分区面积不小于 120 m³/(m²·h)计算。计算结果为 44323 m³/h。

（6）送排风量

① 排风量。

按换气次数法确定地下商场的排风量，参照《民用建筑供暖通风与空气调节设计规范》（GB 50736—2012），确定换气次数为 6 h⁻¹，由此计算所得的排风量为 142819 m³/h。

② 送风量。

地下商场人均占用面积为 1.35 m²/人，按每人最小新风量 8 m³/(人·h)，计算得送风量为 47018 m³/h。考虑商场面积较大，为保证商场内空气卫生品质，送风量按排风量的 80% 计算，结果为 114255 m³/h[满足《建筑设计防火规范（2018年版）》（GB 50016—2014）规定的设置机械排烟的地下室对送风量的要求]。此时，新风量为 19 m³/(人·h)。

（7）管道布置

地下建筑通风设计中，多采用排风系统与排烟系统共用的方式，共用系统又分为完全共用和局部共用两种。完全共用系统中，排风、排烟共用支、干管，共用干管上不设排风或排烟口，只在每个排烟分区设一支管，支管上设置可自动复位的防烟防火阀，排风、排烟口设在支管上，如图 7-20 所示。

图 7-20 所示系统只用一套风管系统，造价较低。但用在商场时，排风口布置间距偏大，不易形成均匀的气流场。因此，本工程采用了局部共用系统：排烟、排风主管共用，风管截面面积按排风量计算，排烟支管和排风支管分别设置，如图 7-21 所示。

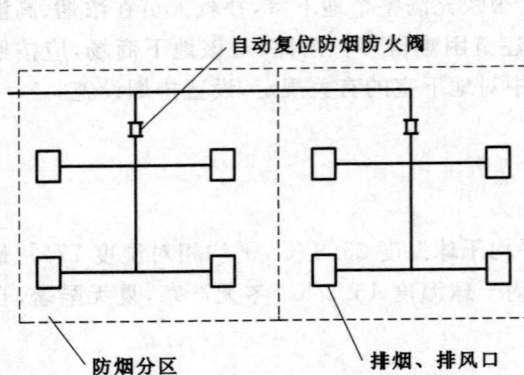

图 7-20 排风排烟完全共用系统

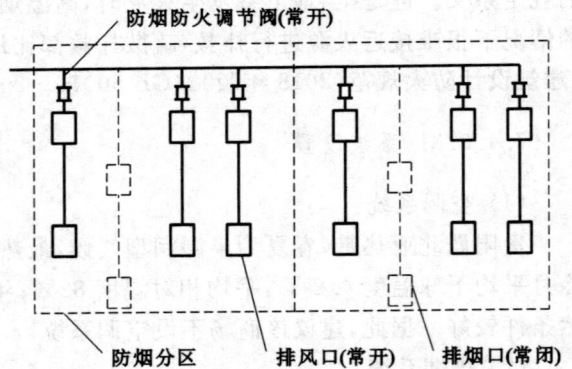

图 7-21 排风排烟局部共用系统

图 7-21 所示系统中的排风口和排风支管上的防烟防火调节阀常开，防烟防火调节阀可调节各支管风量，使各支管阻力平衡。发生火灾时，关闭排风支管上的防烟防火调节阀，使用排烟支管排烟，火灾发生区域的排烟风口相应动作。采用该系统，排风口布置间距小、均匀，从而避免了通风死角，有利于调节商场内空气品质；排烟、排风系统相互转换所需的自动控制阀门数量较少，系统可靠性高。其缺点是管道布置比较复杂，安装比较麻烦。

（8）风口及风阀选择

为确保启动可靠,风口不仅应能自动启动,还应能手动启动。

① 排烟口。

多叶排烟口,PYK03SKJ(N)型,常闭,DC24V 或手动开启,280 ℃感温驱动器动作时风口自动关闭,手动复位,输出动作信号。

② 排风口。

单层百叶风口,常开。

③ 送风口。

双层百叶风口,常开。

④ 送、排风支管上的防烟防火调节阀。

FYH-02SFDJ 型,DC24V 关闭、70 ℃自动关闭、手动关闭,手动复位,可在 0～90 ℃开度范围内调节风量,输出关闭电信号。

⑤ 风机前防火调节阀、风机房前风管上防火阀。

商场通风系统控制程序是发生火灾时排烟系统能正常运转的重要保证。系统控制程序设计应简单、可靠。本工程设计中,采用控制送、排风支管上的防烟防火调节阀来进行排风、排烟运行状况的转换,减少了控制对象。防烟防火调节阀的启闭方式为电信号关闭、70 ℃自动关闭、手动关闭,手动复位。控制程序见图 7-22。

（9）风机噪声控制

```
┌──────────────┐   ┌──────────────┐
│  人发现火灾  │   │烟感器测出火灾│
└──────┬───────┘   └──────┬───────┘
       └─────────┬────────┘
                 ▼
┌──────────────────────────────────┐
│        开启着火区排烟口          │
│ 关闭排风支管上的防烟防火调节阀   │
│ 关闭着火区送风支管上的防烟防火调节阀 │
│      开启排风机、送风机          │
└────────────────┬─────────────────┘
              280℃│
                 ▼
┌──────────────────────────────────┐
│          关闭排烟口              │
│   关闭风机前防烟防火调节阀       │
│     关闭风机房前防火阀           │
└────────────────┬─────────────────┘
              联锁│
                 ▼
┌──────────────────────────────────┐
│         关闭送、排风机           │
└──────────────────────────────────┘
```

图 7-22　控制程序图

本工程的送、排风机房与商场位于同一平面,风机噪声若控制不当会给商场顾客造成较大影响,甚至会造成商场客流量的减少。设计时采取了以下噪声控制措施。

① 机房不设窗户,门采用防火隔声门,门洞尺寸在满足使用要求的前提下应尽量小。

② 合理确定风道风速。风道内风速大,虽然可以减小风道断面,节省风道材料和安装空间,但会增大系统阻力,系统所需风机压头增大,消耗的功率增加,从而导致风机噪声增大。相关文献推荐有消声要求的主风管风速为 6～9 m/s,支风管中风速为 3～5 m/s(室内允许 A 声级噪声为 50～65 dB)。本工程中主风管风速不大于 8 m/s,支风管风速不大于 4 m/s。

③ 在送风机出口后和排风机进口前设置消声静压箱,消声静压箱尺寸为 513 m×310 m×216 m,消声静压箱内风速小于 5 m/s;风机进出口处均设置柔性接头;风机采用 TJ 型金属弹簧减震钢架隔振台隔振。

（10）附属用房排风系统

附属用房如卫生间、配电房等,由于系统小、排风量小,且存在工作时间与商场送排风系统不完全同步的情况,故分别单独设置排风机,独立控制,有利于节能。

7.4.4　某人防工程通风设计

7.4.4.1　工程概况

有一防空地下室,平时为库房,平时进风量为 6500 m³/h,平时排烟量为 13000 m³/h。战时为5 级一等人员掩蔽所。建筑面积为 1050 m²,室内净高为 3.0 m,使用面积为 850 m²,战时清洁密闭

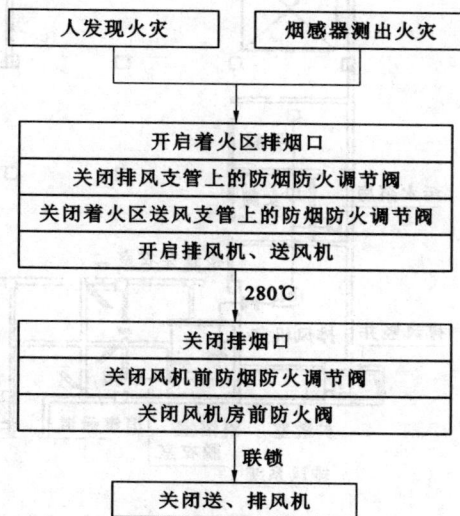

区的面积为 740 m²,掩蔽人员的数量为 300 人。设有两个出入口,其中二号口为进风口,设有进风机房、滤毒室、进风扩散室和进风竖井;一号口为战时主要出入口,设有战时用男女冲水厕、两个防毒通道、洗消间、排风机室、排风扩散室和排风竖井。防护通风系统平面见图 7-23(平时、战时共用通风竖井)。

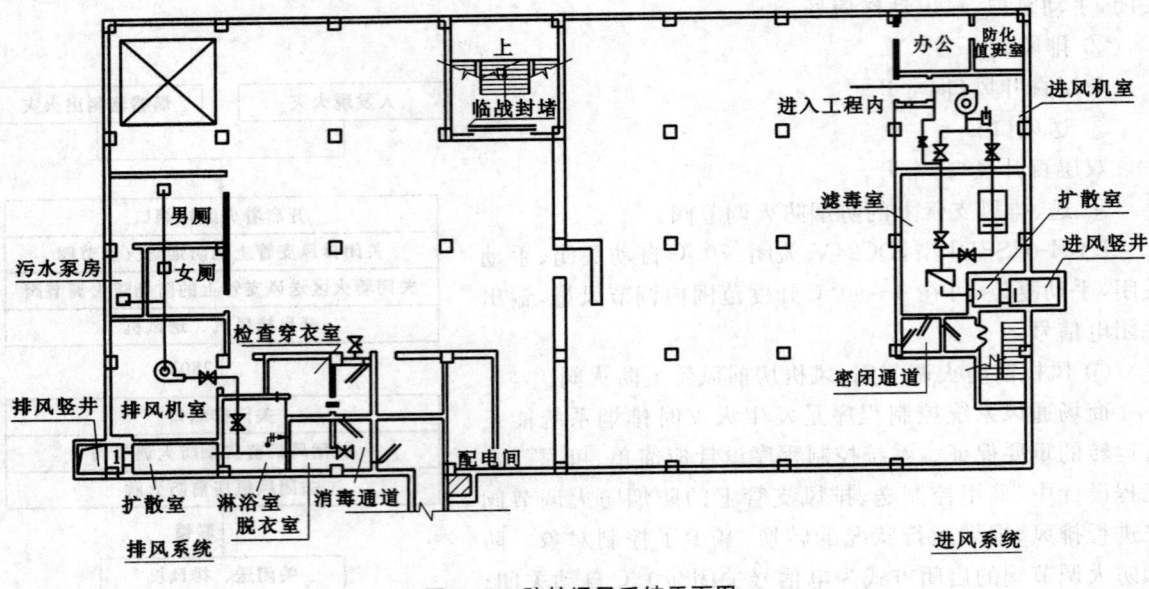

图 7-23　防护通风系统平面图

7.4.4.2　人员掩体工程的防护通风要求

根据《人民防空地下室设计规范》(GB 50038—2005),人员掩蔽工程的防护通风要求见表 7-9。

表 7-9　　　　　　　　　　　　　　**人员掩蔽工程战时通风标准**

等级	隔绝防护时间/h	CO_2 体积浓度/%	O_2 体积浓度/%	清洁通风量/[m³/(人·h)]	滤毒通风量/[m³/(人·h)]	最小防毒通道换气次数/h⁻¹	清洁区超压/Pa
一等	≥6	≤2.0	≥18.5	≥10	≥3	≥50	≥50
二等	≥3	≤2.5	≥18.0	≥5	≥2	≥40	≥30

7.4.4.3　战时通风量计算

(1) 清洁通风量

查表 7-9 取清洁通风量标准为 10 m³/(人·h),则

清洁进风量:$L_{qj} = 300 \times 10 = 3000 (m³/h)$。

清洁排风量:$L_{qp} = L_{qj} \times 0.9 = 2700 (m³/h)$。

清洁式排风量一般取进风量的 80%~90%,使工程内保证微正压。

(2) 滤毒通风量

查表 7-9,取虑毒通风量标注为 $L_2 = 3$ m³/(人·h),最小防毒通道换气次数为 50 次/h。

按人员数量计算:

$$L_R = L_2 \cdot n = 3 \times 300 = 900 (m³/h)$$

第一防毒通道的有效容积:

$$V_{F1} = 5.0 \times 3 = 15(m^3)$$

第二防毒通道的有效容积：

$$V_{F2} = 5.75 \times 3 = 17.25(m^3)$$

主体清洁区的体积：

$$V_0 = 740 \times 3.0 = 2220(m^3)$$

主体超压时的漏风量：

$$L_f = V_0 \times 4\% = 2220 \times 4\% = 88.8(m^3/h)$$

保持超压及防毒通道换气所需的新风量：

$$L_H = V_{F1} \cdot K + L_f = 15 \times 50 + 88.8 = 838.8(m^3/h)$$

滤毒通风新风量 L_D 应取 L_R 和 L_H 两者中的大值，故 $L_D = 900\ m^3/h$。

超压排风量：

$$L_P = L_D - L_f = 900 - 88.8 = 811.2(m^3/h)$$

（3）校核防毒通道换气次数和隔绝防护时间

① 最小防毒通道的换气次数 K_f。

$$K_f = \frac{L_P}{V_{F1}} = \frac{811.2}{15} = 54(次/h) > 50(次/h)$$

满足相关规范要求。

② 隔绝防护时间。

$$\tau = \frac{1000 \cdot V_0(C - C_0)}{n \cdot C_1} = \frac{1000 \times 2220 \times (2.0\% - 0.25\%)}{300 \times 20} = 6.48(h) > 6(h)$$

满足相关规范要求。

（4）土建配合内容

① 防爆波活门。应按清洁通风进风量和排风量分别为 3000 m^3/h 和 2700 m^3/h 以及工程抗力（5级）由土建专业选择具体型号。本工程可选 HK400 型。平时打开门扇，门洞尺寸为 1400 mm × 620 mm，满足平时进排风要求。

② 通风竖井面积。通风竖井平时、战时合用，计算竖井面积时应按平时风量计算，风速宜取 4～6 m/s。

进风竖井面积：平时进风量为 6500 m^3/h，风速取 5 m/s，则其面积为 0.36 m^2。

排风竖井面积：平时排风量为 13000 m^3/h，风速取 5 m/s，则其面积为 0.72 m^2。

（5）战时进风系统设备选择

① 粗滤器。因粗滤器设在清洁、滤毒共用风管上，所以按清洁通风量选择。通过每个 LWP 过滤器的风量一般取 800～1600 m^3/h，此处为 900 m^3/h。因而应选 4 个 LWP-D 粗滤器，采用管式安装。

② 过滤吸收器。因滤毒式进风为 900 m^3/h，因而可选两台 SR-500 型过滤吸收器或一台 SR-1000 型过滤吸收器。

③ 清洁式进风管阻力。风速一般为 6～8 m/s，此处取 7 m/s，$D = 0.39$ m。根据 D940-0.5 密闭阀门的内径，选 DN400 的密闭阀门。其内径为 441 mm，因而取清洁式进风管的内径为 441 mm。

查 HK400 风量-阻力曲线图，当风量为 3000 m^3/h 时，其阻力为 140 Pa，粗滤器阻力为 30 Pa，其他阻力包括进风竖井、扩散室、清洁式风管、送风管、阀门等的阻力为 115 Pa，计算过程略。

$$总阻力 = 140 + 30 + 115 = 285(Pa)$$

④ 滤毒进风管及阻力。风速取 6 m/s，$D = 0.23$ m。根据 D940X-0.5 密闭阀门的内径，选

DN300 的密闭阀门,其内径为 315 mm,因而取滤毒式进风管的内径为 315 mm。

查 HK400 风量-阻力曲线图,当风量为 900 m³/h 时,其阻力为 12.6 Pa,粗滤器阻力为 10 Pa,SR-1000 型过滤吸收器阻力为 700 Pa,其他阻力包括进风竖井、扩散室、滤毒室、滤毒进风管、送风管、阀门等的阻力为 48 Pa,主体超压值为 62.5 Pa。

$$总阻力 = 12.6 + 10 + 700 + 48 + 62.5 = 833.1(Pa)$$

⑤ 进风机选择。因工程内无备用电源,因而选 DJF-1 型电动脚踏两用风机一台,其主要参数为:风量 1278~3273 m³/h,风压 410~1430 Pa,功率 1.1 kW。

(6)战时排风系统设备选择

① 清洁式排风管及阻力。排风量为 2700 m³/h,风速为 6 m/s,$D = 0.40$ m,根据 D940X-0.5 密闭阀门的内径,选 DN400 的密闭阀门,其内径为 441 mm,因而取清洁式进风管的内径为 441 mm。

查 HK400 风量-阻力曲线图,当风量为 2700 m³/h 时,其阻力为 121 Pa,其他阻力包括排风竖井、扩散室、清洁式风管、排风管、阀门等的阻力为 91 Pa。

$$总阻力 = 121 + 91 = 212(Pa)$$

② 超压排风系统及阻力。超压排风量为 811 m³/h。通风短管,风速取 2.5 m/s,$D = 338$ mm,取通风短管直径为 400 mm,$v = 1.79$ m/s。查 HK400 风量-阻力曲线图,当风量为 811 m³/h 时,其阻力为 10 Pa,其他阻力包括排风竖井、扩散室、排风管、排风短管、阀门等的阻力为 23.5 Pa。

选一个 PS-D250 超压排气活门,查其气体动力性能曲线,排风量为 811 m³/h 时,其阻力为 49 Pa。

工程超压值:$10 + 23.5 + 49 = 82.5(Pa) > 50(Pa)$,满足要求。

选 2 个 PS-250 超压排气活门,每个排风量为 406 m³/h,其阻力为 29 Pa。

工程超压值:$10 + 23.5 + 29 = 62.5(Pa) > 50(Pa)$,满足要求。

因此工程超压值是由超压排风系统的阻力决定的。

此处取 1 个 PS-D520 型自动超压排气活门。

③ 排风机选择。根据风量 2700 m³/h,风压 212 Pa,考虑一定的安全系数,选 GXFNo.4.5A 低噪声斜流风机一台,其参数为:风量 3514 m³/h,风压 278 Pa,功率 0.55 kW。

(7)战时进风系统布置

战时进风系统布置见图 7-24。

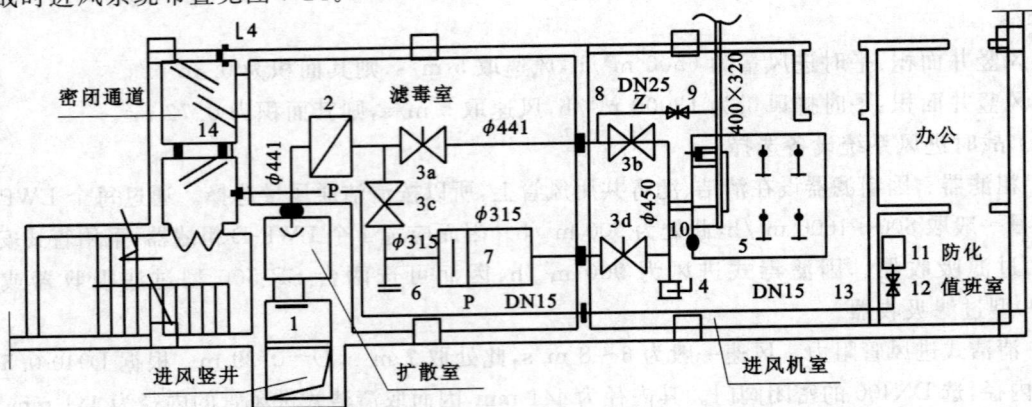

1—消防设施;2—油网过滤器;3—密闭阀门;4—风管插板阀;5—进风机;
6—换气堵头;7—过滤吸收器;8—增压管(DN25 镀锌钢管);9—铜球阀;10—风量调节阀;
11—测压计;12—旋塞阀;13—测压管(DN15 镀锌钢管);14—密闭测量管(DN50 镀锌钢管)。

图 7-24 战时进风系统布置图

（8）战时排风系统布置

战时排风系统布置见图7-25。

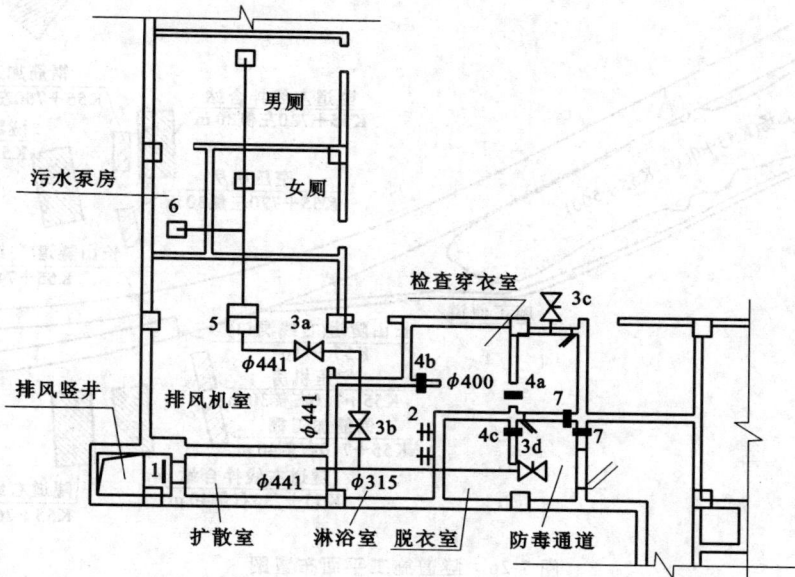

1—消波设施；2—超压排气活门；3—密闭阀门；4—通风短管（$\phi400$）；5—排风机；6—排风门；7—密闭测量管（DN50镀锌钢管）。

图 7-25　战时排风系统布置图

7.4.5　某高瓦斯隧道施工过程中的通风设计

7.4.5.1　工程概况

长山隧道位于四川省东南部，地形由丘陵、低山、平坝及沟谷组成，地势西北高，东南低，海拔多介于350～450 m。最低288 m，最高901 m。地势分区特征较明显，由北向南波状起伏，北部多为低山高丘地形，中部多为低丘、中丘、缓丘地形；南部多为中丘、高丘地形，平坝主要分布在沿河两岸。隧道主要不良地质现象为煤矿瓦斯、采空区、洞口浅埋偏压。该隧道设计为双向四车道上下行分离式隧道，隧道左线起讫桩号为ZK55＋742～ZK60＋810，全长5068 m，隧道右线起讫桩号为K55＋716～K60＋822，全长5106 m，为特长高瓦斯隧道。其中标段内隧道左线起讫桩号为ZK55＋742～ZK58＋300，全长2558 m，隧道右线起讫桩号为K55＋716～K58＋300，全长2584 m。

7.4.5.2　隧道的技术标准施工平面布置图

公路等级：双向四车道高速公路。

设计速度：80 km/h。

荷载等级：公路Ⅰ级。

安全设施：A级。

隧道建筑限界：净宽为10.25 m＝0.75 m（左侧检修道）＋0.5 m（左侧侧向宽度）＋3.75 m×2（行车道）＋0.75 m（右侧侧向宽度）＋0.75 m（右侧检修道）；净高为5.0 m。

隧道施工的平面布置图见图7-26。

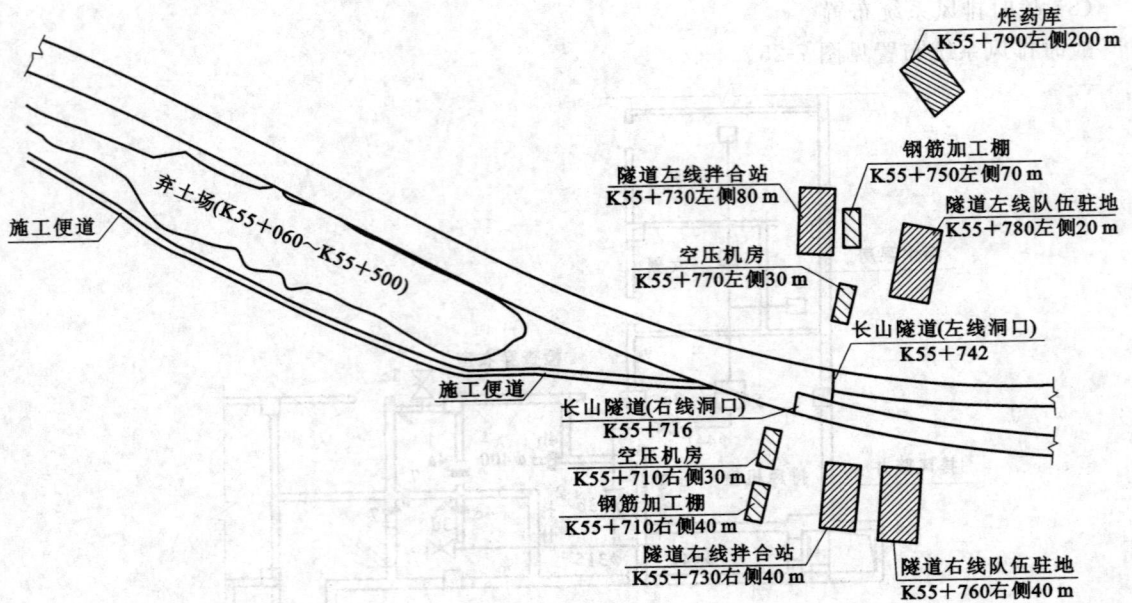

图 7-26 隧道施工平面布置图

7.4.5.3 隧道工程地质条件

（1）地形地貌

隧址区属于侵蚀构造低山地貌，地貌基本形态主要受地质构造控制并与地层岩性密切相关，隧址区山岭逶迤，位于威远背斜核部西南端，"V"字形横向谷比较发育，植被发育，主要由三叠系须家河组砂岩、泥岩夹煤层、煤线和侏罗系珍珠冲组、自流井组，沙溪庙组砂岩、泥岩、灰岩、泥灰岩等组成，地层倾角较平缓，受断层影响，局部多波状起伏，褶曲发育，砂岩出露地段多形成陡壁，泥岩出露地段多形成缓坡。一般海拔标高 450～740 m，隧道所穿越山体最高点海拔标高约 734.4 m，相对低点标高约 400 m，相对高差约 334.4 m。

（2）水文

场地属沱江水系，场地无大江大河，主要地表水为溪沟水及处于隧道洞身段的水塘水，场地沟谷纵横交错，沟内大多无长年地表明流，调查时局部溪沟有少量水流，但流量均小。调查时主要沟谷地表水流量：隧道进口老鸹沟流量约 4 L/s，洪水时可增大数十倍，洞身桩号 K57+500 石梯沟流量为 1～3 L/s，溪沟地表水易沿裂隙下渗，可能对施工造成较大影响。

洞身段大小水塘众多，主要水塘有 3 个，见表 7-10。

表 7-10   **洞身水塘分布情况表**

编号	位置	面积/m²	调查时蓄水量/m³	主要用途	目前渗漏情况	对隧道影响
1#	位于 K56+685	4200	8000～10000	农田灌溉、养鱼	局部少量渗漏	距洞轴线近，并且隧道埋浅，下伏徐家山第四段透水性较强，地表水易沿裂隙下渗，隧道开挖时水塘被疏干的可能性较大，对隧道有很大影响

编号	位置	面积/m²	调查时蓄水量/m³	主要用途	目前渗漏情况	对隧道影响
2#	位于ZK57+800	1450	约2000	农田灌溉	未见渗漏	下伏泥岩、砂岩。隧道埋深较大，影响较小
3#	位于ZK58+000左60~100 m	8200	25000~30000	农田灌溉	少量渗漏	下伏珍珠冲组砂岩、泥岩，距隧道较近，有影响

（3）煤层瓦斯

隧址区内三叠系须家河组所含煤层为烟煤，变质阶段属于中等变质阶段的气煤，具有生成煤层瓦斯的能力；煤系地层中各含煤段还夹有炭质泥岩（高碳泥岩）和富含有机质的深色泥质岩，也具有生成瓦斯的能力。由于区内各含煤地层总厚度不大，一般为30~40 m，含煤层数少，为1~3层，煤层单层厚度很小，一般仅0.10~0.55 m，因此煤层及其他泾源岩所形成的瓦斯总量有限。煤系地层含煤段以泥质岩为主，透气性较差，煤层中内生裂隙及外生裂隙较发育，孔隙率约5%，储集瓦斯量很小，瓦斯一般以吸附方式赋存于煤层中，少量瓦斯以游离状态赋存于煤层节理及其顶底板裂隙中，当掘进到该层位时，瓦斯将逐渐被释放出来。煤层倾角较缓，加之区内岩层中节理较发育，且两组节理连通性较好。隧道穿越煤层位置距地表一般为64~88 m，隧道最大埋深为191~200 m，因此，瓦斯封闭条件一般，煤层瓦斯有聚集。

① 煤层瓦斯压力。

在由公路院施工的SZK2钻孔、SZK3钻孔、SZK3-1钻孔和SZK4钻孔揭露的独层子和三二炭煤层分别进行了瓦斯压力测试，测试结果见表7-11。

表7-11　　　　　　　　钻孔瓦斯压力测试表

序号	工点位置	钻孔编号	测试煤层孔深/m	煤层编号	煤厚/m	测试值/MPa	备注
1	长山隧道	SZK3	74.90~75.20	三二炭	0.3	0.77	K58+981左15 m
2		SZK3-1	86.10~86.30	独层子	0.2	0.55	K59+202右30 m
3		SZK2	112.75~113.00	三二炭	0.25	0.48	K57+50左15 m
4		SZK4	260.85~261.20	独层子	0.35	1.12	K60+16左15 m
5			283.10~283.24	三二炭	0.14	0.72	

② 瓦斯含量。

通过测试隧址区瓦斯含量，发现瓦斯压力值偏高，独层子煤层为0.55~1.12 MPa，三二炭煤层为0.48~0.77 MPa。另据自贡市经济委员会2005年度对荣县煤矿瓦斯等级的鉴定结果，隧址区大部分煤矿为瓦斯矿井，相对瓦斯涌出量为2~8 m³/t，度新煤矿及附近大林坝煤层为高瓦斯矿井，相对瓦斯涌出23.04~29.16 m³/t。参照《铁路瓦斯隧道技术规范》（TB 10120—2019），隧道均按高瓦斯隧道进行设防。

③ 影响瓦斯突出、涌出的地质因素及对隧道的影响评价。

隧道穿煤区位于资威穹隆延至威远背斜西南端，瓜瓢洞断层下盘地层，呈缓倾的单斜构造，地层走向N40°~60°W，倾向SE，倾角8°~20°。压扭性的瓜瓢洞逆断层对煤层影响较大，该断层上盘须家河组（T3xj）覆盖于珍珠冲组（J1zh）之上，在断层带之下形成挤压煤包体，封闭瓦斯释放通道。

煤层顶、底板及整个煤系围岩均为低空隙性、低渗透性的泥岩、砂质泥岩及粉(细)砂岩,围岩封闭性较好。

本区煤层的煤质较好,煤岩类型以半暗-半亮型煤为主,其次为半亮-半暗型煤,属于低-中灰分、低-中硫、中-高热值气煤。煤层变质阶段为烟煤阶段中的气煤,为瓦斯气体主要生气阶段。区内含煤层数少,含煤性差,煤层厚度小,一般为 0.30～0.50 m,最厚达 0.70 m,煤层厚度变化大,煤层结构破坏较小且多呈块状,在煤层突然增厚或减薄的变化地带,在构造推扭挤压应力条件下易形成高瓦斯的"煤包",导致煤层瓦斯突出。

④ 煤层瓦斯对隧道的影响评价。

根据实测瓦斯情况,以及对隧址区所处各煤矿的调查,隧址区大部分煤矿的煤层瓦斯压力、瓦斯含量、瓦斯涌出量属于低瓦斯工区,煤层具有煤尘爆炸危险性,独层子煤层具有自燃倾向性。煤层瓦斯对隧道的危害主要为瓦斯涌出,施工中加强通风和瓦斯监测预报工作,及时处理工作面上隅角等的局部瓦斯积聚,注意隧道施工工艺,加大瓦斯积聚地点的风速与风量,强制冲淡瓦斯到允许浓度后方可施工。

隧道各段瓦斯设防等级及工程评价见表7-12。

综上所述,依据《铁路瓦斯隧道技术规范》(TB 10120—2019),瓦斯隧道的类型按隧道内瓦斯工区的最高级确定,因此定义长山隧道为高瓦斯隧道,隧道施工时要全隧道按高瓦斯工区设防并按高瓦斯隧道进行管理。

⑤ 煤矿采空区、压矿。

隧址区小煤窑很多,多为无序开采,隧址区内须家河组第5段是区域上的主要含煤段之一,三二炭与独层子为区域采层,也是隧址区主要采煤层,采空区主要为开采该两层煤后形成的。

隧道各段煤层分布及采空区工程评价见表7-13。

表 7-12 **隧道各段瓦斯设防等级及工程评价表**

	桩号段落	隧道所穿越的主要地层	隧道所处瓦斯等级工区	工程评价
左线	ZK55+735～ZK57+640	T3xj4	低瓦斯工区	须家河组第四段厚层砂岩可能存在游离状赋存的瓦斯气体
	ZK57+640～ZK57+780	T3xj3～4	低瓦斯工区	断层破碎带及影响带
	ZK57+780～ZK58+080	T3xj3	低瓦斯工区	因三二炭煤层未开采,瓦斯聚集的可能性较大,因而建议按高瓦斯设防
	ZK58+080～ZK58+300	T3xj3～4	低瓦斯工区	须家河组第四段厚层砂岩可能存在游离状赋存的瓦斯气体,第三段煤层存在瓦斯,因未揭露瓦斯情况不详,要注意
右线	K55+710～K57+640	T3xj4	低瓦斯工区	须家河组第四段厚层砂岩可能存在游离状赋存的瓦斯气体
	K57+640～K57+760	T3xj3～4	低瓦斯工区	断层破碎带及影响带
	K57+760～K58+080	T3xj3	低瓦斯工区	因三二炭煤层未开采,瓦斯聚集的可能性较大,因而建议按高瓦斯设防
	K58+080～K58+300	T3xj3～4	低瓦斯工区	须家河组第四段厚层砂岩可能存在游离状赋存的瓦斯气体,第3段煤层存在瓦斯,因未揭露瓦斯情况不详,要注意

表 7-13   **隧道各段煤层分布及采空区工程评价表**

里程桩号	段长/m	开采煤层层位	煤层采空情况	工程评价
K55+710～ K56+950、 ZK55+735～ ZK56+965	1250、 1230	独层子、三二炭	属五通煤矿矿权范围,目前五通煤矿大面积采空区位于隧道南侧700～1000 m,距拟建隧道较远,五通煤矿在隧道范围内尚未开采,未形成采空,属于压矿范围,该段主要为民用私采老煤窑形成的小范围采空,采高约 0.5 m,无回填	该段老煤窑小范围采空标高(540～560 m)位于隧道设计标高之上。隧道围岩主要为须家河组第四段砂岩,采空对隧道稳定性基本无影响,但局部存在老窑积水,施工时要注意
K56+950～ K57+320、 ZK55+965～ ZK57+540	370、 575	独层子、三二炭	金竹林煤矿采空区由度新公社 20 世纪 60—70 年代开采,于 80 年代停采,属老窑采空区,开采独层子,采空巷道高约 2 m,煤层采高 0.5～0.7 m,回填矿渣	该段老煤窑采空标高(535～560 m)位于隧道设计标高之上。隧道围岩主要为须家河组第四段砂岩,采空对隧道稳定性基本无影响,但洞口已垮塌被水淹没,采空区处于饱水带,存在老窑积水,隧道开挖局部可能造成集中涌水或突水
K57+320～ K58+300、 ZK57+540～ ZK58+300	980、 760	主采夹壳炭 (相当于独层子)、 三二炭	民用私采老煤窑形成的采空,采空依据是 135 煤田地质队 1881 年第 364 号文提供的煤田地质图和度新矿井勘探线地质剖面图,该段开采历史悠久,上可追溯到清朝及 20 世纪 20 年代,有上百年的开采历史,由于开采历史久远,大部分老窑已垮塌,采空范围只能是推测	推测该段老煤窑采空标高(518～675 m)位于隧道设计标高之上。采空对隧道稳定性基本无影响,但采空区可能存在老窑积水,隧道开挖可能造成局部集中涌水或突水

⑥ 可能出现的集中涌水段(突涌水)。

隧址区煤矿采掘历史悠久,采掘情况极为复杂,隧道顶局部存在老窑采空区且部分可能存在老窑积水,由于这些老煤窑大部分处于冲沟内,大量沟水易沿矿坑涌入地下(特别是暴雨季节),补给地下水,且隧道轴线上方地表水塘及小型水库很多,部分存在渗漏问题,易沿沟谷渗入地下,当隧道开挖接近上述区域时,可能产生突涌水及透水。

a. 桩号 K56+400～K57+640(包括左线相对位置)段位于石梯沟(分布有水塘)和威远背斜轴部和区域瓜瓢洞断层部位,受地质构造作用强烈地带,褶皱断层发育,岩石在构造作用下裂隙也较发育,且以高角度裂隙为主,有利于地表水的渗入、补给,沿背斜轴部以纵向运移为主,兼有横向运动,补给径流条件较好,且 T3xj5 三二炭与独层子煤层开采,小(老)煤窑很多,老窑水也易沿裂隙下渗补给,加之 T3xj4 砂岩含水层厚度大,富水性、透水性较好,隧道开挖局部存在集中涌水可能性较大;特别是在 K56+800 石梯沟至 K57+640 段金竹林煤矿老窑采空区,开采面积较大,老窑采空充水的空间范围较大,据调查,煤矿洞口与通风洞口均被水淹没,隧道开挖受老窑地下水的影响可能性较大,因此隧道施工至该段时形成局部集中涌水可能性较大,同时该段受断层影响,岩层变化形成局部向斜储水构造,有汇水、蓄水作用。

b. 桩号 K57+640～K57+760(包括左线相对位置)将穿越区域性瓜瓢洞断层,是压性断层,断层本身可能富水性不强,局部还起阻水作用,但受断层影响,影响带岩体破碎,裂隙发育,断层上盘 T3xj4 厚层状砂岩赋存大量地下水的可能性大,隧道施工时可能会形成集中涌水和塌方,从而影响隧道施工(特别是暴雨季节),施工时要考虑该段有突泥、突水事故发生的可能性。

c.桩号 K58+140～K58+300(包括左线相对位置)处于上堰沟及水塘部位,T3xj6 砂岩裸露,透水性较好,轴向垂直的张裂隙发育及与断层走向北东与北西的扭裂隙发育,溪沟内有地表水分布,有利于地表水的渗入补给,地下水补给条件较好,处于背斜东南翼地下水径流区,径流条件优越,推测该段存在富水段的可能性较大。

7.4.5.4 长山隧道通风施工

(1) 风量计算

隧道采用机械通风,必须满足洞内各作业所需的最大风量、风压。风量按每人每分钟供应 4 m³ 的新鲜空气计算;采用内燃机械作业时,1 kW 供风量不小于 3 m³/min。风速在半断面开挖时不小于 0.5 m/s。

① 按最大班下井人数计算风量。

隧道作业人员用风量:

$$Q_人 = 4 \times N \times K$$

式中　4——每人需风量,m³/min;

　　　N——最大班下井人数,取 50 人;

　　　K——风量备用系数,取 1.45。

计算得:

$$Q_人 = 4 \times 50 \times 1.45 = 290(m³/min) = 4.83(m³/s)$$

② 按将瓦斯浓度稀释到 0.5% 以下计算风量。

隧道稀释瓦斯用风量:

$$Q_稀 = q(1/0.5\% - 1)$$

式中　q——隧道绝对瓦斯涌出量,m³/min,低瓦斯隧道取 q=2.5 m³/min。

计算得:

$$Q_稀 = 2.5 \times (1/0.5\% - 1) = 497.5(m³/min) = 8.29(m³/s)$$

③ 在装渣工序中,挖掘机、汽车燃油所消耗空气量根据挖掘机、汽车燃油的平均辛烷值和十六烷值进行测算,装渣时按 4 辆载重汽车、2 台挖掘机考虑,平均每分钟燃油所消耗空气量约为 40 m³。即隧道燃油用风量为:$Q_燃$=40 m³/min=0.66 m³/s。

④ 以隧道中最低风速计算风量。参照煤矿掘进煤巷、半煤岩巷道的最低允许风速为 0.5 m/s,隧道最低风速用风量:

$$Q_低 = 0.5 \times 63 = 31.5(m³/s)$$

式中　0.5——隧道中最低风速,m/s;

　　　63——隧道二衬后的最小断面面积,m²。

⑤ 满足安全生产用风量。

采用无轨运输方案的用风量为:隧道用风 $Q_{无轨总} = Q_人 + Q_稀 + Q_燃$。其中,$Q_人$ 为隧道中作业人员用风量,290 m³/min;$Q_稀$ 为隧道稀释瓦斯浓度用风量,497.8 m³/min;$Q_燃$ 为隧道燃油用风量,40 m³/min。

采用无轨运输总用风量为:$Q_{无轨总}$ = 1324.8 m³/min = 22.08 m³/s。满足隧道中最低风速 $Q_{无轨总}$ = 31.5 m³/s。

通风机的供风量计算:

$$Q_机 \geq Q_{无轨总} = 31.5 \text{ m³/s}$$

（2）施工通风要求

① 隧道施工期间，建立通风监控，检测的组织系统，测定气象参数、瓦斯浓度、风速、风量的参数。

② 隧道施工期间，保证连续通风。无特殊理由不得停风。在特殊情况（如检修、停电等）下停风时，必须同时停止工作，撤出人员进行处理。施工通风风速、风量保证隧道内任一处瓦斯浓度不大于 0.5%。瓦斯浓度超限，必须停止工作，撤出人员进行处理。

③ 隧道施工通风必须采用机械通风。通风装置有 2 套独立的通风机和各自独立的电动机，所有掘进工作面的通风机装设三专（专用变压器、专用开关、专用线路），一闭锁（风、电）设施，确保通风机可靠运转。两套通风设备由两路电源独立供电，当一路电源停止供电时，立即启用另一路电源供电，保证不间断通风。

④ 采用抗静电、阻燃的风管；风管口到开挖工作面的距离小于 5 m，风管百米漏风率不大于 1%。

⑤ 对于瓦斯易积聚的地方（如坍腔、防水板背后、模板台车处、断面变化处等），应及时消除瓦斯，采用提高风速法（防止瓦斯积聚的风速不小于 1 m/s）、斜挂风帐法、安装局扇增风法等措施进行消除。

⑥ 隧道施工期间连续通风，无论工作或交接班时，都不准停风。因检修、停电等停风时，必须撤出人员，切断电源。在恢复通风前，必须检查瓦斯浓度，当停风区中瓦斯浓度不超过 1%，并在压入式局部通风机及其开关地点附近 10 m 以内风流中瓦斯浓度均不超过 0.5% 时，方可人工开动局部通风机。当停风区中瓦斯浓度超过 1% 时，必须制订排除瓦斯的安全措施，回风系统内必须停电撤人。

（3）施工通风

根据勘察瓦斯涌出量计算得到，隧道需风量为 4800 m³/min，开挖面有效风量不小于 4800 m³/min，风流通畅，不断路，隧道内风速大于 0.5 m/s，且在洞内风流不畅易积聚瓦斯处（如大型固定设备下风侧），要布置小型吹风机，一旦瓦斯浓度超标立即启动，确保洞内无瓦斯聚集。为保证开挖掌子面有足够的需风量，要求风管的 100 m 漏风率小于 1%；如通风效果较好，两道通风管可交错布置，一道风管直接通风至掌子面，另一道风管通风至下台阶即可。

本隧道两个合同段施工通风分阶段进行布设，且大体分为两个阶段，第一阶段隧道施工长度为 0～700 m 段，第二阶段隧道施工长度为 700 m 至合同段结束。

① 第一阶段采用的通风方式为独头压入式通风方式，左右洞分别为独立的通风系统，采用射流通风技术，左右线掌子面的新鲜风流由洞口轴流风机供给，射流风机诱导风流从隧道中排出，横通道予以封闭，确保无漏电和循环风现象出现，风管轴流风机放在洞外 30 m 处，两管基本上在同一铅垂上，管子间相错 30 cm。具体风流组织见图 7-27。

② 第二阶段采用巷道式通风方式，通风采用射流通风技术，轴流式通风机进洞，距离掌子面 700 m 左右，射流风机诱导左洞为进风巷，右洞为回风巷，左右洞掌子面的新鲜风流由轴流式通风机供给，以靠近掌子面车行横通道为左右洞联通风道，以后横通道予以封闭，确保无漏风和循环风出现，两管基本在同一铅垂上管子间相错 30 cm。本阶段单洞要采用 4 台轴流风机才能满足施工要求。具体风流组织如图 7-28 所示。

由于隧道为高瓦斯隧道，要求进入隧道内的局扇、射流风机及轴流风机均采用防爆型风机。风机纵断面和横断面布置示意图如图 7-29、图 7-30 所示。

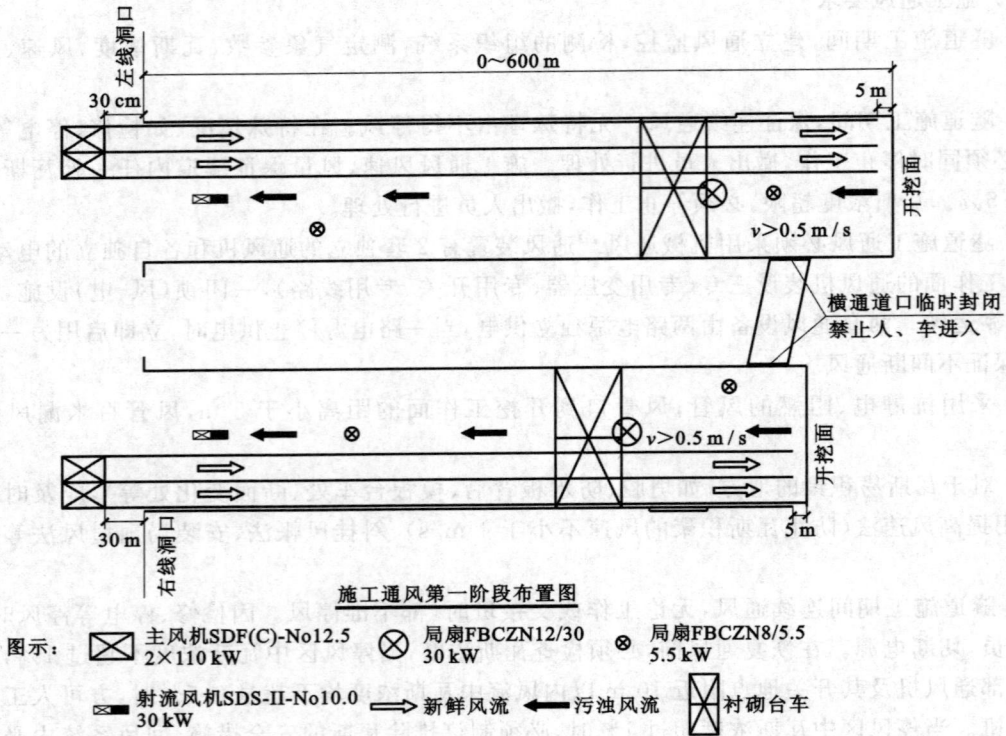

施工通风第一阶段布置图

图示：
⊠ 主风机SDF(C)-No12.5　2×110 kW
⊗ 局扇FBCZN12/30　30 kW
⊗ 局扇FBCZN8/5.5　5.5 kW
▰ 射流风机SDS-Ⅱ-No10.0　30 kW
⟹ 新鲜风流
← 污浊风流
⊠ 衬砌台车

图 7-27　第一阶段通风方案示意图

各阶段通风距离并非是一成不变的,在现场应根据回风巷风速,开挖面瓦斯涌出量,洞内作业机械情况及检测出的洞内瓦斯浓度情况作出相应的调整,一般调整范围为 $100\sim200$ m。

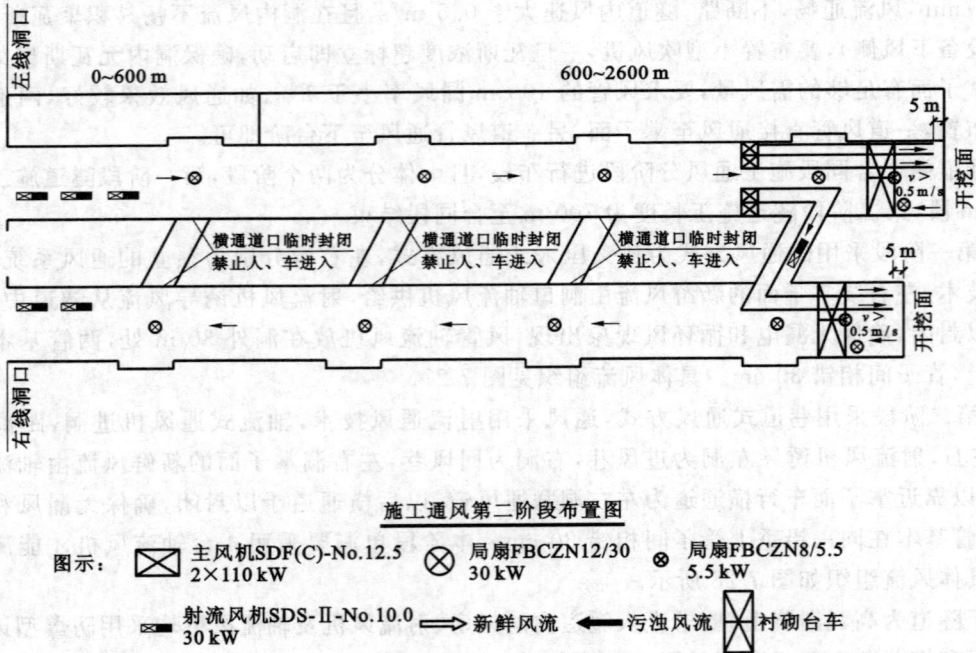

施工通风第二阶段布置图

图示：
⊠ 主风机SDF(C)-No.12.5　2×110 kW
⊗ 局扇FBCZN12/30　30 kW
⊗ 局扇FBCZN8/5.5　5.5 kW
▰ 射流风机SDS-Ⅱ-No.10.0　30 kW
⟹ 新鲜风流
← 污浊风流
⊠ 衬砌台车

图 7-28　第二阶段通风方案示意图

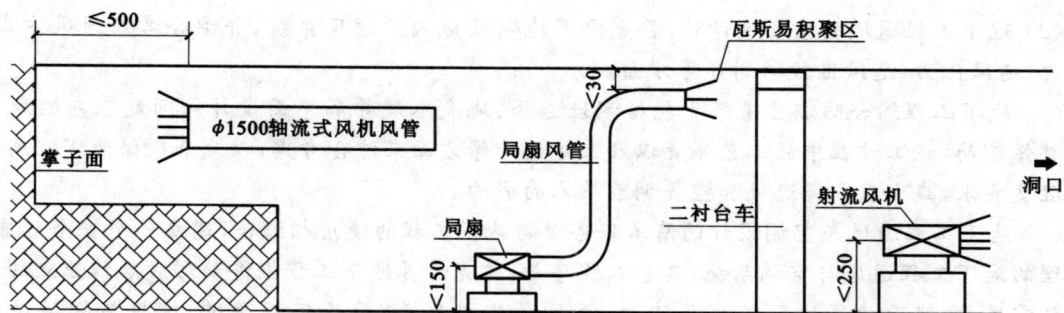

图 7-29　风机纵断面布置示意图

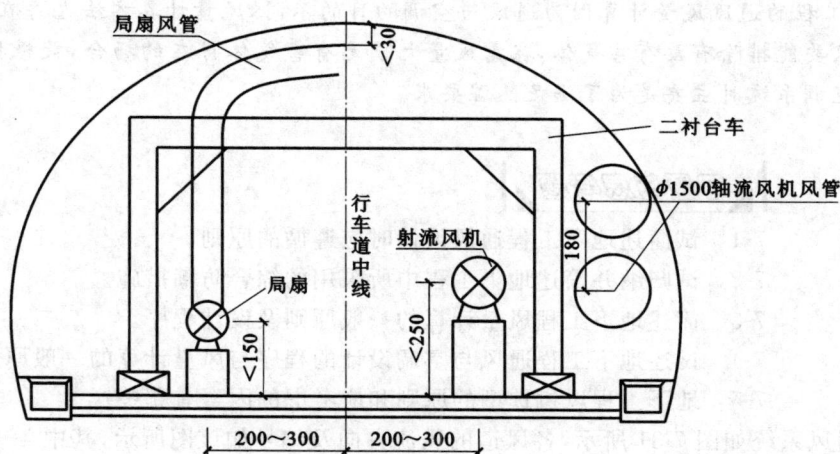

图 7-30　风机布置横断面示意图

③ 施工通风装置材料表。

风机风管配置数量表见表 7-14。

表 7-14　　　　　　　　　　　风机风管配置数量表

编号	风机型号	最高功率/kW	最大电机功率/kW	数量
1	SDF(C)-No12.5（防爆）	216	110×2	6 台（4 用 2 备）
2	FBCZN12/30（防爆）		30	2 台
3	FBCZN8/5.5（防爆）		5.5	10 台
4	φ1500 抗静电阻燃风管			3000 m
5	SDS-Ⅱ-No10.0（防爆）		30	21 台（17 用 4 备）

该隧道为高瓦斯隧道,为了保证施工安全,需要 24 h 不间断通风,且施工通风需风量由稀释瓦斯控制,鉴于以上情况,本合同段均备用 2 台轴流风机和 4 台射流风机。

本章小结

（1）通风系统是指风流流动的路线,从进风口到排风口,以通风机为动力,包括风道网路、三防设施、消音装置等组成的空气流动系统,称为工程的通风系统。

（2）地下工程通风的系统设计时,首先要因地制宜地确定通风系统,并综合考虑通风方式、通风动力、通风阻力、通风区段的划分等方面。

（3）地下工程综合防潮应着眼于包括洞址选择、地表水疏导和平面设计等问题在内的地下空间的整体布局,施工过程中的工艺布置以及土建设计等方面来综合考虑,以此来确保地下空间使用时的湿度要求,减少对采暖通风和空气调节技术的影响。

（4）地下工程通风与空调设计的基本任务是与地下工程的使用相配合,建立一个安全可靠、经济合理的地下工程通风与空调系统,其基本程序是:首先计算地下工程掘进和形成后作业点的需风量及总需风量,然后计算地下工程总阻力,再计算热湿负荷,最后完成通风、排热与除湿设备的选择。

（5）地下工程的通风风量计算因为通风与空调的目的不同,风量计算方法也存在差异,在大多数地下空间,只要能排除有毒有害气体,在需风量大或无有害气体存在的场合,就根据供氧量计算通风量,采用空调系统时主要是为了满足热湿要求。

习题与思考题

7-1　试简述地下工程通风设计时应遵循的原则。

7-2　试归纳并简述地下工程中所采用的综合防潮措施。

7-3　简述地下工程风量计算的一般原则及设计程序。

7-4　试述地下工程通风与空调设计的程序与风量计算的一般原则。

习题与
思考题答案

7-5　地下工程风机选型的原则和应考虑的因素有哪些?

7-6　某通风系统如图 7-31 所示,各风道的风流方向及编号如该图所示,其中 4—6、5—7、10—13、11—14 和 12—15 为作业面。各作业面的需风量均为 5 m³/s。在回风道的 8 号点由地面漏风 8 m³/s。试标出各段风道风量。

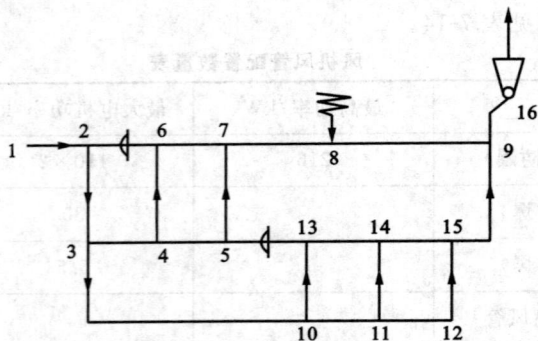

图 7-31　题 7-6 图

7-7　选择扇风机所依据的基本参数是什么? 通风设计时如何确定这些参数?

7-8　位于济南市某住宅楼的地下车库通风排烟系统的设计,该地下车库层高 3.5 m,车库所用面积为 5238.36 m²,设计该车库总停放车辆为 132 辆。首先对地下车库进行分区,防火分区共分两区,面积分别为 1293.8 m²,3944.5 m²。再对防火分区进行防烟分区,防烟分区可采用挡烟垂壁、隔墙或从顶棚下突出不少于 0.5 m 的梁划分,防烟分区的面积依次为 1277.6 m²,1277.6 m²,1389.3 m²,1293.8 m²,参考《汽车库、修车库、停车场设计防火规范》(GB 50067—2014)进行该工程通风防烟系统的相关设计。

8 地下工程灾害及其防治

【内容提要】

本章的主要内容包括：地下工程施工过程中和使用（运行）期间可能发生的崩塌、火灾、粉尘、水灾以及瓦斯等灾害产生的原因、防治基本原理、防治技术。本章的教学重点为地下工程崩塌、火灾、粉尘灾害的预防与防治。

【能力要求】

通过本章的学习，学生应重点掌握发生在地下空间施工期间和使用时间内的崩塌、火灾、粉尘、水灾以及瓦斯等灾害的成因，掌握崩塌、火灾、粉尘、水灾、瓦斯事故的处理方法以及相关灾害的防治措施。

本章内容属安全工程拓展内容，请扫描下方二维码阅读。

下篇

─┤ 照 明 工 程 ├─

9 照明基础

【内容提要】

　　本章主要内容包括：光的概述、光的度量、光的辐射、光与颜色以及光与视觉。本章的教学重点为光的度量及人眼的视觉特性；教学难点为常用光度量的计算。

【能力要求】

　　通过本章的学习，学生应了解光的本质及可见光的光谱分布，掌握常用的光度量的概念及计算；了解人眼的构造，熟悉人眼与光的相互作用，掌握人眼的视觉特性。

本章拓展资源

9.1　光

9.1.1　光与光谱

（1）光的概念

虽然我们每天都在接触光、应用光，但很少有人能给出光的精确定义。实际上人类对光的认识至少有 2000 多年的历史，但关于光的本性的认识，长期以来一直存在争议。牛顿支持光的微粒说，而惠更斯支持光的波动说。这两种说法都有一定的合理性，粒子性可以说明光的直线传播、光的反射和折射，波动性能说明光的干涉、衍射和偏振现象。直到 19 世纪末和 20 世纪初，人类对光的本性才有了更进一步的认识，承认光具有波粒二象性，即光既有波动性，又有粒子性。

光是以电磁波的形式进行传播的。19 世纪中叶，英国物理学家麦克斯韦（J. C. Maxwell）根据自己总结的电磁方程组，从理论上预言了电磁波的存在。并且根据科耳劳希（Kohlrausch）和韦伯（Weber）实验测量的数据计算出了电磁波在空气中的传播速度为 3.1074×10^8 m/s，该数值与斐索测得的光速值非常接近，因此麦克斯韦认为光波是一种电磁波，这就是著名的光的电磁波理论。后来的科学实验又证明光波和红外线、紫外线、X 射线一样，都是电磁波的一种，都能产生干涉、折射、反射、偏振等现象，只不过它们的振动频率和波长不一样。

电磁波在介质中传播时，其频率由辐射源决定，不随介质而变，但传播速度将随介质而变。电磁辐射的波长范围是极其广泛的，波长不同的电磁波，其特性有很大的差别。光波的波长可以用纳米来表示。将各电磁波按波长依次排列，便得到了电磁波谱图，电磁波谱波长从低到高分别为 γ 射线、X 射线、紫外线、可见光、红外线、微波和无线电波，如图 9-1 所示。

本章主要讨论可见光。可见光是指能引起人眼视觉反应的那部分电磁波，可以被人眼感知。可见光从某一物体反射后，传播到眼睛，通过折光系统在视网膜上成像，经视神经传到大脑视觉中枢，就可以分辨眼睛所看到的物体的色泽和亮度，因而可以看清视觉范围内的发光或反光物体的轮廓、形状、大小、颜色、远近和表面细节等情况。

电磁波的波长范围很广，可见光光谱在电磁波谱中只占很小的一部分，其波长为 380～

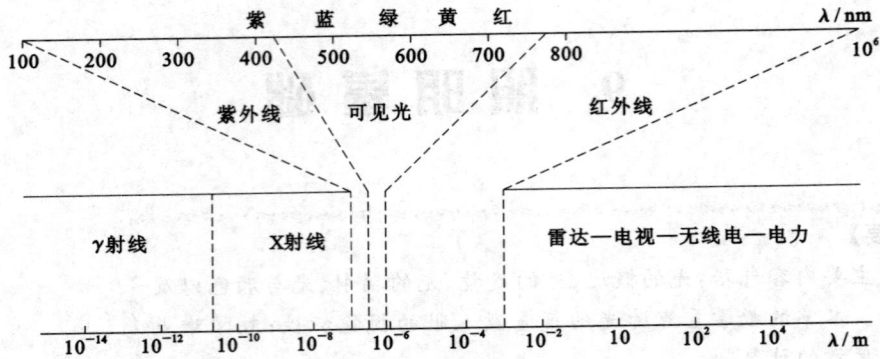

图 9-1　电磁波波谱图

780 nm。在可见光范围内不同波长的光波会引起人眼的不同色觉,将光谱按波长从大到小展开可依次呈现红、橙、黄、绿、青、蓝、紫等颜色。各种不同颜色的光波波长范围见表 9-1。

表 9-1　　　　　　　　　　　　各种不同颜色的光波波长范围

颜色	波长范围/nm	颜色	波长范围/nm
红	620～780	青	450～490
橙	590～620	蓝	420～450
黄	560～590	紫	40～380
绿	490～560		

波长小于 380 nm 的电磁波叫紫外线,波长大于 780 nm 的电磁波叫红外线。紫外线和红外线虽然不能引起人的视觉,但其他特性均与可见光相似,因此通常将紫外线、红外线和可见光统称为光。

在照明设计中,除了专门利用紫外辐射和红外辐射的特性制成紫外灯和红外灯进行特殊照明外,在普通照明中,都是利用可见光部分,而在绝大部分场合,紫外辐射和红外辐射都是要尽量避免的负面因素。

(2)光谱辐射通量及其能量分布

① 光谱辐射通量。辐射通量也可称为辐射功率,是指某物体单位时间内发射或接收的辐射能量,或在介质(也可能是真空)中单位时间内传递的辐射能量,单位为瓦特(W)。任意波长的电磁辐射的能量都可以用辐射通量来度量。

在照明工程中,由于实际照明光源发出的往往是含有多种波长成分的复合光。依据复合光中各种波长的辐射通量的分布情况,将其分为具有线光谱的复合光和具有连续光谱的复合光,线光谱的复合光只包含有限几种波长,而连续光谱的复合光包含无限多种波长。光谱辐射通量可以定量地描述复合光中各波长的辐射通量的分布,光谱辐射通量可以定义为辐射源在给定波长无限小范围内产生的辐射量与该波长范围之比,其基本单位为 W/m。

② 辐射通量的光谱分布。光谱辐射通量实际上可以看作波长的函数,因此,光源的辐射能量随波长而变化的规律称为辐射通量的光谱分布,通常称为光谱能量(功率)分布,可以用曲线来表示。

图 9-2 所示为具有连续光谱成分的复合光的光谱能量分布。图 9-3 所示为具有线光谱成分的复合光的光谱能量分布。图 9-3(a) 表示的是理想线光谱成分的复合光的光谱能量分布,即每一个线光谱成分具有良好的单色性。但实际光源的线光谱成分往往是不理想的,即在其波长附近一定波长范围内均有一定的辐射,如图 9-3(b) 所示。在实际测量时,一般不可能,也没有必要对每一波长的辐射都测量其辐射通量,而是分成若干个波长段,测量其每一段波长段的辐射通量。在照明工程中,一般取 5 nm 或 10 nm 作为一个波长段。经过处理的具有线光谱成分的复合光光谱能量分布如图 9-3(c) 所示。

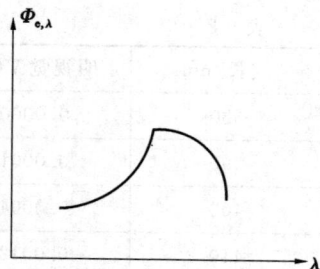

图 9-2　具有连续光谱成分的复合光的光谱能量分布

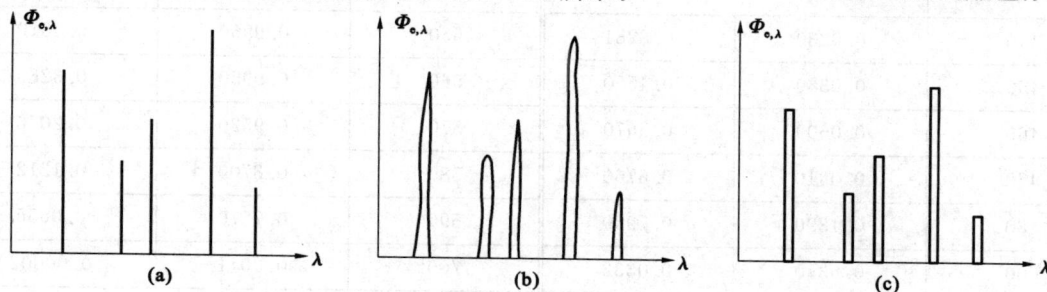

图 9-3　具有线光谱成分的复合光的光谱能量分布

(a) 理想线光谱成分的复合光的光谱能量分布;(b) 实际线光谱成分的复合光的光谱能量分布;
(c) 经过处理的线光谱复合光的光谱能量分布

（3）光谱光效率

人的视觉器官受到光的刺激就会产生视觉。事实证明,光刺激所引起的视觉强度(光亮感觉的大小)不仅与光能量的大小有关,还与光的波长有关,即人眼对不同波长的光具有不同的灵敏度。通常用光谱光效率(或光谱光效能)来表示人眼的视觉灵敏度。

光谱光效能是指单位辐射通量产生的视觉强度,用符号 $K(\lambda)$ 表示。试验证明,光谱光效能是波长的函数,并且存在最大值 K_m。

光谱光效率是给定波长 λ 的光谱光效能 $K(\lambda)$ 与最大光谱光效能 K_m 之比,光谱光效率也是波长 λ 的函数,用符号 $V(\lambda)$ 表示,其表达式为

$$V(\lambda) = \frac{K(\lambda)}{K_m} \tag{9-1}$$

式中　$K(\lambda)$——给定波长 λ 的光谱光效能;

　　　K_m——最大光谱光效能;

　　　$V(\lambda)$——给定波长 λ 的光谱光效率。

光谱光效率(或光谱光效能)除了与波长有关以外,还与光刺激强度有关,即同一波长的光,在环境适应亮度明暗不同的情况下,人眼对其敏感性是有差别的。此外,光谱光效率(或光谱光效能)既然是评价人眼的视觉灵敏度的,就不可避免地存在个人差异。基于这两个原因,CIE(国际照明委员会)规定了一个标准光度观察者,称为 CIE 标准光度观察者,并根据有关研究,先后提出了在明视觉条件下(适应亮度大于 10 cd/m²)获得的明视觉光谱光效率值 $V(\lambda)$,以及在暗视觉条件下(适应亮度小于 10^{-2} cd/m²)获得的暗视觉光谱光效率值 $V'(\lambda)$,如表 9-2 所示。图 9-4 为对应于表 9-2 的 CIE 标准光度观察者光谱光效率曲线。

表 9-2 　　　　　　　　　　　　　CIE 标准光度观察者的光谱光效率数值

波长/nm	明视觉 $V(\lambda)$	暗视觉 $V'(\lambda)$	波长/nm	明视觉 $V(\lambda)$	暗视觉 $V'(\lambda)$
380	0.0000	0.0006	490	0.2080	0.9040
390	0.0001	0.0022	500	0.3230	0.9820
400	0.0004	0.0093	510	0.5030	0.9970
410	0.0012	0.0348	520	0.7100	0.9350
420	0.0040	0.0966	530	0.8620	0.8110
430	0.0116	0.1998	540	0.9540	0.6500
440	0.0230	0.3281	550	0.9950	0.4810
450	0.0380	0.4550	560	0.9950	0.3288
460	0.0600	0.5670	570	0.9520	0.2076
470	0.0910	0.6760	580	0.8700	0.1212
480	0.1390	0.7930	590	0.7570	0.0655
600	0.6310	0.0332	700	0.0041	0.00002
610	0.5030	0.0159	710	0.0021	0.000009
620	0.3810	0.0074	720	0.0010	0.000005
630	0.2650	0.0033	730	0.0005	0.000003
640	0.1750	0.0015	740	0.0003	0.000001
650	0.1070	0.0007	750	0.0001	0.0000008
660	0.0610	0.0003	760	0.00006	0.0000004
670	0.0320	0.0001	770	0.00003	0.0000002
680	0.0170	0.00007	780	0.00002	0.0000001
690	0.0082	0.00004			

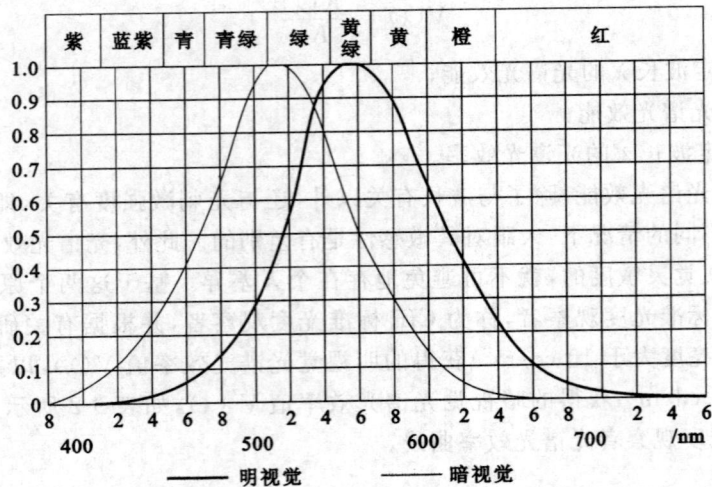

图 9-4　CIE 标准光度观察者光谱光效率曲线

实验证明:在明视觉情况下,正常人眼对于波长为 555 nm 的黄绿色光最敏感,也就是这种波长的辐射能引起人眼最大的视觉,而越偏离 555 nm 的辐射,可见度越小。因此,称 555 nm 为峰值波长 λ_m,此时 $V(\lambda_m)=1$,当 $\lambda\neq555$ nm 时,$V(\lambda)<1$。而在暗视觉条件下,正常人眼对于波长为 507 nm(510 nm)的光最敏感,当 $\lambda_m=507$ nm 时,$V'(\lambda_m)=1$,当 $\lambda\neq507$ nm 时,$V(\lambda)<1$。

另外,需要说明的是:明视觉光谱光效率曲线的最大值与太阳散射光能量分布(按波长)曲线的最大值相近,这是人类眼睛在长期进化过程中最好地适应与感受太阳散射光刺激的结果。曲线在靠近红外线和紫外线两端逐渐趋向于零。在照明工程中主要应用明视觉光谱光效率,因此在未明确说明的情况下,均指明视觉条件。

9.1.2 光的度量

照明技术就是光的应用技术,而照明设计最终的效果要靠人眼来评定,所以必须引入基于人眼视觉的光量参数——光度量来描述光源和光环境的特征,以及进行定量分析、计算。常用的光度量主要有光通量、发光效率、发光强度、亮度以及照度。

(1) 光通量

光通量是指光源在单位时间内向周围空间辐射出的并使人眼产生光感的能量,用符号 Φ_λ 表示。它是人眼的主观感受量,不等同于光源的全部辐射功率。不同波长的光在人眼中产生光感觉的灵敏度是不一样的,其中以波长为 555 nm 的黄绿光感受效率最高,其他波长的光感受均低于黄绿光。黄绿光的光谱光效能最大,其值为 683 lm/W,用 K_m 表示。光通量可以表示为:

$$\Phi_\lambda = K_m V(\lambda)\Phi_{e,\lambda} \tag{9-2}$$

式中　Φ_λ——波长为 λ 的光源光通量;

　　　$V(\lambda)$——波长为 λ 的光的光谱光视效率;

　　　$\Phi_{e,\lambda}$——波长为 λ 的光源的辐射功率;

　　　K_m——最大光谱光效能,683 lm/W。

式(9-2)是单色光的光通量计算公式,对大多数光源来说都含有多种波长的单色光,其光源的光通量应是各单色光的光通量之和。光通量的单位为流明(lm),在国际单位制和我国法定计量单位中,它是一个导出单位,1 lm=1 cd×1 sr,即发光强度为 1 cd 的均匀点光源在 1 sr 立体角内发出的光通量。

在照明工程中,光通量是说明光源发光能力的基本量,其初始值一般由制造厂家提供。例如,一只 40 W(220 V)的白炽灯的光通量为 350 lm,一只 40 W(220 V)的荧光灯的光通量为 2100 lm,一只 2000 W(220 V)的溴钨灯的光通量为 45000 lm。

(2) 发光效率

电光源所发出的光通量 Φ 与其消耗的电功率 P 的比值称为该电光源的发光效率,用符号 η 表示,其单位为流明/瓦(lm/W)。发光效率可以表示为:

$$\eta = \frac{\Phi}{P} \tag{9-3}$$

对于一只 100 W 的普通照明灯泡,它的光通量为 1250 lm,则该灯泡的发光效率就是 12.5 lm/W;而一只 20 W 的直管优质荧光灯,其光通量为 980 lm,则其发光效率就是 49 lm/W。可见荧光灯的发光效率要比普通灯泡高,后者的发光效率约为前者的 4 倍。

(3) 发光强度

实验证明:不同光源发出的光通量在空间分布是不相同的,即使是某个具体光源的光通量,在空间分布也并非是各个方向都均匀的,可以用发光强度这个概念来描述光通量在空间的分布情况。

在定义发光强度之前先介绍一下立体角的概念。立体角是指任意一个封闭的圆锥面内所包含的空间,单位为球面度(sr),即以 r 为半径作一圆球,若锥面在圆球上截出面积 $A=r^2$,则该立体角即为单位立体角,称为球面度。由此可知,一个球体的球面度为

$$\omega = \frac{A}{r^2} = \frac{4\pi r^2}{r^2} = 4\pi \qquad (9\text{-}4)$$

发光强度表示光源向空间某一方向辐射的光通量的空间密度,是表征光源发光能力的物理量,简称光强。光源在给定方向上的发光强度是该光源在该方向的立体角元 $d\omega$ 内传输的光通量 $d\Phi$ 与该立体角元的比值,用符号 I 表示,如图 9-5 所示。

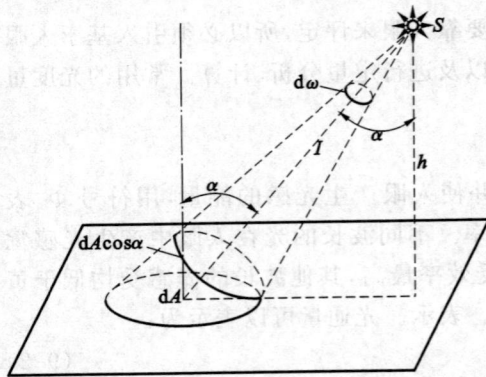

图 9-5　点光源的发光强度

发光强度的单位名称是坎德拉(candela),单位符号为 cd。在数量上 1 坎德拉等于 1 流明每球面度,即 $1\ \mathrm{cd} = 1\ \mathrm{lm/sr}$。

图 9-5 中,S 为点状发光体,在辐射空间内的某方向取微小立体角 $d\omega$,在此立体角内所发出的光通量为 $d\Phi$,则 I 为:

$$I = \frac{d\Phi}{d\omega} \qquad (9\text{-}5)$$

假设光源辐射的光通量是均匀的,则在立体角 ω 内的平均光强可表示为:

$$I = \frac{\Phi}{\omega} \qquad (9\text{-}6)$$

对于球体,假设点光源向四周发射光通量,则平均球面光强为:

$$I = \frac{\Phi}{4\pi} \qquad (9\text{-}7)$$

式中,Φ 是光源向四周发射的总光通量(流明)。

光强常用于说明光源和灯具发出的光通量在空间各方向或在选定方向上的分布密度。若以某点光源为原点,以各角度上的光强为长度的各点连成一条曲线,则这条曲线就称为该光源的光强曲线,也称为配光曲线,如图 9-6 所示。

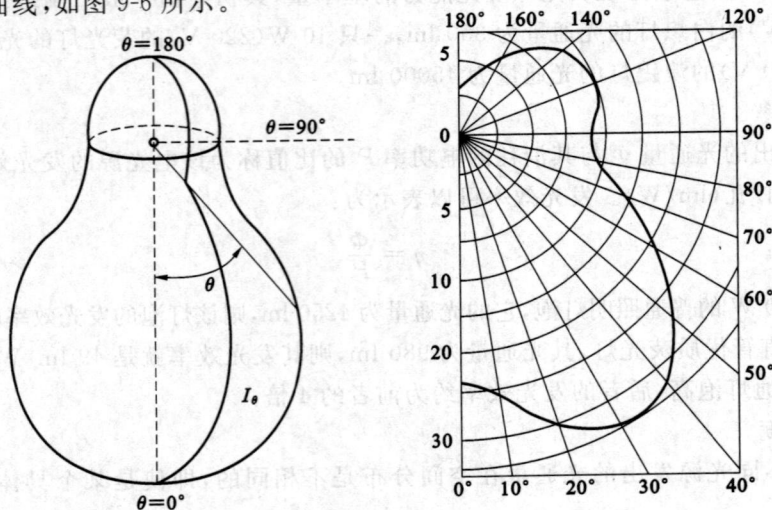

图 9-6　配光曲线图

有时为了满足一定的需要,人们常采用各种不同形式的灯罩改变光源光通量在空间的分布情况。例如,在加灯罩之前,一个 40 W 的白炽灯,其正下方的光强约为 30 cd,加上一个透光的搪瓷伞形灯罩后,向上的光除少量被吸收外,都被灯罩朝下发射,使下方的光强增至 73 cd 左右。

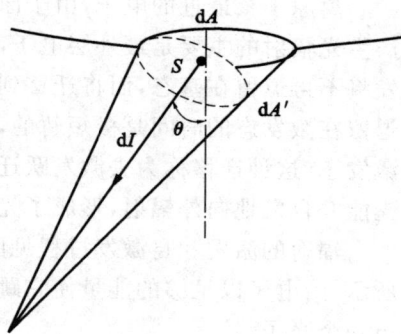

图 9-7　光源亮度示意图

（4）亮度

发光体在视线方向单位投影面积上的发光强度,称为发光体的表面亮度,如图 9-7 所示,是描述发光面上光的明亮程度的光度量。

亮度的物理量符号用 L 表示,单位名称为坎德拉每平方米,符号为 cd/m^2。设发光体沿视线方向的发光强度为 dI,发光体在视线方向上的投影面积为 $dA' = dA\cos\theta$,则表面亮度可以表示为:

$$L = \frac{dI}{dA\cos\theta} \tag{9-8}$$

亮度是一个客观量,但它直接影响人眼的主观感受。目前有的国家已经将亮度作为照明设计的内容之一。表 9-3 为几种发光体的亮度值。

表 9-3 　　　　　　　　　　　　　几种发光体的亮度

发光体	亮度/(cd/m²)	发光体	亮度/(cd/m²)
太阳表面	2.25×10^9	从地球表面观察月亮	2500
从地球表面（子午线）观察	1.6×10^9	充气钨丝白炽灯表面	1.4×10^7
晴天的天空（平均亮度）	8000	40 W 荧光灯表面	5400
微阴天空	5600	电视屏幕	1700~3500

（5）照度

被照物体表面上的单位面积内所接收的光通量的大小称为照度,也即光通量的面积密度。照度是照明工程各项标准和规范中最常用的参数,其物理量符号为 E,单位名称为勒克斯,符号为 lx。1 lx 等于 1 lm 的光通量均匀分布在 1 m² 表面上所产生的照度,即 1 lx＝1 lm/m²。取微小面积为 dA,设入射的光通量为 $d\Phi$,则 E 可表示成:

$$E = \frac{d\Phi}{dA} \tag{9-9}$$

一般朔日星夜地面照度仅为 0.002 lx,晴天采光良好的室内照度为 100~500 lx,晴天室外太阳散射光（非直射）下的地面照度为 1000 lx。

9.1.3　光的辐射

许多物理和化学过程都能产生辐射,这里只简单介绍人工光源的辐射。人工光源不同,光辐射产生的机理也不同,但它们的基本原理是相似的。

9.1.3.1　辐射的产生

众所周知,原子由带正电的原子核和其外围带负电的电子云组成,原子核外电子运动的轨道不同,其能量级别也不相同。离原子核最近的轨道能量级别低,而离原子核越远,则其能量级别越高。

离原子核最近的电子,由于原子核对其的束缚力最大,故处在最稳定的状态(称为基态)。由于产生光辐射的主要是最外层电子,那么,如果某种原因使核外电子获得更高的能量,电子由于被激发将不再逗留在基态,而将迁移到与其具有的能量相当的能级(这种迁移称为被激发迁移)。电子逗留在激发态的时间是极短暂的,它将很快回到稳定的基态,或从高能级的激发态迁移到低能级的激发态(这种迁移称为去激发跃迁)。在去激发跃迁时电子的能量也随之释放,该能量就被转化成光能并自发地向外辐射,形成了光的辐射。

辐射的激发和自激发过程见图9-8。如图9-8(a)所示,外层电子在基态的轨道上;如图9-8(b)所示,给电子以足够的能量使它跳到激发态的轨道;如图9-8(c)所示,电子自发地落回到基态而发出一个光子。

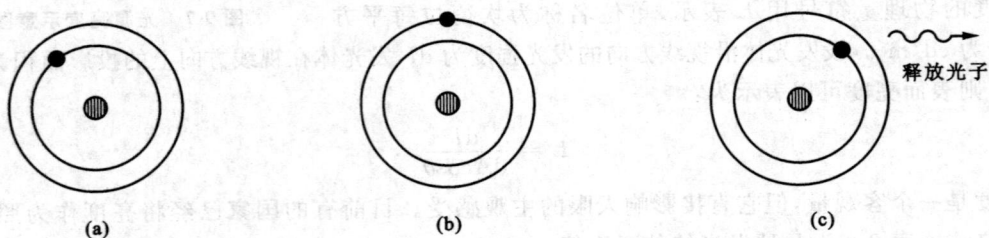

图 9-8　辐射的激发和自发辐射

(a) 外层电子在基态的轨道上;(b) 电子跳到激发态的轨道;(c) 电子落回基态而发出一个光子

原子辐射的光谱成分取决于原子的能级。孤立的原子往往发射单一波长的光子,实际上原子不可能完全孤立,原子之间的相互作用会使能级间产生轻微的相互影响,结果使相应的光子波长也有变化,因此,实际物体内的激发原子所产生的是有限几种线光谱成分的复合光;而对多原子分子而言,其能级就要比单一原子丰富得多,而且能级之间的间隔也小,结果使分子光谱接近连续光谱。

目前,在人工光源中常用的辐射源主要有三种形式:热辐射、气体放电和电致发光。

9.1.3.2　热辐射

热辐射是物体因热而产生的辐射。当物体被加热到高温时,组成它的原子或分子将产生热运动,并相互碰撞使电子获得能量而被激发,从而产生辐射。

(1) 黑体辐射

热辐射的理论研究主要是通过黑体进行的。黑体又称为完全辐射体,其特点是入射到黑体上的光辐射将完全被吸收,而没有反射和透射,即它的反射比和透射比为0,吸收比为1。所以黑体的热辐射将只取决于黑体的温度,也就是温度达到一定的值,其光谱能量分布也将是确定的。著名的普朗克定律所描述的就是不同温度下的黑体的光谱辐射功率与波长的函数关系(图9-9)。这种形式的辐射称为热辐射或黑体辐射。黑体辐射是具有连续光谱成分的复合辐射。

黑体辐射有两个主要特点:一是随着温度的升高,黑体辐射的总能量迅速增加;二是随着温度的升高,黑体辐射曲线的最大值偏向短波,即具有最大辐射功率的波长和黑体的温度成反比,与该特点相对应的现象是物体加热后,随着温度的逐步升高,其颜色先发红,再变黄,最后发蓝。此外,当温度达到5000 K左右时,黑体将变成白炽色,且可见光成分占其辐射总能量的比例也最大,所以,在2000~5000 K的范围内,黑体的辐射温度越高,最大辐射功率的波长越靠近可见光区。

实际上,黑体是一种理想的辐射体,在自然界中根本不存在这种物质。在人工辐射光源中采用的是钨丝辐射。

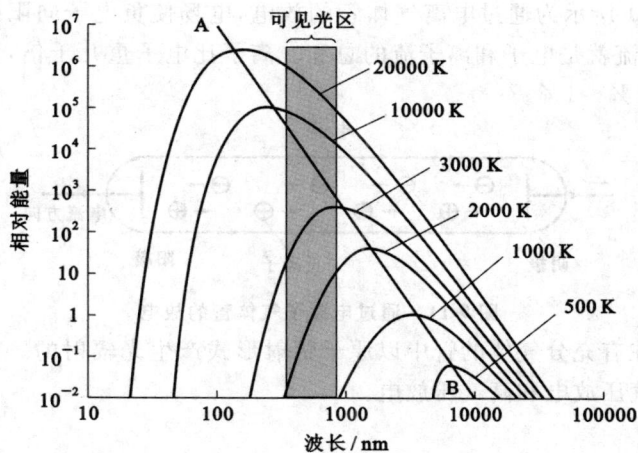

图 9-9　黑体的相对能量分布

（2）钨丝辐射

钨丝并不能获得黑体的吸收和反射特性，但是由于钨丝能够承受 2000 K 以上的高温，并且它在可见光区域内的选择辐射率较高，因此钨丝的热辐射与黑体辐射不但辐射原理相同，而且具有相似的性能，例如，其光谱能量分布是连续光谱，其与辐射的温度有密切的关系。钨丝辐射的能量分布见图 9-10。

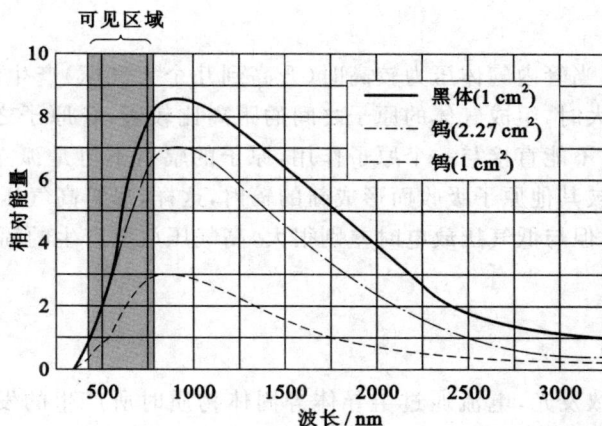

图 9-10　同温度（300 K）下黑体和钨丝的辐射曲线

钨丝辐射曲线的形状与黑体辐射的分布曲线很相似，但是由于钨丝在可见光区域内的选择辐射率较高，所以钨丝辐射功率的峰值比同温度的黑体偏向于可见光区，显然用钨丝作光源比用同温度的黑体作光源光效要高。

此外，钨丝辐射波长范围很广，其中可见光仅占很少的比例，紫外线也很少，绝大部分是红外线。随着温度增加，钨丝辐射的能量也随之增加，并且可见光部分的增加速度相比红外线的增加速度更快。所以，要提高钨丝辐射的光效，就必须尽可能地提高钨丝的工作温度。

9.1.3.3　气体放电

在电场的作用下，载流子在气体（或蒸气）中产生并运动，从而使电流通过气体（或蒸气）的过程称为气体放电。在正常情况下，气体里通常没有自由电子，只有当气体原子被电离产生电子和正离子时才能导电。图 9-11 所示为通过电离气体管的放电,电场使负电子向阳极漂移,正电子向阴极漂移,通过管子的总电流就是电子和离子流的总和。离子比电子重几千倍,而且很少移动,离子流通常只是总电流的 0.1%～1%。

图 9-11　通过电离子气体管的放电

气体放电主要是在有充分气体的管中以原子辐射形式产生光辐射的。根据管中气体的压力,气体放电又可分为低气压放电和高气压放电。

(1) 低气压放电

管内气体压力较小时(总气压近似于 1% 大气压力)产生的气体放电即为低气压放电。当管内气体压力小时,组成气体(主要是汞蒸气和钠蒸气)的原子之间的距离比较大(基本独立),相互影响较小,因此它们的光辐射可以看作孤立的原子产生的原子辐射。

原子的能级只是有限的几种,因此它形成的原子辐射也将是有限几种线光谱成分的复合光。例如,在汞原子的辐射中,存在谱线为 253.7 nm 和 185.0 nm 的强烈的紫外辐射,以及较弱的其他谱线的紫外辐射、红外辐射和可见光。所以,低气压放电所产生的光辐射主要是以线光谱的形式出现的。

(2) 高气压放电

与低气压放电相比,当管内气体压力较高时(升高到几个大气压)产生的气体放电即为高气压放电。当管内气体压力大时,组成气体的原子之间的距离比较近,各原子之间相互牵制、相互影响较大,电子在轰击原子时不能直接与一个原子作用,原子的辐射不再是孤立的。此外,在轰击原子时产生的光辐射又可能被其他原子吸收而形成新的辐射,这样,尽管高气压气体放电仍是气体中的原子辐射产生的光辐射,但与低气压放电时差别很大,高气压放电产生的辐射将包括强的线光谱成分和弱的连续光谱成分。

9.1.3.4　电致发光

电致发光又称为场致发光,电流通过半导体等固体物质时所产生的发光现象称为电致发光。电致发光不需要任何像加热这样的中间过程,而是直接把电能转化成光能。

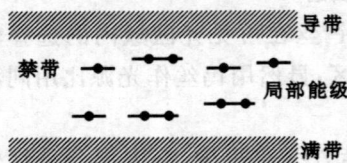

图 9-12　晶体的能带

半导体的原子按一定的规律排列,且原子之间有着较强的相互作用,致使原子之间的能级增宽,形成由许多相近能级组成的能带(图 9-12)。满带对应于半导体在正常状态下(基态)未被激发的电子所具有的能量水平,导带对应于半导体在激发状态下(激发态)被激发的电子所具有的能量水平。正常状态下电子占据满带,被激发时将迁移到导带,电子不能在满带和导带之间的间隙滞留,则该间隙称为禁带。

若在半导体中掺入少量的杂质,可以局部地破坏半导体内原子原有的整齐排列,产生一些特殊的能级,称为局部能级。在电场的作用(激发)下,半导体各能级之间会产生激发迁移或去激发跃迁过程,电子发生去激发跃迁时将会把它受激发所吸收的能量释放出来,转换成光能。

电致发光的辐射波长取决于跃迁前后所在能带(或能级)之间的能量差。由于半导体内的能带(或能级)复杂,因此可能形成线光谱成分的光辐射,也可能形成在一定波长范围内密集的线光谱成分(即带光谱成分),甚至可能形成连续光谱的光辐射。

9.1.4　物质光学性质

光通过介质(空气、液体、固体等)传播时,一般都发生吸收、折射、透射、反射和偏振等现象。研究这些现象对照明工程设计是有实际意义的,因为照明环境(照明分布)是光源发出的光经过传播过程而最后形成的。很明显,吸收、折射、反射和透射等现象对照明分布具有决定性的影响。

9.1.4.1　光的吸收

光在介质中传播时强度将越来越弱,在这个过程中有一部分光的能量转变为其他形式的能量(例如热能),这就是介质对光的吸收。

用吸收比(亦称吸收系数)来表征介质对光的吸收作用。吸收比是被材料或介质吸收的光通量 ϕ_a 与入射光通量 ϕ_i 之比,以百分数或小数表示,符号为 α,即

$$\alpha = \frac{\phi_a}{\phi_i} \tag{9-10}$$

不同的介质对于不同波长的光的吸收作用是不同的,一般情况下,非透明表面越粗糙且颜色越深的材料,吸收比越大。介质对光的吸收与光在介质中传播的光程(即介质吸收层的厚度)有关,光程越大,介质吸收的光也越多。介质对光的吸收还与光的入射方向和偏振状态有关。

9.1.4.2　光的反射

当光线遇到非透明物体表面时,大部分光被反射,小部分光被吸收。照明工程中,用反射比来表征介质对光的反射能力。反射比是自物体反射的光通量 ϕ_ρ 与入射到物体上的光通量 ϕ_i 之比,以百分数或小数表示,符号为 ρ,即

$$\rho = \frac{\phi_\rho}{\phi_i} \tag{9-11}$$

反射比的数值与材料或介质的特性如光滑程度、颜色、透明度、入射光的波长、光的入射角以及光的偏振状态有关。一般情况下,材料的表面越光滑,颜色越浅,反射比越高;材料的透明度越小,反射比越高;入射角越大,反射比也越大。

根据光线在镜面和扩散面上的反射状态,可分为以下几种。

(1) 规则反射

在研磨很光的镜面上,光的入射角等于反射角,反射光线总是在入射光线和法线所确定的平面内,并与入射光分处在法线两侧,称为反射定律,如图 9-13(a)所示。在反射角以外,人眼是看不到反射光的,这种反射称为规则反射,亦称镜面反射。它常用来控制光束的方向,灯具的反射罩就是利用这一原理制作的,但一般由比较复杂的曲面构成。

(2) 散反射

当光线从某方向入射到经散射处理的铝板、经涂刷处理的金属板或毛面白漆涂层时,反射光向各个不同方向散开,但其总的方向是一致的[图 9-13(b)],其光束的轴线方向仍遵守反射定律。这种光的反射称为散反射。

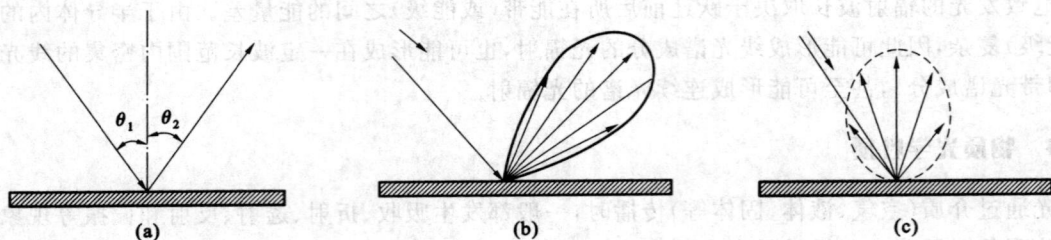

图 9-13 光的反射
(a) 规则反射;(b) 散反射;(c) 漫反射

（3）漫反射

光线从某方向入射到粗糙表面或涂有无光泽镀层的表层时，光线被分散在许多方向，在宏观上不存在规则反射，这种光的反射称为漫反射。当反射遵守朗伯余弦定律，即向任意方向的光强 I_θ 与该反射面的法线方向的光强 I_0 所成的角度 θ 的余弦成比例: $I_0 \cos\theta = I_\theta$，而与光的入射方向无关，从反射面的各个方向看去，其亮度均相同，这种光的反射称为各向同性漫反射，如图 9-13(c) 所示。

（4）混合反射

光线从某方向入射到瓷釉或带高度光泽的漆层上时，规则反射和漫反射兼有，如图 9-14 所示，其中，图 9-14(a) 为漫反射与镜面反射的混合;图 9-14(b) 为漫反射与散反射的混合;图 9-14(c) 为镜面反射与散反射的混合。在定向反射方向上的发光强度比其他方向要大得多，且有最大亮度，在其他方向上也有一定数量的反射光，而其亮度分布是不均匀的。

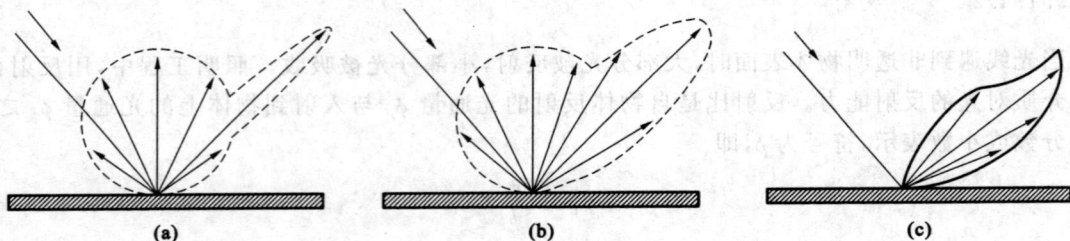

图 9-14 混合反射

9.1.4.3 光的折射和透射

（1）光的折射

光从一种介质射入另一种介质时，若光的入射方向不是垂直于上述两种介质分界面，则在分界面处将有一部分光源反射回原来的介质，另一部分将射入另一种介质中，但传播方向改变了，这种现象称为光的折射。

由于光在各种介质中的传播速度不同，当两种介质进行比较时，光在其介质中传播速度较高的称为光疏物质，而传播速度较低的称为光密物质。

假设光从一种介质（介质的折射率为 n_1）射入另一种介质（介质的折射率为 n_2），则光通过这两种介质分界面所发生的折射情况如图 9-15 所示。

入射光方向与介质分界面法线方向的夹角称为入射角 i，折射光方向与法线的夹角称为折射角 γ。因为光在这两种介质内的传播速度不同，所以入射角 i 与折射角 γ 不相等。当光从光疏介质射入光密介质时（$n_2 > n_1$），折射角 γ 将小于入射角 i，反之，则折射角 γ 将大于入射角 i。同时，入射

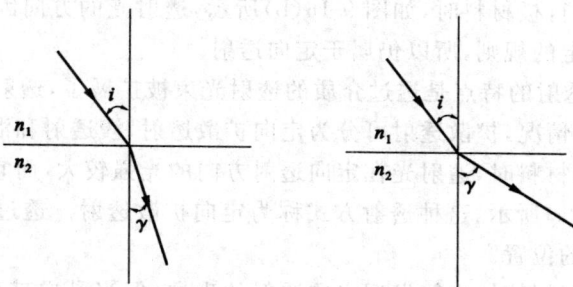

图 9-15 光的折射

角发生变化时,折射角也随之发生变化,但两角之间的关系符合折射定律,即

$$n_1\sin i = n_2\sin\gamma \tag{9-12}$$

上述折射定律适用于大多数的材料,如玻璃、透明的塑料和液体等。

（2）光的投射

光从一种介质射入另一种介质,并从这种介质穿透出来的现象叫光的透射。在透射光中,光所包含的单色成分的频率不改变,但光通量及其包含的立体角可能改变。

用透射比（透射系数）来描述光在透射前后光通量的变化情况。透射比是透过材料或介质的光通量 ϕ_τ 与入射到介质上的光通量 ϕ_i 之比,以百分数或小数表示,符号为 τ,即

$$\tau = \frac{\phi_\tau}{\phi_i} \tag{9-13}$$

透射比说明的是材料的透光性,不同的物质具有不同的透光性。一般情况下,材料的透明度越高,透射比就越高。例如,玻璃的透射性很好,而很薄的金属膜就不透光。透射比还与材料的厚度有关,对于透明度相同的物质来说,其厚度越大,透射比越小。

根据透射后光束在空间的扩展情况,光的透射分为定向透射、扩散透射等形式。

① 定向透射。定向透射是无漫射的规则的透射。其特点是光透过介质后,透射光仍按一定的方向传播。透明玻璃及塑料、透明彩色玻璃及塑料会产生定向透射。

例如,光通过透光的平行板材料时,如图 9-16(a)所示,因为透光材料的两侧为同一介质,故透射光束的方向与入射光束的方向平行,平移距离取决于透光材料与其两侧介质的相对折射率及透光材料的厚度。

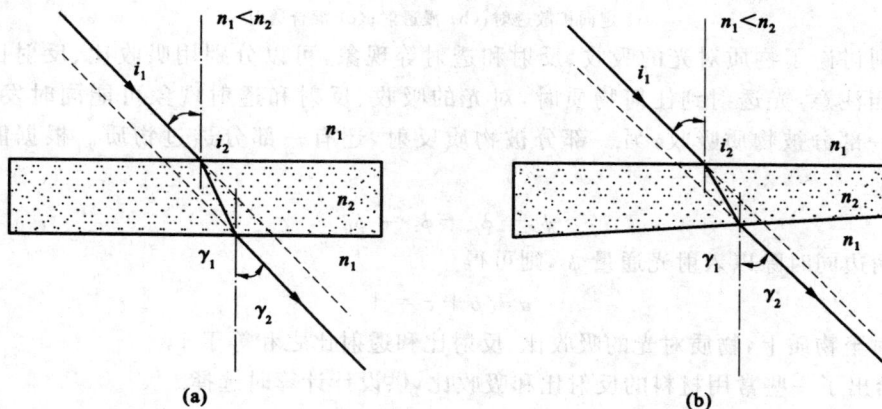

图 9-16 定向透射

（a）平行板材；（b）非平行板材

当光通过透光的非平行板材料时,如图9-16(b)所示,透射光的方向因折射而不再与入射光方向平行,但其方向仍有一定的规则,所以仍属于定向透射。

② 扩散透射。扩散透射的特点是透过介质的透射光束被扩展了,透射光束的立体角大于入射光束的立体角。根据扩散情况,扩散透射可分为定向扩散透射、漫透射和混合投射几种情形。

当光透过磨砂玻璃等材料时,透射光在定向透射方向的光强较大,而它的附近方向上也有比较小的光强分布,如图9-17(a)所示,这种透射方式称为定向扩散透射。透过磨砂玻璃虽不能看清光源的模样,但能看清光源的位置。

当光透过乳白玻璃等材料时,也能发现定向透射的现象,但当乳白玻璃的白色浓重一些时,透过该玻璃观察光源时就会逐渐模糊,随着乳白色的加重,逐步向漫透射过渡。图9-17(b)所示为均匀漫透射,它的光强按余弦分布,即

$$I_\theta = I_0 \cos\theta \tag{9-14}$$

式中　I_θ——透射光在与透射面法线成 θ 角方向的光强,cd;

　　　I_0——透射光在透射面法线方向的光强,cd。

透过具有均匀漫透射的材料观察光源时,亮度在任何方向都是相同的。

光线照射到透射材料上,若其透光特性介于定向透射与散透射之间,则称为混合透射,见图9-17(c)。严格来讲,只有光透过悬浮有密集的细小微粒的空间时,入射光被充分扩散,才具有均匀漫透射的特性,一般只能算是混合透射。

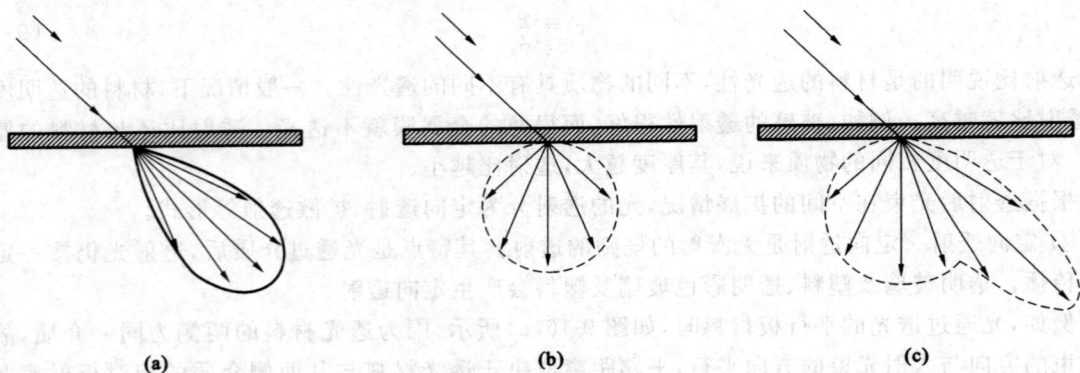

图 9-17　扩散透射的几种不同形式
(a) 定向扩散透射;(b) 漫透射;(c) 混合透射

上面分别讨论了物质对光的吸收、反射和透射等现象,可以分别用吸收比、反射比和透射比来表征。应当注意,光透射到任何物质时,对光的吸收、反射和透射现象可能同时发生,即入射光通量中有一部分被物质吸收,另一部分被物质反射,还有一部分透过物质。根据能量守恒原则,应有

$$\phi_\alpha + \phi_\rho + \phi_\tau = \phi_i \tag{9-15}$$

若等式两边同时除以入射光通量 ϕ_i,则可得

$$\alpha + \rho + \tau = 1 \tag{9-16}$$

即光透射至物质上,物质对光的吸收比、反射比和透射比之和等于1。

表9-4给出了一些常用材料的反射比和吸收比,供设计计算时选择。

表 9-4 常用材料的反射比和吸收比

类别	材料	反射比	吸收比
规则反射	银	0.92	0.08
	铬	0.65	0.35
	铝（普通）	0.60～0.70	0.27～0.40
	铝（电解抛光）	0.75～0.84（光泽） 0.62～0.70（无光）	
	镍	0.55	0.45
	玻璃镜	0.82～0.88	0.12～0.18
漫反射	硫酸钡	0.95	0.05
	氧化镁	0.975	0.025
	碳酸镁	0.94	0.06
	氧化亚铅	0.87	0.13
	石膏	0.87	0.13
	无光铝	0.62	0.38
	铝喷漆	0.35～0.40	0.60～0.65
建筑材料	木材（白木）	0.40～0.60	0.40～0.60
	抹灰、白灰粉刷墙壁	0.75	0.25
	红砖墙	0.30	0.70
	灰砖墙	0.24	0.76
	混凝土	0.25	0.75
	白色瓷砖	0.65～0.80	0.20～0.35
	透明无色玻璃（1～3 mm）	0.08～0.10	0.01～0.03

9.1.4.4 物质的光谱选择性

人的视觉离不开光，如果没有光射入人的眼睛，人就不会有视觉。自然界大部分物体本身是不发光的，人们之所以能看到各种物体，是由于其他光源照射在物体上，物体将部分光反射出来，其中有一部分进入人的眼睛，人们才能看到该物体。

任何物质在光的照射下都可能发生光的吸收、透射或反射等现象，且其对光的吸收、透射和反射特性都与光的波长有关，也就是当光的波长不同时，各种物质的吸收比、透射比和反射比也可能不同，这种现象称为物质对光有光谱选择性。

太阳光是具有连续光谱的复合光，在可见光范围内它包含了各种波长的光，因此可以认为太阳光是由不同颜色的单色光复合而成的，但在表现上太阳呈现白色。如果任何物质都不具有光谱选择性，那么太阳光照射在这些物质上，它们将对各种波长的光等同地吸收、反射或透射，其中的反射光将与入射的太阳光具有相似的光谱能量分布。这样的反射光进入眼睛引起的色觉将是相同的，即不管是什么物质，人感觉到的颜色将是一样的，且与太阳光一样，都将呈白色。若吸收比大一些，则呈灰色,甚至黑色,即绚丽多彩的自然界在人眼里将是黑白的世界。

而实际上并非如此,各种物质对光具有光谱选择性。例如,当太阳光照射在绿叶上时,绿叶对其他光的反射比较小,而对应于绿色波长的光反射比就比较大。因此经绿叶反射出来的光,其光谱能量分布将区别于太阳光的光谱能量分布,其中对应于绿色波长的光,它的光谱辐射通量要大一些。这种反射光进入人的眼睛,人们才看到这叶子是绿色的。

物质的这种光谱选择性可以用光谱吸收比 α_λ、光谱透射比 τ_λ 和光谱反射比 ρ_λ 来表征。

光谱反射比 ρ_λ 是物质反射的单色光通量 $\phi_{\lambda\rho}$ 对于入射的单色光通量 $\phi_{\lambda i}$ 之比,即:

$$\rho_\lambda = \frac{\phi_{\lambda\rho}}{\phi_{\lambda i}} \tag{9-17}$$

图 9-18 给出了几种颜料的光谱反射系数的曲线。由此图可以看出,有色彩的表面在与它色彩相同的光谱区域内,光谱反射系数最大,这说明有色彩的表面对与它相同波长的光的反射能力最强,而对其他波长的光的反射能力很弱,当与彩色表面相同波长的光照射到物体表面时,反射光射入眼睛后便使人产生颜色视觉。

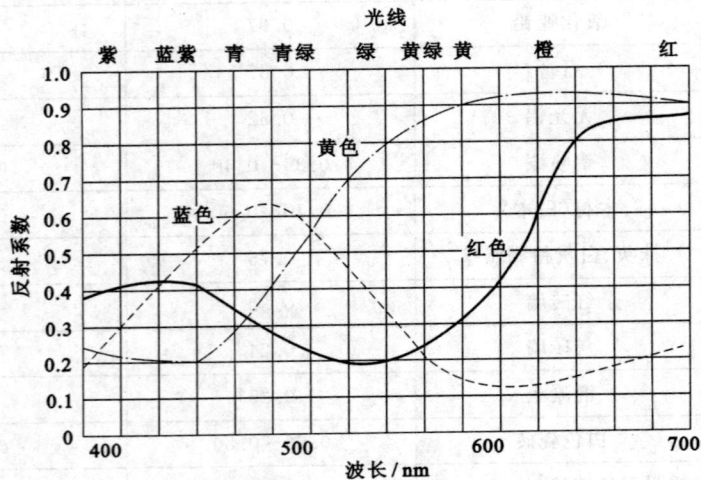

图 9-18 几种颜色的光谱反射系数曲线

同样,光谱吸收比 α_λ 和光谱透射比 τ_λ 可以分别表示为

$$\alpha_\lambda = \frac{\phi_{\lambda a}}{\phi_{\lambda i}} \tag{9-18}$$

$$\tau_\lambda = \frac{\phi_{\lambda\tau}}{\phi_{\lambda i}} \tag{9-19}$$

式中 $\phi_{\lambda a}$ ——物体吸收的单色光通量;

  $\phi_{\lambda\tau}$ ——物体透射的单色光通量。

需要注意的是,物质的吸收比、透射比和反射比与其光谱吸收比、光谱透射比和光谱反射比是有所区别的。在确定光谱吸收比等值时采用单色光照射物质,即每一种物质在某一确定波长的单色光照射之下可求得其光谱吸收比、光谱透射比和光谱反射比。当入射光的波长改变时,其值也随之改变。而在确定物质的吸收比等值时采用的是复合光,每一种物质在一种复合光下有确定的吸收比、透射比和反射比。通常所说的吸收比、透射比是针对色温为 5500 K 的白光而言的。

9.2 光与视觉

9.2.1 眼睛构造

照明是直接通过人的眼睛感知的,因此有必要了解人眼的构造(图 9-19)。人的眼睛是一个复杂又精密的感觉器官,在很多方面和一台照相机相似。眼睛位于眼眶内,因近似球形,所以也被称为眼球。眼球包括眼内腔、眼球壁和神经等组织。本节主要讲述眼球壁,眼球壁分为外、中、内三层结构。

(1) 外层

外层由角膜、巩膜组成,起维持眼球形状和保护眼内组织的作用。其中角膜占 1/6,呈透明状,光线经此射入眼球并将其折射成像。角膜外形呈椭圆形,略向前突,大小与一角美元硬币接近,厚度仅为 1/15 英寸。角膜分为上皮细胞层、前弹力层、实质层、后弹力层、内皮细胞层五部分。巩膜前面与角膜相连,后面与视神经硬膜相连,其结构为致密的胶原纤维,质地坚韧,不透明。巩膜占球壁外层的 5/6 左右,包括表层巩膜、巩膜实质和棕黑层。同时巩膜也是眼外肌的附着点处,此处巩膜最薄,为 0.3 mm。

(2) 中层

中层包括虹膜、睫状体和脉络膜三部分,具有丰富的色素和血管。虹膜在前室后面,呈圆环形,有辐射状纹理。虹膜可以通过调节中央开口的大小使光线直射到视网膜上。虹膜中央有一直径为 2.5~4 mm 的圆孔,即瞳孔,相当于照相机的光圈,调节进入眼睛的光通量。瞳孔的大小由虹膜

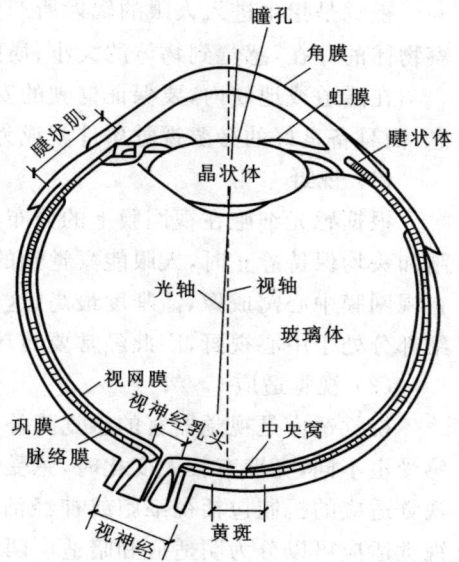

图 9-19 眼睛的构造

括约肌控制,通过调节瞳孔的大小,不仅可以避免进入人眼的光线太强造成视网膜损伤,还有利于不同物体的对焦。另外,虹膜还可吸收一部分流经它的房水,这条流出道称为眼色素层巩膜通路。睫状体是续连于虹膜后方的环形增厚部分,通过晶状体悬韧带与晶状体相连,睫状体内含平滑肌,有调节晶状体曲度的作用。睫状体包括睫状肌、丰富的血管及三叉神经末梢,受副交感神经支配,内表面有许多突出并呈放射状排列的皱褶。

脉络膜包围整个眼球的后部,前起于锯齿缘,和睫状体扁平部相连,后止于视盘周围。它含有丰富的血管和色素细胞,有遮光作用。由外向内分为脉络膜上腔、大血管层、中血管层、毛细血管层、玻璃膜五层。

(3) 内层

内层为视网膜,是一层透明的膜,具有很精细的网络结构及丰富的代谢和其他生理功能。视网膜是眼球的内层薄膜,它覆盖在脉络膜的内层,主要由视神经、双极神经细胞和神经节细胞组成。这些神经细胞相互连接并传递信息,最后形成一个神经束,穿过巩膜通向大脑。视网膜中心部位的后面为黄斑区,黄斑区很薄,中央无血管,是视网膜上视觉最敏锐的特殊区域,直径为 1~3 mm,其中央为一小凹,即中心凹。视网膜的视轴正对终点为黄斑中心凹。

视网膜由无数的光敏细胞组成,光敏细胞按其形状分为杆状细胞和锥状细胞。锥状细胞有

700万个,主要集中在黄斑区,对特殊的颜色和明光十分敏感。而杆状细胞只能感光,不能感色,但感光灵敏度极高,是锥状细胞感光灵敏度的10000倍。离黄斑区越远,杆状细胞越多,在接近边缘区域,几乎全是杆状细胞。锥状细胞和杆状细胞的功能不同:在白天或明亮环境中,主要由锥状细胞起作用,而在黑夜或弱光环境中,主要由杆状细胞起作用。

从以上叙述可知,眼睛的构成极其复杂,人的视觉过程实际上是一种生理现象。当光落在视网膜上时,视细胞吸收了光能,并刺激神经末梢,形成生物脉冲,通过视神经将信息传递给大脑,经大脑综合处理而形成视知觉。

9.2.2 视觉

视觉是指由进入人眼的辐射所产生的光感觉而获得的对外界的认识。通过视觉,人们可以觉察物体的存在,感觉到物体的大小、质感和空间关系,辨认它们的运动、颜色、形状等。

在隧道或地铁内,要保证驾驶的安全性和舒适性,首先必须保证驾驶人员获得足够多的视觉信息,而具备良好的必要视觉条件就成为获得视觉信息的基本条件。

(1)视野

根据感光细胞在视网膜上的分布,以及眼眉、脸颊的影响,人眼的视觉范围有一定的局限,当眼睛和头均保持静止时,人眼能察觉到的空间范围称为视野或视场。视线周围1°~1.5°内的物体能在视网膜中心窝成像,清晰度最高,这部分称为中心视野。人眼进行观察时,总要使观察对象的精细部分处于中心视野,因此经常要转动眼睛,以便获得较高的清晰度。

(2)视觉适应

视觉适应是视觉器官的感觉随外界亮度的刺激而变化的过程。当亮度不同时,人的视觉器官感受也不同,亮度有较大变化时,感受也随之变化,这种对光刺激变化相顺应的感受称为视觉适应。视觉适应的机制包括视细胞或神经活动的重新调整、瞳孔的变化及明视觉与暗视觉功能的转换。视觉适应可以分为明适应和暗适应两种。

由黑暗环境进入明亮环境,眼睛过渡到明视觉状态称为明适应,所需时间为1~30 s。由于杆状细胞只能在黑暗或者弱光环境下起作用,因此从暗环境变换到明环境时,杆状细胞将逐步退出工作状态,而同时锥状细胞则在足够的光能刺激下开始逐步工作,因此,明适应过程实际上是锥状细胞替换杆状细胞工作的过程。

由明亮环境进入黑暗环境转换成暗视觉状态称为暗适应,暗适应的过渡时间较长,为0.5~30 min。和明适应过程相反,暗适应过程是杆状细胞替换锥状细胞工作的过程。频繁的视觉适应会导致视觉迅速疲劳,因此在地下工程的照明设计中,一定要注意人眼的明适应和暗适应特性。

需指出的是,上述提及的明暗适应时间的长短只是一个估计值,实际上明暗适应时间与亮度值变化的幅度、变化前后亮度值以及人的生理等多个因素有关。在照明工程设计中,有些场合需要通过设置明暗适应的过渡照明来满足人眼视觉适应的要求。例如在隧道入口处、地下通道入口处的亮度高一些,然后,逐渐降低亮度以保证一定的视力要求。

(3)视觉敏锐度

人眼辨认目标的敏锐程度,称为视觉敏锐度。人眼能分辨的目标越小,其视觉敏锐度就越高。影响视觉敏锐度的因素有目标呈现时间、背景亮度、对比、眼睛的适应状况等。通常在目标呈现时间不变的条件下,提高背景亮度或加强亮度对比,都能提高视角敏锐度。定义物体的大小对眼睛所形成的张角为视角。视角敏锐度 S 可以表示为刚好能分辨的视角(物体)α_{min} 的倒数。

$$S = \frac{1}{\alpha_{min}}$$ (9-20)

（4）视觉后像

视觉后像是指光刺激作用于视觉器官时，细胞的兴奋并不随着刺激的终止而消失，而能保留短暂时间的现象。视觉后像分正后像和负后像两种。例如，注视电灯一段时间后，关上灯，仍有一种灯在那亮着的感觉，这就是正后像；如果目不转睛地盯着一盏白色的荧光灯，然后把视线转移向一堵白墙，会感到有一个黑色的灯的形象，这就是负后像。

（5）亮度对比

视野中识别对象亮度 L_0 和背景亮度 L_b 之差与背景亮度之比叫作亮度对比，用 C 表示：

$$C = \frac{L_0 - L_b}{L_b}$$ (9-21)

式中　C——亮度对比；

L_0——识别对象亮度，cd/m^2；

L_b——背景亮度，cd/m^2。

在理想条件下，视力好的人能够分辨 0.01 的亮度对比。当识别对象亮度大于背景亮度时，亮度对比 C 在 $0 \sim \infty$ 范围内；而识别对象亮度不可能小于背景亮度。

（6）对比敏感度

人眼刚刚能感觉的最小亮度比称为阈限对比，用 C_t 表示，阈限对比的倒数称为对比敏感度，用 s 表示，即

$$s = \frac{1}{C_t}$$ (9-22)

观察目标的大小、呈现的时间和照明时间均会影响 s。对比敏感度代表了人眼辨别亮度差别的能力，对比敏感度越大的人辨别的亮度对比就越小。在理想情况下，视力好的人的阈限对比约为 0.01，即对比敏感度可达 100 左右。

（7）眩光

由于视野中的亮度分布或亮度范围的不适宜，或存在极端的对比，以致引起不舒适感觉或降低观察细部或目标的能力的视觉范围，统称为眩光。其中使人眼产生不舒适感觉但并不一定降低视觉功效和可见度的眩光称为不舒适眩光；而降低视觉功效和可见度的眩光称为失能眩光。眩光的强弱一般与光源的亮度、光源的位置以及周围的环境等因素有关。

9.3　光　与　颜　色

五光十色、绚丽缤纷的大千世界里，颜色使宇宙万物充满情感且显得生机勃勃。世界上第一个揭开颜色秘密的人是英国科学家牛顿，他用一块三棱镜成功地将太阳光分解成了红、橙、黄、绿、青、蓝、紫七种颜色的彩带，并且后来牛顿又用透镜将这七种光聚在一起，还原成了白色光。

当我们看见一个物体时，首先感觉到的是它的颜色，这是由人眼视觉所得到的。我们所说物体的颜色，一般是指在日常环境里太阳光照射时物体所呈现的颜色，称为物体的本色。但是只有在满足一定亮度的条件下，物体的颜色才能被人眼感知，在没有光线的情况下，我们是无法感知物体颜色的。因此，颜色是光和眼睛相互作用而产生的。事实上，颜色只是不同波长的光线照射在人的视网膜上，然后给予大脑的一种感觉，这种感觉就称为色觉。

在光亮合适的情况下，一般人的眼睛可以分辨出 120 种颜色。将不同颜色相互进行补充，在相

互村托之下,有经验的人甚至可以分辨 13000 多种颜色。

对于正常视觉的人来说,在光亮条件下能看得见的各种颜色的光,其波长范围为 380～780 nm。人眼为什么能辨认出不同波长的光线呢?科学研究表明:人眼的视网膜上有三种锥状感色细胞,分别称为感红细胞、感绿细胞、感蓝细胞,这三种细胞分别对红、绿、蓝三种颜色的光敏感。不同颜色的物体对三种细胞产生的反应不同。例如,绿色物体就使绿色锥状细胞最兴奋,而红色和蓝色锥状细胞就微弱得多。

当人眼接收到了混合光以后,上述三种锥状感色细胞就按照各自的规律兴奋起来,出现了三种视觉信号,它们经过视神经传递到大脑,形成一个综合的色觉,这就是人们感觉到的混合光的颜色,这也意味着人眼不能看见混合光中的各种单色光。正是因为人的色视觉有这样一个特点,所以才使得人眼的视网膜虽然只有这三种锥状感色细胞,却能辨别出世界上各种千差万别的颜色。

在照明工程中,人们利用黑体加热到不同温度所发出的不同光色来表达一个光源的颜色,称为光源的颜色温度,简称色温。即一个光源所发出的光的颜色与黑体在某一温度下所发出的颜色相同时,则黑体的这个温度就叫作光源的色温,用 K 表示。

在隧道或者地铁内一般利用人造光源进行照明。但由于人造光源在发光原理和光谱辐射方面的差异,从而形成相应不同的色温,这对人体的体力负荷、心理平衡以及生理功能等将产生一定的影响。若光源色温选择适当,可使人的中枢神经和自主神经系统功能得到平衡,使紧张的神经得以松弛;反之,则可能导致中枢神经系统功能失调,甚至扰乱身体的自然平衡。目前隧道及道路照明普遍采用低色温的高压钠灯,这是由于高压钠灯在明视觉条件下具有相对较高的发光效率。

各种光源的色温见表 9-5。

表 9-5　　　　　　　　　　　　各种光源的色温

光源	色温/K	光源	色温/K
蜡烛	1900～1950	月光	4100
高压钠灯	2000	日光	5300～5800
白炽灯	2700～2900	昼光(日光＋晴天天空)	5800～6500
弧光灯	3780	全阴天空	6400～6900
钨丝白炽灯	2740	晴天蓝色天空	10000～26000
镝灯	5000～9000	荧光灯(白色)	4500
钠铊铟灯	4299～5500	荧光灯(暖白色)	3500

本章小结

(1)光具有波粒二象性,即光既有波动性,又有粒子性。

(2)常用的光度量主要有光通量、发光效率、发光强度、亮度以及照度。

(3)光的辐射是在去激发跃迁时电子释放能量所形成的辐射。在人工源中,常用的辐射源主要有热辐射、气体放电和电致发光三种形式。

(4)光通过介质传播时,一般会发生吸收、反射、折射和透射等现象。

(5)通过视觉可以觉察物体的存在,感觉到物体的大小、质感和空间关系,辨认它们的运动、颜色、形状。

(6)人眼视网膜上的锥状感色细胞分为感红细胞、感绿细胞、感蓝细胞三种,不同颜色的物体将使这三种细胞产生不同的反应。

（7）不同的色温对人体的体力负荷、心理平衡以及生理功能等将产生一定的影响。

习题与思考题

9-1 电磁波在介质中传播时，其频率和传播速度与介质有关吗？

9-2 常用的光度量主要有哪些？

9-3 光的辐射产生的原理是什么？

9-4 试述吸收比、透射比和反射比点的定义及其关系。

9-5 试述吸收比与光谱吸收比的异同。

9-6 影响视觉敏锐度的因素有哪些？

9-7 什么是明适应和暗适应？

9-8 人眼为什么能辨认出不同波长的光线？

9-9 光源色温对隧道及道路照明视觉功效有什么样的影响？

9-10 人眼的视网膜上有哪三种锥状感色细胞？

习题与
思考题答案

10 照明的标准和要求

> **【内容提要】**
>
> 本章主要内容包括:照明电光源的分类及性能指标,白炽灯、卤钨灯、荧光灯、高强度气体放电灯、场致发光灯和发光二极管等的结构与原理、特点以及使用场合,照明电光源性能比较和选用。本章的教学重点为常用电光源的性能指标、主要特点及使用场合;教学难点为电光源的选用。
>
> **【能力要求】**
>
> 通过本章的学习,学生应了解照明电光源的分类;熟悉常见光源的结构与原理,掌握它们的主要性能指标、特点及使用场合;熟悉各种不同光源之间的性能差异及它们的选用原则。

本章拓展资源

电光源泛指各种通电后能发光的器件,而用作照明的电光源则称为照明电光源。人类对电光源的研究始于 18 世纪末。19 世纪初,英国的戴维发明了碳弧灯;1879 年,美国的爱迪生发明了具有实用价值的碳丝白炽灯,使人类从漫长的火光照明时代进入了电气照明时代。随着光源制造技术的发展,各种寿命长、发光效率高、显色性好以及节能效果显著的新型光源相继出现,并广泛应用于日常照明、工农业生产以及国防和科研等各个领域。

10.1 照明电光源的分类及性能指标

目前电光源主要有白炽灯、卤钨灯、荧光灯、高强度气体放电灯、场致发光灯以及半导体灯,本节主要介绍电光源的种类、性能指标以及光源型号的命名。

10.1.1 照明电光源的分类

电光源根据发光原理,可以分为固体发光光源和气体放电光源,电光源分类如图 10-1 所示。

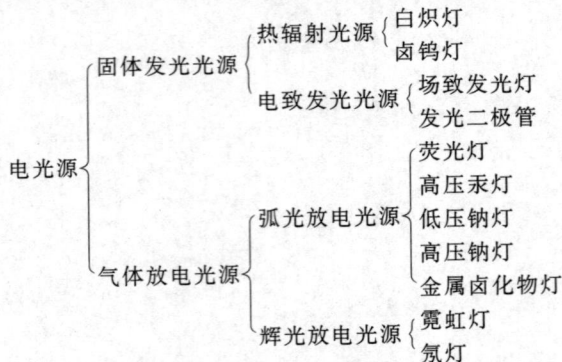

图 10-1 电光源分类示意图

（1）固体发光光源

固体发光光源可以分为两类：一类是热辐射光源，包括白炽灯和卤钨灯，它们以钨丝作为辐射体，钨丝被电流加热到白炽程度时产生热辐射；另一类是直接将电能转换为光能的发光光源，包括场致发光灯和发光二极管。场致发光灯是利用场致发光原理制成的光源，可用于指示照明、广告灯。发光二极管采用电场发光的原理，让足够多的电子和空穴在电场作用下复合而产生光子，其发光效率可达 80%～90%，是一种绿色光源。

（2）气体放电光源

气体放电光源的发光原理完全不同于固体发光光源，它主要是利用电流通过气体（或蒸气）而发光的光源，主要以原子发射形式产生光辐射。气体放电光源按放电的形式可分为弧光放电光源和辉光放电光源。

弧光放电光源主要利用弧光放电柱产生光，其特点是放电电流较大，在照明工程中应用较广泛。弧光放电灯主要包括荧光灯、高压汞灯、低压钠灯、高压钠灯以及金属卤化物灯等。

辉光放电光源主要由辉光放电柱产生光，其特点是工作时需要很高的电压，但电流密度较小。并且阴极的次级发射比热电子发射大得多，阴极位降较大。

10.1.2　电光源的主要性能指标

电光源的工作特性通常可以用一些参数来描述，这些参数又由制造厂家提供给用户，作为选择和使用光源的依据。主要指标有：

（1）额定电压

额定电压是指光源及其附件所组成的回路所需电源电压的额定值。光源只有在额定电压下工作才能获得最佳的效果。

（2）灯泡功率

灯泡功率是指灯泡在工作时所消耗的功率。额定功率一般指灯泡在额定电流下所消耗的功率。

（3）额定光通量

光源在额定条件下工作时的光通量输出称为额定光通量，是光源的重要性能指标。光通量输出与很多因素有关，在正常情况下，一般与点燃时间有关，两者之间成反比。

（4）发光效率

灯泡消耗 1 W 电功率所发出的光通量称为发光效率，简称光效，用 lm/W 表示。发光效率是光源选择的重要考虑因素之一，其数值越高，表示光源的效率越高。

值得注意的是，对于荧光灯、高压钠灯和金属卤化物灯这类工作时必须使用镇流器的光源，发光效率应该将镇流器的功率消耗考虑进去。

（5）寿命

光源的寿命可以分为全寿命、平均寿命和有效寿命，一般以 h 计算。考虑全寿命有很大的离散性，故一般用平均寿命和有效寿命来定义光源的寿命。

有效寿命是指从光源开始工作后到光通量衰减为额定值的某一百分数（70%～80%）所累积的时间，此时光源的光效明显下降，像白炽灯、荧光灯多采用有效寿命指标。

平均寿命是指试样光源从点燃到50%的光源失效所累积的时间,一般光通量衰减较小的光源常用平均寿命作为其寿命指标。

(6)色表和显色性

色表和显色性是光源的两个重要的性能指标。

① 色表。

人眼观察到光源所发出的光的颜色称为色表,用色温来表示。对于白炽灯这类热辐射光源来说,其光谱能量分布和黑体辐射光谱能量分布较接近,可以直接用色温来表示热辐射光源的颜色。但对于气体放电光源而言,两者的分布很不一致,则只能用相关色温来表示放电光源的颜色。

光源发射的光的颜色与黑体在某一温度下发射的光的颜色最接近时,黑体的温度称为光源的相关色温。光色主要取决于光源的色温,色温不同,光色也不同。

② 显色性。

光源照射到物体上所显现出来的颜色,称为光源的显色性。显色指数是指同一个物体在光源下显示的颜色与太阳光下显示的颜色相比较其符合的程度,用 Ra 表示。

一般太阳光或者与太阳光很接近的人工标准光源的显色指数定为100。电光源的显色性都比太阳光差,其显色指数是低于100的某个数值。Ra 越大,显色性越好;Ra 越小,显色性越差。Ra 值大于80为优良,为50～79为一般,小于50为差。

必须注意的是,光源的色温和显色性之间没有必然的联系,具有相同色温的光源,其显色性可能差别很大,同样,显色指数相同的光源,其色温也可能差别很大。

(7)频闪效应

在以一定频率变化的光源照射下,观察到的物体运动呈现静止或不同于实际运动状态的现象称为频闪效应。对于热辐射光源而言,因灯丝的热惰性大,所产生的闪烁感不强,而气体放电灯则较为明显。频闪效应会降低人的视觉分辨能力,严重时会诱发各种事故,因此在使用具有频闪效应的光源时应采用有效措施。

(8)点燃时间和再点燃时间

高强气体放电灯从点燃到灯光达到稳定状态所需的时间称为点燃时间,此类光源熄灭后不能立即点燃,必须等到灯管冷却后才能再次点燃,这段时间称为再点燃时间。

各类常用光源的主要特性指标比较将在10.10节中叙述。

10.1.3 光源型号的命名

我国的国家标准规定了各种光源的型号命名方法。白炽光源的型号命名一般由三部分组成,气体放电光源的型号命名一般由两部分组成。两类光源的第一部分皆为字母部分,由表征光源名称特征的汉语拼音首字母组成;第二部分和第三部分一般都由数字组成,主要表征光源的光电特性。有些名称、参数相同,但结构形式不同的灯泡(或灯管),则需要增加第四部分,表示不同结构形式的顺序号。型号的各部分应直接连写,但当相邻的两部分同为字母或数字时,则需用一短横线"-"分开。照明设计中常用的白炽光源和气体放电光源的型号命名分别见表10-1和表10-2。

表 10-1 **常用白炽光源型号命名**

电光源名称	型号的组成			电光源名称	型号的组成		
	第一部分	第二部分	第三部分		第一部分	第二部分	第三部分
普通照明灯泡	PZ	额定电压/V	额定功率/W	跑道灯泡	PD	额定电压/V	额定功率/W
反射型普通照明灯泡	PZF			聚光灯泡	JG		
装饰灯泡	ZS			摄影灯泡	SY		
局部照明灯泡	JZ			幻灯灯泡	HD		
铁路信号灯泡	TX			无影灯泡	WY		
船用照明灯泡	CY			小型指示灯泡	XZ		
船用指示灯泡	CZ			水下灯泡	SX		
飞机灯泡	FJ			管形照明卤钨灯	LZG		

表 10-2 **常用气体放电光源型号命名**

电光源类型	电光源名称	型号的组成		
		第一部分	第二部分	第三部分
低压汞灯	直管形荧光灯	YZ	额定功率/W	颜色特征*
	U 形荧光灯	YU		
	环形荧光灯	YH		
	自镇流荧光灯管	YZZ		
	黑光荧光灯管	YHG		
	紫外线灯管	ZW		不同结构形式的顺序号
	直管形石英紫外线低压汞灯	ZSZ		
	U 形石英紫外线低压汞灯	ZSU		
	白炽荧光灯泡	ZY		
高压汞灯	高压汞灯泡	GG	额定功率/W	
	荧光高压汞灯泡	GGY		
	自镇流荧光高压汞灯泡	GYZ		
	反射型高压汞灯泡	GGF		
	反射型荧光高压汞灯泡	GYF		
钠灯	低压钠灯	ND	额定功率/W	
	高压钠灯	NG		
金属卤化物灯	管形镝灯	DDC	额定功率/W	

*：日光色（6500 K）为 RR，冷白色（4300 K）为 RL，暖白色（2900 K）为 RN。

例如:型号 PZ220-100 表示一只 220 V、100 W 的普通照明白炽灯泡,P——"普(pu)"的拼音第一个字母;Z——"照(zhao)"的拼音第一个字母;220——灯泡的额定电压,V;100——灯泡的额定功率,W。而型号 YZ36RR 表示一只 36 W 日光色的直管形荧光灯,Y——"荧(ying)"的第一个字母;Z——"直(zhi)"的第一个字母;36——灯管的额定功率,W;RR——光源的颜色特征为日光色。

10.2 白 炽 灯

白炽灯发明于 19 世纪 60 年代,是第一代电光源。由于它具有造价低、体积小、光色优良、结构简单以及显色性好等优点,已成为用得最广泛的热辐射电光源。100 多年来,经过多次重大技术改进,白炽灯的类型和品种在不断增加,各项技术指标也得到了提高和完善。

10.2.1 白炽灯的结构

白炽灯由支撑在玻璃柱上的钨丝以及包围它们的玻璃外壳、灯帽、电极等组成,如图 10-2 所示。白炽灯的发光原理是电流流过钨丝时,钨丝将被加热,当加热到白炽化状态时便发出可见光。当温度达到 500 ℃左右时,开始出现可见光谱并发出红光,随着温度的增加,由红色变为橙黄色,最后发出白色光。

白炽灯的灯头是用来固定灯泡和引入电流的,按形式和用途可分为插口灯头、螺口灯头、聚焦灯头以及各种特种灯头(图 10-3),最常用的灯头是插口和螺口两种形式的灯头,分别与相应的灯座配用。插口灯头接触面小,功率大时接触处温度较高,一般用于功率较小的灯泡;而螺口灯头接触面较大,用于功率较大的灯泡。

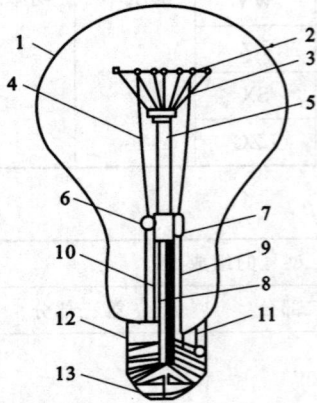

1—玻壳;2—灯丝;3—钼丝钩;4—内导丝;5—实心玻梗;6—封接丝;7—排气孔;8—排气管;9—喇叭管;10—外导丝;11—焊泥;12—灯头;13—焊锡。

图 10-2 白炽灯结构图

白炽灯的玻壳根据用途的不同可做成各种不同的形状和形式,但一般都采用与灯纵轴对称的形式,如梨形、圆柱形、球形等,仅有很少的特殊灯是不对称的,如全反射灯的玻壳。大部分普通白炽灯的玻壳是透明的,为了减低发光体的表面亮度,有时采用磨砂玻璃或乳白玻璃。有些灯泡则做成发射型的,即玻壳的上半部分(靠灯头部分)蒸镀一层反光铝膜。

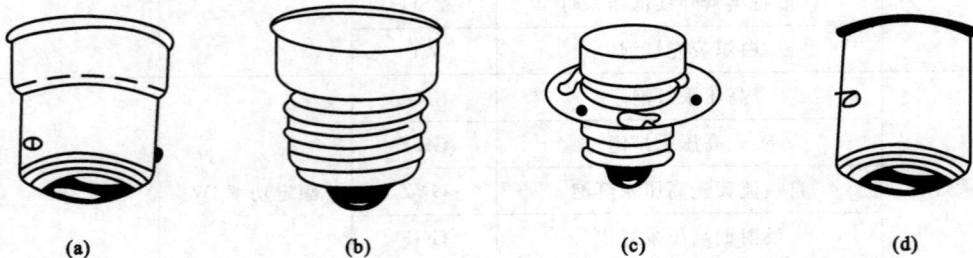

(a)　　　(b)　　　(c)　　　(d)

图 10-3 几种白炽灯头外形

(a) 插口灯头;(b) 螺口灯头;(c) 聚焦灯头;(d) 特种灯头

灯丝是白炽灯的关键组成部件,一般由高熔点低蒸发率的钨制成。灯丝在灯泡内可以设计成直线状、环状或锯齿状,环状和锯齿状结构能产生较均匀的光通量分布。为了尽可能减小热损耗,提高白炽灯的效率,一般都将普通白炽灯丝绕制成单螺旋、双螺旋甚至三螺旋的形状,以减小灯丝的长度。例如,双螺旋灯丝能使 40 W 普通灯丝长度缩短近一半,并在同样寿命的情况下使光的光效提高 20% 左右。

一般 40 W 及 40 W 以下的白炽灯泡只将泡内抽成真空,而 60 W 及 60 W 以上的灯泡除了将泡内抽成真空外还在泡内充入一定量的惰性气体,用以延长使用寿命。

白炽灯的光谱能量分布比较均匀,其光谱能量分布曲线随着波长的增加而逐渐上升,即能量分布偏重于长波(黄、红光)方面。因此,白炽灯具有较好的显色性,显色指数 $Ra=95\sim99$。

普通白炽灯的发光效率不高,为 $10\sim15$ lm/W,这主要是因为白炽灯总功率的 75% 以上都是以红外线的方式辐射掉的(产生热能),仅有小部分能量产生可见光。

10.2.2　白炽灯的特点

白炽灯主要有以下特点:

① 使用安装方便;

② 辐射光谱连续,显色性好;

③ 有高度的集光性,便于光的再分配;

④ 适于频繁开关,点灭次数对性能及寿命影响较小;

⑤ 启动时间几乎为 0 s,即瞬时启动;

⑥ 灯丝温度随电源电压变化而变化,当外接电源高于额定值时,灯泡的寿命大大缩短,而光通量、功率及发光效率有所增加,否则相反;

⑦ 磨砂玻璃壳白炽灯的光通量要降低 3%,内涂白色玻璃壳白炽灯的光通量要降低 15%,乳白色玻璃壳白炽灯的光通量要降低 25%;

⑧ 白炽灯发出的光与自然光相比呈橙红色。

10.2.3　白炽灯的分类

白炽灯根据其结构的不同可分为以下几种类型:

① 普通照明用白炽灯。这类灯主要用于工业和民用建筑,如住宅、商店以及宾馆等场所,其中应用最广泛的是梨形透明玻璃灯泡。

② 装饰白炽灯。装饰白炽灯是利用白炽灯玻璃壳的外形变化和色彩的不同,工作时起到一定的照明和装饰效果。装饰白炽灯常用于会议室、客厅、节日装饰照明等。国内生产最多的装饰灯是烛光形灯泡与采用彩色玻璃制作的节日彩泡,或能承受较高大气压的水下用彩色玻壳白炽灯。

③ 反射形灯泡。反射形灯泡采用内壁镀有反射层的玻壳制成,能使光束定向发射。其主要应用于灯光广告、展览馆以及橱窗等需要光线集中的场所。

④ 局部照明灯泡。局部照明灯泡的结构外形和普通白炽灯泡相似,仅所设计的额定电压较低,这类灯泡主要应用于必须采用安全电压的场所。

10.3 卤 钨 灯

卤钨灯是在白炽灯的基础上改进而成的,但结构上有较大差别,最明显的差别就是卤钨灯内所填充的气体含有部分卤族元素或卤化物。由于其结构比较复杂,制造工艺和材料要求均高于普通白炽灯,因此卤钨灯的价格要比普通白炽灯高几倍甚至几十倍。

10.3.1 卤钨灯的工作原理

当充入卤素物质的灯启燃后,灯丝蒸发的钨在灯壁区域内与卤素化合,形成一种挥发性的卤钨化合物。在灯丝的高温作用下,卤化钨分解成钨和卤化物,钨又沉积回到灯丝上,这样,蒸发的钨和分解的钨达到了一个动态平衡,形成卤钨循环。

卤钨循环有效地抑制了钨的蒸发,所以可以延长卤钨灯的使用寿命,同时进一步提高灯丝温度,获得较高的发光效率,并减小使用过程中光通量的衰减。

按充入卤素的不同,卤钨灯可分为碘钨灯和溴钨灯等。碘钨灯是在耐高温的石英玻璃制成的灯管内,充入惰性气体(氮气、氩气)和少量碘的化合物。由于灯管中的温度很高,碘将与从灯丝蒸发出来的钨化合生成碘化钨并进行扩散,使得在灯丝周围形成一层钨蒸汽云,有效地防止了灯泡的黑化,最终减小了光通量的损失。溴钨灯的工作原理与碘钨灯相似,但前者的发光效率要比后者高 $4\% \sim 5\%$。

理论上所有的卤素都能在灯泡内产生卤钨循环,除了上述提及的碘钨灯、溴钨灯,还可以制成氟钨灯和氯钨灯,这些灯的区别在于产生卤钨循环时发生化学反应所需的温度不同。目前,市场上使用比较广泛的是碘钨灯和溴钨灯两种。

碘钨灯再生循环的过程和简化机理分别如图 10-4 和图 10-5 所示。碘钨灯接通电源后,钨丝被电流加热,其工作温度一般为 $2359 \sim 3150 \ ℃$,灯管温度不低于 $250 \ ℃$。这样,灯丝与玻壳之间的惰性气体就存在着温度梯度,按温度高低从灯丝径向延伸到泡壁可分为 3 个温度区域。区域 1 是围绕灯丝的无化学反应区,该区域内的惰性气体 A、蒸发的钨 W、碘原子 I 都以分离的成分存在;区域 2 是钨 W 和碘 I 的可逆反应区,靠近泡壁一边(温度较低)碘 I 与从灯丝蒸发出来的钨化合生成碘化钨 WI_2,靠近灯丝的一边(温度较高)碘化钨 WI_2 会分解成碘 I 和钨 W;区域 3 内没有热分解,只发生碘原子 I 的继续复合,并完成碘化钨 WI_2 的形成。

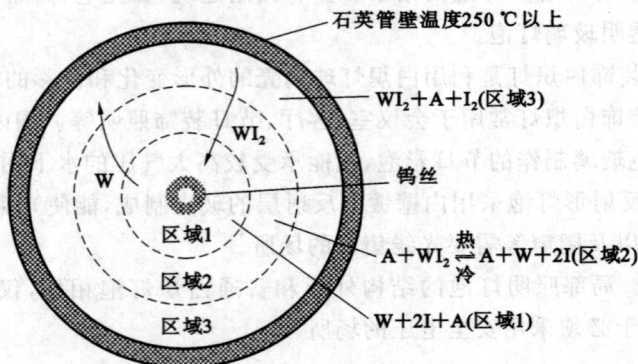

石英管壁温度250℃以上

WI_2+A+I_2(区域3)

WI_2

W

钨丝

区域1

区域2

区域3

$A+WI_2 \underset{冷}{\overset{热}{\longrightarrow}} A+W+2I$(区域2)

$W+2I+A$(区域1)

W—钨;A—惰性气体;I—碘原子。

图 10-4 碘钨灯再生循环示意图

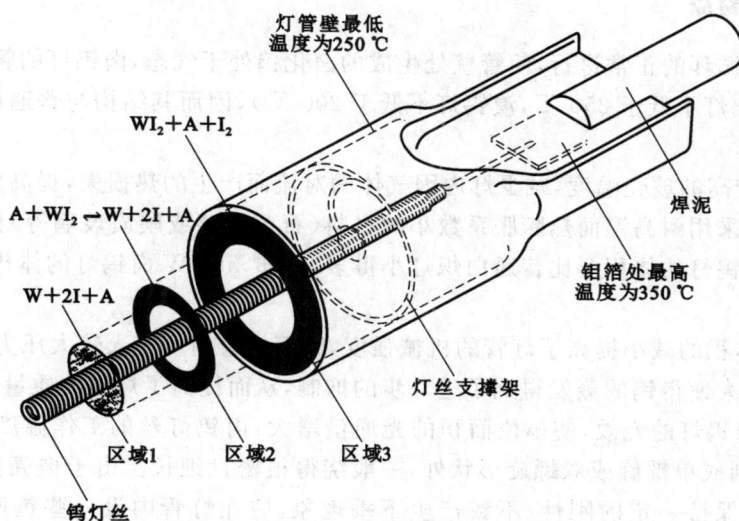

图 10-5　碘钨灯再生循环的简化机理

10.3.2　卤钨灯的结构

卤钨灯主要由电极、灯丝、石英灯管组成,可以分为单端和双端两种,构造如图 10-6 所示。

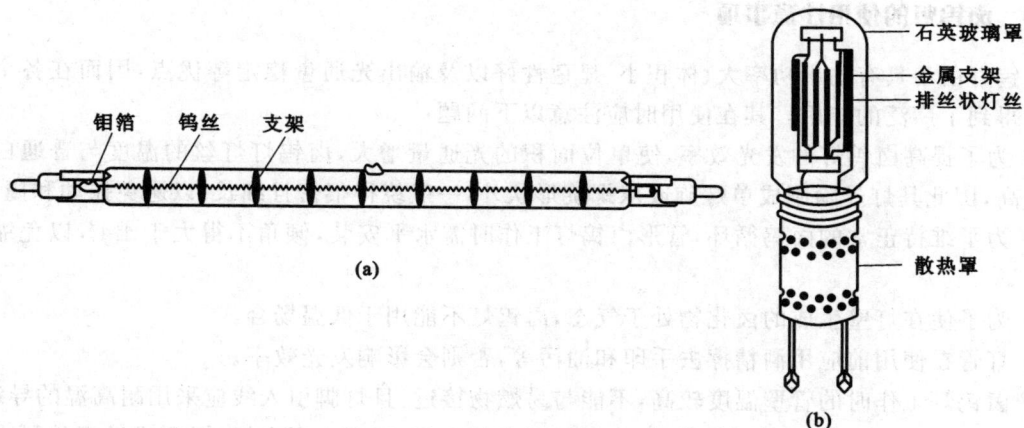

图 10-6　卤钨灯外形

(a) 单端引出;(b) 双端引出

图 10-6(a) 为单端结构的卤钨灯,灯的玻壳有磨砂和透明两种,功率有 75 W、100 W、150 W、250 W 多种规格。图 10-6(b) 为双端结构的卤钨灯,呈管状,灯管直径为 8~10 mm,功率为 100~2000 W。两端采用磁接头,需要时在磁管内还装有熔丝。500 W 以上的大功率卤钨灯一般制成管状。

卤钨灯的玻壳通常用石英玻璃或高硅氧玻璃制成,用以提高管壁的耐高温性能,从而避免生成的卤化物附在管壁上。另外,玻壳一般做成较小的尺寸,这使得相同功率的卤钨灯体积要比普通白炽灯小得多。而且由于玻壳体积较小,提高了灯管的机械强度,因而灯管内可充入压力较大的惰性气体。

10.3.3　卤钨灯的特点

为了保证卤钨循环的正常进行,使管壁处生成的卤化钨处于气态,卤钨灯的管壁温度要比普通白炽灯高得多(碘钨灯不低于 250 ℃,溴钨灯不低于 200 ℃),因而其结构与普通白炽灯差别较大。其主要特点如下:

① 为了保持较高的玻壳温度,减少灯内因气体的对流而产生的热损失,提高灯泡的发光效率,卤钨灯的玻壳通常采用耐高温而热膨胀系数小的材料(石英玻璃或硬质玻璃等)做成较小的尺寸,致使相同功率的卤钨灯的体积要比普通白炽灯小得多,例如,500 W 卤钨灯的体积仅为相同功率普通白炽灯的 1%。

② 由于玻壳体积的减小提高了灯管的机械强度,因而灯管内可充入较大压力的惰性气体。灯管内气体密度的增大使得钨的蒸发得到了进一步的抑制,从而提高了灯泡的质量。

③ 为了提高卤钨灯的光效,使单位面积的光通量增大,卤钨灯丝的工作温度要高于普通白炽灯,因此其灯丝除制成单螺旋或双螺旋形状外,一般绕得很密且细长。由于玻壳体积小,为使灯丝在整个寿命期间能保持一定的刚性,不致产生下垂现象,应在灯管内设一些钨质支架圈,以固定灯丝。

④ 由于工作温度高,卤钨灯的引出端与灯管封接时,只能采用高稳定性的钼箔作为导电体。

可见,卤钨灯的结构比较复杂,其制造工艺和材料要求均高于普通白炽灯,因此,卤钨灯成本和价格比普通白炽灯高几倍至几十倍。

10.3.4　卤钨灯的使用注意事项

卤钨灯由于具有输出功率大、体积小、显色性好以及输出光通量稳定等优点,因而在各个照明领域中得到了广泛的应用。其在使用时应注意以下问题:

① 为了提高卤钨灯的发光效率,使单位面积的光通量增大,卤钨灯灯丝的温度与普通白炽灯相比要高,因此其灯丝除制成单螺旋或双螺旋形状外,一般绕得很密且细长,以避免振动和撞击。

② 为了维持正常的卤钨循环,管形卤钨灯工作时需水平安装,倾角不得大于±4°,以免缩短灯的寿命。

③ 为了使在灯壁生成的卤化物处于气态,卤钨灯不能用于低温场合。

④ 灯管在使用前应用酒精擦去手印和油污等,否则会影响发光效率。

⑤ 卤钨灯工作时的管壁温度较高,不能与易燃物接近,且灯脚引入线应采用耐高温的导线。

⑥ 卤钨灯的引线封口处非常薄弱,使用时要尤其注意,否则会因弯折、扭曲或过高的压力而造成引线在根部折断或玻管爆裂漏气。

10.4　荧　光　灯

荧光灯又叫日光灯,其发光原理与前面提及的白炽灯完全不同。荧光灯出现在 20 世纪 30 年代,是一种低气压汞蒸气弧光放电灯。荧光灯的特点是光色好、寿命长、发光效率高、表面亮度低以及光通量分布均匀,已广泛应用于各种类型的照明领域。

10.4.1　荧光灯的结构及原理

直管形荧光灯的结构如图 10-7 所示。灯管两端各有一个密封的电极,管内充有低压汞蒸气及少量惰性气体氩,氩的作用主要是帮助启燃。当灯管两个电极加上电压以后,气体放电便会产生紫外线,紫外线则激发涂在灯管内壁上的荧光粉,从而发出可见光。紫外线激发荧光粉时,一般只有20％～35％的射线可以产生可见光,其余部分则转换为热量。

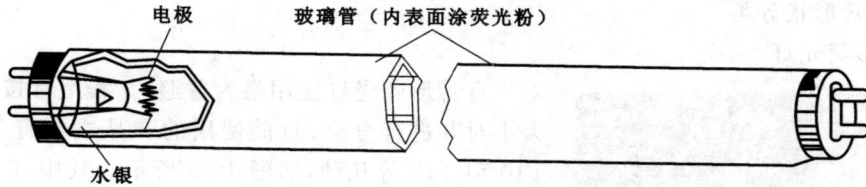

图 10-7　直管形荧光灯的结构

荧光粉的成分决定荧光灯的光视效能和颜色。使用宽频带卤磷酸盐荧光粉的普通荧光灯,光视效能平均为 45～100 lm/W,比白炽灯高 5 倍左右。单独使用一种荧光物质,可以制成黄、绿、蓝某种色彩的荧光灯。有些荧光粉只要改变其构成物质的含量,即可得到一系列的光色,例如冷白色、暖白色、白色等。

电极通常用钨丝绕成螺旋形状,并在上面涂有电子发射物质,这些金属氧化物具有较低的溢出功,以便使电极在较低的温度下就能产生热电子发射。

热阴极荧光灯的工作电路由灯管、镇流器和启辉器组成,如图 10-8 所示。其工作原理为:当合上开关 S_1 后,电源电压全部加在启辉器 S_2 上,启辉器 S_2 产生辉光放电而发热,其中的双金属片受热膨胀变形,使触点闭合,接通阴极电路预热灯丝。双金属片触点闭合后,辉光放电停止,经 1～2 s 后,双金属片冷却收缩,使触点弹开分离,就在这一瞬间,串联在电路中的镇流器 L(为一电感线圈)产生较高的自感电动势,加在灯管两端,阴极被预热后已发射了大量的电子,就使管内气体和汞蒸气电离而导电。汞蒸气放电时产生的紫外线激发灯管内壁的荧光物质发出可见光。灯管启燃后,电源电压就分布在镇流器和灯管上,灯管两端的电压降远远低于电源电压,致使启辉器上的电压达不到启辉电压而不再启辉。镇流器在灯管预热和启燃后,都起着限制和在一定程度上稳定预热及工作电流的作用。

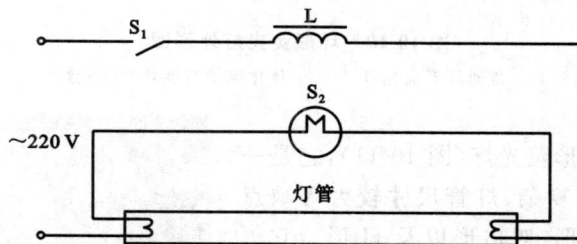

图 10-8　荧光灯的工作电路

镇流器是荧光灯的一个关键部件,事实上所有的气体放电灯工作时都需要镇流器。镇流器的作用是提供一个高的启动电压以触发放电,限制电流以维持放电并控制灯功率。直到 20 世纪 90 年代,使用最多的还是电感镇流器,这种镇流器体积大、分量重,其内部有一个周围围绕着很多线圈的铁芯,并且这种镇流器会使荧光灯不断闪动以及发出嗡嗡声。随着加工工艺和电子技术的不断发展,电子镇流器被研发并逐步得到应用。电子镇流器在重量和体积上比电感镇流器更轻、更小,工作温度也更低,一般具有更高的能效并且可以提供连续全范围调光,电子镇流器还可以在工作时限制通过电极的电流,从而使耗用的能量最小化。

10.4.2 荧光灯的分类

荧光灯应用广、发展快，并且类型非常多，这里只介绍几种工程上常用的分类方法。

(1) 按灯管形状分类

① 直管形荧光灯。

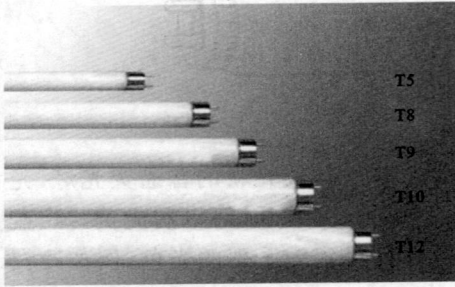

图 10-9 直管形荧光灯

直管形荧光灯使用最为普遍，工程上常按灯管直径的大小对其进行分类，目前使用的产品主要有 T5、T8、T9、T10 和 T12 等几种，如图 10-9 所示。其中 T 代表管状光源，Tn 指管的直径为 $n/8$ in ($n=$ 2, 5, 8), 1/8 in 即 3.175 mm。

② 环形荧光灯。

环形荧光灯是针对直管形荧光灯安装不便和装饰性差的缺点而出现的，其外形如图 10-10 所示。与直管形荧光灯相比，环形荧光灯的优点是光源集中、照度均匀、造型美观，可用于民用建筑及家庭居室照明。

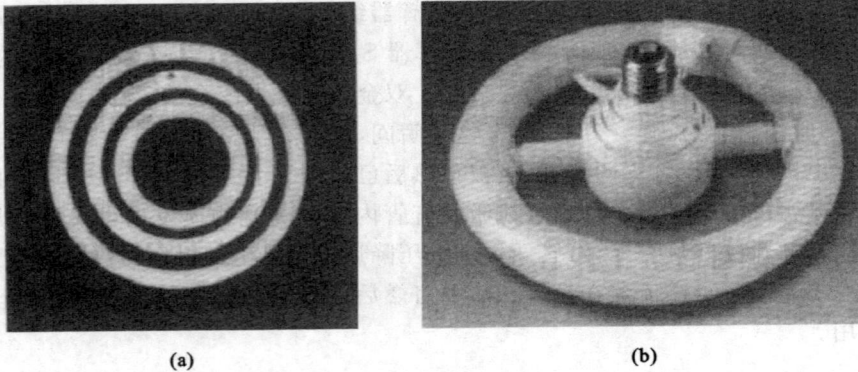

(a)   (b)

图 10-10 环形荧光灯外形图

(a) 普通环形荧光灯；(b) 一体化电子节能环形荧光灯

③ 紧凑型荧光灯。

紧凑型荧光灯又称异形荧光灯(图 10-11)，它是一种针对直管形荧光灯结构复杂、灯管尺寸较大等缺点而研制出的荧光灯，有 U 形、双口形以及 H 形。它集白炽灯和荧光灯的优点于一身，并将灯与镇流器、启辉器一体化，外形类似普通照明白炽灯泡，但体积显得略大。紧凑型荧光灯具有光效高、光色温暖、显色性好、寿命长等优点。另外，紧凑型荧光灯色温低(2700～2800 K)、功率小，光通量为 400～2000 lm，是替代60～100 W 白炽灯的理想光源。紧凑型荧光灯的型号和功率见表 10-3。

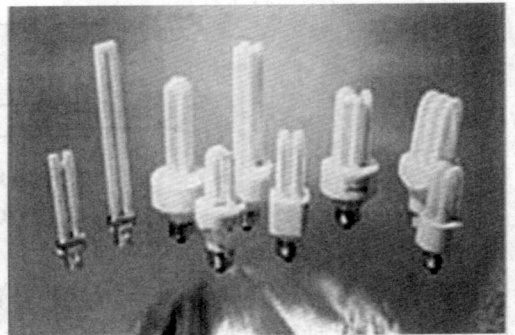

图 10-11 紧凑型荧光灯

表 10-3 紧凑型荧光灯

型号	功率/W	型号	功率/W
H 形	5、7、9、11、18、24、35	四边形	13、16、18、26
环形	15、22、35、40	U 形	5、7、9、11、18、24、35
2H 形	10、13、18、26	2U 形	10、13、18、26
球形	16、20	3U 形	16、28
双曲形	9、13、18、25	2D 形	16、28、38
W 形	11、13、16	UH 形	9、13、16
六边形	13、16、28、38	Y 形	13、16

紧凑型荧光灯属于非方向性光源,用于一般整体式照明更加有效。环境温度对它的光输出会有一定的影响,一般 25° 的环境温度可以使紧凑型荧光灯达到最大的光输出,所以在冬季室外,此类光源就很难达到最大的光输出。随着目前新技术的出现(如汞齐技术),紧凑型荧光灯的光输出受温度的影响这一点逐渐得到改善。

(2) 按启动线路方式分类

① 预热式。

一般用于小于 30 W 的灯管,多采用启辉器预热阴极。启动期电压峰值会引起灯管重复启动,从而缩短灯管寿命。

② 快速启动式。

电极在正常运行之前和运行期间都被加热,特点是提供平滑启动、长寿命、可调光。T12 快速启动式比瞬时启动式的寿命大约长 25%。

③ 瞬时启动式。

利用漏磁变压器产生的高压瞬时启动,电极不需要预热。

(3) 按灯管工作电源的频率分类

① 高频灯管。

在电源频率为 20~100 kHz 高频状态下工作的灯管,其高频电流是与其配套的电子镇流器产生的。

② 工频灯管。

工作在电源频率为 50 Hz 或 60 Hz 回路的灯管,一般与电感镇流器配套使用。

③ 直流灯管。

工作在直流状态下的灯管。

10.4.3 荧光灯的参数

(1) 额定电流、灯管电压

额定电流分为两种,一种是额定工作电流,取决于灯管功率、最有利的电流密度和灯管功率;另一种是额定启动电流,其作用是保证在短时间内将灯丝预热到一定的温度。

灯管电压是工作电流在灯管上产生的电压降,与灯管的长度有关。灯管电压不同于电源电压,前者一般为后者的 1/2~2/3。

（2）光通量

荧光灯的额定光通量是指点燃了 100 h 时的光通量输出值，对照明要求极高的场所有时甚至取点燃了 200 h 时的光通量输出作为计算依据。值得注意的是，荧光灯在使用过程中光通量会有明显的衰减现象，造成衰减的原因主要有：管内残留不纯气体的作用使荧光粉黑化；荧光粉的老化而影响光子发光的效率；灯管老化使透光比下降等。

（3）颜色

荧光灯发出的光的颜色很大程度上由管壁所涂的荧光粉决定，传统使用价格较低的卤磷酸盐荧光粉来将紫外线转化为可见光，它的转化效率较低。现代荧光灯使用的三基色稀土荧光粉转换效率较高，其表现的发射高峰在可见光谱的红、绿、蓝区域。

目前，使用较多的是日光色灯管。日光色光源接近自然光，明亮感较强，使人精力集中，一般适用于办公室、会议室、教室、设计室、图书馆以及绘图室等场所。冷白色光源的光色较高，光声柔和，使人有愉快、舒适的感觉，一般适用于饭店、候车室等场所。暖白色与白炽灯光色相似，给人以温暖、健康的感觉，一般适用于家庭、住宅、宾馆的客房等场所。

（4）寿命

荧光灯的寿命是指荧光灯使用到光通量只有其额定光通量的 70% 为止。影响荧光灯寿命的因素有很多，其中最主要的是阴极电子发射物质的飞溅程度。荧光灯启动时阴极上的电子发射物质飞溅最为剧烈，因此频繁开关荧光灯会大大增加电子发射物质的消耗，从而降低其使用寿命。假设每 30 min 开关一次荧光灯，则其寿命将下降一半，这也是需频繁开关照明灯的场所不宜安装荧光灯的原因。

（5）频闪效应

用交流电点燃荧光灯时，随着电压电流周期性变化，光通量也将周期性地产生强弱变化，使人眼观察转动物体时产生不转动的错觉，称之为频闪效应。消除频闪效应的方法通常有以下几种：单管荧光灯可采用移相电路；双管、三管荧光灯可采用分相供电；采用电子镇流器使荧光灯在高频状态工作以及采用直流供电的荧光灯管。

（6）环境温度、湿度对性能的影响

环境温度和湿度将影响荧光灯的光效和启动性能，因此温度、湿度对荧光灯的工作性能影响较大。一般环境温度为 20～35 ℃时，灯管的发光效率最高。环境温度过高或过低都将对实现灯管内最佳的汞蒸气压造成影响，使管内的紫外辐射减弱，从而使发光效率下降。

一般情况下，当环境相对湿度低于 60% 时，荧光灯可以正常工作。但当环境湿度过高时，对荧光灯的启动和正常工作就会造成影响，当相对湿度达到 70%～80% 时对荧光灯的工作就极为不利。

10.5 高强度气体放电灯

高强度气体放电灯又名 HID 灯（英文为 high intensity discharge），它的命名来源于可以通过高强度气体放电而产生光，是在白炽灯和荧光灯基础上发展起来的一种新型电光源，其特点是光色好、发光效率高、寿命长。高强度气体放电灯有三类：高压汞灯、高压钠灯、金属卤化物灯。

10.5.1 高压汞灯

（1）结构与分类

高压汞灯又称高压水银灯，是在荧光灯的基础上改进而来的一种光源，其特点是发光效率高、寿命长、亮度高，已被广泛用于车站、建筑工地等大面积照明场所。

高压汞灯主要由灯头、玻璃外壳和放电管组成，其中放电管是其核心部件。放电管由耐高温、高压的透明石英玻璃制成，且封装在硬质玻璃制成的外泡中，主要是为了减少热量的损失，保证放电管稳定工作。放电管内抽真空后，除了充有一定量的汞外，还充有少量氩气以降低启动电压和保护电极。放电管封装有主电极和辅助电极，主电极由螺旋状的钨丝组成，并在其中填充碱土氧化物作为电子发射物质，使之具有较好的热电子发射能力；辅助电极有助于高压汞灯在干线电压作用下顺利启动。高压汞灯主要辐射来源于汞原子激发，以及通过泡壳内壁上的荧光粉将激发后产生的紫外线转换为可见光。

常用照明高压汞灯分为普通型高压汞灯、反射型高压汞灯以及自镇流高压汞灯三类。普通型高压汞灯和反射型高压汞灯结构基本相似（图 10-12），必须与镇流器配套使用。自镇流高压汞灯是一个热辐射和气体放电的混合光源，其放电管和外泡之间装有钨丝，可以像白炽灯那样产生可见光。

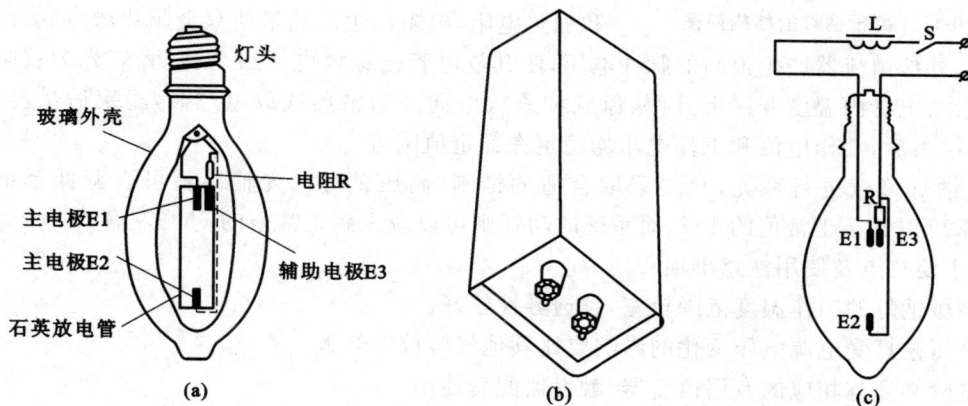

图 10-12　荧光高压汞灯

（a）结构；（b）镇流器；（c）工作电路

（2）高压汞灯的特点及使用注意事项

① 发光效率高，普通型高压汞灯和反射型高压汞灯一般可达 40～60 lm/W。

② 显色性较差，一般显色指数仅为 30～40，故不宜在室内使用。

③ 光通量输出随点燃时间的增加而下降。

④ 寿命长，国产普通型高压汞灯和反射型高压汞灯的有效寿命可达 5000 h 以上。

⑤ 对电源电压的偏移非常敏感，会引起光通量、电流和电功率较大幅度的变化。

⑥ 高压汞灯在熄灭后不能立即启动，其再启动时间需 5～10 min。

⑦ 玻璃壳温度较高，选用时应考虑散热问题。

⑧ 安装时一般以垂直为宜，以利于弧光放电。

10.5.2 高压钠灯

高压钠灯是利用高压钠蒸气放电发光的一种高强度气体放电光源，目前使用范围较广。标准型高压钠灯的色温为 1900～2100 K，Ra 值一般为 20～30，显色性较差。通过增大管内钠气体的压力，可以提高其显色性，光色也会变得白一些。

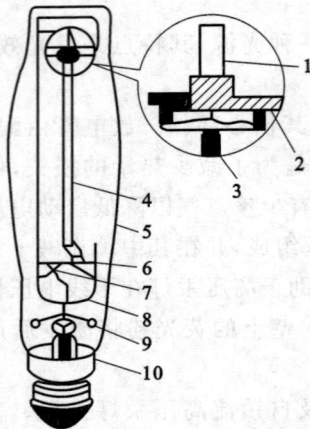

1—金属排气管；2—铌帽；3—电极；4—放电管；

5—硬玻璃外壳；6—管脚；7—双金属片；

8—金属支架；9—钡消气剂；10—焊锡。

图 10-13　高压钠灯的结构简图

（1）结构与原理

高压钠灯主要由放电管、硬玻璃外壳、双金属片、电极和灯头等构成，如图 10-13 所示。

放电管工作时，高温高压的钠蒸汽腐蚀性极强，所以放电管采用耐高温、具有抗钠腐蚀性能的半透明多晶氧化铝陶瓷制作，且管径较小，以提高光效。放电管两端各封装一只电极，管内抽真空后充入一定量的钠、汞和氙气。汞的作用是提高电弧温度和灯管工作电压，降低工作电流，减小镇流器体积，提高辐射功率；氙气的作用是帮助启动和降低启动电压。电极采用钨丝并在其上涂覆钨酸钡作为电子发射物质。玻璃外壳抽成高真空，以减小外界环境的影响。

灯头的作用是方便灯泡与灯座、电路连接，灯头和玻璃壳连接时必须要保证牢固，避免松动和脱落。

当高压钠灯启动时，启动电流通过双金属片及其触点和加热电阻，电阻产生的热量使双金属片触点断开，在断电的一瞬间，外接镇流器产生很高的脉冲电压，使其放电管击穿放电。启动初期，灯光为较暗的红白辉光，此后放电管内温度开始上升，从氙气和汞放电向高压钠蒸气放电过渡，稳定后呈金白色光。启动过程结束后，工作电流和工作电压均稳定在额定值附近。

高压钠灯可以进行调光，只要采取合适的措施，高压钠灯的光输出就可以调低至正常值的 10%，通常可以调至正常值的 1/2，而系统的功耗则可以减少到正常值的 65% 左右。

（2）主要特点及使用注意事项

① 高压钠灯的工作温度范围较宽，且透雾性较好。

② 高压钠灯受电源电压变化的影响要比其他气体放电灯大。

③ 灯管必须与相应的专用镇流器、触发器配套使用。

④ 点燃时应避免与水或冷物接触，否则会引起硬玻璃外壳爆裂。

⑤ 高压钠灯必须配以专用灯具，否则会影响寿命且容易自行熄灭。

⑥ 点燃的灯管关闭或者熄灭后，必须冷却 15 min 才能再启动。

10.5.3　金属卤化物灯

金属卤化物灯是 20 世纪 60 年代在高压汞灯基础上发展起来的一种新型光源，由于其放电管内填充的放电物质是金属卤化物，故称为金属卤化物灯。金属卤化物灯具有亮度高、功率大、体积小、启动电流小、显色性好、光色接近自然光等特点，常用于体育馆、高大厂房、繁华街道以及要求高照度、显色性好的室内照明。

（1）结构与分类

金属卤化物灯主要由石英放电管、电极、硬玻璃外壳和灯头组成，如图 10-14 所示。

① 石英放电管。

石英放电管内除了像高压汞灯那样充入汞和氩气外，还填充了各种不同的金属卤化物。金属卤化物灯主要靠这些金属原子的辐射发光，再加上金属卤化物的循环作用，获得了更高的光效。

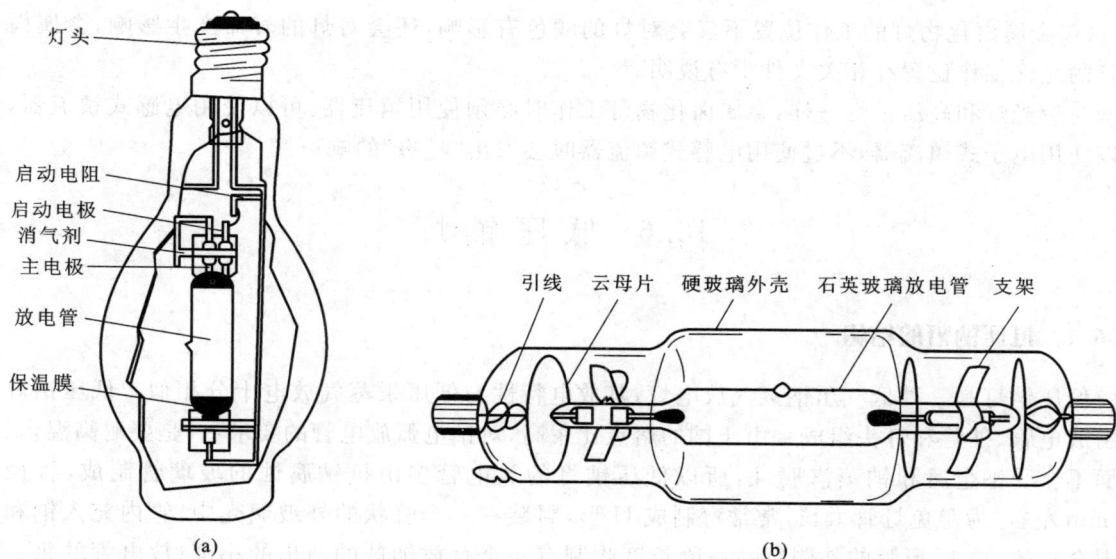

图 10-14 金属卤化物灯结构图

② 电极。

电极封接在放电管的两端,分为工作电极和启动电极,常采用钍-钨或氧化钍-钨阴极。

③ 硬玻璃外壳。

硬玻璃外壳由硼硅硬质玻璃吹制而成,当在壳的内壁涂覆一定量的荧光粉时,可以很好地改善灯管的显色性。

④ 灯头。

照明用金属卤化物灯配用标准螺口灯头,考虑金属卤化物灯工作温度高的特点,必须使用机械紧固式灯头。

金属卤化物灯按结构可以分为双泡壳单端型、双泡壳双端型以及单泡壳双端型;按掺入的金属原子种类可以分为钠铊铟灯(钠、铊、铟碘化物)、镝灯(镝、铊、铟碘化物)以及钪钠灯(钪、钠碘化物);按发光颜色分为彩色金属卤化物灯和白色金属卤化物灯;按自身特点可分为紧凑金属卤化物灯、陶瓷金属卤化物灯以及中大功率金属卤化物灯。

(2)原理

放电管工作时的管壁温度非常高,可达 $700 \sim 1000\ ℃$。管内金属卤化物被汽化并向电弧中心扩散,在接近电弧中心高温处被分解为金属原子和卤素原子,金属原子在放电中受激发而发出该金属的特征光谱。金属的激发电位要低于汞,因此在放电辐射中金属谱线占主要地位。金属原子和卤素原子向温度较低的管壁扩散时又重新化合成金属卤化物。

(3)金属卤化物灯的特点

① 灯管工作时外壳温度不应超过 $400\ ℃$,灯头温度不应超过 $200\ ℃$。

② 电源电压的变化将会导致灯的参数发生较大变化,同时还将影响灯的发光效率和光色,因此在使用金属卤化物灯时应注意将电源电压的波动限制在 ±5% 左右。如果电源电压在额定值上下变化大于 10%,就会使灯的颜色发生变化,有时过高的电源电压还会缩短灯的寿命。

③ 金属卤化物灯的使用寿命与启动频率有关,频繁启动将显著缩短灯管寿命。

④ 金属卤化物灯从启动到光电参数基本保持稳定所需的时间较长,为 $4 \sim 5$ min,完全稳定需 15 min 左右。并且在关闭或熄灭后需等待 10 min 左右才能重新启动。

⑤ 金属卤化物灯的工作位置不仅会对灯的颜色有影响,还会对灯的寿命产生影响,金属卤化物灯的允许工作位置在相关文件中有说明。

与荧光灯和高压钠灯一样,金属卤化物灯工作时必须使用镇流器,可以使用电感式镇流器,也可以使用电子式镇流器,不过使用电感式镇流器时会发出"嗞嗞"的响声。

10.6 低压钠灯

10.6.1 低压钠灯的结构

低压钠灯是一种低气压钠蒸气放电灯,其放电特性与低压汞蒸气放电十分相似。低压钠灯主要由放电管、外管和灯头组成。由于钠的熔点比汞高,对钠电弧放电管的要求:一是要耐高温,二是表面不会受钠金属和钠蒸汽腐蚀,所以低压钠灯的放电管多由抗钠腐蚀的玻璃管制成,管径为16 mm左右;为避免灯管太长,常常弯制成U形,封装在一个管状的外玻璃壳中;管内充入钠和氖氩混合气体,在U形管的外侧每隔一段长度吹制有一个存放钠球的凸出的小窝;放电管的每一端都封接有一个钨丝电极。套在放电管外的是外管,外管通常由普通玻璃制成,管内抽成真空,管内壁涂有氧化铟等透明物质,能将红外线反射回放电管,使放电管温度保持在270 ℃左右。其构造简图见图10-15。

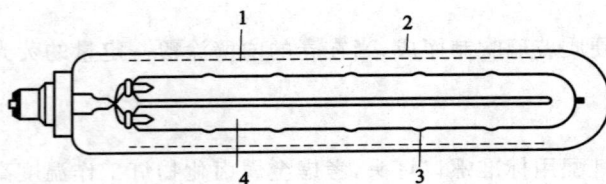

1—氧化铟膜;2—抽真空的外玻壳;3—储钠小凸窝;4—放电管。

图 10-15   低压钠灯构造简图

10.6.2 低压钠灯的特点

低压钠灯的辐射原理是低压钠蒸气中的钠原子辐射,产生的几乎是波长为589 nm的单色光,因此光色呈黄色,显色性差,但由于低压钠灯发出的光集中在光谱光效率高的范围,即其波长与人眼感受最敏感的555 nm光的波长最接近,因而放电管发光效率很高,在实验室条件下可达到400 lm/W,成品一般在150 lm/W以上,这是照明光源中发光效率最高的一种光源。低压钠灯可以用开路电压较高的漏磁变压器直接启燃,冷态启燃时间为8～10 min,正常工作的低压钠灯电源中断6～15 ms不致熄灭;再启燃时间不足1 min。低压钠灯的寿命为2000～5000 h,点燃次数对灯寿命影响很大,并要求水平点燃,否则也会影响寿命。

低压钠灯的显色性差,一般不宜作为室内照明光源,但可利用其光色柔和、眩光小、透雾能力极强等特点,作为铁路、高架路、隧道等要求能见度高而对显色性要求不高的场所的照明光源。

10.7 场致发光灯和发光二极管

场致发光灯和发光二极管是根据电致发光原理制造的电光源,其特点是耗电小、响应快、便于控制。

10.7.1 场致发光灯

两极之间的固体发光材料在电场激发下发光的电光源称为场致发光灯,也称作 EL 灯。场致发光灯具有耗电少、发光条件要求不高,并且可以通过电极的分割使光源分开做成图案与文字等优点,已被应用在指示照明、广告、计算机显示屏等多个场合。

场致发光灯一般由玻璃板、透明导电膜、荧光粉发光层、高介电常数反射层、铝箔迭合而成。发光屏与电极之间距离仅几十微米,在工作电压作用下可达到很高的电场强度,在外加电场的作用下,自由电子被加速到具有很高的能量,从而激发发光层,使之发光。

10.7.2 发光二极管

（1）结构与原理

发光二极管（LED）是一种半导体光源,主要由电极、P-N 结芯片和封装树脂组成,如图 10-16所示。P-N 结芯片安装在管座上,P 型、N 型材料分别由引线接至正、负电极,然后封装在环氧树脂帽中。环氧树脂帽可以延长芯片的使用寿命,且其形状可以控制光线,类似于灯具的反射器和透镜。

发光二极管的发光原理是当 P 层加正向电压,N 层加负向电压时,N 区的电子和 P 区的空穴将分别向 P 区和 N 区迁入。当电子与空穴结合时,其能量将以光子的形式释放出来,发出可见光。当P-N结的材料和掺入的杂质不同时,可以得到红、绿、蓝等不同波长的光。

（2）特点及使用场合

与普通照明相比,LED 照明具有体积小、质量轻、寿命长、无辐射、照度充足、响应时间短、稳定性高、绿色环保、高效节能等优点。特别是随着新型半导体材料的开发和加工封装工艺技术水平的提高,相继出现了由许多个发光二极管组合成的发光二极管灯具,如交通信号灯、路灯、舞台聚光灯以及平面发光灯等,在多个照明领域中得到了应用。

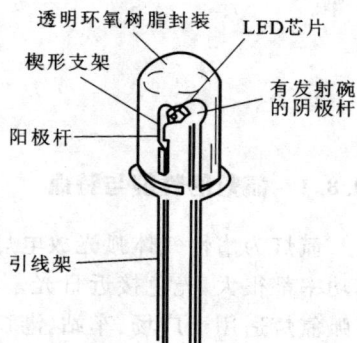

图 10-16　发光二极管结构

（3）白光 LED

半导体 P-N 结芯片的电致发光原理决定了发光二极管不可能产生连续谱线的白光,但可以将几种单色光按照红、绿、蓝混色原理合成白光。白光二极管自 1996 年推出以来,随着技术的进步,发光效率不断得到提高,目前已达到 150 lm/W。另外,白光二极管不含红外线与紫外线成分,且光输出随输入电压的变化基本上呈线性,故调光方法简单、效果可靠。

目前对于使用荧光粉的白色 LED,通过改变荧光粉的化学组成和调节荧光粉层的浓度,可以获得色温为 3500～10000 K 的各种白光,以满足不同照明场合的要求。除了采用荧光粉的方法以外,也可将几种不同光色的芯片封装在一起,通过混合光色的方式构成白光 LED。

表 10-4 比较了白光二极管与白炽灯的性能,从表中可以看出,白光二极管的性能要明显优于白炽灯。

表 10-4　　　　　　　　　　　**白光二极管与白炽灯的性能比较**

参数	白光二极管	白炽灯
色温/K	3000～10000	2500～3000
发光效率/(lm/W)	>15	15
反应速度/μs	0.1	100000
冲击电流	无	额定电流的10倍
寿命/h	>20000	<1000
耐冲击性	很强	封装玻璃和灯丝易断裂
可靠性	非常高	低

　　发光二极管是目前公认的 21 世纪照明的新光源,因其发光效率高、尺寸小、功耗低、维护成本低、无红外线和紫外线辐射、抗冲击和抗震能力强等明显优势,已广泛用于信号显示、广告以及娱乐等多个领域。特别是随着新材料的开发和 LED 技术的快速发展,LED 的应用范围变得更加广泛和具有吸引力。而且 LED 光源的寿命在理论上可达 10 万小时,假设按每天 24 h 运行,可以连续工作11 年。

10.8　氙　灯

10.8.1　氙灯的性能与特点

　　氙灯为惰性气体弧光放电灯,其光色很好。氙灯按电弧的长短又可分为长弧氙灯和短弧氙灯,其功率都很大,光色接近日光。金属蒸汽灯启动时间较长,而氙灯点燃瞬间就有 80% 的光输出。长弧氙灯适用于广场、车站、港口和机场等大面积照明,发光效率高,被人们称作“人造小太阳”。短弧氙灯是超高压氙气放电灯,其光谱要比长弧氙灯更加连续,与太阳光谱很接近,称为标准白色高亮度光源,显色性好。

　　氙灯的光谱能量分布特性非常接近于日光,色温均为 5000～6000 K,并且光谱能量分布不随电流的变化而改变,这也是氙灯的非常出色的特点之一。氙灯的平均寿命为 1000 h,发光效率达22～50 lm/W。

　　氙灯的功率大、体积小,它是迄今为止世界上功率最大的光源,可制成几千、几万甚至几十万瓦,但相应的体积较小。一支 220 V、20 kW 的氙灯,相当于一支 40 W 日光灯那么大。而它的总光通量却是 40 W 日光灯的 200 倍以上。不需镇流器,灯管可直接接在市电网路上,其功率因数近似等于 1,使用方便、节省材料。

　　氙灯紫外线辐射比较大,在使用时不要用眼睛直接注视灯管。用作一般照明时,要装设滤光玻璃,以防止紫外线对人们视力的伤害。氙灯的悬挂高度视功率大小而定。一般为了达到均匀和大面积照明的目的,当为 3 kW 灯管时悬挂高度不低于 12 m,当为 10 kW 灯管时悬挂高度不低于20 m,当为 20 kW 灯管时悬挂高度不低于 25 m。

　　氙灯在常温下气压很高,所以需要辅助装置触发器帮助启动。触发器是一个产生高压脉冲的装置,在足够高的脉冲电压下使灯击穿放电,因触发功率足够大,灯的电极局部发热形成热电子发射,从而过渡到主回路弧光放电,灯启动后触发器停止工作。

10.8.2　氙灯的规格及其技术参数

根据氙灯的性能主要分为直管形氙灯、水冷式氙灯、管形汞氙灯和管形氙灯。

（1）直管形氙灯

直管形氙灯功率大、体积小、光色好、发光效率高、功率因数高、启动方便，随开随亮，不需镇流及冷却装置。其适用于广场、城市主要街道、机场、车站、码头、大型工地、厂房、体育场（馆）以及其他需要大面积和高亮度的照明场所。直管形长弧氙灯的技术参数如表 10-5 所示。

表 10-5　　　　　　　　　　　　　　直管形长弧氙灯的技术参数

型号	电压/V	功率/kW	工作电流/A	启动电流/A	光通量/(×10³ lm)	平均寿命/h
SZ1500	220	1.5	20	22	30	
SZ6000	220	6.0	24.5～30	30	144	
SZ10000	220	10.0	41～50	65	270	1000
SZ20000	380	20.0	47.5～58	75	580	
SZ50000	380	50.0	118～145	189	1550	

直管形氙灯启动时必须配用相应的触发器，按触发器使用说明书的接线图正确接入电路中，接线应当牢固，以防发热烧坏触发器。由于灯在高频高压下启动，因此高压端配线对地应有良好绝缘性能，其绝缘强度不应小于 30 kW。灯在点燃时有大量的紫外线辐射，因此人不要长时间近距离接触，以免被紫外线烧伤。

（2）水冷式氙灯

水冷式氙灯具有显色性好、光色近似日光、表面温度低、不需用镇流器等特点，在印刷业照相制版、科研等方面有特殊用途。一般来说，这种灯触发时所需电压不低于 210 V，点灯电压不超过 235 V。水冷式氙灯在使用过程中需注意冷却水的流量，出口水温度不超过 50 ℃。长期使用如发现套管有水锈，应及时除掉以免影响光输出。水冷式氙灯的技术参数如表 10-6 所示。

表 10-6　　　　　　　　　　　　　　水冷式氙灯的技术参数

型号	电压/V	功率/kW	光通量/(×10³ lm)	平均寿命/h
SZ4000	220	4.0	140	
SSZ6000	220	6.0	220	
SSZ8000	220	8.0	296	500
SSZ10000	220	10.0	370	

（3）管形汞氙灯

管形汞氙灯是一种汞弧光灯，既具有汞灯的特点，又具有氙弧灯的特点，发光效率高，紫外线辐射强，光色较汞灯更佳。其适用于船舶、机场、码头、车站等大面积照明。此外，还可以用于照相制版、老化试验、印刷工业方面。安装时灯管必须与相应的镇流器配套使用。为防止紫外线照射，灯管安装时必须配有灯罩。管形汞氙灯的技术参数如表 10-7 所示。

表 10-7　　　　　　　　　　管形汞氙灯的技术参数

型号	电压/V	功率/kW	工作电压/V	工作电流/A	启动电流/A	光通量/($\times 10^3$ lm)
SGZ1000	220	1.0	145±15	7.5	13.7	34

（4）管形氙灯

管形氙灯是一种较为理想的光源，可见光部分接近太阳光谱，点燃方便，不需要镇流器，自然冷却能瞬时启动。其适用于广场、港口和机场的照明，亦可用于老化试验的场所。管形氙灯点燃时会产生一定的紫外线辐射。管形氙灯的技术参数如表 10-8 所示。

表 10-8　　　　　　　　　　管形氙灯的技术参数

型号	电压/V	功率/kW	工作电压/V	工作电流/A	光通量/($\times 10^3$ lm)	平均寿命/h
XG1500		1.5	60	20	30	
XG3000		3.0		14	60	
XG6000	220	6.0		27	120	1000
XG10000		10.0		46	250	
XG20000		20.0		91	580	
XSG6000（水冷）		6.0		27	120	500

10.9　霓　虹　灯

霓虹灯是一种辉光放电灯，它的灯管细而长，可以根据装饰的需要弯成各种图案或文字，用作广告灯或指示牌最为适宜。在霓虹灯电路中接入必要的控制装置，可以得到循环变化的彩色图案和自动明灭的灯光闪烁，营造出一种生动活泼的氛围。

10.9.1　结构与材料

霓虹灯由电极、引入线、灯管组成。灯管的直径为 6～20 mm，发光效率与管径之间关系如表 10-9 所示。灯管抽成真空后再充入少量氖、氦、氩等惰性气体或少量汞。有时还在灯管内壁涂以各种颜色的荧光粉或各种透明颜色，使霓虹灯能发出各种色彩鲜艳的光。霓虹灯光的色彩与管内所充气体、玻璃管（或荧光粉）颜色之间关系如表 10-10 所示。

表 10-9　　　　　　　　　　发光效率与管径之间关系

灯光色彩	灯管直径/mm	电流/mA	每米灯管光通/lm	每米灯管功率/W	发光效率/(lm/W)
红	11	25	70	5.7	12.2
	15		36	4.0	9.0
蓝	11	25	36	4.6	7.8
	15		18	3.8	4.7
绿	11	25	20	4.6	4.3
	15		8	3.8	2.1

表 10-10　　霓虹灯光色彩与管内气体、玻璃管颜色之间关系

灯光色彩	管内气体	玻璃管或荧光粉颜色	灯光色彩	管内气体	玻璃管或荧光粉颜色
红色		无色	白色		白色
火黄		奶黄色	奶黄		奶黄
橘红	氖	绿色	玉色	氩、少量汞	玉色
玫色		蓝色	淡玫红		淡玫红
蓝色	氩、少量汞	蓝色	金黄		金黄管＋奶黄粉
绿色		绿色	淡绿		绿、白混合粉

10.9.2　工作原理及其性能特点

霓虹灯的特点是高电压、小电流。一般通过设计的漏磁式变压器给霓虹灯供电,其工作原理为:当外电源电路接通后,变压器输出端就会产生几千伏甚至上万伏的高压。当这一高压加到霓虹灯管两端电极上时,霓虹灯管内的带电粒子在高压电场中被加速并飞向电极,能激发产生大量的电子。这些激发出来的电子,在高电压电场中被加速,并与灯管内的气体原子发生碰撞。当这些电子碰撞游离气体原子的能量足够大时,就能使气体原子发生电离而成为正离子和电子,这就是气体的电离现象。带电粒子与气体原子之间的碰撞,多余的能量以光子的形式发射出来,这就完成了霓虹灯的发光点亮的整个过程。

霓虹灯在正常工作时由霓虹灯变压器来限制灯管回路中通过的最大电流。根据安全要求,一般霓虹灯变压器的次级空载电压不大于 15 kV,次级短路电流比正常运行电流高 15%～25%。

10.9.3　安装使用霓虹灯的注意事项

① 霓虹灯变压器的次级电压较高,为 6～15 kV,故二次回路与所有金属构架、建筑物等必须完全绝缘。一般高压线采用单股铜线穿玻璃管绝缘,以策安全,并防止漏电。

② 霓虹灯变压器应尽量靠近霓虹灯安装,一般安放在支撑霓虹灯的构架上,并用密封箱子作防水保护,变压器中性点及外壳必须可靠接地,霓虹灯管和高压线路不能直接敷设在建筑物或构架上,与它们至少需保持 50 mm 的距离,这可用专用的玻璃支持头支撑来实现。两根高压线的间距也不宜小于 50 mm。

③ 高压线路离地应有一定高度,以防止人体触及。

④ 霓虹灯变压器电抗大,线路功率因数低,为 0.2～0.5。为改善功率因数,需配备相应的电容器进行补偿。

10.10　照明电光源性能比较和选用

10.10.1　光源性能比较

照明电光源性能指标已在 10.1 节中叙述,表 10-11 给出了各类照明光源性能之间的比较。从该表中可以看出,各种光源均有其自身的优缺点:使用寿命较长的光源有高压钠灯、高压汞灯和荧光灯;功率较大的有荧光高压汞灯、金属卤化物灯和高压汞灯;显色性较好的有卤钨灯、白炽灯、金

属卤化物灯等;发光效率较高的有高压钠灯、低压钠灯、金属卤化物灯;启动性能较好的有白炽灯和卤钨灯。

表 10-11   常用照明光源的主要特性指标

照明光源种类	发光效率/(lm/W)	显色指数 Ra	色温/K	色表	频闪效应	平均寿命/h	再点燃时间
白炽灯	6.5～20	95～99	2800	暖色	无	1000	瞬时
卤钨灯	20～40	95～99	2800～3300	暖色	无	1500	瞬时
暖白色荧光灯	30～80	～59	2900	暖色	有	～5000	1～4 s
冷白色荧光灯	20～50	～98	4300	中间色	有	～5000	1～4 s
日光色荧光灯	25～72	～77	6500	冷色	有	～5000	1～4 s
荧光高压汞灯	40～60	21～45	5500～6000	冷色	有	～5000	4～8 min
高压钠灯	80～100	21～27	1900～2100	暖色	有	～5000	4～8 min
低压钠灯	90～160	～48	～1900	暖色	有	～5000	8～10 min
金属卤化物灯	64～80	85～95	4000～6500	冷色	有	～1500	4～8 min
氙灯	24～34	～94	5000～6000	冷色	有	1000	1～2 min

气体放电灯受电源频率影响较大,频闪效应较明显。而热辐射光源的发光体由于热惰性较大,闪烁感不强烈。电源变化对电光源光通量输出影响最大的是高压钠灯,其次是白炽灯,影响最小的是荧光灯。

10.10.2 电光源选用

选用电光源首先要满足照明场所的使用要求,如显色性、色温、发光效率、能否瞬间启动等,其次按照环境条件选择光源,环境条件常常限制光源的使用,因此必须根据环境许可的条件选用光源,另外,光源的选择还要考虑经济性。

(1)按照设施的目的和用途选择电光源

不同的场所对照明的要求也不同,对于美术馆、商店、博物馆、印染车间这些需要有较高显色性能的场所,应注意选用显色指数大于80的光源,例如白炽灯、卤钨灯、冷白色荧光灯和金属卤化物灯。需要调光的场所宜选用白炽灯或卤钨灯,光源开关较为频繁的场所宜选用白炽灯、金属卤化物灯,而不宜选用气体放电灯。室内应急照明和不能中断照明的重要场所不能使用再启燃时间较长的气体放电灯,要求防射频干扰的场所也应慎用此类光源,一般不宜选用具有电子镇流器的类型。对于大型会议厅、高大厂房、车间、体育馆等高大空间的场所,一般选用强度高、发光效率高的气体放电灯。

(2)按环境要求选择电光源

电光源的使用必须满足一定的环境条件。如电源电压波动较急剧的场所不能采用容易自熄的高压气体放电;低温场所不宜选用具有电感镇流器的荧光灯和卤钨灯,以免启动困难;有振动或紧靠易燃物的场所不能采用卤钨灯,因为卤钨灯的灯丝又细又脆,要避免振动和撞击;在带空调的房间内不宜选用发热量大的光源,如白炽灯、卤钨灯等,主要是避免房间内温度上升,以减少空调用电量；因频闪效应影响视觉效果的场所不宜采用气体放电灯。

（3）按经济条件选择电光源

选择电光源时，在满足使用需求的前提下，还要考虑光源的效率和经济性。在经济条件许可的情况下可以选用发光效率高、寿命长的光源，进行一次性投资。同时还要考虑电费、灯泡耗用费、照明设备的维护、折旧费等其他费用。

各种场所对灯性能的要求及推荐的灯如表 10-12 所示，以供参考。

表 10-12　　　　　　　　　　　　各种场所对灯性能的要求及推荐的灯

选择场所		要求的灯性能①			推荐的灯②：优先选用 ★　可用○										
		光输出③	显色性④	色温⑤	白炽灯		荧光灯			汞灯		金属卤化物灯		高压钠灯		
					I	H	S	H.C	3	C	F	S	H.C	S	I.C	H.C
工业建筑	高顶棚	高	Ⅳ/Ⅲ	1/2	○	○				○	○			★	○	
	低顶棚	中	Ⅲ/Ⅱ	1/2			★			○	○			★	★	
办公室、教室		中	Ⅲ/Ⅱ/I_B	1/2			★			★	○	○	○	○	○	
商店	一般照明	高/中	Ⅱ/I_B	1/2			★	★	○				★			★
	陈列照明	中/小	I_B/I_A	1/2	★	★	★	★								★
饭店与旅馆		中/小	I_B/I_A	1/2	★	★	○	○		★	★		○			★
博物馆		中/小	I_B/I_A	1/2	★		★									
医院	诊断	中/小	I_B/I_A	1/2	★	○	★									
	一般	中/小	Ⅱ/I_B	1/2	○	○	○			★						
住宅		小	Ⅱ/I_B/I_A	1/2	★					★	★					
体育馆⑥		中	Ⅲ/Ⅱ	1/2			○					★	★	○	★	

注：① 各种使用场合都需要发光效率高的灯，不但灯的发光效率要高，而且照明总效率要高，同时应满足显色性的要求，并适合特定应用场合的其他要求。

　　② 各种灯的符号表示如下。

　　白炽灯：I 表示钨丝白炽灯；H 表示卤钨灯。金属卤化物灯：S 表示标准型；H.C 表示高显色型。荧光灯：S 表示标准型荧光灯；H.C 表示高显色性荧光灯；3 表示三基色窄谱带荧光灯。汞灯：F 表示荧光高压汞灯；C 表示小型荧光灯（紧凑型）。高压钠灯：S 表示标准型；I.C 表示改显色型；H.C 表示高显色型。

　　③ 光输出值高低按以下分类：高输出值时大于 10000 lm；中输出值时为 3000～10000 lm；低输出值时小于 3000 lm。

　　④ 显色指数的分级如下：I_A 级时 $Ra \geqslant 90$；I_B 级时 $80 \leqslant Ra < 90$；Ⅱ 级时 $60 \leqslant Ra < 80$；Ⅲ 级时 $40 \leqslant Ra < 60$；Ⅳ 级时 $Ra < 40$。

　　⑤ 色温分类如下：1 类小于 3300 K；2 类为 3300～5300 K；3 类大于 5300 K。

　　⑥ 需要电视转播的体育照明，应满足电视演播照明的要求。

◤ 本章小结 ◢

（1）电光源根据发光原理，可以分为固体发光光源和气体放电光源。

（2）电光源的主要性能指标有额定电压、灯泡功率、额定光通量、发光效率、寿命、色表和显色性、频闪效应以及点燃时间和再点燃时间。

（3）选用电光源首先要满足照明场所的使用要求，其次要满足一定的环境条件，同时还要考虑经济性。

习题与思考题

习题与
思考题答案

10-1　气体放电光源的发光原理是什么?

10-2　电光源的主要性能指标有哪些?

10-3　白炽灯有哪些特点?

10-4　卤钨灯的工作原理是什么?

10-5　为什么卤钨灯比普通白炽灯发光效率高?

10-6　荧光灯可以分为哪几类?

10-7　高压汞灯的特点是什么?使用时应注意哪些事项?

10-8　试概括氙灯的性能特点。

10-9　电光源的选用原则是什么?

11 照明灯具选择与布置

【内容提要】

　　本章主要内容包括：灯具的配光曲线、遮光角、灯具效率三个衡量灯具特性指标，以及灯具的分类，灯具及其附件的选择与布置，照明的种类和照度标准等。本章的教学重点为灯具的配光曲线、遮光角、灯具效率，灯具的选择、布置原则；教学难点为灯具的配光曲线。

【能力要求】

　　通过本章的学习，学生应掌握灯具的选择、布置原则，掌握常用场所的照度标准值；熟悉灯具的配光曲线、遮光角、灯具效率；了解照明的种类等。

本章拓展资源

11.1　照明灯具的光学特性

　　照明灯具是一种可以改变光源光分布的器具，包括光源的固定支撑件、保护件，光源的启动件，光的反射透射件，以及电源连接件等；如采用整体式，不可替换光源的发光器亦可视为一个灯具。灯具在照明设备中的地位十分重要，为了使光源发出的光辐射合乎要求地分配到被照面上，以满足视觉要求并起到美化、装饰环境的作用，必须正确地选择照明灯具。

　　照明灯具的（配光）特性可以从灯具的配光曲线、遮光角、灯具效率三个指标加以衡量。

11.1.1　配光曲线

　　所谓配光曲线，就是以平面曲线图的形式反映灯具在空间各个方向上发光强度的分布状况。

　　（1）极坐标配光曲线

　　具有旋转轴对称的灯具（如梨子形、圆柱形、圆形等灯具），在通过光源中心及旋转轴的平面上以某一个位置为起点，测出不同角度的发光强度值，发光强度矢量的顶端所勾勒出的轨迹就是灯具的极坐标配光曲线，如图 11-1 所示。由于是旋转轴对称，所以任意一个通过旋转轴的平面，上面的曲线形状都是一样的。

　　如果是非旋转轴对称，如直管荧光灯具，则需要多个平面的配光曲线才能表明空间分布特性，如图 11-2 所示。图中 C_0 为与灯具长轴方向垂直的测光平面，定为 $0°$，那么 C_{45}，C_{90}，C_{180} 等分别为与 C_0 成 $45°$、$90°$、$180°$ 的测光平面。另外，图中的配光曲线是在光源光通量为 1000 lm 下绘制的，如果实际光源的光通量不是 1000 lm，则需按比例折算。

　　（2）直角坐标配光曲线

　　对于像投光灯、聚光灯、探照灯类的灯具，其光辐射的范围集中则用直角坐标配光曲线更能将其分布特性表达清楚，如图 11-3 所示。

　　（3）等光强空间曲线图

　　对于光强分布不对称的，可采用等光强曲线图法。即假想灯具放在一个外面标有经度和纬度

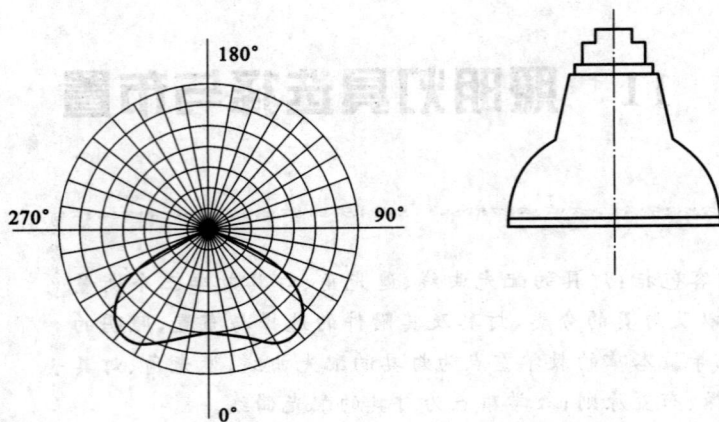

图 11-1　旋转轴对称灯具的配光曲线

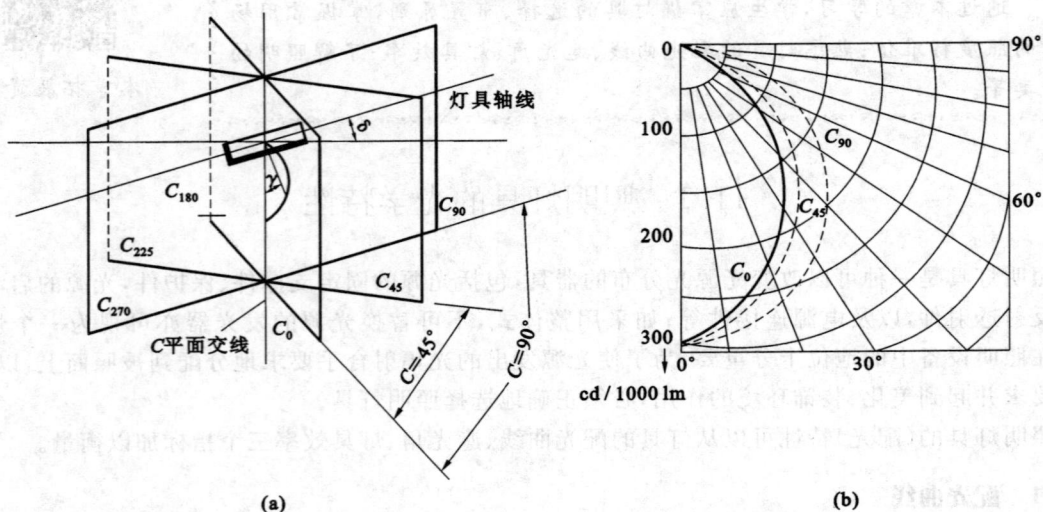

(a)

(b)

图 11-2　非旋转轴对称灯具的配光曲线

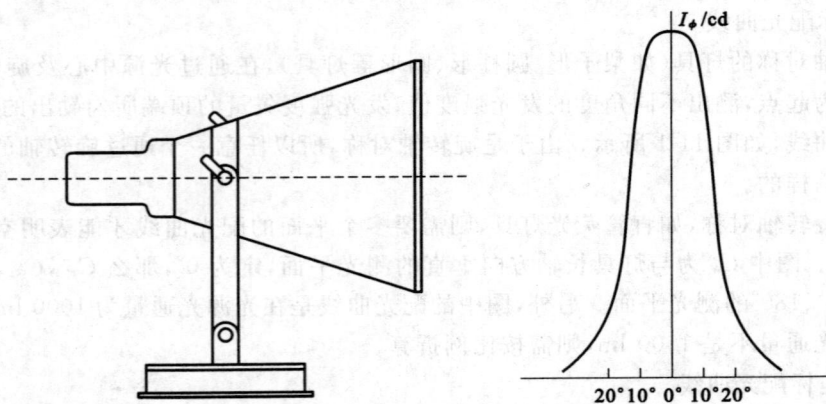

图 11-3　直角坐标配光曲线

线的球体中心，让球体大到可以忽略灯具的尺寸，把它当作点光源，灯具射向四周的光线可以用球体上某点的坐标来表示，将灯具射向球体上光强相同的点并用曲线将这些点连接起来，构成封闭的曲线,此曲线称为等光强曲线,如图 11-4 所示。

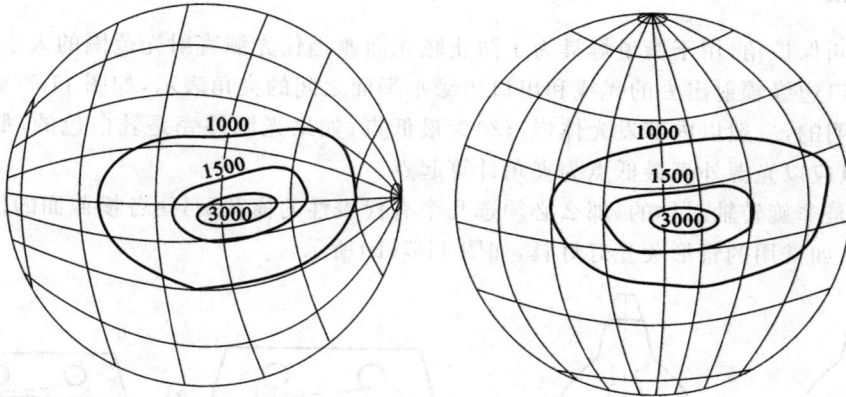

图 11-4　空间等光强曲线

　　通常把球体上绘制的三维等光强曲线转换成相应的用角度坐标来表示的平面图形。为便于光通量计算,转换时要求平面图形上坐标角度内的面积与球体下相应的立体角成正比。常用的有圆形网图、矩形网图、正弦网图等。道路照明灯具的等光强圆形网图如图 11-5 所示。

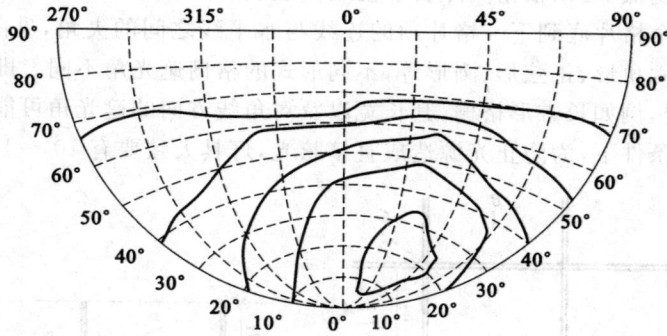

图 11-5　等光强圆形网图

　　一张圆形网图可以描述灯具照射的半个球体内的光强分布,如需描述整个空间的光强分布,则需要两张分别反映上、下半球的圆形网图。

　　投光灯的等光强矩形网图如图 11-6 所示,图中 V 为纵坐标角度,H 为横坐标角度。

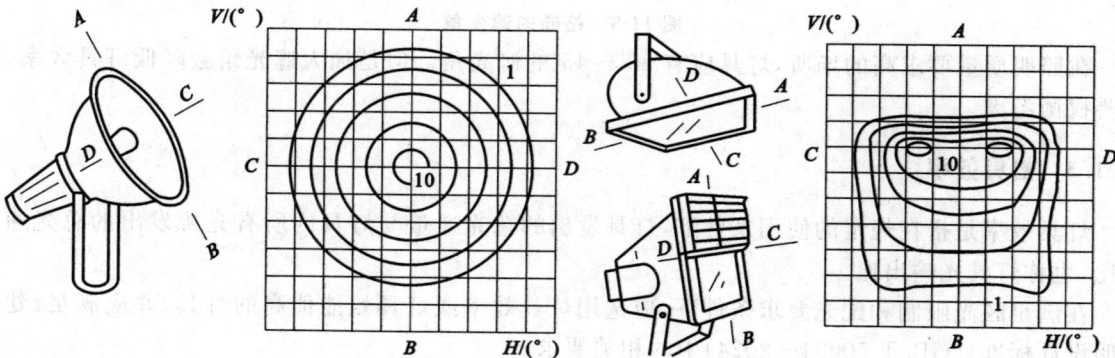

图 11-6　等光强矩形网图

11.1.2　遮光角

遮光角又叫保护角,用于衡量灯具为了防止眩光而遮挡住光源直射光范围的大小,用光源的发光体从灯具出口边缘辐射出去的光线和出口边缘水平面之间的夹角表示,如图11-7(a)所示。如果光源外壳是透明的,一般以内部发光体(灯丝)为最低点;如果光源外壳是乳白色的,那整个光源都是发光体,所以应以光源外壳最低点为夹角计算起点。

如果灯具是非旋转轴对称的,那么必须选几个有代表性的横截面,用各横截面的保护角来综合反映遮光范围,如常用的管形荧光灯灯具,如图11-7(b)所示。

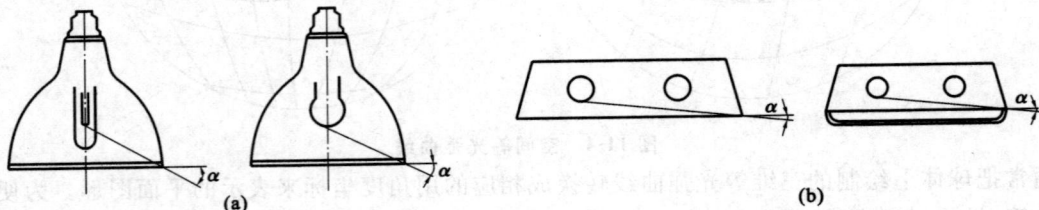

图11-7　灯具的遮光角

荧光灯的表面亮度低,可以根据实际要求使用半透明灯罩或使用遮光格栅来限制眩光。遮光格栅遮光角定义为一个格片底到下一格片顶的连线与水平线之间的夹角,见图11-8。遮光格栅有多种类型,如长方形、六角形、正弦形、圆形等,不同形式的格栅遮光角不同。即使同一格栅,若观察方位不同,其值也不同,例如长方形格栅,其长宽以及对角线方向的遮光角可能都不相同。

正常的水平视线条件下,为防止光源造成直接眩光,灯具大致要有 $10°\sim15°$ 的遮光角。

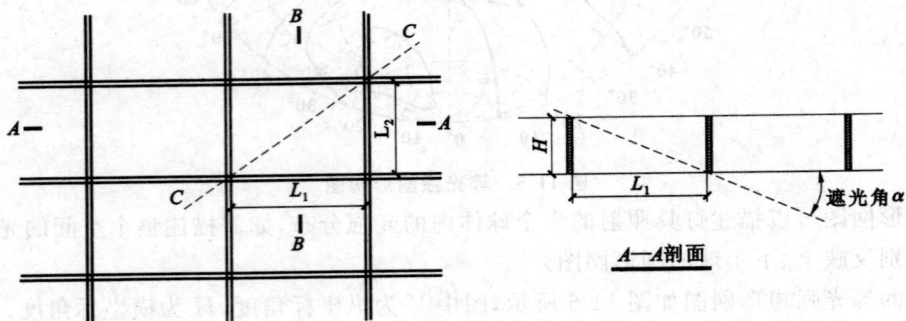

图11-8　格栅的遮光角

在照明质量要求高的场所,灯具应有 $30°\sim45°$ 的遮光角。但是加大遮光角会降低灯具效率,因此要权衡考虑。

11.1.3　灯具效率

灯具效率是指在规定的使用条件下,灯具发出的总光通量与灯具内所有光源发出的总光通量之比,也称灯具光输出比。

在满足眩光限制和配光要求条件下,应选用灯具效率或灯具效能值高的灯具,并应满足《建筑照明设计标准》(GB/T 50034—2024)中的相关要求。

直管形荧光灯的灯具初始效率不应低于表11-1的规定。

表 11-1　　　　　　　　　　　　直管形荧光灯的灯具初始效率

灯具出光口形式	开敞式	保护罩		格栅
		透明	棱镜	
灯具效率	75%	70%	55%	65%

紧凑型荧光灯筒灯的灯具初始效率不应低于表 11-2 的规定。

表 11-2　　　　　　　　　　紧凑型荧光灯筒灯的灯具初始效率

灯具出光口形式	开敞式	保护罩	格栅
灯具效率	55%	50%	45%

小功率金属卤化物灯筒灯的灯具初始效率不应低于表 11-3 的规定。

表 11-3　　　　　　　　　小功率金属卤化物灯筒灯的灯具初始效率

灯具出光口形式	开敞式	保护罩	格栅
灯具效率	60%	55%	50%

高强度气体放电灯的灯具初始效率不应低于表 11-4 的规定。

表 11-4　　　　　　　　　　高强度气体放电灯的灯具初始效率

灯具出光口形式	开敞式	格栅或透光罩
灯具效率	75%	60%

LED 平板灯的灯具初始效能不应低于表 11-5 的规定。

表 11-5　　　　　　　　　　LED 平板灯的灯具初始效能值

额定相关色温	2700 K/3000 K	3500 K/4000 K/5000 K
灯具初始效能值/(lm/W)	95	105

注:当灯具一般显色指数不低于 90 时,灯具初始效能值可降低 10 lm/W。

11.2　灯　具　分　类

目前各厂生产的灯具规格种类繁多,为了方便选用,有必要对灯具从不同的角度进行分类。

11.2.1　按安装方式分类

① 悬吊式灯具:用吊绳、吊链、吊管等吊在顶棚上或墙支架上的灯具,如图 11-9 所示。
② 嵌入式灯具:完全或部分地嵌入顶棚等安装表面的灯具,如图 11-10 所示。

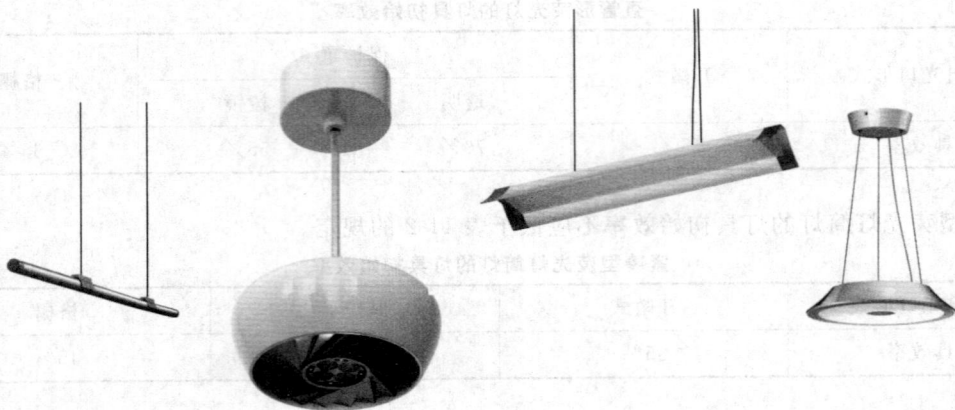

图 11-9 悬吊式灯具

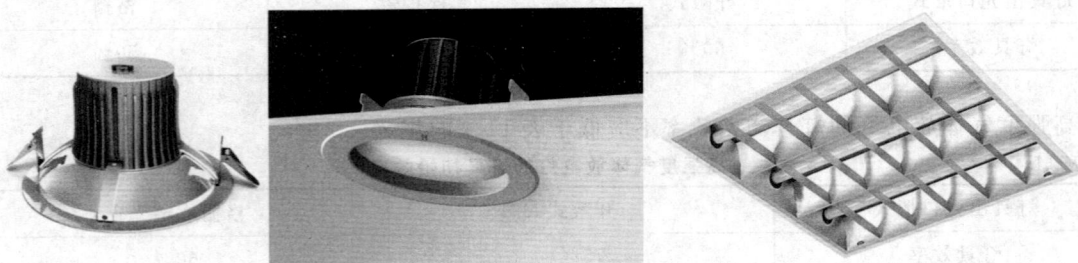

图 11-10 嵌入式灯具

③ 吸顶式灯具：直接安装在顶棚表面的灯具，如图 11-11 所示。

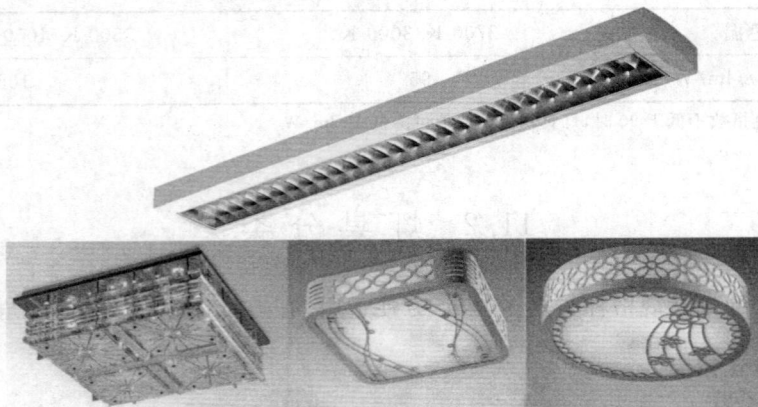

图 11-11 吸顶式灯具

④ 壁式灯具：直接固定在墙上或柱子上的灯具，如图 11-12 所示。

⑤ 落地式灯具：安装在高支柱上并立于地面上的可移动式灯具，如图 11-13 所示。

⑥ 台式灯具：放在桌面或其他台面上的可移动式灯具，如图 11-14 所示。

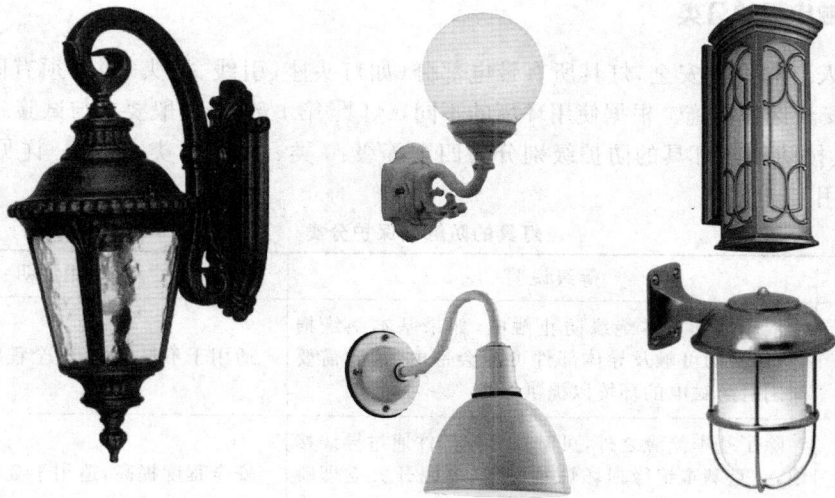

图 11-12　壁灯

图 11-13　落地式灯具

图 11-14　台式灯具

11.2.2　按防触电保护分类

为了保护人身和设备安全,灯具所有带电部分(如灯头座、引线、接头等)必须有防直接触电和防间接触电的安全保护措施。根据使用环境的不同,《灯具 第1部分:一般要求与试验》(GB 7000.1—2015)规定灯具按防触电灯具的防护级别分为四个等级:0 类、Ⅰ 类、Ⅱ 类、Ⅲ 类。详见表 11-6(0 类灯具已停止使用)。

表 11-6　　　　　　　　　　　　　灯具的防触电保护分类

灯具等级	等级说明	应用说明
0 类(已停用)	依赖灯具基本绝缘防止触电,如果基本绝缘损坏,灯具的可触及导体部件可能会带电,这时需要周围有防触电的环境以提供保护	适用于不易触电、安全程度高的场合
Ⅰ 类	除了基本绝缘之外,可触及导体部件通过导线接地,一旦基本绝缘损坏灯具漏电,电源开关立即跳闸以保护人身安全	安全程度提高,适用于金属外壳灯具
Ⅱ 类	除了基本绝缘之外,还有附加的绝缘措施(称为双重绝缘或外层绝缘),可以防止间接触电	绝缘性好,安全程度高,适用于人经常接触的灯具,如台灯、手提灯等
Ⅲ 类	采用安全电压(50 V 以下交直流)供电,并保证灯内不会有高于此值的电压	安全程度最高,适用于恶劣环境

11.2.3　按灯具的防护结构形式分类

① 开启式灯具:灯具敞开,光源与周围环境直接接触,属于普通灯具。

② 闭合式灯具:灯具有闭合的透光罩,但罩内外空气是流通的,不能阻止灰尘、湿气进入。

③ 密闭式灯具:灯罩密封将内外空气隔绝,罩内外空气不能流通,能有效地防湿、防尘。

④ 防爆式灯具:使用防爆型外罩,采用严格密封措施,确保在任何情况下都不会因灯具而造成爆炸危险。用于不正常情况下可能会发生爆炸的场所。

⑤ 隔爆式灯具:结构坚实,即使内部发生爆炸也不会对灯罩外产生影响。用于在正常情况下就可能发生爆炸的场所。

11.2.4　按外壳防护等级分类

灯具根据《外壳防护等级(IP 代码)》(GB 4208—2017)的规定,使用 IP 防护等级系统。IP 代码的组成包括字母"IP"、两位特征数字、附加字母以及补充字母,其中第一位特征数字表示防止接近危险部件和防止固体异物进入的防护等级(表 11-7),第二位特征数字表示防止水进入的防护等级(表 11-8)。

不要求规定特征数字时,由字母"X"代替(如果两个字母都省略则用"XX"表示);附加字母和(或)补充字母可省略,不需代替;当使用一个以上的补充字母时,应按字母顺序排列。

表 11-7　　　　　　　　　　　　**第一位特征数字所表示的防护等级**

第一位 特征数字	防护等级			
	接近危险部位		固体异物进入	
	简要说明	含义	简要说明	含义
0	无防护	—	无防护	—
1	防止手背接近 危险部件	直径 50 mm 球形试具应 与危险部件有足够的间隙	防止直径不小于 50 mm 的固体异物	直径 50 mm 球形物体试 具不得完全进入壳内
2	防止手指接近 危险部件	直径 12 mm、长 80 mm 的铰接试具应与危险部件 有足够的间隙	防止直径不小于 12.5 mm 的固体异物	直径 12.5mm 的球形物 体试具不得完全进入壳内
3	防止工具接近 危险部件	直径 2.5 mm 的试具不 得进入壳内	防止直径不小于 2.5 mm 的固体异物	直径 2.5 mm 的物体试 具完全不得进入壳内
4	防止金属线接 近危险部件	直径 1.0 mm 的试具不 得进入壳内	防止直径不小于 1.0 mm 的固体异物	直径 1.0 mm 的物体试 具完全不得进入壳内
5	防止金属线接 近危险部件	直径 1.0 mm 的试具不 得进入壳内	防尘	不能完全防止尘埃进 入,但进入的灰尘量不得 影响设备的正常运行,不 得影响安全
6	防止金属线接 近危险部件	直径 1.0 mm 的试具不 得进入壳内	尘密	无灰尘进入

表 11-8　　　　　　　　　　　　**第二位特征数字所表示的防护等级**

第二位 特征数字	防护等级	
	简要说明	含义
0	无防护	—
1	防止垂直方向滴水	垂直方向滴水应无有害影响
2	防止当外壳在 15°倾斜时垂直方向滴水	当外壳的各垂直面在 15°倾斜时, 垂直滴水应无有害影响
3	防淋水	当外壳的垂直面在 60°范围内淋水,无有害影响
4	防溅水	向外壳各方向溅水无有害影响
5	防喷水	向外壳各方向喷水无有害影响
6	防强烈喷水	向外壳各个方向强烈喷水无有害影响
7	防短时间浸水影响	浸入规定压力的水中经规定时间后 外壳进水量不致达有害程度
8	防持续浸水影响	按生产厂和用户双方同意的条件(应比特征数字为 7 时严酷)持续潜水后外壳进水量不致达有害程度
9	防高温/高压喷水的影响	向外壳各方向喷射高温/高压水无有害影响

11.2.5 按灯具的光学特性分类

根据 CIE 的建议,按灯具在上下空间光通量分布的比例将室内灯具分为五类。

① 直接型灯具:此类灯具能将 90%～100% 光通量直接投射到灯具的下部空间,灯具光通量的利用效率最高,灯罩一般用反光性能好的不透明材料制成。其灯具射出光线的分布状况因灯罩的形状和使用材料的不同而有较大差异。

直接型灯具有很多种,例如道路灯具,户外用于景观照明的金属卤化物光源的投光灯具,用于工作学习场所的直管荧光灯灯具,商店、展览馆陈列照明用的以白炽灯、卤钨灯或 LED 为光源的点射灯具,嵌装在顶棚内能创造恬静、优雅的环境气氛的下射灯具,等等。

② 半直接型灯具:能将大部分(60%～90%)光通量投射到灯具下部空间,小部分射向上部的灯具。光通量的利用率较高,灯罩采用半透明材料,或灯具上方有透光间隙。它改善了室内的亮度对比,在保证被照面充足光通量的前提下,比直接型灯具柔和。开口向下的半透明灯罩或向上透光的荧光灯灯具属于此类。

③ 漫射型灯具:灯具向上和向下发射的光通量几乎相等,都是 40%～60%。这种灯具向周围均匀散发光线,照明柔和,但光通量利用率较低。典型的灯具就是球形乳白玻璃罩灯。

④ 半间接型灯具:向下部空间反射的光通量在 10%～40% 的灯具。此灯具大部分光线照在顶棚和墙面上部,把它们变成二次发光体。包括灯具在内的房间上部亮度比较统一,整个室内光线更加均匀、柔和,无光阴影或阴影较淡,典型地就是一种具有向上开口的半透明灯罩。

⑤ 间接型灯具:向下部空间反射的光通量在 10% 以内的灯具。90% 以上的光线射到顶棚和墙面上部,利用它们形成房间照明。整个室内光线均匀、柔和,无明显阴影。各种具有向上开口的不透明灯罩的灯具、吊顶灯等属于此种类型。

各种灯具的光通量分布见表 11-9。

表 11-9　　　　　灯具按上下光通量分布分类

灯具类型	光通量分配/%		光强分布示意	灯具举例
直接型	上	0～10		
	下	90～100		
半直接型	上	10～40		
	下	60～90		
漫射型	上	60～40		
	下	60～40		

续表

灯具类型	光通量分配/%		光强分布示意	灯具举例
半间接型	上	60～90		
	下	10～40		
间接型	上	90～100		
	下	0～10		

11.2.6　按灯具射出光束的宽窄及扩散程度分类

（1）直接型灯具按配光曲线的形状分类

直接型灯具的反射罩形式多样,形成的照明光束宽窄亦不同,反映在配光曲线上就是各自的形状不一样。其可分为特深照型、深照型、中照型、广照型、特广照型五种。不同的类型其 1/2 照度角不同,适用场所亦不同,见表 11-10。

表 11-10　　　　　　　　　　　　直接型灯具按配光曲线的形状分类

分类名称	距高比 L/H	1/2 照度角	使用场所举例
特深照型	$L/H<0.5$	$\theta<14°$	外壳一般采用抛光镜面反射器,配光曲线比较集中,照度高,适合顶棚高达 7 m 以上的大型厂房、大型仓库、高大型厅房及高度高或者需要重点照明的地方
深照型	$0.5\leqslant L/H<0.7$	$14°\leqslant\theta<19°$	
中照型	$0.7\leqslant L/H<1.0$	$19°\leqslant\theta<27°$	配光曲线中等,光分布适中,适合一般房间照明
广照型	$1.0\leqslant L/H<1.5$	$27°\leqslant\theta<37°$	配光曲线较宽,光分布较广,适合用在顶棚较低的房间
特广照型	$L/H\geqslant1.5$	$\theta\geqslant37°$	

【温馨提示】　1/2 照度角就是让灯具的光线投射到水平的被照面上,从灯具下方的被照面开始向外检测,被照面上照度减少一半时的某点与光源中心点的连线,它与灯具轴线的夹角就是 1/2 照度角。另外,距高比 L/H 就是灯具间的距离与灯具高度之比。

（2）道路照明按照控制眩光的程度分类

常规道路照明所采用的灯具按控制眩光的程度可分为截光型、半截光型、非截光型三种,它们的光强分布各不相同。所谓截光,就是为避免或减少眩光而遮挡人眼直接看到高亮度发光体的措施。灯具的截光角是遮光角的余角。

截光型灯具的最大光强方向为 0°～65°,80°和 90°方向上的光强最大允许值分别是 30 cd/1000 lm 和 10 cd/1000 lm。

半截光型灯具的最大光强方向在 0°～75°,80°和 90°方向上的光强最大允许值分别是 100 cd/1000 lm 和 50 cd/1000 lm。

非截光型灯具的最大光强方向不受限制,90°方向上的光强最大允许值为 1000 cd。

截光型灯具把绝大部分光线投射到路面上,可以获得较高的路面亮度,同时几乎感觉不到眩光;非截光型灯具不限制水平方向上的光线,有相对严重的眩光;半截光型灯具介于两者之间。《城市道路照明设计标准》(CJJ 45—2015)规定:快速路、主干路必须采用截光型或半截光型灯具;次干路应采用半截光型灯具;支路宜采用半截光型灯具。

(3) 泛光灯按光束发散角分类

投光灯利用反射器和折射器可以把射出的光线限制在一定的空间范围(立体角)内,泛光灯就是光束发散角大于 10°的投光灯。泛光灯通常可以向任意方向转动。泛光灯的分类见表 11-11。

表 11-11   **泛光灯按光束发散角分类**

序号	光束发散角	泛光灯分类
1	10°～18°	特窄光束
2	18°～29°	窄光束
3	29°～46°	中等光束
4	46°～70°	中等宽光束
5	70°～100°	宽光束
6	100°～130°	特宽光束

【温馨提示】   光束发散角是光强为峰值光强的 1/10 的两个方向之间的夹角。

11.3   灯具及其附件的选择与布置

11.3.1   灯具的选择

(1) 灯具选用的基本原则

① 功能原则:合乎要求的配光曲线、保护角、灯具效率,且型号符合环境的使用条件。

② 安全原则:符合防触电安全保护规定要求。

③ 经济原则:投资和运行费用最小化。

④ 协调原则:灯饰与环境整体风格协调一致。

选择灯具时综合考虑以上原则。

(2) 按使用环境选择灯具

① 无特殊防尘、防潮等要求的一般环境宜使用高效率的普通式灯具。

② 有特殊要求的场合要使用有专门防护结构及外壳的防护式灯具。

a. 在潮湿场所,当灯泡点亮时,因温度升高而导致灯具内部膨胀,灯泡熄灭后,由于灯具冷却,内部收缩产生负压,将潮气吸入,易使灯具内积水。因此,在潮湿场所应采用相应等级的防水灯具或带防水灯头的开启式灯具。

b. 灰尘多的场所,根据灰尘数量和性质可以采用防尘型灯具或尘密型灯具,即采用防护等级不低于 IP5X 的灯具。

c. 在有爆炸、火灾危险的地方,根据此类场所现行国家标准和规范的有关规定,分等级选择相应的灯具。

d. 在高温场所,宜采用带散热构造和措施的灯具,或带散热孔的开启式灯具,而不宜使用有密封罩的灯具;如必须使用,可采用耐高温光源。

e. 在震动或晃动较大的场所,对光源寿命有很大影响,甚至可能使灯泡松脱掉下,因此,在此种场所应采用防震型软性连接的灯具或防震的安装措施,并在灯具上加保护网。

f. 在可能会受到机械性损伤的场所,灯具应有保护网。

g. 在有腐蚀性气体和蒸气的场所,宜采用耐腐蚀材料(玻璃、工程塑料、表面喷塑钢壳、搪瓷等)制成的密闭式灯具;如采用开启式灯具,各部件必须有防腐蚀、防水措施。

h. 在有洁净度要求的场所,如医院、精密电子仪器车间等,应采用不易积尘、易于擦拭的洁净灯具,并应满足洁净场所的相关要求。

i. 在需防止紫外线照射的场所,如需防止紫外线作用的彩绘、织品等展品展览场所,应采用隔紫灯具或无紫光源。

j. 室外不同使用环境中灯具外壳防护等级的推荐值:

(a) 露天安装的照明电源箱、照明控制器应为 IP33 及 IP33 以上;

(b) 直接安装在屋檐下、凉亭内的灯具应为 IP41 及 IP41 以上;

(c) 安装在屋檐下、凉亭或回廊柱子外侧的灯具应为 IP42 及 IP42 以上;

(d) 安装在柱子上的庭园灯具、露天安装的灯具及电器箱应为 IP43 及 IP43 以上;

(e) 内置风扇的灯具应为 IP44 及 IP44 以上;

(f) 投光灯具、道路灯具的光源腔、吸壁安装的露天壁灯的防护外壳应为 IP54 及 IP54 以上;

(g) 草坪灯具或在使用过程中会受到水喷淋的灯具应为 IP55 及 IP55 以上;

(h) 灯串、美耐灯带和 LED 灯管,包括接头、电源端子应为 IP55 及 IP55 以上;

(i) 埋地灯或安装于地沟内的投光灯应为 IP67 或 IP67 以上;

(j) 水下灯应为 IP68,并应注明入水深度。

(3) 按配光特性选择灯具

① 窄配光类(深照型)的灯具,使光线在较小立体角内分布,遮光角大,不易产生眩光,发出的光通量能最大限度地直接落在被照面上,利用率高。比如体育馆、企业的高大厂房、高速公路等照度要求较高的地方,可以采用。但是灯具必须高密度排列,才能保证照度的均匀度。

② 中配光类(中照型)的灯具,使光线在中等立体角内分布,配光曲线要宽一些,直接照射面积较大,合理的布局和灯具高度可以眩光。其适用于中等照度的一般室内照明。

③ 宽配光类(广照型)的灯具,使光线在较大立体角内分布。其适用于照度要求低的场所,如楼道、厕所等。

11.3.2　灯具附件的选择

(1) 镇流器

荧光灯、金属卤化物灯、高压钠灯及高压荧光汞灯等气体放电型电光源,它们都是通过低压或高压气体的放电来发光的。因发光效率高,是目前广泛应用的电光源。

气体放电灯由于其放电机制,如果把气体放电灯直接接到电源,将会因电流迅速增大到超过极限而损坏,因此使用镇流器与气体放电灯串联在电路中可以对其电流进行限制。

电感镇流器由铁芯和线圈组成,几种气体放电灯的工作接线如图 11-15 所示。

电感镇流器结构简单、寿命长,作为第一种与气体放

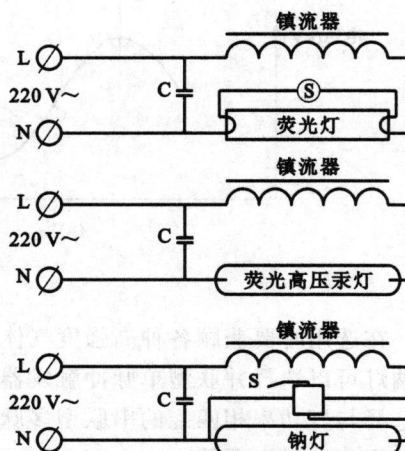

图 11-15　几种气体放电灯的电感镇流器接线

电灯相配合工作的镇流器,仍有相当的市场占有率。不过,传统、高能耗的电感型镇流器现今已被节能型电感镇流器替代。

针对电感镇流器的种种不足,如功率因数低、耗能、笨重、频闪、低电压启动性能差等,也为了应对世界性的能源危机,随着半导体技术的飞速发展,在 20 世纪 70 年代末推出了电子镇流器。交流电子镇流器是将工频交流电转换成较高频率的交流电,让气体放电灯正常启动并稳定工作的电子器件。

交流电子镇流器的优点是:由于提高了电源的频率,像荧光灯这样的气体放电灯的发光效率得以提高,再加上自身功耗小,因此能产生比较好的节电效果;交流电子镇流器使得系统功率因数很容易达到 0.9 以上,可以减少电路的损耗,提高电能输送的效率;体积小、质量轻,能很好地和光源整合实现一体化;无频闪、无噪声,消除了人眼的视觉疲劳感以及灯具的噪声干扰,适用于有运动物体的场合;在电源电压偏差较大时,仍能启动,保持光源恒定功率,稳定光通量的输出;还可以通过脉宽调制、脉频调制等技术对气体放电灯进行无级调光。当然,交流电子镇流器在使用寿命、使用的可靠性、电磁兼容与抗干扰能力等方面尚有不足。

目前,在镇流器的选用方面,荧光灯应配用电子镇流器或节能型电感镇流器。对频闪效应有限制要求的场合,应采用高频镇流器。高压钠灯、金属卤化物灯应配用节能型电感镇流器;在电压偏差较大的场所,宜配用恒功率镇流器;功率较小者可配用电子镇流器。

(2)触发器

触发器是高强度气体放电灯的重要部件,它在启动时产生脉冲电压,将灯可靠点燃。

触发器的种类很多,例如:利用电感镇流器突然断路产生的自感电动势与电源电压叠加到灯两端的热触发器、双端并联单向电子触发器;高压脉冲由触发器内部高压脉冲变压器产生,无须借助电感镇流器的双端并联双向电子触发器;三端串联双向电子触发器。利用带抽头的电感镇流器兼作升压脉冲变压器的三端双向电子触发器等。

触发器还可分为单脉冲触发和多脉冲触发两种,如图 11-16 所示。单脉冲即触发器在一个周期内只产生一个脉冲,在脉冲间隔时间 0.02 s 内脉冲电离出来的离子又会复合,所以此类触发器的脉冲幅度较高。一个周期内产生两个以上脉冲的是多脉冲触发,其脉冲幅度恒定,不随电源电压变化。在一个周期内多次反复轰击使灯内离子浓度增加而点亮灯,有利于降低脉冲幅度,延长灯泡寿命,有利于点燃启动较困难的灯,如小功率金属卤化物灯等。

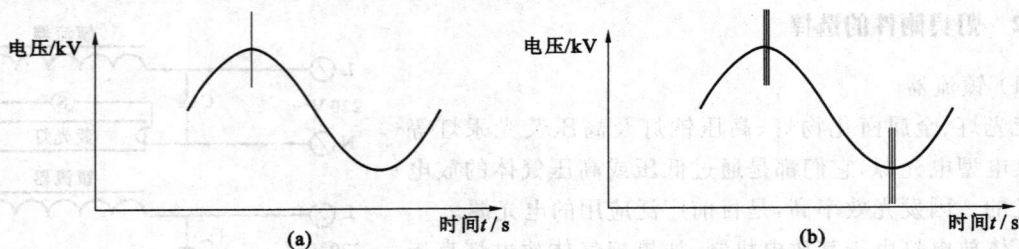

图 11-16　触发脉冲
(a)单脉冲触发;(b)多脉冲触发

在选用时要兼顾各种高强度气体放电灯对触发脉冲的要求、安全性,以及灯具的使用寿命。一般钠灯可以选择并联型单脉冲触发器,如用脉冲幅度恒定的多脉冲触发器更好。金属卤化物灯应当选择与灯功率相匹配的串联型多脉冲触发器。高杆灯或需要集中控制的高强度气体放电灯应选用远距离型触发器等。

11.3.3　灯具的布置

（1）灯具布置的基本要求

灯具布置应满足以下几个方面的要求：

① 符合规定的照度值，工作面上照度均匀；

② 有效地控制眩光和阴影；

③ 符合使用场所要求的照明方式；

④ 方便灯具的维护和修理；

⑤ 保证光源用电安全；

⑥ 符合节能的要求，提高光效，将光源安装容量降至最低；

⑦ 布置整齐、美观大方，与室内环境协调一致。

室外灯具的布置，要根据具体的使用要求来确定。如隧道道路照明、广场照明等。

（2）灯具的平面布置

建筑物内部灯具平面布置方式有均匀布置和选择性布置两种。

① 均匀布置：采用同类型灯具按固定的几何图形均匀排列，可以使整个区域有均匀的照度。常见的有直线形、正方形、矩形、菱形等，见图 11-17。建筑物内部灯具做一般照明使用的，通常采用均匀布置方式。

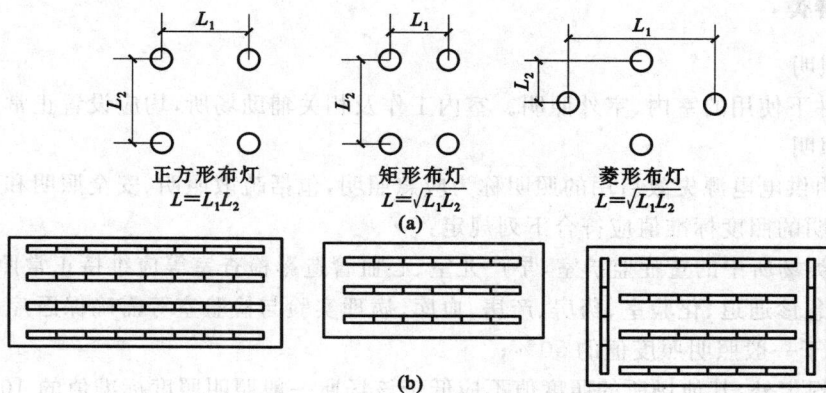

图 11-17　光源均匀布置示意图
(a) 点光源的均匀布灯；(b) 线光源的均匀布灯

② 选择性布置：根据环境对灯光的不同要求，选择布灯的方式和位置。一般只有在需要局部照明或定向照明时，根据情况才考虑用选择性布置。

灯具布置是否合理，可以从照度均匀度反映出来。照度均匀度主要取决于灯具的间距 L 与灯具至工作面计算高度 H 的比值，即距高比 L/H。在计算高度 H 一定的条件下，距高比值小，照度的均匀度好，但布置的灯具较多，经济性较差。距高比值过大，则不能保证照度的均匀度。每种灯具都有一个最佳的距高比，见表 11-12。实际采用距高比的数值在此范围内，就可满足照度均匀度要求，并且有较小的电能消耗。

为保持整个场所的照度均匀度，靠边的灯具不能离墙太远，一般为 $(0.25\sim0.5)L$，当靠墙有视觉工作要求时，灯具距离墙不应大于 0.75 m。

（3）灯具的高度

灯具悬挂的高度主要是根据使用场所的层高，考虑防眩光要求、防触电的安全要求、灯具防碰撞的要求等而确定的。室内照明灯具的高度一般不低于 2.4 m,当低于此值时,要采用封闭式灯罩或带保护网的光源。

表 11-12　　　　　　　　　　　　　　灯具的最佳距高比

灯具种类	距高比(L/H)		宜采用单行布置的房间高度
	多行布置	单行布置	
乳白玻璃圆球灯、散照型防水防尘灯、天棚灯	2.3～3.2	1.9～2.5	1.3H
无漫透射罩的配照型灯	1.8～2.5	1.8～2.0	1.2H
搪瓷深照型灯	1.6～1.8	1.5～1.8	1.0H
镜面深照型灯	1.2～1.4	1.2～1.4	0.75H
有反射罩的荧光灯	1.4～1.5	—	—
有反射罩的荧光灯,带栅格	1.2～1.4	—	—

11.4　照明种类和照度标准

11.4.1　照明种类

(1) 正常照明

在正常条件下使用的室内、室外照明。室内工作及相关辅助场所,均应设置正常照明。

(2) 应急照明

因正常照明供电电源失效启用的照明称为应急照明,包括疏散照明、安全照明和备用照明。

① 备用照明的照度标准值应符合下列规定:

a. 医院 2 类场所中的重症监护室、早产儿室、心血管造影检查室等应维持正常照明的照度;

b. 医院的急诊通道、化验室、药房、产房、血库、病理实验与检验室等需确保医疗工作正常进行的场所,不应低于一般照明照度值的 50%;

c. 除另有规定外,其他场所的照度值不应低于该场所一般照明照度标准值的 10%。

② 安全照明的照度标准值应符合下列规定:

a. 医院 2 类场所中的手术室、抢救室等应维持正常照明的照度;

b. 体育场馆观众席和运动场地安全照明的平均水平照度不应低于 20 lx;

c. 生物安全实验室、核物理实验室等特殊场所应符合相关标准的规定;

d. 除另有规定外,其他场所的照度值不应低于该场所一般照明照度标准值的 10%,且不应低于 15 lx。

③ 疏散照明的地面平均水平照度值应符合下列规定:

a. 水平疏散通道不应低于 1 lx,人员密集场所、避难层(间)不应低于 3 lx;

b. 垂直疏散区域不应低于 5 lx;

c. 疏散通道地面中心线的最大值与最小值之比不应大于 40:1;

d. 寄宿制幼儿园和小学的寝室、老年公寓、医院等需要救援人员协助疏散的场所不应低于 5 lx。

（3）值班照明

在上班时间之外，供值班人员值班使用的照明，称为值班照明。值班照明可以利用正常照明中能单独控制的一部分，也可以利用应急照明的一部分或全部。

（4）警卫照明

在晚上为了改善和增强对人员、材料、设备、建筑物和财产等的保卫，而安装的用于警戒的照明，即为警卫照明。可以根据需要在仓库区、货物堆放区、厂区等警戒范围内设置。

（5）障碍照明

为保障航空飞行安全，在高大建筑物、构筑物上安装的障碍标志灯，或当有船舶通过的两侧建筑物上装设的障碍指示灯等，称为障碍照明。应该按照民航和交通部门的有关规定装设。

（6）装饰照明

为美化、烘托某一特定环境而设置，起到点缀、装饰作用的照明，称为装饰照明。通常采用装饰性灯具和建筑装潢及环境结合成一体。

（7）城市环境艺术照明

利用各种照明技术和设备，营造出能体现环境风格，符合艺术美学，给人以视觉享受的城市夜景照明。其涉及公园、广场、雕塑、喷泉、绿化园林、庭园小区、标志性建筑物等的景观照明和广告照明等。

11.4.2 照明方式

照明方式指照明设备按照安装部位或使用功能而构成的基本形式，可以分为以下几种。

（1）一般照明

一般照明是指不考虑特殊区域的需要，为照亮整个场所而设置的照明方式。其适用于对光照方向无特殊要求的场所，以及受到条件限制，不适合装设局部照明或混合照明不合理时采用。

（2）分区一般照明

分区一般照明是指根据不同地点对照度的要求，提高特定区域照度的一般照明方式。特定区域可以通过增加灯具的布置密度来提高照度，而其他区域可以维持原来的布置方式。

（3）局部照明

局部照明是指为满足特殊需要而照亮某个局部的照明方式。局部照明只能照射有限的小范围。在一般照明或分区一般照明不能满足要求的地方（照度、照射方向、光幕反射、频闪效应等不合要求），应增加局部照明。但在工作场所中不能只安装局部照明。

（4）混合照明

混合照明是指由一般照明和局部照明共同组成的照明方式。对照度要求较高、照射方向有特殊要求的，以及工作位置密度不大，且单独装设一般照明不合理的场所，经常使用混合照明。

11.4.3 照度标准

（1）一般规定

照度标准是国家有关部门制定与颁布的，各类建筑物和工作场所的光源应该符合的照度值。照度标准要根据人眼的视觉特性，按不同场所对视觉的使用要求来制定；同时又要与本国的经济发展水平、人民物质文化生活水平相称。

CIE对各种作业活动的照度范围进行了推荐，见表11-13。每一类照度范围均由三个照度等级组成，后一级照度值为前一级照度值的1.5～2.0倍。其中，中间的数值代表应当采用的推荐照度，在考虑具体的工作性质、人员状况等因素下,可采用较高或较低数值。

表 11-13　　　　　　　　　　　　CIE 对各种活动场所推荐的照度范围

照度范围/lx			作业和活动类型
20	30	50	室外人口区域
50	75	100	交通区、简单地判别方位或短暂停留
100	150	200	非连续工作的房间,例如工业生产监视、储藏、衣帽间、门厅
200	300	500	有简单视觉要求的作业,如粗糙的机械加工,教室
300	500	750	有中等视觉要求的作业,如普通的机械加工,办公室、控制室
500	750	1000	有一定视觉要求的作业,如缝纫、检验、试验,绘图室
750	1000	1500	延续时间长,且有精细视觉要求的作业,如精密加工和装配,颜色判别
1000	1500	2000	有特殊要求的作业,如手工雕刻,很精细的工件检验
>2000			完成很严格的视觉作业,如微电子装配,外科手术

随着使用时间的推移,光通量会因为灯具的自然老化而衰减;同时由于长期使用,灯具会积累灰尘,以及房屋表面污染等会造成照度值降低。为在维护周期内保证不低于规定照度,必须在设计时考虑其影响,即把照度值除以维护系数(旧称减光系数,见表 11-14)。

表 11-14　　　　　　　　　　　　维护系数

环境污染特征	工作房间或场所举例	照明器擦洗次数/(次/年)	维护系数
清洁	卧室、办公室、餐厅、阅览室、绘图室、病房、客房、仪器仪表的装配车间、电子元器件的装配车间、实验室、办公室、设计室、商店营业厅	2	0.8
一般	候车室、影剧院观众厅、农贸市场、机械加工车间、机械装配车间、织布车间	2	0.7
污染严重	公用厨房、锻工车间、铸工车间、碳化车间、水泥厂球磨车间	3	0.6
开敞空间	雨棚、站台	2	0.65

(2) 照明标准值

根据《建筑照明设计标准》(GB/T 50034—2024)规定,列举几种不同场合下的照明标准值,分别见表 11-15～表 11-18。

表 11-15　　　　　　　　　　　　住宅建筑照明标准值

房间或场所		参考平面及其高度	照明标准值/lx	Ra
起居室	一般活动	0.75 m 水平面	100	80
	书写、阅读		300*	
卧室	一般活动	0.75 m 水平面	75	80
	床头、阅读		200*	
餐厅		0.75 m 餐桌面	150	80
厨房	一般活动	0.75 m 水平面	100	80
	操作台	台面	300*	

房间或场所		参考平面及其高度	照明标准值/lx	Ra
卫生间	一般活动	0.75 m 水平面	100	80
	化妆台	台面	300*	90
走廊、楼梯间		地面	100	60
电梯前厅		地面	75	60

注：*指混合照明照度。

表 11-16　　　　　　　　　　　**图书馆建筑照明标准值**

房间或场所	参考平面及其高度	照度标准值/lx	UGR	U_0	Ra
普通阅览室、开放式阅览室	0.75 m 水平面	300	19	0.60	80
多媒体阅览室	0.75 m 水平面	300	19	0.60	80
老年阅览室	0.75 m 水平面	500	19	0.70	80
珍善本、舆图阅览室	0.75 m 水平面	500	19	0.60	80
陈列室、目录厅（室）、出纳厅	0.75 m 水平面	300	19	0.60	80
档案库	0.75 m 水平面	200	19	0.60	80
书库、书架	0.25 m 垂直面	50	—	0.40	80
工作间	0.75 m 水平面	300	19	0.60	80
采编、修复工作间	0.75 m 水平面	500	19	0.60	80

表 11-17　　　　　　　　　　　**办公建筑照明标准值**

房间或场所	参考平面及其高度	照度标准值/lx	UGR	U_0	Ra
普通办公室	0.75 m 水平面	300	19	0.60	80
高档办公室	0.75 m 水平面	500	19	0.60	80
会议室	0.75 m 水平面	300	19	0.60	80
视频会议室	0.75 m 水平面	750	19	0.60	80
接待室、前台	0.75 m 水平面	200	—	0.40	80
服务大厅、营业厅	0.75 m 水平面	300	22	0.40	80
设计室	实际工作面	500	19	0.60	80
文件整理、复印、发行室	0.75 m 水平面	300	—	0.40	80
资料、档案存放室	0.75 m 水平面	200	—	0.40	80

注：此表适用于所有类型建筑的办公室和类似用途场所的照明。

表 11-18 商店建筑照明标准值

房间或场所	参考平面及其高度	照度标准值/lx	UGR	U_0	Ra
一般商店营业厅	0.75 m 水平面	300	22	0.60	80
一般室内商业街	地面	200	22	0.60	80
高档商店营业厅	0.75 m 水平面	500	22	0.60	80
高档室内商业街	地面	300	22	0.60	80
一般超市营业厅	0.75 m 水平面	300	22	0.60	80
高档超市营业厅	0.75 m 水平面	500	22	0.60	80
仓储式超市	0.75 m 水平面	300	22	0.60	80
专卖店营业厅	0.75 m 水平面	300	22	0.60	80
农贸市场	0.75 m 水平面	200	25	0.40	80
收款台	台面	500*	—	0.60	80

注：*指混合照明亮度。

本章小结

（1）照明灯具是一种可以改变光源光分布的器具，包括光源的固定支撑件、保护件，光源的启动件，光的反射透射件，以及电源连接件等。

（2）反映照明灯具的配光特性的三个指标是灯具的配光曲线、遮光角和灯具效率。

（3）所谓配光曲线，就是以平面曲线图的形式反映灯具在空间各个方向上发光强度的分布状况。

（4）遮光角又叫保护角，用于衡量灯具为了防止眩光而遮挡住光源直射光范围的大小，用光源的发光体从灯具出口边缘辐射出去的光线和出口边缘水平面之间的夹角表示。

（5）灯具效率是指在规定的使用条件下，灯具发出的总光通量与灯具内光源发出的总光通量之比。

（6）灯具按防触电保护分为四类：0类、Ⅰ类、Ⅱ类、Ⅲ类，其中0类灯具已停止使用。

（7）灯具按外壳的IP防护等级分类，等级代号由字母"IP"和两个特征数字以及补充字母组成，第一个特征数字表示灯具防止人体触及或接近灯外壳内部的带电体，防止固体物进入内部的等级；第二个特征数字表示灯具防止湿气、水进入内部的等级。

（8）镇流器与气体放电灯串联在电路中对其工作电流加以限制，分为电感镇流器和电子镇流器。

（9）触发器用于高强度气体放电灯启动时，其产生脉冲电压，将灯可靠点燃。

（10）灯具的布置有均匀布置、选择性布置两种，要符合照度的质量要求、安全要求、节能要求和美观要求。

（11）在正常条件下使用的室内、室外照明为正常照明。正常照明因为故障造成熄灭后启用的照明，称为应急照明。

（12）照度标准是国家有关部门制定与颁布的，各类建筑物和工作场所的光源应该符合的照度值。

习题与思考题

11-1 照明灯具的配光特性可以分别用灯具的哪三个指标加以衡量？简述这三个指标的定义。

11-2 按灯具在上下空间光通量分布状况可把灯具分为几类？每类灯具的光通量分布特点是什么？

11-3 灯具按外壳防护等级分为哪几类？如何选用？

11-4 灯具选择的基本原则有哪些？

11-5 简述哪些特殊要求的场合要使用什么样的防护结构及外壳的防护式灯具。

11-6 灯具中的镇流器和触发器分别是做什么用的？

11-7 叙述应急照明的种类，以及各类应急照明的照度要求。

习题与
思考题答案

12 照明控制与节能

【内容提要】

　　本章主要内容包括：照明质量的控制指标、电气照明的照度与亮度计算、照明供电、照明光照节能等。本章的教学重点为照明质量的几个控制指标、地下建筑和地下交通照明要求、电气照明的照度与亮度计算；教学难点为过渡照明的计算、光通利用系数法、隧道照明的照度计算。

【能力要求】

　　通过本章的学习，学生应掌握光通利用系数法计算照度、地下建筑过渡照明的计算；掌握照度均匀度、眩光限制要求、光的颜色要求、照度稳定性要求；熟悉照明供电和控制的方式；了解照明光照节能指标及措施等。

本章拓展资源

12.1　照明质量的控制指标

　　照明工程的优劣可以用照明质量指标加以评价与衡量。客观物理量可以作为评价照明质量的依据，这些物理指标包括照度、照度均匀度、亮度分布、眩光限制、阴影消除、光源的颜色、照度的稳定性等。

12.1.1　照度分布

　　照明设计时要选择合适的照度水平，一方面使人容易辨别所从事工作的细节；另一方面能控制或消除视觉不舒适的因素，保护人们视力健康。

　　设计照度计算值与照度标准值的允许偏差应为+20%。

　　（1）作业面邻近周围照度

　　作业面邻近周围照度可低于作业面照度，但不宜低于表 12-1 规定的数值。

表 12-1　　　　　　　　　　　　　　　**作业面邻近周围照度**

作业面照度/lx	作业面邻近周围照度/lx
≥750	500
500	300
300	200
≤200	与作业面照度相同

注：作业面邻近周围指作业面外宽度为 0.5 m 的区域。

　　（2）墙面、顶棚的平均照度

　　墙面、顶棚的平均照度宜符合下列规定：

① 墙面的平均照度不宜低于 50 lx,顶棚的平均照度不宜低于 30 lx;

② 人员长期工作并停留场所墙面的平均照度不宜低于作业面或参考平面平均照度的 30%,顶棚的平均照度不宜低于作业面或参考平面平均照度的 20%。

12.1.2　一般照明照度均匀度

视觉对象的位置会经常发生变化,为了避免视觉不适,要求工作面上的照度保持一定的均匀程度,照度的均匀程度用照度均匀度来表示。

工作场所一般照明照度均匀度应符合下列规定:

① 一般场所不应低于 0.4;

② 长时间工作的场所不应低于 0.6;

③ 对视觉要求高的场所不应低于 0.7。

12.1.3　眩光限制

眩光可以由发光物体直接引起,也可以由反射比高的表面形成的镜面反射引起,它对人的生理和心理都将造成危害,因此必须采取措施加以限制。

（1）统一眩光值（UGR）

公共建筑和工业建筑常用房间或场所的不舒适眩光,要采用统一眩光值（UGR）进行评价,其最大允许值不宜超过照明规范中的规定值。各种场所统一眩光值（UGR）见表 12-2。

表 12-2　　　　　　　　　　　各种场所的统一眩光值（UGR）

场所		UGR
文化建筑	阅览室、陈列室、目录厅（室）、出纳厅、档案室、书库、书架、工作间（包括修复）	19
办公建筑	办公室、会议室、接待室、前台、设计室	19
	服务大厅	22
商店建筑	营业厅、仓储式超市、农贸市场	22
观演建筑	观众厅、观众休息厅、门厅、化妆室	22
旅馆建筑	中餐厅、多功能厅、宴会厅、休息厅、健身房	22
	会议室	19
教育建筑	教室、实验室、电子信息机房、电子阅览室	19
	学生宿舍	22
	楼梯间	25
交通建筑	候车(机、船)室、中央大厅、售票大厅、行李认领厅、到达大厅、出发大厅、高档地铁站厅、高档地铁进出站门厅	22
	换票厅、行李托运厅	19
	普通地铁站厅、普通地铁进出站门厅	25
通用房间或场所	宿舍、休息室、更衣室、餐厅、一般试验室、一般检验、一般控制室	22
	车库检修间、电源设备室、发电机室、电梯机房	25
	精细试验室、精细有颜色要求检验室、计量室、测量室、电话站、网络中心、计算机站、主控制室	19

统一眩光值的计算公式:

$$UGR = 8\lg \frac{0.25}{L_b} \sum \frac{L_a^2 \cdot \omega}{P^2} \tag{12-1}$$

式中　L_b——背景亮度,cd/m^2;

　　　L_a——向着观察者方向的每个灯具的亮度,cd/m^2;

　　　ω——每个灯具发光部分对观察者眼睛所形成的立体角,sr;

　　　P——每个单独灯具的位置指数。

UGR 的详细计算参见《建筑照明设计标准》(GB/T 50034—2024)附录 A。统一眩光值适用于简单的立方体形房间的一般照明装置设计,不适用于采用间接照明和发光天棚的房间。

不舒适眩光的主观感受与 UGR 数值对照如表 12-3 所示。

表 12-3　　　　　　　　　　　**不舒适眩光的主观感受与 UGR 数值对照表**

不舒适眩光的主观感受	UGR
无眩光	10
极轻微眩光,无不舒适感	13
轻微眩光,可忽略	16
轻微眩光,可忍受	19
有眩光,刚好有不舒适感	22
有眩光,有不舒适感	25
严重眩光,不能忍受	28

(2) 控制直接眩光

控制直接眩光的办法主要是限制灯具在截光角 $\gamma > 45°$ 的眩光区的亮度,见图 12-1。

距离人最远的灯具,其射入眼睛的光线与通过灯具垂线的夹角表示为:γ_{max}[$\gamma_{max} = \arctan(L_{max}/h_s)$],它是这个场所眩光区的最大角度。只要在 $45° < \gamma < \gamma_{max}$ 区域,灯具亮度不超过规定数值,即能满足限制直接眩光的要求。一般可有两种途径解决这个问题:① 选择有漫射特性的透光材料或具有一定几何形状的材料将灯泡遮蔽;② 控制遮光角,使灯具的遮光角大于 $90° - \gamma$。两种办法可以综合使用,例如乳白色有机板格栅灯具。

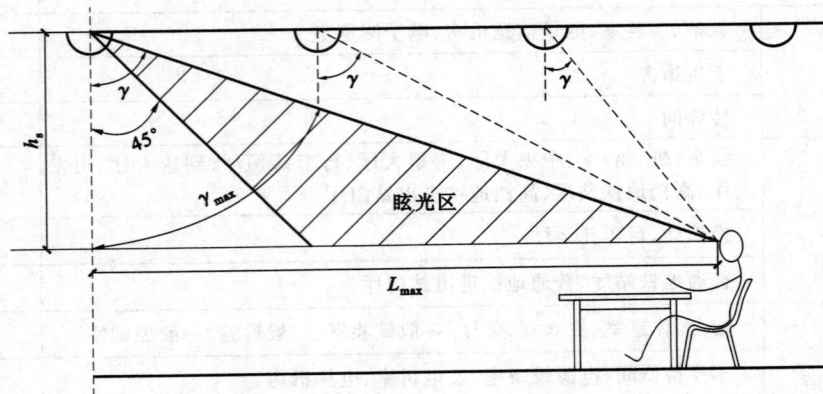

图 12-1　灯具的限制眩光区域

我国标准规定了直接型灯具的最小遮光角,见表 12-4。

表 12-4 　　　　　　　　　　　　　**直接型灯具的最小遮光角**

灯具出光口平均亮度 $L/(kcd/m^2)$	最小遮光角	应用光源举例
$1 < L \leqslant 20$	10°	荧光灯管
$20 < L \leqslant 50$	15°	涂荧光粉或漫射光玻璃壳的高光强气体放电灯
$50 < L \leqslant 500$	20°	
$L > 500$	30°	透明玻璃壳的高光强气体放电灯、透明玻璃壳的白炽灯、卤钨灯

灯具悬挂得越高,越远离人的视线(即 $90° - \gamma$ 越大),产生眩光的可能性就越小。可通过限制灯具的最低悬挂高度来控制直接眩光。工业企业室内一般照明灯具的最低悬挂高度见表 12-5。

表 12-5 　　　　　　　　　　　　**工业企业室内一般照明灯具的最低悬挂高度**

光源种类	灯具形式	灯具遮光角	光源功率/W	最低悬挂高度/m
白炽灯	有反射罩	10°～30°	≤100	2.5
			150～200	3.0
			300～500	3.5
	乳白玻璃漫射罩	—	≤100	2.0
			150～200	2.5
			300～500	3.0
荧光灯	无反射罩	—	≤40	2.0
			>40	3.0
	有反射罩	—	≤40	2.0
			>40	2.0
荧光高压汞灯	有反射罩	10°～30°	<125	3.5
			125～250	5.0
			≥400	6.0
	有反射罩,带格栅	>30°	<125	3.0
			125～250	4.0
			≥400	5.0
金属卤化物灯、高压钠灯、混光光源	有反射罩	10°～30°	<150	4.5
			150～250	5.5
			250～400	6.5
			>400	7.5
	有反射罩,带格栅	>30°	<150	4.0
			150～250	4.5
			250～400	5.5
			>400	6.5

(3) 反射眩光控制

视野范围内的反射眩光和视觉对象的光幕反射也需要有效控制。主要方法是:在进行视觉工作时,想办法使人眼避开和远离由照明光源与反光面形成的镜面反射光区域。反射眩光往往比直接眩光更难以处理,为最大限度地限制反射眩光,还可以使用发光面积大、亮度低、有一定上射光通量的灯具;采用在视线方向反射光通量小的特殊配光灯具;此外,视觉工作和工作房间内的表面要尽量采用无光泽的表面;创造合适的室内亮度分布,避免室内亮度分布得过于集中,对墙面和天花的平均照度有所要求,墙面的平均照度不宜低于 50 lx,天花的平均照度不宜低于 30 lx。

(4) 视觉显示终端灯具平均亮度限值有视觉显示终端的工作场所,在与灯具中垂线成 65°～90°内的灯具平均亮度限值应符合表 12-6 的规定。

表 12-6　　　　　　　　　　灯具平均亮度限值　　　　　　　　(单位:cd/m²)

屏幕分类	灯具平均亮度限值	
	屏幕亮度大于 200 cd/m²	屏幕亮度小于或等于 200 cd/m²
亮背景暗字体或图像	3000	1500
暗背景亮字体或图像	1500	1000

12.1.4　光源的颜色

前面章节已经讨论过光源的色温和显色性,以及不同色温的光源给人的不同感受。照明设计时要根据环境的要求选择不同色温、显色性,不同光谱分布的光源。

正确的物体彩色感觉只有在光源光谱分布接近自然光的情况下才能形成。在光源光谱分布和自然光相差较大的条件下,被照物体的颜色将有较大的失真。这对需要正确辨别色彩的工作场所是不合适的,因此需要使用较高显色指数的光源。应该按照表 11-15～表 11-18 给出的不同场所显色性的要求来选择光源的显色指数。一般来说,供长期工作或长期停留使用的照明光源,其显色指数(Ra)不应小于 80。在灯具安装高度大于 10 m 的工业建筑场所,Ra 可低于 80,但必须能够辨别安全色。

另外,不同光谱分布的光线在视觉心理上会有不同的色感受。低色温(<3300 K)的光源给人以"暖"的感受,具有日近黄昏的情调,可以形成温馨、轻松的气氛;高色温(>5300 K)的光源接近自然光色,给人以"冷"的感觉,能使人精神振奋。不同的环境氛围可以按表 12-7 选取不同色调感觉的光源。

表 12-7　　　　　　　　　　　　　光源色表分组

色表分组	色表特征	相关色温/K	适用场所举例
I	暖	<3300	客房、卧室、病房、酒吧、餐厅
II	中间	3300～5300	办公室、教室、阅览室、商场、诊室、检验室、实验室、控制室、机械加工车间、仪表装配
III	冷	>5300	热加工车间、高照度场所

经研究发现,在照度相同的条件下,显色性差的光源比显色性好的光源在视觉上要暗。这样,当采用显色指数较低的光源时,应适当提高照度标准。

为了获得合适的光色,在同一场所,也可采用合适的两种或两种以上的光源组成混光照明。混光照明不宜让人直接看到光源。

12.1.5 照度的稳定性

光源在使用过程中输出到工作面上的光通量发生变化(即忽亮忽暗)不仅会使工作面上的照度不稳定,这会影响人的视觉工作。可以采取以下措施加以消除或改善:

(1) 避免照明供电电压的波动

电压的波动是指电压的快速变动,它可以造成光源无规则的闪变,给人眼以很大的刺激,分散人的注意力,加速眼睛疲劳,使人无法正常工作。电压波动是由于负荷的剧烈变动引起的,如大型动力设备的启动和停止,电力系统正常的投入或切除线路的操作,以及电力系统故障等。

减少与避免电压的波动,要从提高照明供电电压的质量入手,可以用不同的线路分别向动力设备与照明供电,或者用专用变压器给照明供电,或者给照明加上稳压装置,对重要照明负荷采用双回路供电等。

(2) 避免光源或灯具周期性的晃动

光源或灯具周期性的晃动也会使工作面上的照度不稳定。它同样会给人的视觉带来损害。在照明设计时,要避免把灯具放在有人工或自然气流冲击的地方;如无法避免,可以采用吸顶式、管吊式安装等。

(3) 防止频闪效应

使用交流电的光源,其输出的光通量会随着电源的周期性变化而变化,这叫作频闪。医学研究表明:由于工作时进入眼睛的光线不断地发生明暗变化,故视觉系统要不断调节瞳孔,这种调节过程在有频闪的光源下会更加剧烈。它更容易引起眼睛疲劳并对视力造成伤害。

光源的频闪程度可以用频闪波动深度指标来衡量。频闪波动深度等于光线最强值与最弱值的差值再除以最强值后获得的百分比;百分比越小,频闪越浅。白炽灯频闪波动深度大于 10%,电感镇流荧光灯在 50% 左右,25 kHz 电子镇流荧光灯约 20%,高压汞灯在 60% 左右,太阳光的频闪波动深度为 0。

当光源的频闪波动深度大于 25% 时,人们观察物体的运动会产生频闪效应。频闪效应即是:当光通量的变化频率与物体运动的频率存在一定的关系时,观察到的物体运动显现出不同于实际运动的现象。它使人容易产生错觉而影响工作或者造成事故。尤其是当物体运动的频率是光源闪烁频率的整倍数时,运动物体看上去好像静止一样。

减弱及消除频闪的方法有以下几种:

① 对于气体放电灯,单相供电的可采用双灯管移相接法;如果使用三相电,把三组灯管分别接入各相,利用对称三相交流电的总瞬时功率恒定的这一原理,能将频闪深度降到 5%。

② 提高电子镇流器的工作频率,当把工作频率提升到 80 kHz 时,气体放电灯的频闪下降至约为 3%。

③ 采用整流滤波设备将交流电变成直流给光源供电,使荧光管、白炽灯等能够发出像自然光一样的连续而平稳的光,灯的频闪深度接近 0。

12.1.6 地下建筑和地下交通照明

(1) 地下建筑的过渡照明

地下建筑如城市里的地下车库、地下人行隧道、城市轨道交通站出入口等,与普通地面建筑物光照的最大区别是:其处于地下,环境封闭,户外光线无法从四周透射入内部,造成的入口处亮度变化非常大,相关规范规定需要用到过渡照明。过渡照明的定义是:为减少建筑物内部与外界过大的亮度差而设置的使亮度可逐次变化的照明。

之所以要用到过渡照明,是因为人的眼睛在周围的亮度发生变化后,适应新的亮度需要一定的时间。就像人们到电影院看电影一样,由于人眼适应了户外强光环境,刚进电影院两眼会一片漆黑,过了一段时间,当人眼适应了电影院里面的平均亮度时,电影画面才看得清楚。反之,当看完电影走出影院时,因人眼适应了电影院内的平均亮度,会感到户外一片刺亮,过一会儿眼睛才感觉正常。环境亮度和人眼适应时间的关系可以用曲线图的形式表示出来,如图 12-2 所示。

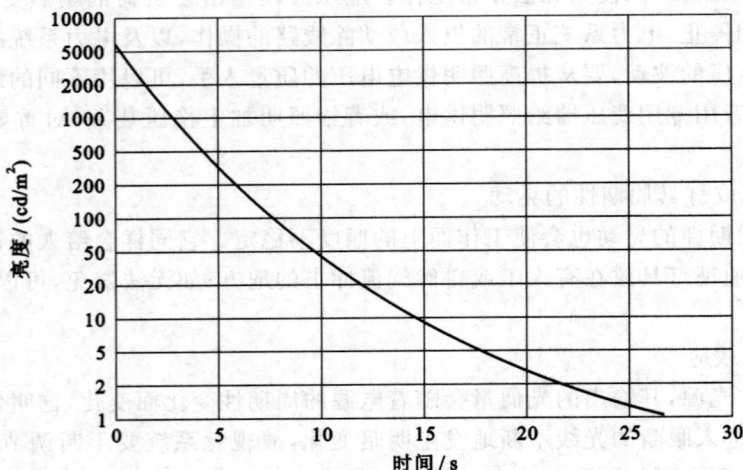

图 12-2 亮度与人眼适应时间关系曲线

《地下空间照明设计标准》(T/CECS 45—2021)中规定:各类地下建筑出入口部分均应设计过渡照明,过渡照明设计中宜优先采用自然光过渡,当自然光过渡不能满足要求时,应增加人工照明过渡。

一般在白天,地下建筑入口处内外亮度变化宜按 15∶1~10∶1 取值,夜间室内外亮度变化宜按 4∶1~2∶1 取值;出入口的人行速度宜按 2.5 km/h 取值,车行速度按 5 km/h 取值。

各地室外年平均散射照度数据见表 12-8。

(2) 城市道路地下交通照明

城市道路地下交通的隧道,在车辆驶入、通过和驶出的过程中,亮度变化很大,可能会带来一系列的视觉障碍。例如:白天驾驶者较快地驶入长长的隧道,隧道内部如果不够亮的话,则会感觉洞口很黑,很难、甚至无法分辨出隧道入洞口附近的状况,这是所谓的"黑洞"效应;而车辆在行驶到接近隧道出洞口时,又有可能形成"白洞"效应,即司机观视隧道外部,看到的是一个刺眼的白洞,无法准确地判断隧道出洞口前方的交通状况等。因此,隧道照明必须要采用符合人眼亮度适应曲线的梯级亮度调节方式。城市道路地下交通隧道剖面示意见图 12-3。

表 12-8

全国各地室外年平均散射照度

地名	散射照度/klx	地名	散射照度/klx	地名	散射照度/klx	地名	散射照度/klx
北京	11.7	延安	9.4	吉安	11.8	湛江	13.5
天津	11.7	遵化	8.6	修水	12.4	巴彦浩特	11.2
承德	11.0	爱辉	9.0	遵义	14.2	桂林	12.3
张家口	11.0	嫩江	9.2	德州	12.3	柳州	13.2
石家庄	12.0	齐齐哈尔	9.2	济南	12.3	百色	12.6
大同	10.6	哈尔滨	9.3	潍坊	11.9	梧州	12.6
太原	11.5	牡丹江	8.7	临沂	13.0	南宁	13.1
侯马	14.1	上海	11.7	郑州	12.5	龙州	12.6
海拉尔	8.3	徐州	12.6	卢氏	11.1	甘孜	15.0
阿尔山	7.5	射阳	12.5	驻马店	13.0	成都	12.7
锡林浩特	10.2	南京	12.3	宜昌	12.2	康定	15.0
二连	10.4	衡县	11.7	武汉	13.0	重庆	12.3
通辽	9.6	温州	15.0	老河口	12.6	宜宾	12.1
朱日和	10.1	阜阳	13.0	常德	12.3	西昌	13.4
赤峰	9.4	合肥	12.3	长沙	12.4	杭州	11.9
呼和浩特	9.4	安庆	12.4	芷江	11.0	兴仁	10.5
沈阳	9.9	邵武	10.4	邵阳	12.1	威宁	12.1
锦州	9.9	长汀	10.2	郴县	11.2	丽江	17.5
丹东	9.3	福州	11.1	韶关	13.1	昆明	11.8
大连	9.7	厦门	10.2	汕头	13.4	蒙自	9.8
长春	9.3	南昌	12.5	广州	13.7	河口	15.6
景洪	13.2	敦煌	11.9	玉树	14.0	乌鲁木齐	8.9
德欣	14.7	酒泉	12.3	冷湖	12.2	吐鲁番	10.3
那曲	14.7	张掖	12.2	银川	11.4	哈密	9.2
昌都	13.9	兰州	11.7	海口	12.3	库车	13.4
拉萨	11.8	天水	9.9	林芝	12.2	南充	13.0
贵阳	11.2	民勤	12.5	定日	13.3	万县	13.3
青岛	11.9	西宁	11.8	延安	11.1	乐山	12.9
汉中	11.3	格尔木	13.6	西安	12.8		

【温馨提示】 散射照度是指全阴天时室外水平面的照度,年平均散射照度是日出后半小时到日落前半小时每小时测得的散射照度的年平均值。

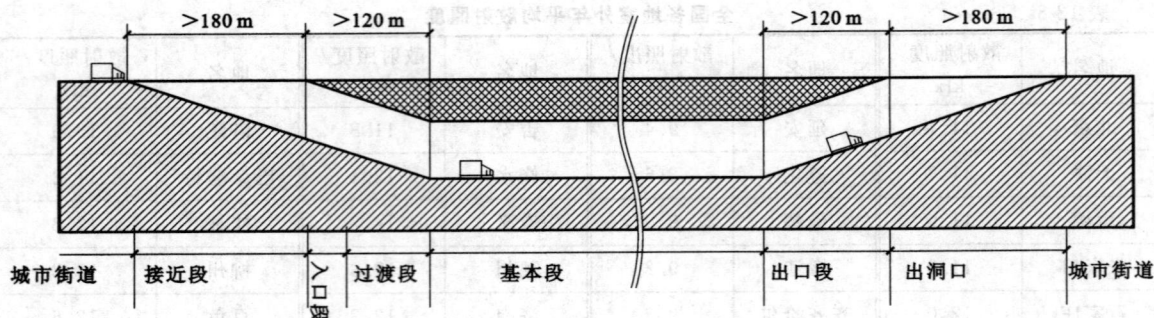

图 12-3　城市道路地下交通隧道剖面示意图

城市道路地下交通隧道既是地下建筑又属于公路隧道,因此其照明设计可参照《地下空间照明设计标准》(T/CECS 45—2021)和《公路隧道照明设计细则》(JTG/T D70/2-01—2014)进行。隧道照明总体可分为:中间段照明、入口段照明、过渡段照明、出口段照明、接近段减光设施、应急照明、洞外引道照明。各照明段亮度分布如图 12-4 所示。

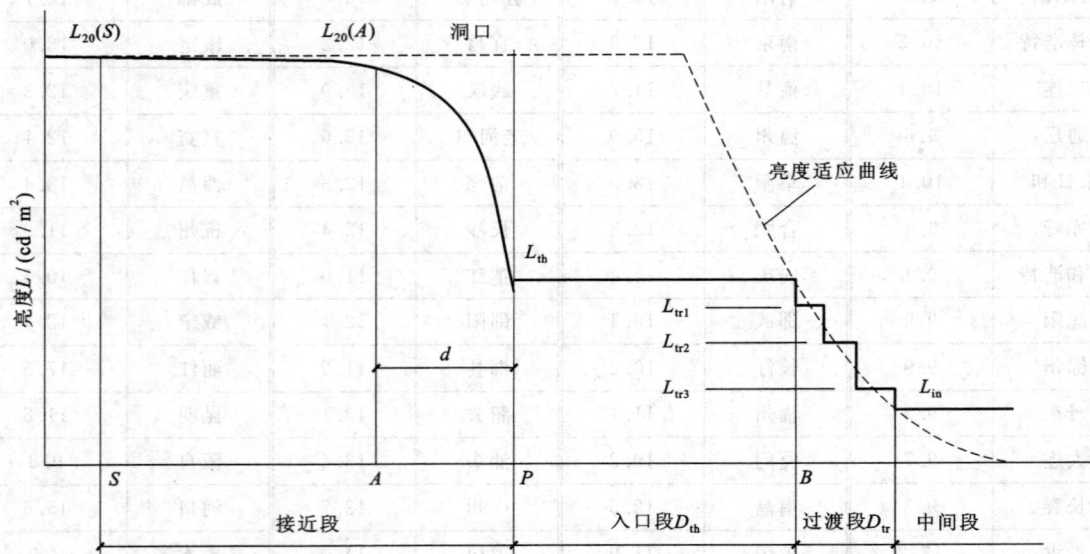

图 12-4　隧道照明各段亮度与长度

长度大于 100 m 的隧道应设置照明,照明设计所采用的计算行车速度不宜大于 100 km/h,如大于 100 km/h,应做特殊设计。

① 中间段照明:中间段路面的亮度 L_{in}(cd/m²)按表 12-9 取值。当双车道单向交通 700 辆/h<N≤2400 辆/h,双向交通 360 辆/h<N≤1300 辆/h,且通过隧道的行车时间超过 135 s 时,可按表 12-9 的 80% 取值。人车混行隧道的中间段亮度不得低于 2.5 cd/m²。

隧道中间段照明灯具可以在顶部沿中线布置、两侧交错布置或两侧对称布置。采用单个灯具布置时,灯具间的距离要注意避免引起闪烁效应。所谓闪烁效应,就是由于照明灯具间隔布置,驾驶者的视觉不断经受明暗变化的刺激,使人产生不舒适感。闪烁效应的频率低于 2.5 Hz 或高于 15 Hz 时可以忽略。闪烁频率(F)主要与灯具安装间距(s)和车速(v)有关,即 $F=v/s$。采用 LED 等线型灯具连续排列形成光带可避免此闪烁现象。

应急停车带宜采用显色性好的荧光灯光源,其路面亮度应大于 7 cd/m²。连接通道亮度应大于 2 cd/m²。

② 入口段照明:入口段照明的亮度可按下式计算:

$$L_{th} = k \cdot L_{20}(S) \tag{12-2}$$

式中　L_{th}——入口段亮度,cd/m²;

　　　$L_{20}(S)$——隧道外亮度,cd/m²[可以从《公路隧道照明设计细则》(JTG/T D70/2-01—2014)查阅相关数据,也可以实测];

　　　k——亮度折减系数,按表 12-10 取值。

表 12-9　　　　　　　　　　　中间段亮度 L_{in} 的数据

计算行车速度/(km/h)	L_{in}/(cd/m²)	
	双车道单向交通 N>2400 辆/h 双车道双向交通 N>1300 辆/h	双车道单向交通 N≤700 辆/h 双车道双向交通 N≤360 辆/h
100	9.0	4
80	4.5	2
60	2.5	1.5
10	1.5	1.5

表 12-10　　　　　　　　　　　入口段亮度折减系数

设计交通量 N/(辆/h)		k			
		计算行车速度 v_t/(km/h)			
双车道单向交通	双车道双向交通	100	80	60	40
≥2400	≥1300	0.045	0.035	0.022	0.012
≤700	≤360	0.035	0.025	0.015	0.01

注:当交通量在其中间值时,按内插考虑。

入口段的照明由基本照明和加强照明组成。基本照明按中间段照明设计,加强照明另由较大功率的灯具负责。加强照明可以从隧道入洞口内 10 m 处开始布置。

入口段长度可按下式计算:

$$D_{th} = 1.154D_s - \frac{h-1.5}{\tan10°} \tag{12-3}$$

式中　D_{th}——入口段长度,m;

　　　D_s——照明停车视距,m(可按表 12-11 取值);

　　　h——洞内净空高度,m。

【温馨提示】　停车视距,即司机在行驶车道上从发现障碍物,采取制动措施,到车辆完全停止的距离。

③ 过渡段的照明:过渡段由 TR1、TR2、TR3 三个照明段组成,与之对应的亮度可按表 12-12 取值。

过渡段长度可按表 12-13 取值。

表 12-11　　　　　　　　　　　　　照明停车视距 D_s 表　　　　　　　　　　　　　（单位：m）

v_t/(km/h)	纵坡/%								
	−4	−3	−2	−1	0	1	2	3	4
100	179	173	168	163	158	154	149	145	142
80	112	110	106	103	100	98	95	93	90
60	62	60	58	57	56	55	54	53	52
40	29	28	27	27	26	26	25	25	25

表 12-12　　　　　　　　　　　　　　　　　过渡段亮度

照明段	TR1	TR2	TR3
亮度	$L_{tr1}=0.3L_{th}$	$L_{tr2}=0.1L_{th}$	$L_{tr3}=0.035L_{th}$

表 12-13　　　　　　　　　　　　　　　过渡段长度 D_{tr}　　　　　　　　　　　　　（单位：m）

计算行车速度 v_t/(km/h)	D_{tr1}	D_{tr2}	D_{tr3}	计算行车速 v_t/(km/h)	D_{tr1}	D_{tr2}	D_{tr3}
100	106	111	167	60	44	67	100
80	72	89	133	40	26	44	67

对于不是很长的城市下穿交通隧道，其入口段、过渡段的照明要根据入口下降段的长度与设计行驶速度计算得来的通过时间来确定。入口下降段行驶的最初 1~2 s 可以作为入口段进行照明配置，紧跟后面的过渡段照明按照"亮度与人眼适应时间的关系曲线"，分段（可分三段）进行梯级亮度递减的拟合，最后过渡到基本段亮度。

④ 出口段照明：在单向交通隧道中，应设置出口段照明。出口段长度宜取 60 m，亮度取中间段亮度的 5 倍。在双向交通的隧道中，出口即是入口，可不设出口段照明。

⑤ 交通隧道的调光。

交通隧道需根据外部亮度与交通量变化状况分级调整入口段、过渡段和出口段亮度，可按表 12-14 取值。

表 12-14　　　　　　　　　　　　　　　调光参数变化表

白天				夜间	
分级	亮度	分级	亮度	分级	亮度
I	晴天 $L_{20}(S)$	III	阴天 $0.25L_{20}(S)$	I	交通量较大 与 L_{in} 相等
II	云天 $0.5L_{20}(S)$	IV	重阴 $0.13L_{20}(S)$	II	交通量较小 $0.5L_{in}$ 但不少于 1 cd/m²

12.2　电气照明计算

电气照明计算涉及照度计算、亮度计算等，其中，照度计算是照明计算的核心内容之一，其主要包括两点：一是根据场所的照度标准以及其他相关条件，通过一定的计算方法来确定符合要求的光源容量及灯具的数量；二是在灯具的形式、数量，光源的容量都确定的情况下，计算其所达到的照度值。

照明计算的方法很多,本节主要介绍几种常用的计算方法。

12.2.1 逐点照度计算法

(1)基本公式

逐点计算法又叫平方反比法,它可以求出工作面上任何一点的直射照度。

当光源的尺寸和它到被照面的距离相比非常小时,可以忽略光源的大小而认为是"点光源"。点光源到被照面上某个照度计算点的水平照度为:

$$E_s = \frac{I_\alpha \cdot \cos\alpha}{L^2} \qquad (12\text{-}4)$$

式中　E_s——照度计算点的水平面照度,lx;

　　　I_α——光源照射方向的光强,cd;

　　　α——光源的入射角;

　　　L——光源与计算点之间的距离,m。

当有多个点光源时,逐一计算每个光源对计算点的照度,然后叠加起来即可。

在式(12-4)的基础上加以变化就可以计算任意倾斜面上的照度。

图 12-5　逐点照度计算法图示

实际的工程计算中为了简化,利用灯具厂商提供的"空间等照度曲线"和"平面相对等照度曲线"来进行逐点照度计算。

(2)空间等照度曲线法

在具有旋转轴对称配光特性灯具的场所,可利用"空间等照度曲线"进行水平照度的计算。只要知道计算高度 H 和水平距离 S 就可以从曲线上查得该点对应的水平照度值。

由于曲线是按光源的光通量为 1000 lm 绘制的,所以查得的数值还要根据实际光通量进行换算。被照计算点的水平照度值 E_n 为:

$$E_n = \frac{K\Phi \sum E}{1000} \qquad (12\text{-}5)$$

式中　K——维护系数;

　　　Φ——每个灯具内的总光通量,lm;

　　　$\sum E$——各灯具对计算点产生的水平照度的总和,lx。

图 12-6 为某 LED 面板灯的空间等照度曲线,其他常用灯具的曲线可查阅有关手册。

(3)平面相对等照度曲线法

非旋转轴对称配光特性的灯具可使用"平面相对等照度曲线"进行计算。由于曲线是在假设计算高度为 1 m 的条件下绘制的,所以计算公式为:

$$E_n = \frac{K\Phi \sum E}{1000h^2} \qquad (12\text{-}6)$$

式中　h——灯具的计算高度,m。

其余符号意义同前。

图 12-7 为某简式荧光灯具的平面相对等照度曲线。

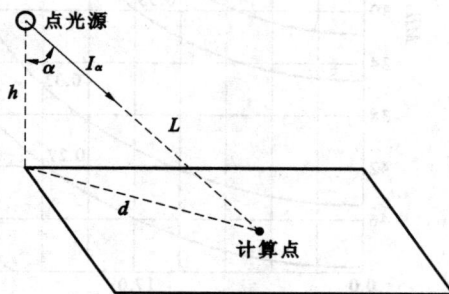

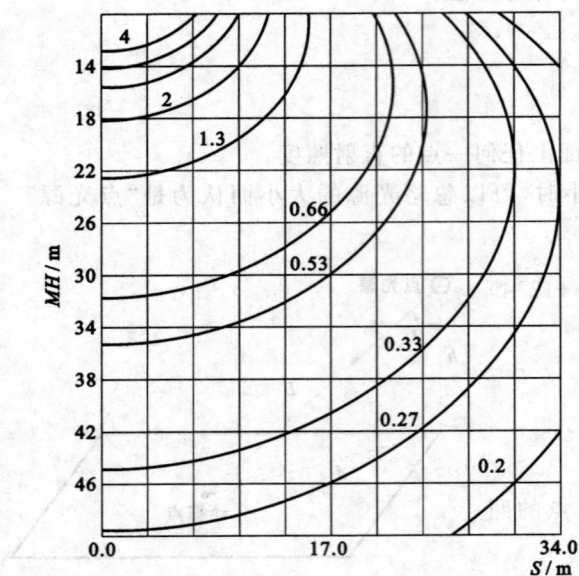

图 12-6 某 LED 面板灯的空间等照度曲线(单位:lx)　图 12-7 某简式荧光灯具的平面相对等照度曲线

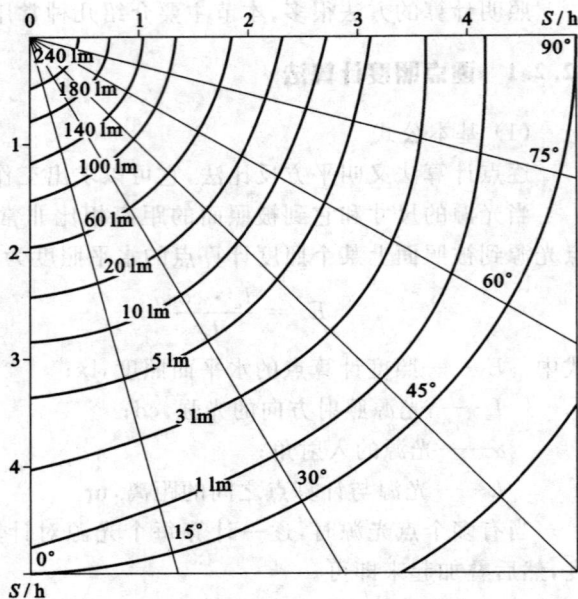

12.2.2 光通利用系数法

光通利用系数法是计算工作面上平均照度的常用方法。利用系数 μ 是指投射到工作面的光通量(包括灯具的直射光通量和墙面、顶棚、地面等的反射光通量)和灯具发出的总光通量的比值。

（1）平均照度计算公式

$$E_{av} = \frac{\mu K N \Phi}{S} \tag{12-7}$$

或者

$$N = \frac{S E_{av}}{\mu K \Phi} \tag{12-8}$$

式中　E_{av}——工作面的平均照度值,lx;

　　　μ——利用系数;

　　　N——灯具数量,盏;

　　　S——工作面的面积,m²。

　　　其余符号意义同前。

光通利用系数法平均照度计算公式并不复杂,常用灯具在各种条件下的利用系数已经计算出来并制成表格供使用。接下来介绍如何选取利用系数。

（2）利用系数的选取

利用系数的大小与多种因素有关,其确定步骤如下。

① 确定房间的空间特征系数:房间的空间特征可以用空间系数表征。如图 12-8 所示,将房间横截面的空间分为三个部分,灯具出口平面到顶棚之间的部分叫顶棚空间;工作面到灯具出口平面之间的部分叫室空间;工作面到地面之间的部分叫地板空间。三个空间分别有各自的空间系数。

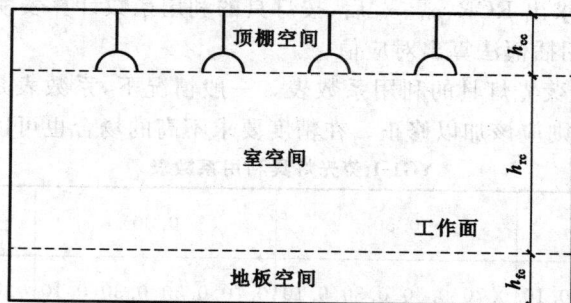

图 12-8　房间空间的划分

室空间系数：

$$RCR = \frac{5h_{rc}(L+W)}{L \cdot W} \tag{12-9}$$

顶棚空间系数：

$$CCR = \frac{5h_{cc}(L+W)}{L \cdot W} = \frac{h_{cc}}{h_{rc}}RCR \tag{12-10}$$

地板空间系数：

$$FCR = \frac{5h_{fc}(L+W)}{L \cdot W} = \frac{h_{fc}}{h_{rc}}RCR \tag{12-11}$$

式中　h_{rc}——室空间高度，m；

　　　h_{cc}——顶棚空间高度，m；

　　　h_{fc}——地板空间高度，m；

　　　L——房间的长度，m；

　　　W——房间的宽度，m。

②　确定顶棚、地板空间的有效反射比和墙面的平均反射比：射向灯具出口平面上方空间的光线，除一部分吸收之外，剩下的最终还要从灯具出口平面向下射出。那么，可以把灯具出口平面看成一个有效反射比为 ρ_{cc} 的假想平面。光线在这个假想平面上的反射效果与实际顶棚空间的反射效果等同。同样地，地板空间的反射效果也可以用一个假想平面来表示，其有效反射比为 ρ_{fc}。

（顶棚、地板）空间有效反射比由下式求得：

$$\rho_{00} = \frac{\rho S_0}{S_s - \rho S_s + \rho S_0} \tag{12-12}$$

式中　ρ——顶棚、地板空间各表面的平均反射比；

　　　S_0——顶棚、地板的平面面积，m²；

　　　S_s——顶棚、地板空间内所有表面的总面积，m²。

如果某个空间是由 i 个表面组成，则平均反射比为：

$$\rho = \frac{\sum \rho_i S_i}{\sum S_i} \tag{12-13}$$

式中　ρ_i——第 i 个表面的反射比；

　　　S_i——第 i 个表面面积，m²。

墙面的平均反射比 ρ_w 如需要也可利用式(12-12)计算。

③ 确定利用系数：在求出 RCR、ρ_{cc}、ρ_w 后，按灯具的利用系数计算表就可查出其利用系数。如系数不是表中的整数，可用插值法算出对应值。

表 12-15 给出 YG1-1 荧光灯具的利用系数表。一般情况下，系数表是按 $\rho_{fc}=20\%$ 求得的，如果实际的 ρ_{fc} 值不是 20%，则应该加以修正。在精度要求不高的场合也可以不修正。

表 12-15　　　　　　　　　　　　　**YG1-1 荧光灯具利用系数表**

有效顶棚反射系数	0.70				0.50				0.30				0.10				0
墙反射系数	0.70	0.50	0.30	0.10	0.70	0.50	0.30	0.10	0.70	0.50	0.30	0.10	0.70	0.50	0.30	0.10	0
室空间比																	
1	0.75	0.71	0.67	0.63	0.67	0.63	0.60	0.57	0.59	0.56	0.54	0.52	0.52	0.50	0.48	0.46	0.43
2	0.68	0.61	0.55	0.50	0.60	0.54	0.50	0.46	0.53	0.48	0.45	0.41	0.46	0.43	0.40	0.37	0.34
3	0.61	0.53	0.46	0.41	0.54	0.47	0.42	0.38	0.47	0.42	0.38	0.34	0.41	0.37	0.34	0.31	0.28
4	0.56	0.46	0.39	0.34	0.49	0.41	0.36	0.31	0.43	0.37	0.32	0.28	0.37	0.33	0.29	0.26	0.23
5	0.51	0.41	0.34	0.29	0.45	0.37	0.31	0.26	0.39	0.33	0.28	0.24	0.34	0.29	0.25	0.22	0.20
6	0.47	0.37	0.30	0.25	0.41	0.33	0.27	0.23	0.36	0.29	0.25	0.21	0.32	0.26	0.22	0.19	0.17
7	0.43	0.33	0.26	0.21	0.38	0.30	0.24	0.20	0.33	0.26	0.22	0.18	0.29	0.24	0.20	0.16	0.14
8	0.40	0.29	0.23	0.18	0.35	0.27	0.21	0.17	0.30	0.24	0.19	0.16	0.27	0.21	0.17	0.14	0.12
9	0.37	0.27	0.20	0.16	0.33	0.24	0.19	0.15	0.29	0.22	0.17	0.14	0.25	0.19	0.15	0.12	0.11
10	0.34	0.24	0.17	0.13	0.30	0.22	0.16	0.12	0.26	0.19	0.15	0.11	0.23	0.17	0.13	0.10	0.09

【**例 12-1**】　有一办公室长 10 m，宽 7 m，高 3.6 m，在顶棚下方 0.5 m 处均匀安装 9 盏 YG1-1 型 2×36 W 荧光灯（光通量按 5000 lm 计），设办公桌高度为 0.8 m，办公室内各表面的反射比如图 12-9 所示，试用利用系数法计算办公桌上的平均照度。

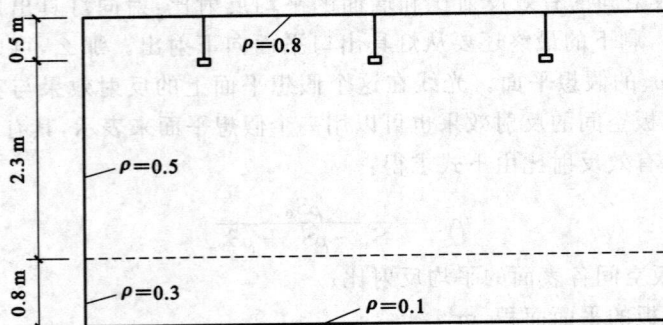

图 12-9　光通利用系数法举例示意图

【**解**】　（1）求各空间系数

$$\mathrm{RCR}=\frac{5h_{rc}(L+W)}{L\cdot W}=\frac{5\times2.3\times(10+7)}{10\times7}\approx2.79$$

$$\mathrm{CRC}=\frac{h_{cc}}{h_{rc}}\mathrm{RCR}=\frac{0.5}{2.3}\times2.79\approx0.61$$

$$\mathrm{FCR}=\frac{h_{fc}}{h_{rc}}\mathrm{RCR}=\frac{0.8}{2.3}\times2.79\approx0.97$$

（2）求顶棚有效反射比

$$\rho = \frac{\sum \rho_i S_i}{\sum S_i} = \frac{0.8 \times (7 \times 10) + 0.5 \times (0.5 \times 7 + 0.5 \times 10) \times 2}{7 \times 10 + (0.5 \times 7 + 0.5 \times 10) \times 2} = \frac{65.4}{87} \approx 0.75$$

$$\rho_{cc} = \frac{\rho S_0}{S_s - \rho S_s + \rho S_0} = \frac{0.75 \times 70}{87 - 0.75 \times 87 + 0.75 \times 70} = \frac{52.5}{74.25} \approx 0.7$$

（3）确定利用系数

根据 $RCR=2$，$\rho_w=0.5$，$\rho_{cc}=0.7$，查表 12-15 得 $\mu=0.61$；

根据 $RCR=3$，$\rho_w=0.5$，$\rho_{cc}=0.7$，查表 12-15 得 $\mu=0.53$；

用插值法可得，$RCR=2.79$ 时，$\mu=0.547$。

（4）求办公桌上的平均照度

$$E_{av} = \frac{\mu K N \Phi}{S} = \frac{0.547 \times 0.8 \times 9 \times 5000}{7 \times 10} = 281.3(\text{lx})$$

计算结果符合照明规范规定的办公室照度要求 300 lx，允许有 $\pm 10\%$ 的偏差的规定。

注意，上述计算并没有考虑办公室的开窗面积，如计入开窗面积的影响，平均照度将降低。

12.2.3 单位容量法

光源的单位容量是指在单位水平面积上光源的安装电功率，它实际上是光源电功率的面密度，即：

$$P_0 = \frac{\sum P}{S} \tag{12-14}$$

式中　P_0——单位容量，W/m^2；

　　　$\sum P$——房间安装光源的总功率，W；

　　　S——房间的总面积，m^2。

单位容量法就是利用已经制作好的"单位面积光通量"或"单位面积安装电功率"数据表格进行计算。根据已知条件在表上查得单位容量，室内照明的总安装容量为：

$$\sum P = P_0 \cdot S \tag{12-15}$$

室内需要的灯具数量为：

$$N = \frac{\sum P}{P_L} \tag{12-16}$$

式中　P_L——每盏灯具的光源容量，W（日光灯要加上镇流器损耗乘以 1.1）；

　　　N——灯具数量，盏。

12.2.4 隧道照明计算

① 隧道内某一灯具在路面计算点上产生的照度按下式计算：

$$E_{pi} = \frac{I_{\text{光}}}{h^2} \cos^3 \gamma \cdot \frac{\Phi}{1000} \cdot K \tag{12-17}$$

式中　E_{pi}——单个灯具在隧道路面计算点产生的照度，lx；

　　　γ——p 点对应的灯具光线垂直入射角，如图 12-10 所示；

　　　$I_{\text{光}}$——灯具射向 p 点方向的光强值，cd，方向用 γ 和 c 来表示；

　　　K——灯具的维护系数，如无资料时可取 $0.6 \sim 0.7$；

Φ——灯具额定光通量,lm;

h——灯具光源中心到路面的高度,m。

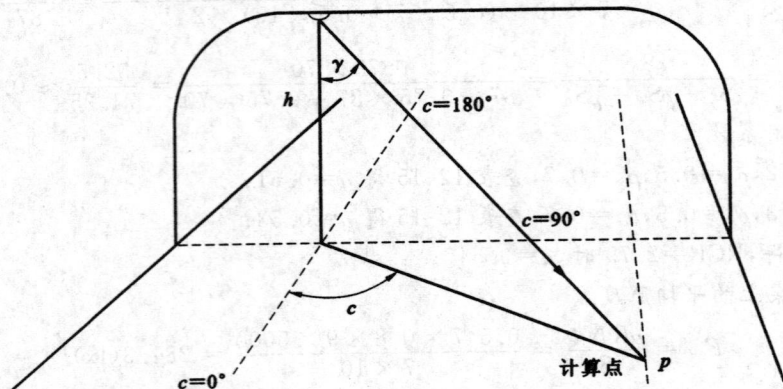

图 12-10　隧道照明的光线坐标

② 多个灯具在计算点产生的照度按下式计算:

$$E_p = \sum_{i=1}^{n} E_{pi}$$ (12-18)

式中　E_p——计算 p 点的照度,lx;

　　　n——灯具数量,可取计算区域前后各一组灯。

③ 路面平均照度按下式计算:

$$E_{av} = \frac{\sum_{p=1}^{m} E_p}{m}$$ (12-19)

式中　E_{av}——隧道路面平均照度,lx;

　　　m——计算区域内计算点的总数。

12.2.5　过渡照明计算

过渡照明宜优先采用自然光过渡,当自然光过渡不能满足要求时,再增加人工照明过渡。过渡照明的设计计算需要的参考数据有:全国各地室外平均散射照度表,亮度和人眼适应时间的关系曲线,规范对于入口处室内外亮度允许变化量的规定。人行速度一般定为 2.5 km/h,车行速度按 5 km/h 取值,清洁程度一般的水泥地面反射系数为 15%,水磨石为 60%。漫反射表面的亮度、照度和反射系数的关系如下式:

$$L = \frac{\rho \cdot E}{\pi}$$ (12-20)

式中　L——地面亮度,cd/m²;

　　　ρ——地面的反射系数;

　　　E——地面的照度,lx。

【例 12-2】　合肥地区某地下商场,从入口门厅到地下商场入口处步行距离是 36 m,试计算地下商场入口处及处于步行距离一半位置的地下阶梯拐弯处所需的照度。

【解】　① 由表 12-8 可查出合肥地区室外散射照度为 12300 lx,按室内外亮度变化可为15∶1,所以可确定出、入口门厅照度为:

$$E = \frac{12300}{15} = 820(\text{lx})$$

② 设室内外地面均为水泥材料,由下式计算出、入口处的亮度:

$$L = \frac{\rho E}{\pi} = \frac{0.15 \times 820}{3.14} \approx 39.2(\text{cd/m}^2)$$

③ 设人行速度为 2.5 km/h,则从入口门厅到地下商场入口处步行时间是:

$$t_1 = \frac{36}{2.5} = 14.4(\text{s})$$

④ 从入口门厅到半程地下阶梯拐弯处的时间是:

$$t_2 = \frac{18}{2.5} = 7.2(\text{s})$$

⑤ 从亮度和人眼适应时间的关系曲线(图 12-2)可大致查出,亮度 39.2 cd/m² 经 7.2 s 后的适应亮度 L_2 约为 5.5 cd/m²;经 14.4 s 后的适应亮度 L_1 约 1.5 cd/m²。

⑥ 行人到地下商场入口处所需的照度为:

$$E = \frac{\pi L_1}{\rho} = \frac{3.14 \times 1.5}{0.15} \approx 31.4(\text{lx})$$

⑦ 行人到半程地下阶梯拐弯处所需的照度为:

$$E = \frac{\pi L_2}{\rho} = \frac{3.14 \times 5.5}{0.15} \approx 115.1(\text{lx})$$

12.3 照 明 供 电

12.3.1 照明电压

《建筑照明设计标准》(GB/T 50034—2024)规定了电源供电的相关要求。

(1) 交流(AC)电源供电

当照明采用交流(AC)电源供电时,应符合下列规定:

① 光源额定功率 1500 W 以下宜采用 AC220 V 供电,1500 W 及以上的高强度气体放电灯的电源电压宜采用 AC380 V 供电;

② 安装在有人接触的水下灯具应采用安全特低电压(SELV)供电,其电压值不应大于 AC12 V;

③ 当移动式和手提式灯具采用防电击类别为 Ⅲ 类灯具时,应采用安全特低电压供电,在干燥场所不大于 AC50 V,在潮湿场所不大于 AC25 V。

(2) 直流(DC)电源供电

当照明灯具采用直流(DC)电源供电时,应符合下列规定:

① 直流回路功率 500 W 及以下时宜采用 DC48 V,500 W 以上时宜采用 DC220 V(或 DC±110);

② 使用单灯功率 1500 W 及以上的大功率灯具的电源电压宜采用 DC375 V;

③ 安装在有人接触的水下灯具应采用安全特低电压供电,其电压值不应大于 DC30 V;

④ 当移动式和手提式灯具采用防电击类别为 Ⅲ 类的灯具时,应采用安全特低电压供电,在干燥场所不大于 DC120 V,在潮湿场所不大于 DC60 V。

12.3.2　照明配电系统设置要求

(1) 供照明用配电变压器的设置

① 照明负荷的照度稳定性主要取决于供电电压的稳定性,不过供电系统中有很多重载频繁动作的负荷,如轧钢机、电弧炉、弧焊机等称为冲击性负荷的,其运行时会造成较大的电压波动,从而影响电光源照度的稳定,甚至使光源无法正常工作。因此,当用电设备中有大型冲击性负荷时,照明宜分开与冲击性负荷用不同的变压器供电;确实需要用同一变压器时,从减小电力(动力)负荷对其电压的影响的角度,照明应由专用馈电线供电。

② 当电力负荷中没有大型冲击性负荷,并证明动力设备运行对光源照度稳定没有什么影响时,从经济性的角度出发,照明和电力负荷可共用变压器。不过,照明最好由独立的干线供电。

③ 当照明的总安装功率比较大时,宜采用专用变压器供电,这样,可以提供稳定电压以保证光源照度的稳定和使用寿命。如果照明设施工作时能产生大量高次谐波,如大功率舞台灯光使用的晶闸管调光设备等,从避免对其他负荷干扰的角度,宜采用专用变压器供电。

(2) 照明负荷的要求

① 照明负荷为单相负载,为减少供电系统中电压的不对称性,尽量降低因中性线电流造成的电能损耗,三相配电干线的各相负荷宜分配均匀,各相负载之间的不均匀度一般不超过 15%,并使配电系统中性点电流不大于每相额定电流的 10%。

② 一个单相的照明分支回路,可接多盏光源。考虑到线路或灯具内部发生故障时,断开回路影响的范围不致太大,相关规范要求所接光源数或发光二极管灯具数不宜超过 25 个;其负载电流不宜超过 16 A。采用装饰性的组合灯具时,光源数不宜超过 60 个,回路电流不宜超过 25 A;连接 HID 高强度气体放电灯的单相分支照明回路的电流不宜超过 25 A。

③ 剩余电流动作保护器俗称漏电保护,用于在电路或电器绝缘受损发生漏电时防触电事故和电气火灾的保护电器。普通插座回路因为要经常接插一些人体会接触到的电器,所以规定应装设剩余电流动作保护器。为避免漏电保护动作而影响光源工作,普通照明和插座不应接在同一分支回路中。

④ 使用电感镇流器的气体放电灯,通常其功率因数很低,一般仅为 0.4~0.5。从减小照明线路电流值,降低线路能耗和电压损失的角度,应在灯具内设置补偿电容,提高配电系统的功率因数至不低于 0.85~0.9。对供电系统功率因数有更高要求时,宜在变配电所(房)中设置集中补偿装置进行补充。

(3) 照明线路的导线截面

照明配电线路应按负荷的计算电流和灯端允许电压值,用允许载流量法结合允许电压损失法来选择导体截面面积。照明分支线路宜采用铜芯绝缘电线,分支线截面不应小于 1.5 mm^2。

三相系统中的中性线截面,其选择要考虑不平衡电流、零序电流和谐波电流的影响。带镇流器的气体放电灯工作时均有一定量的谐波产生,特别是配用电子镇流器,或者有补偿电容的电感镇流器时。谐波会加大线路的总电流,特别是 3 次谐波以及 3 的奇倍数次谐波在三相四线制线路的中性线上相互叠加,使中性线电流大大增加,所以主要供给气体放电灯的三相配电线路,其中,线性截面应满足不平衡电流及谐波电流的要求,且不应小于相线截面。当 3 次谐波电流超过基波电流的 33% 时,应按中性线电流选择线路截面,并应符合《低压配电设计规范》(GB 50054—2011)的相关规定。

接地线 PE 截面的选择也应符合国标的有关规定。

（4）应急照明的电源要求

给应急照明供电的应急电源,应根据应急照明类别、场所使用要求和该建筑电源条件,采用下列方式之一:

① 接自电力网有效地独立于正常照明电源的线路;

② 蓄电池组,包括灯内自带蓄电池、集中设置或分区集中设置的蓄电池装置;

③ 应急发电机组;

④ 以上任意方式的组合。

对于重要场所,也可采用以上三种方式中任意两种或三种的组合。

疏散照明的出口标志灯和指向标志灯宜采用蓄电池电源作为应急电源以保证其可靠性。安全照明要求转换时间快,应采用电力网线路或蓄电池,而不应接自发电机组,电源应和该场所的供电线路分别接自不同变压器或不同馈电干线。备用照明需要较长的持续工作时间,电源宜采用应急电源的第 1 种或第 3 种方式。

12.3.3 照明控制

（1）公共区域和人员聚集区域照明控制

① 公共建筑和工业建筑的走廊、楼梯间、门厅等公共区域的照明,宜采用集中控制,并按天然采光状况和使用条件等采取分区、分组控制措施。这样在一天 24 h 内可根据人员多少和自然光照的变化,方便地手动或自动控制一部分或大部分照明,有利于节电。

图 12-11 是一个门厅照明的平面图,它就是采用了在值班室集中控制的方法。

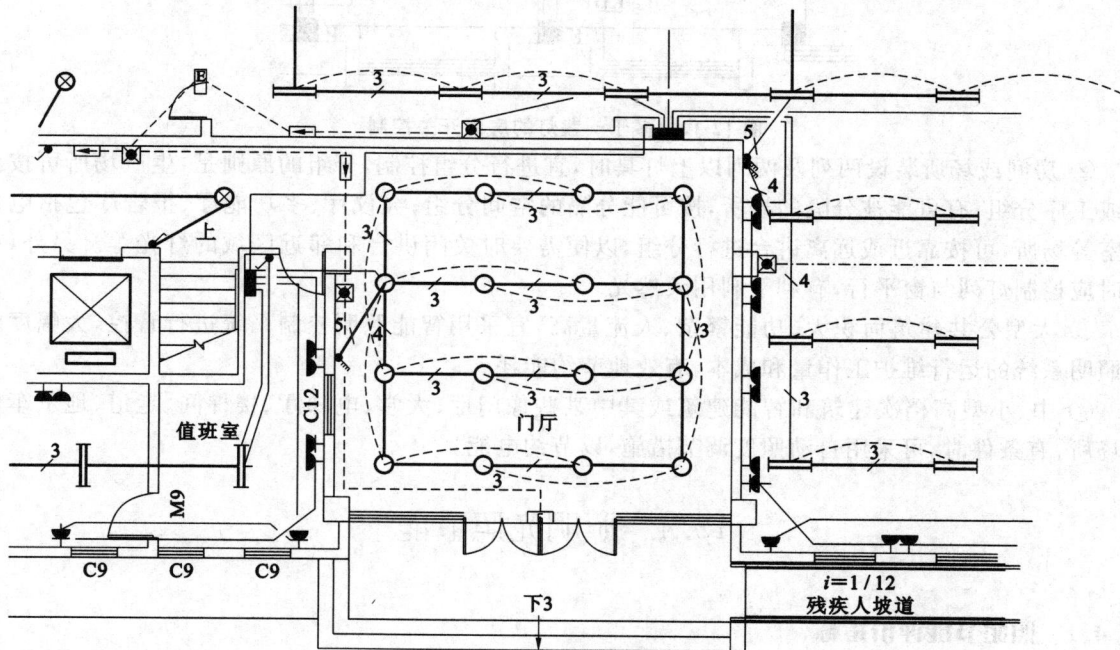

图 12-11 门厅照明平面图

② 宾馆、饭店、商场、集贸市场、客运车站候车室、客运码头候船厅、民用机场航站楼、体育场馆、会堂以及公共娱乐场所等公众聚集场所应采用集中控制,以便工作人员管理,并按需采取调光或降低照度的控制措施,以节省电力。

③ 旅馆的客房应设置节能控制型总开关,保证旅客离开客房后能自动切断电源,以满足节电

的需要;楼梯间、走道的照明,除应急照明外,宜采用自动调节亮度等节能措施。

④ 住宅建筑公共区域的照明,要考虑路过这类场所的人员一般不多,深夜更少,但又需要有灯光,因此应采用声光控制、感应控制等延时自动熄灭开关或自动降低照度装置等,有利于节电。当应急照明采用节能自熄开关时,必须有消防强制点亮的功能。

(2) 房间内部照明控制的要求

① 从便于运行维护,有利于节能的角度,除设置单个灯具的房间外,每个房间灯的控制开关不宜少于 2 个。另外,每个灯开关控制的灯数也不宜过多,即便是大面积场所,每个灯开关控制的灯数也不宜超过 6 盏。图 12-12 是某房间的照明平面图,由于灯具不止一盏,是三盏,因此其房间不能用单联开关,而必须用多联开关(图中用的是三联开关,即一联控制一盏灯)。

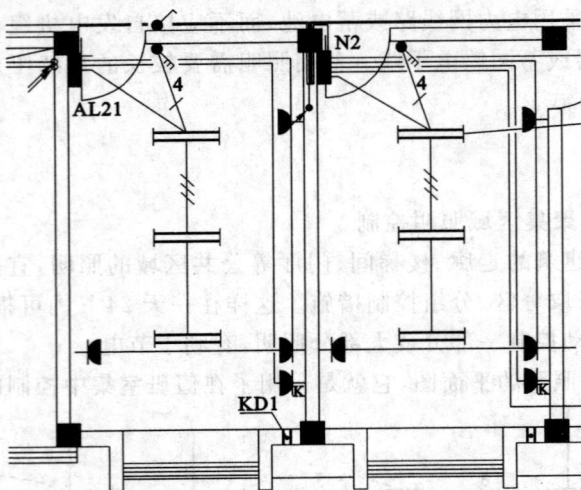

图 12-12　多于一盏灯的房间开关控制

② 房间或场所装设两列及两列以上灯具时,宜进行分组控制,分组的原则是:生产场所可按工段或工序分组;有可能被分隔的场所,按可能分隔的空间分组;会议厅、多功能厅、报告厅包括电化教室等场所,可按靠近或远离讲台进行分组,以便需要时关闭讲台和邻近区域的灯光等。另外,布灯时应控制灯列与窗平行,有利于利用天然光。

③ 大型公共建筑面积大、功能繁杂、人流量高,宜采用智能照明控制系统进行管控,大幅度降低照明系统的运行维护工作量和成本,有效地节约能耗。

④ 中、小型高档次建筑和智能建筑或其中某些像门厅、大堂、电梯厅、楼梯间、走道、地下车库等场所,有条件时,可采用自动照度调节措施,以节约电能。

12.4　照明光照节能

12.4.1　照明节能评价指标

照明节能是 20 世纪 90 年代初提出"绿色照明"概念的重要组成部分。节能意味着以较少的电能消耗获得足够的满足视觉需求的照明,从而明显减少发电厂大气污染物的排放,达到环保的目的。照明节能采用的是一般照明的照明功率密度限值(简称 LPD)作为其评价指标,单位为 W/m^2。商店建筑照明功率密度限值不应大于表 12-16 的规定。其余常见各类建筑的功率密度限值 LPD见附录 7 附表 12。

表 12-16 商店建筑照明功率密度限值

房间或场所	照明功率密度/(W/m²)		对应照度值/lx	对应室形指数
	现行值	目标值		
一般商店营业厅	10.0	9.0	300	2.00
高档商店营业厅*	16.0	14.5	500	2.00
一般超市营业厅	11.0	10.0	300	1.50
高档超市营业厅	17.0	15.5	500	2.00
专卖店营业厅	11.0	10.0	300	2.00
仓储超市	11.0	10.0	300	1.00
农贸市场	10.0	8.0	200	1.50

注：* 指高档商店营业厅需要装设重点照明时，该营业厅的照明功率密度限值每平方米可增加 5 W。

要注意的是，由于各种场所的室形指数、反射比等参数各不相同，因此照明功率密度限值不应作为设计中计算照度的依据来使用。

当房间或场所的室形指数与表中给出的对应值不一致时，其照明功率密度限值要按表 12-17 进行折算修正。

表 12-17 照明功率密度限值修正系数

室形指数设计值	标准中对应室形指数			
	0.8	1	1.5	2
RI<0.8	1.21	1.40	1.71	1.86
0.8≤RI<1	1.00	1.16	1.41	1.53
1≤RI<1.5	0.87	1.00	1.22	1.33
1.5≤RI<2	0.71	0.82	1.00	1.09
RI≥2	0.65	0.75	0.92	1.00

【例 12-3】 计算例 12-1 中房间的照明功率密度限值。

【解】 ① 该房间的室形系数为：

$$RI = \frac{10 \times 7}{(3.6 - 0.5 - 0.8) \times (10 + 7)} = 1.79 \quad (1.5 \leqslant RI < 2)$$

② 根据表 12-16 可知，当普通办公室照度在 300 lx、对应室形指数为 1.5 时，照明功率密度限制现行值为 9 W/m²。根据该场所计算的室形指数 RI＝1.79，由表 12-18 查得设计修正系数为 1.00。

③ 该办公室 $LPD_{设计}$ 值为：

$$LPD_{设计} = LPD_{参考} \cdot \eta = 9 \times 1.00 = 9.00 (W/m^2)$$

当房间或场所的照度标准值由于需要被提高或降低一级时，其对应的照明功率密度限值也应按比例提高或折减。

装有艺术类吊灯、壁灯、架子灯等装饰性灯具的场所，考虑到此类灯具的利用系数较低，所以假定它有 50% 左右的光通量对作业面照度起到了作用,这样就将装饰性灯具总功率的 1/2 计入实际照明功率密度值。

【例 12-4】 某大厅的面积为 200 m²,其中装饰性灯具的安装功率为 1200 W,其他灯具安装功率为 2000 W,试计算大厅实际照明功率密度值。

【解】 装饰性灯具的安装功率按一半计入 LPD 值,则该大厅的实际 LPD 值应为:

$$LPD_{实际} = \frac{2000 + 1200 \times 50\%}{200} = 13(W/m^2)$$

12.4.2 照明节能措施

(1) 充分利用天然光

为节约能源,保护环境,我国制定了《建筑采光设计标准》(GB 50033—2013),在该标准中规定了各类建筑的不同场所的采光标准值。为充分利用天然光,房间的采光系数或采光窗与地面面积比应符合该标准的要求。白天当室外光线强时,以天然采光为主,室内的人工照明装置根据室外天然光的变化而自动或手动进行调节。有条件的场所包括地下建筑,可以采用不用电的照明系统:导光管照明系统和太阳能光纤照明系统,最大限度地节约电能。

表 12-18　　　　　　　　　　　办公建筑的采光标准值

采光等级	场所名称	侧面采光	
		采光系数标准值	室内天然光照度标准值/lx
Ⅱ	设计室、绘图室	4.0%	600
Ⅲ	办公室、会议室	3.0%	450
Ⅳ	复印室、档案室	2.0%	300
Ⅴ	走道、楼梯间、卫生间	1.0%	150

表 12-19　　　　　　　　　　　交通建筑的采光标准值

采光等级	场所名称	侧面采光		顶部采光	
		采光系数标准值	室内天然光照度标准值/lx	采光系数标准值	室内天然光照度标准值/lx
Ⅲ	进站厅、候机(车)厅	3.0%	450	2.0%	300
Ⅳ	出站厅、连接通道、自动扶梯	2.0%	300	1.0%	150
Ⅴ	站台、楼梯间、卫生间	1.0%	150	0.5%	75

注:采光系数为在室内参考平面上,由天空漫射光直接或间接产生的照度与同一时刻室外无遮挡水平面上产生的天空漫射光照度之比。

(2) 减少损耗,提高电光转换效率

① 钨丝灯是传统的热光源,包括白炽灯和卤钨灯。由于发光效率较现在的节能荧光灯、金属卤化物灯、LED 灯等高效光源小很多,所以照明规范中要求除对显色性、光谱特性等要求较高的重点照明外,其他场所不应选用。

②《中华人民共和国节约能源法》中规定禁止生产、进口、销售国家明令淘汰或者不符合强制性能源效率标准的用能产品、设备,并且推行节能产品的评价与认证制度。到目前为止,我国已正式发布了荧光灯及其镇流器、高压钠灯及其镇流器、金属卤化物灯及其镇流器等多项能效限定值及

能效等级标准。选用相关的照明光源和镇流器时,其能效应当符合相应标准中的节能评价值,并且优先采用经过节能认证的产品。

【温馨提示】 所谓能效,即能源利用效率,光源的能效(光效)是输出光通量与输入功率的比值,单位为 lm/W。镇流器用能效因数(BEF)作为能效指标,用镇流器流明系数与线路功率的比值表示。

③ 定时清扫灯具,定期更换灯泡,加强维护管理,以保证照明设施的光效。保证照明配电线路的功率因数不应低于 0.9,并宜采用灯内电容补偿的方式,利于降低线路的电能和电压损耗。为避免电能浪费,对一些场所可以设置单独计量的电度表,加强用电管理。

④ LED 灯具有发光效率高、寿命超长、容易调光、无闪频、不含紫外线和红外线、无辐射等特点,是很有前途的照明光源,宜大力推广。相关规范规定:旅馆、居住建筑及其他公共建筑的走廊、楼梯间、厕所,地下车库的行车道、停车位,无人值班、无人经常在岗位的只进行检查、巡视等场所宜选用发光二极管,并配用人体感应式自动调光控制。

(3)运用合理、先进的照明控制方式

① 根据视觉的要求,在工业场所、公共场所按作业面、作业面邻近区域、非作业区和交通区等不同地点确定合理的照度。灵活采取"一般照明""分区一般照明"方式,根据采光和实际需要使用时间控制、光敏控制、微机控制等智能照明调控措施。

② 智能照明调控装置除了有能多时段、多区域、感应等控制功能之外,还可进一步具有软启动、软停止、实时稳压、控压的功能,以保证光源不受电压、电流波动的影响,延长使用寿命,减少照明运行、维护成本。

本章小结

(1)评价照明质量的客观物理量指标包括照度、照度均匀度、亮度分布、眩光限制、阴影消除、光源的颜色、照度的稳定性等。

(2)地下建筑出入口处,规范规定需要用到过渡照明。过渡照明就是为减少建筑物内部与外界过大的亮度差而设置的使亮度可逐次变化的照明,过渡照明的照度水平要根据"亮度与人眼适应时间关系曲线"通过计算取得。

(3)电气照明常用的照度计算方法有:逐点照度计算法、光通利用系数法、单位容量法等。

(4)一般单相的照明光源的电源电压应采用 220 V,一个单相的照明分支回路,相关规范要求所接光源数或发光二极管灯具数不宜超过 25 个,其负载电流不宜超过 16 A。

(5)照明节能采用的是一般照明的照明功率密度限值(简称 LPD)作为其评价指标,照明规范规定了其限值,不得超标。

习题与思考题

12-1 归纳一下限制眩光的措施。

12-2 稳定光源照度的措施有哪些?

12-3 何谓过渡照明?地下建筑出入口处为什么需要过渡照明?

12-4 合肥某地下停车场,车辆从入口处到地下停车场进口处行车距离是 50 m,试计算地下停车场进口处所需的照度。

习题与
思考题答案

12-5 公路隧道照明总体可分为几段？每段照明的要求是什么？

12-6 有一办公室长 8 m,宽 5 m,高 3.6 m,在顶棚下方 0.5 m 处均匀安装 5 盏 YG1-1 型 2×36 W 荧光灯(光通量按 5000 lm 计),设办公桌高度为 0.8 m,办公室内各表面的反射比如图 12-9 所示,试用光通利用系数法计算办公桌上的平均照度。

12-7 供照明用配电变压器的设置规定有哪些？

12-8 照明节能的措施有哪些？

13 地下工程照明设计与应用

【内容提要】
    本章主要内容包括:照明设计的基本要求与步骤,照明电气工程图纸的基本知识,照明电气设计的方法与步骤等。

【能力要求】
    通过本章的学习,学生应了解照明设计的基本要求与步骤,掌握照明电气设计的方法,熟悉负荷等级的要求,了解电压质量指标,熟悉变压器选择,熟悉照明配电线路的结构形式,掌握负荷计算的方法,了解整个照明设计的流程等。

本章拓展资源

13.1　照明设计概述

13.1.1　照明设计的含义及指标要求

(1) 照明设计的含义

照明工程项目,程序上应包括设计师的照明设计,工程师及施工人员的照明工程安装、调试、验收等一系列工作,其中,照明设计是照明工程项目的灵魂。照明设计又称灯光设计,通过选择有效、合理的手段,将人工照明与自然照明有机结合,功能照明与气氛照明相互兼顾,创造出绿色、舒适的光环境。就照明的目的而言,简单地说,就包括两点:一是保证工作、学习、生活的基本光照;二是营造必要的照明气氛。

(2) 照明设计的指标要求

① 照明设计的基本质量指标多半来自照明设计规范,比如:照度标准、亮度分布、照度均匀度、照度的稳定性、眩光限制、光源的色温和显色性、照明的功率密度限值等。

② 照明设计有时根据需要会有一些高级的指标要求,比如:同一场所执行不同视觉任务时的照明改变的要求;不同年龄、不同身体状况的人的视觉感受对照明的要求;基于司辰视觉的人体生物钟的光照调节要求等。

③ 照明设计中还有一些上升到艺术范畴的指标,例如:勾勒轮廓、增强立体感,营造气氛、烘托意境,对光造型技术的要求。

④ 夜晚,不断增加的景观照明、建筑外观照明、道路照明让整个城市越来越亮,商业上使用的各种广告灯具闪烁夺目,令人眼花缭乱,繁华的"不夜城"造成人工白昼,过度照明会对人类生活、工作、生产环境造成不良的影响,这就是所谓的光污染。

光污染对人的主要危害是:夜晚室内被窗外光线照亮,让人难以入睡,破坏其正常作息规律;闪烁的广告灯、霓虹灯、LED大屏幕等彩色光源,对人眼有较强的刺激作用,会引起不舒适的眩光感觉,甚至眩晕、呕吐。长期处于光污染环境下,头晕、焦躁、疲倦无力、神经衰弱等病状都可能不同程度地出现,娱乐场所使用的紫光灯、激光灯等因其超高的亮度和大量的紫外线,可对人眼的视网膜造成实质性伤害,引起白内障,甚至诱发白血病、癌症等。

在进行照明设计时,应根据实际情况考虑光污染的治理要求。《城市夜景照明设计规范》(JGJ/T 163—2008)已经对光污染控制提供了有关的规定和标准。

13.1.2　电气照明设计的阶段与内容

电气照明的设计总体上来说属于建筑电气设计的一部分,根据《建筑工程设计文件编制深度规定(2016年版)》,从工程的角度分为方案设计、初步设计(扩大初步设计)、施工图设计等几个阶段。当然,照明设计除了满足光照的功能性要求之外,现在越来越掺有"艺术"的成分,使得照明设计过程既有生理学又兼有心理学的特点。

（1）方案设计阶段

① 基本流程。与客户、建筑师交流,了解建筑设计的特点、项目的预算、照明环境的用途。明确使用者的身份与需求,列出可能的参数,剔除不需要的功能。了解周边环境、供电状况、当地法规,糅合各方面的信息,确定该项目的设计目标,提出合理的设计方案。绘制设想的草图、效果图,制作动画演示,起草文本。

② 提交成果。设计文件,包括设计范围、引用的设计规范、客户需求分析、光照理念、主要的照明方法和照控方式、局部重点照明的处理、照明质量指标分析、主要照明设备清单、工程概预算。设计图纸,包括照明方案的构想图、效果图,以及必要的三维仿真等。

（2）初步设计阶段（深化方案设计阶段）

① 基本流程:根据反馈意见进一步修改方案,保证照明舒适度和照明能效。与结构、暖通等设计师相互沟通,防止照明设备与其他设备、管线的冲突。进行详细的照度计算和负荷计算,选择布置灯具。

② 提交成果:包括初步设计总说明、照明平面布置图、照明立面图、照明系统图、非标灯具设计图及部分照明安装详图,灯具选型表、详细的照度计算和分析报告,拟采用的照明节能和环保措施。

（3）施工图阶段（施工招标图阶段）

① 基本流程:在初步设计的基础上补充一部分施工图纸,应标明各设备的编号、回路的编号,提供必要的控制原理图、施工大样图等。

② 提交成果:包括施工图设计说明、照明及控制平面图、灯具的立面位置和安装尺寸图(室外照明)、控制系统图和控制系统要求、灯具规格和参数要求表、灯具安装详图和非标灯具设计详图,照明节能和环保措施的技术参数指标。

（4）配合施工阶段

① 基本流程:审核投标的技术参数,为招标过程提供技术支持和招标答疑。审核施工单位的深化图纸、文件、替代产品的参数是否符合要求。技术交底,解决施工现场出现的问题,提出整改措施。配合完成最后的现场调试。

② 提交成果:解决施工问题的会议纪要、往来信函、现场问题照片,修改备忘录和签认的设计变更单、技术核定单等。

（5）施工验收阶段

① 基本流程:协助业主的施工验收,核对图纸的数量、现场安装的位置,检查灯具、照控系统是否满足设计要求,检查安装是否符合相关规范等。

② 提交成果:验收规范和验收检查报告,现场发现问题提出的整改意见等。

（6）文件归档过程

所有的工程图纸，还有备忘录、校审记录、声像记录资料等均需按项目归档。

13.2 电气识图

13.2.1 电气工程图的阅读基础

图纸是表达设计意图，指导加工与制造、组织施工、指导使用和维护、投标报价等的工程信息载体。图纸可以认为是工程师的语言，而其中的图形符号与文字符号是其基本组成单元。在工程设计领域，任何工程技术人员和管理人员都必须具有一定的读图能力和绘图能力。

下面是与电气识图有关的一些基础知识。

（1）电气识图的基本概念

① 图幅尺寸。图纸的幅面一般分为 6 种，从 0 号到 5 号，具体尺寸见表 13-1。

表 13-1   图幅尺寸

图纸代号	0	1	2	3	4	5
宽×长/(mm×mm)	841×1189	594×841	420×594	297×420	210×297	148×210
边宽装订宽度/mm	10				5	
	25					

各种图纸在必要时可以按照 $L/8$ 的倍数适当加长。

② 图签。图签相当于商品的商标或电器设备的铭牌。国标一般放在图纸的右下角，其主要内容大致包括：项目名称、图纸的名称、图号、设计单位、制图人、设计人、专业负责人、项目负责人、审核人、批准人及完成日期等。

③ 图线。图线就是在绘图中使用的各种线条，根据不同的用途可大致分为以下几种。

a. 粗实线：图框线，建筑图中的立面线、平面图与剖面图的截面轮廓线等。

b. 中实线：电气照明工程图中的各种干线、支线、户外的架空线、电缆线等采用。

c. 细实线：建筑平面图中的底图线要用细实线，以便突出用中实线画的照明电气线路。

d. 粗点画线：在平面图中一些大型构件的轴线等可采用。

e. 点画线：用于表示照明设备安装大样图的轴线、中心线等。

f. 粗虚线：适用于表示地下的管道。

g. 虚线：适用于表示不可见的轮廓线等。

h. 折断线：用作被断开部分的边界线。

实际上现在用的电脑绘图软件，如 AutoCAD 中可选择的线宽与线型更多。此外，电气专业常见的线型还有电话线、闭路电视线、网络线、接地线、避雷线等这样以普通线型加上图块或者文字重新构造的线型。

④ 尺寸标注。工程图纸上标注的尺寸通常以毫米（mm）为单位，因此电气照明图纸一般可以不标注尺寸的单位。

⑤ 比例和方位标志。电气照明施工图常见的比例有 1：200、1：150、1：100、1：50。大样图的比例可以用 1：20、1：10 或 1：5。图纸中的方位按国际惯例通常是上北下南，左西右东。有时

为了使图面布局更加合理也有可能采用其他方位,但必须标明指北针。

⑥ 标高。建筑施工图纸中的标高通常采用相对标高,一般将标高的零点位置±0.00 mm 设定在建筑物首层室内主要地平面上,往上为正值,往下为负值。而电气图纸中设备的安装标高是以各层地面为基准的,例如,暗装照明开关的安装高度为 1.4 m、暗装插座的安装高度为 0.3 m,都是以各层地面为准的。

⑦ 图形符号。电气照明施工图上的各个元件、设备是以简化图形的形式表达出来的,这就是图形符号。图纸中的图形符号如果是由国家统一规定的则为国标符号,我们国家标准图形符号的国标序号为 GB/T 4728。由有关部委颁布的电气符号称为部标符号。另外,一些大型的设计院还可以有其内部的补充规定,即所谓的院标,这个也可以称为习惯标注符号。如果电气设计图纸里采用了非标准符号,一般应列出图例表。表 13-2 为常见照明平面图中的一些图形符号。

表 13-2　　　　　　　　　　　　常见照明平面图中的图形符号

序号	图例	设备名称	型号/规格	单位	安装方式	备注
1	▬	动力配电箱/电表箱	非标,定制	个	详见系统图	
2	▬	照明配电箱	PZ30 型	个	详见系统图	
3	▱	双电源切换箱	非标,定制	个	详见系统图	
4	○	座灯头	配 LED 灯 1×8 W	盏	吸顶或距地面 2.5 m 壁装	
5	⊗	LED 吸顶灯	HBN-C-P12W-1A	盏	吸顶	
6	⊗	防水防尘灯	配 LED 灯 1×8 W	盏	吸顶	
7	⊗W	自带应急型节能灯	配 LED 灯 1×8 W 自带蓄电池,应急时间大于 90 min	个	吸顶	配电子镇流器
8	▣	双头应急灯	2×8 W,自带蓄电池,应急时间大于 90 min	个	壁装,下沿距地面 2.5 m	
9	▭	安全出口标识灯	6 W,自带蓄电池,应急时间大于 90 min	个	壁装,下沿距门头上方 200 mm	
10	▭	单向疏散指示灯	6 W,自带蓄电池,应急时间大于 90 min	个	下沿距地面 0.5 m 暗装	
11	▬	双管荧光灯		个	自带镇流器;吸顶安装	
12	▬	单管荧光灯		个	自带镇流器;车道上方:灯槽下安装,灯槽底边距地 2600 mm,其余吸顶安装	
13	▬○▬	单管荧光灯感应式		个	自带镇流器;车位上方:车位上方,顶板下 400 mm 链吊;其余吸顶安装	

续表

序号	图例	设备名称	型号/规格	单位	安装方式	备注
14		双管荧光灯感应式		个	自带镇流器；车位上方：车位上方，顶板下 400 mm 链吊	
15		暗装单极、二极、三极开关	220 V,10 A	个	下沿距地面 1.4 m 暗装	
16		声控光控延时开关	220 V,10 A	个	下沿距地面 1.4 m 暗装	
17		安全型单相五孔插座	220 V,10 A	个	办公操作间内下沿距地面 1.4 m 暗装，其余下沿距地面 0.3 m 暗装	办公操作间内采用防溅型防护等级：IP54
18	K	安全型单相三孔插座	220 V,16 A	个	下沿距地面 0.3 m 暗装	柜式空调用
19	CK	安全型防溅带开关单相三孔插座	380 V,PZ30	个	电热水器下沿距地面 1.8 m 暗装	防护等级：IP54
20		空调插座箱	380 V,PZ30	个	下沿距地面 0.3 m 暗装	
21	EX	自带应急照明双管荧光灯	T5-2×28W,cosϕ>0.9,自带蓄电池，应急时间大于 180 min	个	吸顶	配电子镇流器
22		吊扇	预留 ϕ10 吊扇钩	个	下口平梁底吊装	
23		风扇调速器	预留 86 盒	个	下沿距地面 1.4 m 明装	
24		地面三孔插座	220 V,16 A	个	地面安装，预留 86 盒	
25	MEB	总等电位联结端子箱	250 mm×100 mm×90 mm	个	下沿距地面 0.5 m 暗装	
26	LEB	局部等电位联结端子箱	160 mm×75 mm×50 mm	个	下沿距地面 0.5 m 暗装	

⑧ 文字符号。电气照明施工图上的各个元件、设备不能只用图形符号形式表达，还必须标上特定的文字符号以说明其类型、位置、所属部分等。文字符号一般以字母加数字表示，例如：AL1 表示第一个照明配电箱，QF2 表示第二个断路器，PJ3 表示第三只电度表等。

⑨ 定位轴线。建筑平面图中用以定位主要结构的跨度、进深、开间、柱距等位置的线。

像建筑的承重构件如墙、柱子、梁等都设置有确定其位置的轴线。定位轴线需标注纵横两个方向。横轴编号是用带圈的阿拉伯数字从左至右表示，纵轴用带圈的大写英文字母自下而上标注，其中 I、O、Z 不得用作轴线编号。电气平面图中，为了不影响电气线路的走线，通常建筑内部轴线不绘出，只在建筑物外面绘出横竖定位轴线。

⑩ 设备材料表。为了方便施工单位计算材料、工时费用，采购电气设备，编制工程概（预）算和编制施工组织计划等，电气照明工程图纸上要按顺序列出主要设备材料表。表中应列出全部电气设备、元件、材料的规格、型号、数量以及有关重要参数，要求与图纸上的一致。

⑪ 设计说明。设计说明是电气照明工程图纸不可或缺的部分，它用文字叙述的方式说明一个

电气照明工程的设计范围、设计依据、工程概况、照明配电系统主要做法、防雷接地的做法、照明节能的方法、照明设备的安装方法等。

（2）照明施工图的分类

照明的施工图纸,可分为以下几种类型:

① 配电系统图。它表示整个照明电源系统层次关系和配电方案。从配电系统图中能够看出该工程项目配电的总规模,各级配电箱、柜的控制关系,各级控制开关和保护元件的规格容量,各路负荷用电的容量及导线规格型号等。系统图中通常用单线条表示一个回路,回路的导线根数、规格型号等用文字标注。

② 平面图。它表征建筑物各层的照明、开关等电气设备的平面位置、连接关系和线路的走向,它是安装灯具和敷设管线的依据。平面图也是用单线条表示一个回路,回路的导线根数用小斜线条或数字标注在绘制的回路线条上,一般3根以上才标注。

③ 大样图。它表示电气照明安装工程中的局部做法明晰图,如某些特殊灯具的安装大样图、照明配电箱安装大样图等。

④ 二次接线图。它表示一些电气计量、检测仪表、互感器、控制继电器等回路的接线图。如照明配电柜的二次接线图等。

另外,还可以有一些电气原理图、安装接线详图、立剖面图等,用在安装做法比较复杂或者是电气工程施工图册中没有标准做法而又必须表达清楚的地方。

13.2.2　照明施工图

13.2.2.1　照明配电系统图

（1）系统图表述的内容

① 电源进线。其包括电缆或架空线路进线回路数、线缆的规格型号、架设或者敷设方式及穿管管径等。常用导线敷设方式的标注字母符号见表13-3。导线敷设的部位代号见表13-4。

表 13-3　　　　　　　　　　　　　　　　**导线敷设方式代号**

序号	中文名称	字母代号
1	明敷设	E
2	暗敷设	C
3	导线或电缆穿焊接钢管敷设	SC*
4	穿电线管敷设	TC*
5	穿硬聚氯乙烯管敷设	PC
6	穿阻燃半硬聚氯乙烯管敷设	FPC
7	用绝缘子（瓷瓶或瓷柱）敷设	K
8	用塑料线槽敷设	PR*
9	用钢线槽敷设	SR*
10	用电缆桥架敷设	CT*
11	用瓷夹板敷设	PL

续表

序号	中文名称	字母代号
12	用塑料夹敷设	PCL
13	穿蛇皮管敷设	CP
14	穿阻燃塑料管敷设	PVC*
15	用铝皮线卡敷设	AL
16	穿焊接钢管敷设	SC*
17	穿水煤气管（厚壁钢管）敷设	RC
18	金属线槽敷设	MR
19	金属软管	F

注：* 表示重点，在建筑工程中常用。

表 13-4　　　　　　　　　　　　　　导线敷设部位的代号

序号	中文名称	字母代号
1	沿钢索敷设	SR
2	沿屋架或跨屋架敷设	BE
3	沿柱或跨柱敷设	CLE
4	沿墙面敷设	WE*
5	沿天棚面或顶板面敷设	CE
6	在能进人的吊顶内敷设	ACE
7	暗敷设在梁内	BC*
8	暗敷设在柱内	CLC
9	暗敷设在墙内	WC*
10	暗敷设在地面或地板内	FC*
11	暗敷设在屋面或顶板内	CC*
12	暗敷设在不能进人的吊顶内	ACC*

注：* 表示重点，在建筑工程中常用。

【例 13-1】 某照明系统图中标注有 BV-(3×2.5)-SC20-WC。

【解】 BV-(3×2.5)-SC20-WC 表示该线路是采用三根聚氯乙烯铜芯绝缘导线，导线截面面积均为 2.5 mm²，穿钢管敷设，管径 20 mm，沿墙暗设。

本例中导线型号 BV 中间如果加一个字母 L 变成 BLV，则表示聚氯乙烯铝芯绝缘导线。而字母 BX 则表示橡胶绝缘铜芯导线，BLX 是橡胶绝缘铝芯导线。

【例 13-2】 有一个照明箱，电源进线标注为 YJV-(5×16)-CT。

【解】 YJV-(5×16)-CT 表示该线路是采用铜芯交联聚乙烯绝缘聚氯乙烯护套电力电缆，五芯，导线截面面积都是 16 mm²，在电缆桥架内敷设。

② 断路器及熔断器的规格型号，出线回路的数量与用途，用电负载功率大小及各照明支路分相情况（若为三相进线）。如图 13-1 所示，MC240P 表示是海格系列微型自动空气断路器，240 表示

是双极、40A(安培);而 MC116P 中的 116 表示是单极、16A 的。

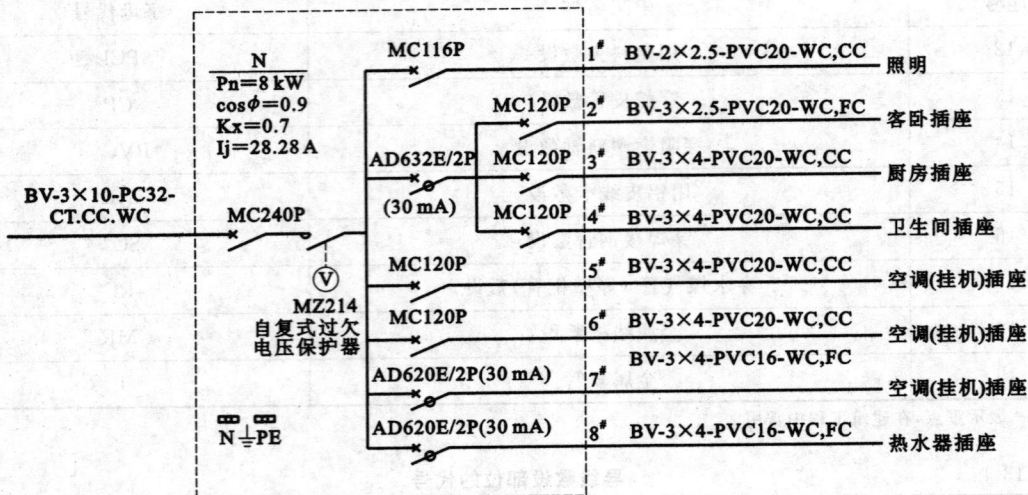

图 13-1　照明配电系统图

注:采用 PZ30 型配电箱,箱体下沿距地 1.8 m 暗装。

③ 用电参数。照明系统图上还应表示出该配电系统（照明箱）的总设备容量、需要系数、功率因数、计算容量、计算电流等,如图 13-1 所示。

④ 配电回路参数。照明系统图中每条配电回路都应标出该回路的编号,必要时也可标出该回路照明设备的容量,例如照明、空调、插座和其他用电器具等的容量。

13.2.2.2　照明平面图

在照明平面图上需要表达的内容主要有:灯具的型号、位置及安装方式,照明开关的型号、位置及安装方式,各种照明设备的导线连接、导线的位置、导线根数及敷设方式等。

照明等器具在平面图上表示采用的是图形符号加文字标注的形式。灯具的一般符号是一个圆里面打个叉,单管日光灯的符号是中间竖放一个很长的"I"字。插座符号为小圆圈加个带尾巴的杆子,一个尾巴表示单联开关,两个尾巴表示双联开关,圆圈内涂实表示暗装,如表 13-2 所示。

从表 13-2 可以能看到,为了在照明平面图上表示出不同的灯,经常是将灯的符号加以变化来生成,比如将灯具的一般符号,打叉的圆圈里涂个黑圆点表示防水防尘灯,或者在圆圈旁边加个字母 W 表示自带应急型节能灯等。

各种类型的灯具可以在图面上进行各自的总标注。在照明平面图中,这种文字标注主要表达的是照明灯具的种类、安装套数、安装高度,光源的功率、装设数量等。具体表达式为:

$$a-b\frac{cd}{e}f \tag{13-1}$$

式中　　a——同类型照明灯具安装套数;

b——灯具的类型代号;

c——照明灯具内安装光源的数量,单个也可以不表示;

d——每个光源的功率大小,W;

e——照明灯具底部距本层楼地面的安装高度,m;

f——安装方式代号,灯具安装方式主要有下面几种形式,见表 13-5。

表 13-5   灯具安装方式的文字代号

序号	中文名称	字母代号
1	线吊式	CP*
2	自在器线吊式	CP
3	固定线吊式	CP1
4	防水线吊式	CP2
5	吊线器式	CP3
6	链吊式	Ch*
7	管吊式	P
8	壁装式	W*
9	吸顶式或直附式	S*
10	嵌入式（嵌入不可进人的顶棚）	R*
11	顶棚内安装（嵌入可进入的顶棚）	CR*
12	墙壁内安装	WR
13	台上安装	T
14	支架上安装	SP
15	柱上安装	CL
16	座装	HM

注：*表示重点，在建筑工程中常用。

【例 13-3】　某教室照明平面中标有 $12\dfrac{2\times36}{2.5}$P，试分别叙述其含义。

【解】　其表示 12 套灯具，每个灯具里两盖 36 W 光源。安装高度为 2.5 m，采用管吊式安装。

照明平面图中各段导线根数用标在导线上面的短斜线表示，几根就标注几道短斜线。如管内穿四根线，则在直线上加四道短斜线，现在一般三根线以下的可以省略标注。

学习照明施工图时，应掌握判断各导线根数的规律：

① 火线进开关。灯具的控制开关必须接在相线（俗称火线）上。无论是几联开关，只能送入一根相线（火线）进开关。从控制开关出来的是控制线，几联开关就有几条控制线，所以 n 联开关共有 $n+1$ 根导线。如图 13-2 中的三联开关就有四根导线。

② 插座单独回路。一般照明回路首端装设普通的空气断路器，而在插座回路首端要装设漏电保护断路器，所以插座是单独的回路。插座回路的导线根数由插座决定，如果是普通的单相 2+3 五孔双联插座，或三孔插座，则是 L、N、PE 三根线。若是四孔三相插座，则是 L1、L2、L3、PE 四根线。图 13-2 中画的是单相插座，因此插座回路是三根线，不标注出来。

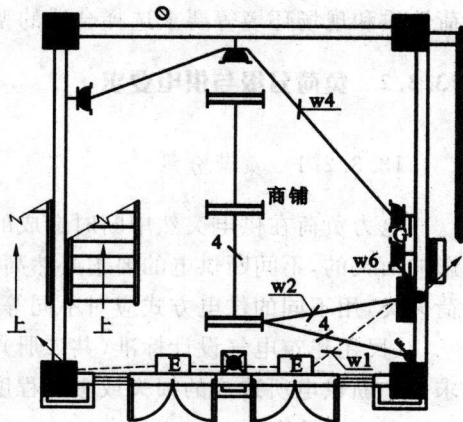

图 13-2　照明平面图局部

③ 现在的照明灯具进线是控制线、中性线（零线）、保护线共三根。考虑过线的要求，就可以算出各段导线根数。图 13-2 中，商铺采用三盏双管荧光灯，两段连接导线，下段导线回路由于要多通过一条控制线，所以是四根线，上面一段是三根线。

13.3　照明的电气设计

13.3.1　照明电气设计的内容

（1）确定照明的电源方案

根据照明、动力（电力）负荷的性质，初步估算的负荷等，确定配电变压器的容量与参数，并确定采用照明专用变压器还是与动力负荷共用。应急照明的电源，采用专用应急电源线路、应急发电机或蓄电池组等。应统筹考虑各种照明负荷的电源问题，保证安全可靠、经济合理。

（2）确定照明配电系统接地形式

建筑物（包括照明的综合用电）应统一确定低压配电系统的接地形式，是采用 TN-S，TN-C-S，还是 TT 系统等。

（3）确定照明的配电系统

按照照明负荷的性质、楼层、防火分区、供电半径等的要求划分配电分区，确定电能计量、配电箱的设置、灯光开关控制的要求、配电线路的连接。

（4）功率统计与负荷计算

按各个照明箱来统计照明负荷（注意光源的附加损耗，如镇流器损耗等），计算出各自照明负荷，并逐渐累加到总电源箱，算出总负荷。根据自然功率因数和供电局对用户要求的功率因数，确定无功补偿容量和补偿方案。

（5）配电线路设计

根据计算负荷、防火、防爆等场所环境条件确定各级配电线路的导线规格型号、截面大小和敷设方式，按照允许电压损失值等条件校验导线截面面积。

（6）照明开关电气设备的选择

照明配电箱内的断路器、隔离触头、浪涌保护、互感器等依据额定电压、计算负荷大小、回路负荷性质和现场环境等要求选择合适的型号，进行必要的短路开断能力、短路动稳定和热稳定校验。

13.3.2　负荷分级与供电要求

13.3.2.1　负荷分级

电力负荷在供电突然中断时造成的损失及影响程度各不相同。用电设备中断供电造成损失或影响面大的，不间断供电的要求必然高。因此，为了保证各种设备正常工作及安全，必须将电力负荷分类，用不同的供电方式应对不同等级的电力负荷。

《民用建筑电气设计标准（共二册）》（GB 51348—2019）规定：用电负荷根据对供电可靠性的要求及中断供电所造成的损失或影响程度分为三个等级。

（1）一级负荷

符合下列情况之一时，应定为一级负荷：

① 中断供电将造成人身伤害；

② 中断供电将造成重大损失或重大影响；

③ 中断供电将影响重要用电单位的正常工作，或造成人员密集的公共场所秩序严重混乱。

特别重要场所不允许中断供电的负荷应定为一级负荷中的特别重要负荷。

（2）二级负荷

符合下列情况之一时，应定为二级负荷：

① 中断供电将造成较大损失或较大影响；

② 中断供电将影响较重要用电单位的正常工作或造成人员密集的公共场所秩序混乱。

（3）三级负荷

不属于一级和二级的用电负荷应定为三级负荷。

13.3.2.2 供电要求

（1）一级负荷供电

一级负荷应由双重电源供电，当一个电源发生故障时，另一个电源不应同时受到损坏。

对于一级负荷中的特别重要负荷，其供电应符合下列要求：

① 除双重电源供电外，尚应增设应急电源供电；

② 应急电源供电回路应自成系统，且不得将其他负荷接入应急供电回路；

③ 应急电源的切换时间，应满足设备允许中断供电的要求；

④ 应急电源的供电时间，应满足用电设备最长持续运行时间的要求；

⑤ 对一级负荷中的特别重要负荷的末端配电箱切换开关上端口宜设置电源监测和故障报警。

（2）二级负荷供电

二级负荷的供电应符合下列规定：

① 二级负荷的外部电源进线宜由 35 kV、20 kV 或 10 kV 双回线路供电；当负荷较小或地区供电条件困难时，二级负荷可由一回 35 kV、20 kV 或 10 kV 专用的架空线路供电；

② 当建筑物由一路 35 kV、20 kV 或 10 kV 电源供电时，二级负荷可由两台变压器各引一路低压回路在负荷端配电箱处切换供电，另有特殊规定者除外；

③ 当建筑物由双重电源供电，且两台变压器低压侧设有母联开关时，二级负荷可由任一段低压母线单回路供电；

④ 对于冷水机组（包括其附属设备）等季节性负荷为二级负荷时，可由一台专用变压器供电；

⑤ 由双重电源的两个低压回路交叉供电的照明系统，其负荷等级可定为二级负荷。

（3）三级负荷供电

三级负荷可采用单电源单回路供电。

13.3.3 电压与电压质量

13.3.3.1 标准电压

《标准电压》（GB/T 156—2017）给出了各个不同电压的定义以及系统和相关设备的标准电压。

（1）不同电压定义

① 系统标称电压：用以标志或识别系统电压的给定值。

② 系统最高电压：系统正常运行的任何时间，系统中任何一点上所出现的最高运行电压值。

③ 系统最低电压：系统正常运行的任何时间，系统中任何一点上所出现的最低运行电压值。

④ 设备额定电压：由制造商对一电气设备在规定的工作条件下所规定的电压。

（2）标准电压

① 标称电压 220～1000 V 交流系统及相关设备。

标称电压 220～1000 V 交流系统及相关设备的标准电压应从表 13-6 中选取。表中同一组数据中较低的数值是相电压，较高的数值是线电压；只有一个数值者是指三相三线系统的线电压。

表 13-6　　　　标称电压 220～1000 V 交流系统及相关设备的标准电压

三相四线或三相三线系统的标称电压/V
220/380
380/660
1000(1140*)

注：* 表示 1140V 仅限于某些应用领域的系统使用。

② 标称电压 1 kV 以上至 35 kV 交流三相系统及相关设备。

标称电压 1 kV 以上至 35 kV 交流三相系统及相关设备的标准电压应从表 13-7 选取。

表 13-7　　　　标称电压 1 kV 以上至 35 kV 交流三相系统及相关设备的标准电压

系统标称电压/kV	设备最高电压/kV
3(3.3)*	3.6*
6*	7.2*
10	12
20	24
35	40.5

注：1. 表中数值为线电压。
　　2. 圆括号中的数值为用户有要求时使用。
　　* 表示不得用于公共配电系统。

③ 标称电压 35 kV 以上至 220 kV 交流三相系统及相关设备。

标称电压 35 kV 以上至 220 kV 交流三相系统及相关设备的标准电压应从表 13-8 中选取。

表 13-8　　　　标称电压 35 kV 以上至 220 kV 交流三相系统及相关设备的标准电压

系统标称电压/kV	设备最高电压/kV
66	72.5
110	126
220	252

注：表中数值为线电压。

④ 标称电压 220 kV 以上的交流三相系统及相关设备。

标称电压 220 kV 以上的交流三相系统及相关设备的标准电压应从表 13-9 中选取。

表 13-9　　　　标称电压 220 kV 以上的交流三相系统及相关设备的标准电压

系统标称电压/kV	设备最高电压/kV
330	363
500	550
750	800
1000	1100

注：表中数值为线电压。

13.3.3.2　电压偏差及调整

(1) 电压偏差的概念

电压偏差是指实际运行电压与系统标称电压偏差的相对值的百分数。即：

$$电压偏差 = \frac{电压实际值 - 电压标称值}{电压标称值} \times 100\% \tag{13-2}$$

电压偏差实际上就是电压较长时间的偏离了标称值，对设备正常运行影响大。例如，实际运行的电压低于标称值（欠电压），会使作为动力的感应电动机转矩下降、电流增大、温度升高，从而缩短电机寿命，降低效率，影响产品生产；会使电光源降低照度，气体放电灯不易或反复点亮等。实际运行电压高于标称值（过电压）时，会使电光源照度增加但寿命缩短；会使感应电动机电流增加、温度升高、绝缘受损，从而缩短电机寿命；会使电子产品的绝缘永久损坏等。

(2) 电压偏差的允许值

为保证电气设备正常工作，规定供电的电压偏差的允许范围很有必要，《电能质量　供电电压偏差》(GB/T 12325—2008)中规定：

220 V 单相供电电压的允许偏差范围为标称电压的+7%、−10%，20 kV 及 20 kV 以下三相供电电压的允许偏差为标称电压的±7%，35 kV 及 35 kV 以上供电电压正负偏差绝对值之和要求不超过标称电压的 10%（如电压上下偏差均为正或负，则取最大的绝对值）。另外，对供电距离较长、短路容量较小以及对电压偏差有特殊要求的用户，可由供用电双方协商解决。

《供配电系统设计规范》(GB 50052—2009)中，对于配电系统正常运行情况下，用电设备端子处电压偏差允许值作出规定：用电设备当无特殊规定时为±5%额定电压；在一般工作场所照明为±5%额定电压，对于远离变电所的小面积一般工作场所，难以满足上述要求时，照明可为+5%，−10%额定电压；应急照明、道路照明和警卫照明等为+5%，−10%额定电压。

(3) 电压偏差的调整

供配电系统在运行中，因为运行方式改变、负荷变化等造成潮流重新分布，经常会引起供配电电压的较大偏差。为满足用电设备对电压的要求，必须采取措施进行电压调整。常见的电压调整方法如下：

① 电力变压器调压。普通的电力变压器有无励磁调压装置，称为分接开关。将高压绕组引出几个抽头接至分接开关的电压分接头上，改变电压分接头的位置即可调压。不过要在变压器完全不带电的情况下才能调整。如果对电压调整有较高要求需要经常带负载调压的，可以采用有载调压变压器。

② 采用无功补偿调压。供配电系统中存在大量的感性负载如感应电动机、电力变压器、接触器、继电器、电焊机、带电感镇流器的气体放电灯等，它们产生的相位滞后的感性无功功率，增加了总电流，也就增加了电压损耗。采用并联电容器补偿感性无功功率，可以减小系统的总电流，也就减小了电压损耗，改善了电压水平。例如，并联电容器采用分组投切的办法装设于变电所内，则可对供电范围实行整体调压。串联电容补偿，则可用于配电网中局部调压，这种调压作用会随线路负荷的变化而变化，因此具有自行调节的能力。

③ 其他的调压手段。如切除次要负荷减小线路总电流，增加供电线路导线截面，缩短供电距离，用阻抗相对较小的电缆线路代替架空线路，尽量使三相负荷平衡等，也能有效改善电压的偏差。

13.3.3.3　电压波动与闪变

(1)电压波动和闪变的概念与危害

电压波动是指电网电压的方均根值(有效值)随着时间发生一系列的变动或连续的变化。

闪变是指电照明的照度变化对人眼形成刺激的主观感受,是波动电压作用于光源在一段时间内引起的积累效应。

供配电系统中负荷的剧烈变动将引起电压波动。各种短路故障会造成负荷剧变,进而引起电压发生较大波动。正常运行时不稳定的负荷如轧钢机、电弧炉、电焊机,大厦中的电梯,频繁启动的水泵,甚至冲击钻等都会引起电压的波动。

电压波动可使电动机转速不均匀,影响产品质量;能造成自动化控制装置误动作,计算机电子信息系统工作异常、硬件损坏;使电光源产生闪烁,引起人眼视觉的不适与疲劳,影响工作与学习;影响对电压波动敏感的精密仪器实验结果等。

(2)电压变动的计算与限值

电压变动 $d(\%)$ 是衡量电压波动大小的一个指标,用电压均方根(有效)值曲线上相邻两个极值电压之差与电网标称电压 U_N 的相对值的百分数表示,即:

$$d = \frac{\delta U}{U_N} \times 100\%$$ (13-3)

式中　δU——电压均方根(有效)值曲线上相邻两个极值电压之差;

　　　U_N——系统标称电压,V 或 kV。

《电能质量　电压波动和闪变》(GB/T 12326—2008)规定了用户在电力系统公共连接点产生的电压变动的限值,见表 13-10。公共连接点(PCC)是电力系统中一个以上用户的连接处。

实际负荷引起的电压变动值可用公式计算。已知三相负荷有功、无功的变化量分别为 ΔP、ΔQ,在系统中产生的电压变动为:

$$d = \frac{R_{eq}\Delta P + X_{eq}\Delta Q}{U_N^2} \times 100\%$$ (13-4)

式中　R_{eq},X_{eq}——电网的等值电阻与电抗。

表 13-10　　　　　　　　　　　　　　　　电压变动限值

r/(次/h)	$d\%$	
	35 kV 及 35 kV 以下	35 kV 以上
$r \leqslant 1$	4	3
$1 < r \leqslant 10$	3*	2.5*
$10 < r \leqslant 100$	2	1.5
$100 < r \leqslant 1000$	1.25	1

注:1.电压变动频度 r 为单位时间内电压变动的次数。电压由小到大或由大到小各算一次变动,同方向的多次变动,如果间隔时间小于 30 ms,也只算一次变动。

　　2.对于随机性不规则的电压波动,表中标有"＊"的值为其限值。

如果电压波动的变化率低于每秒 0.2%,则可以视为电压偏差。

(3)闪变的限值

电力系统公共连接点处的闪变限值如表 13-11 所示,要求在一周(168 h)的测量时间内,所有

长时间闪变值 P_{lt} 都应满足要求。

表 13-11   闪变限值

P_{lt}	
≤110 kV	>110 kV
1	0.8

短时间闪变值 P_{st}：衡量短时间（基本记录周期为 10 min）内闪变强弱的一个统计量值，公式为：

$$P_{st} = \sqrt{0.0314P_{0.1} + 0.0525P_1 + 0.0657P_3 + 0.28P_{10} + 0.08P_{50}} \qquad (13-5)$$

式中 $P_{0.1}$，P_1，P_3，P_{10}，P_{50}——10 min 内瞬时闪变视感觉超过 0.1%、1%、3%、10% 和 50% 时间的察觉单位值。

采用 220 V、60 W 的白炽灯，在 $P_{st} < 0.7$ 的情况下，一般察觉不出闪变；如果 $P_{st} > 1.3$，则闪变将使人不舒服。

长时间闪变值 P_{lt}：反映长时间（基本记录周期为 2 h）闪变强弱的量值，由短时间闪变值 P_{st} 推算出来，公式为：

$$P_{lt} = \sqrt[3]{\frac{1}{n}\sum_{j=1}^{n}(P_{stj})^3} \qquad (13-6)$$

式中 n——长时间闪变值测量时间内所包含的短时间闪变值个数（$n=12$）；

P_{stj}——2 h 内第 j 个短时间闪变值。

（4）电压波动的抑制

可采取以下措施，抑制电压波动及防止闪变：

① 因设备故障而引起电压波动的，应尽快予以切除；

② 对负荷频繁变动的容量较大电气设备，如电梯的电动机等，采用专用线路，专用变压器对其供电；

③ 将负荷剧烈变动的设备接于短路容量较大的电网中，或由更高级电压供电；

④ 采用静止无功补偿装置（SVC）或有源滤波装置（DSTATCOM）抑制电压波动与闪变。

13.3.3.4 公用电网谐波

（1）谐波概念及其危害

电力系统工频交流电的波形会发生畸变。对其进行傅立叶级数分解，得到大于基波频率整数倍的分量，称为交流电的高次谐波，频率与工频相同的则是基波分量。

工频交流电之所以会产生波形畸变，主要是因为公用电网中有许多谐波源。电力系统中主要的谐波源有电弧炉，变流整流设备，电力机车，电力变压器、电抗器，电弧焊，气体放电灯，家用电器中的电视机、电脑等。

电网中高次谐波的存在会严重危害电力系统和用电设备。比如，谐波的存在会使电网增加损耗，引起电机的附加损耗和发热，造成变压器铁芯过热，电度表计量误差，使保护与自动装置误动作，对通信线路产生干扰等。

（2）公用电网谐波的限值与计算

《电能质量 公用电网谐波》（GB/T 14549—1993）规定了公用电网谐波（相）电压的限值，见表 13-12。

表 13-12 公用电网谐波(相)电压限值

电网标称电压/kV	电压总谐波畸变率/%	各次谐波电压含有率/%	
		奇次	偶次
0.38	5.0	4.0	2.0
6	4.0	3.2	1.6
10			
35	3.0	2.4	1.2
66			
110	2.0	1.6	0.8

谐波含有率 HR 是指周期性交流量中含有的第 h 次谐波分量均方根值与基波分量的方均根值之比。第 h 次谐波电压含有率 HRU_h 为:

$$HRU_h = \frac{U_h}{U_1} \times 100\% \tag{13-7}$$

式中　U_1——基波电压均方根值;

U_h——第 h 次谐波电压均方根值。

总谐波畸变率 THD 为周期性交流物理量中的谐波含量的均方根值与基波均方根值之比的百分数。电压总谐波畸变率用 THD_u 表示,公式为:

$$THD_u = \frac{\sqrt{\sum_{h=2}^{\infty}(U_h)^2}}{U_1} \times 100\% \tag{13-8}$$

用户注入电网公共连接点的谐波电流分量的均方根值不应超过表 13-13 中规定的值。

表 13-13 注入公共连接点的谐波电流限值

标称电压/kV	基准短路容量/(MV·A)	谐波次数和允许的谐波电流均方根值/A									
		2	3	4	5	6	7	8	9	10	11
0.38	10	78	62	39	62	26	14	19	21	16	28
6	100	43	34	21	34	14	24	11	11	8.5	16
10	100	26	20	13	20	8.5	15	6.4	6.8	5.1	9.3
35	250	15	12	7.7	12	5.1	8.8	3.8	4.1	3.1	5.6
66	500	16	13	8.1	13	5.4	9.3	4.1	4.3	3.3	5.9
110	750	12	9.6	6.0	9.6	4.0	6.8	3.0	3.2	2.4	4.3

标称电压/kV	基准短路容量/(MV·A)	谐波次数和谐波电流允许值/A									
		12	13	14	15	16	17	18	19	20	21
0.38	10	13	24	11	12	9.7	18	8.6	16	7.8	8.9
6	100	7.1	13	6.1	6.8	5.3	10	4.7	9.0	4.3	4.9
10	100	4.3	7.9	3.7	4.1	3.2	6.0	2.8	5.4	2.6	2.9
35	250	2.6	4.7	2.2	2.5	1.9	3.6	1.7	3.2	1.5	1.8
66	500	2.7	5.0	2.3	2.6	2.0	3.8	1.8	3.4	1.6	1.9
110	750	2.0	3.7	1.7	1.9	1.5	2.8	1.3	2.5	1.2	1.4

（3）公用电网谐波的抑制措施

① 采用 Dyn11 连接组别的配电变压器。因为 Dyn11 连接组别的变压器,高压绕组为三角形接法,使 3 次及其整数倍谐波形成环流而不会注入系统中。

② 对于整流设备,可以采用相数倍增法、让换流变换器之间互有相位差、增加可控硅变换装置的脉冲数等,减少产生的谐波电流。

③ 在谐波源处就近安装由电容器、电抗器和电阻器等组合而成的无源滤波装置,吸收谐波电流以防谐波注入;或者采用有源滤波器,向电网送入大小、相位相同,极性相反的电流,抵消总谐波电流。

④ 大容量的谐波设备改由更高一级的电压供电,利用高压电网容量大的优势,减小谐波的影响。

⑤ 其他抑制谐波的措施,例如限制接入电网的谐波设备容量,产生谐波设备与谐波敏感负荷分开接线等都有助于消除谐波的影响。

13.3.3.5　三相不平衡性

（1）三相不平衡的概念及危害

供配电系统中,当三相电压或电流的幅值不相等,或相位不是 120°时,三相不平衡。引起三相不平衡的因素有非正常和正常两大方面:系统中发生各种不对称的短路故障时,会造成非正常的三相不平衡,需由保护装置切除故障以恢复正常。供配电系统正常运行时的三相不平衡,主要是单相负荷分配到三相中不均匀,或者三相电传输过程中线路阻抗不对称引起的。

三相电压或电流的不平衡会造成旋转电机振动、发热过度,引起保护误动作,发电机的容量利用率下降,变压器的磁路不平衡产生附加损耗、负荷较大相的绕组过热,造成对通信系统的干扰等。

（2）三相不平衡度及其限值

用对称分量法把电源对称而负载不对称所造成的不平衡的三相电压和电流分解为正序、负序、零序分量。

作为电能质量指标之一的负序电压不平衡度 ε_{u2}（%）,用电压负序分量均方根值 U_2 与电压正序分量均方根值 U_1 的百分比表示,即:

$$\varepsilon_{u2} = \frac{U_2}{U_1} \times 100\% \tag{13-9}$$

《电能质量　三相电压不平衡》（GB/T 15543—2008）中规定:系统正常运行时,公共连接点的负序电压不平衡度 $\varepsilon_{u2} \leqslant 2\%$,短时间内 $\varepsilon_{u2} \leqslant 4\%$;接于公共连接点的每个用户的允许值,一般为 $\varepsilon_{u2} \leqslant 1.3\%$,短时间内 $\varepsilon_{u2} \leqslant 2.6\%$。

（3）三相不平衡的改善措施

① 将单相负荷尽量均匀地分配到各相中去,使各相的负荷之差限制在 15% 以内;

② 将不平衡负荷分散到不同的供电点,以免集中连接造成不平衡度超过允许值;

③ 将不平衡负荷接入更高级电压的系统中,更大的短路容量会大大改善三相不平衡度;

④ 采用分相补偿技术或静止无功补偿装置（SVG）等,改善三相不平衡。

13.3.4　低压供配电接地形式

我国低压供配电系统,按接地的形式分为:TN 系统、TT 系统和 IT 系统。

13.3.4.1　TN 系统

TN 系统为中性点直接接地的运行方式,又分为 TN-C 系统、TN-S 系统、TN-C-S 系统。TN 系统中引出的有中性线(N 线)、保护线(PE 线)或保护中性线(PEN 线)。

中性线(N 线)又称为工作零线,用于连接相电压用电设备,流回单相及三相不平衡电流,减小负载中性点的电位偏移。

保护线(PE 线)又称为保护零线,连接正常情况下不带电但在故障下可能会带电的并易被触及的外露可导电部分(例如设备金属外壳、金属构件、构架等),防止发生触电,以保障人身及设备安全。

保护中性线(PEN 线)将中性线(N 线)与保护线(PE 线)的功能合二为一。在我国 PEN 线以前称为零线,俗称地线。

(1)　TN-C 系统

如图 13-3 所示,TN-C 系统是三相四线制系统,在我国低压配电系统中曾经普遍应用。

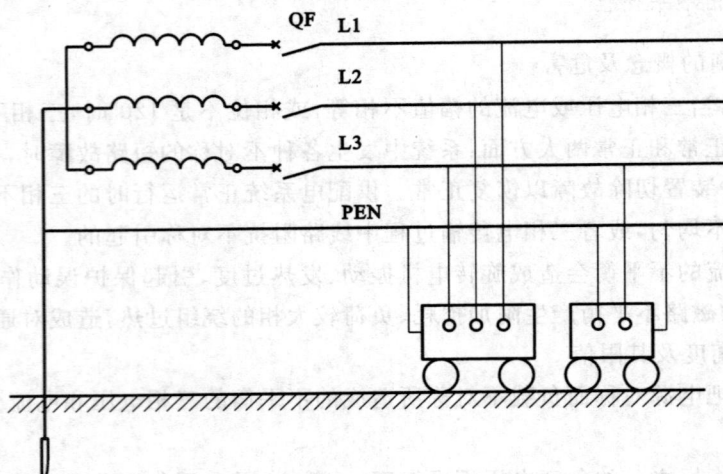

图 13-3　TN-C 系统

TN-C 系统从电源引出四根线,分别是 L1、L2、L3、PEN 线,其中 PEN 线兼有 N 线与 PE 线的作用。因 PEN 线中可能有不平衡电流通过,所以对设备有电磁干扰,并且 PEN 线断开后可能使与其相连的外露可导电部分带电。TN-C 系统发生单相接地时构成接地短路,线路首端保护装置运作,切除故障。

(2)　TN-S 系统

TN-S 系统如图 13-4 所示,属于三相五线制系统,N 线与 PE 线分开,设备的外露可导电部分接 PE 线。该系统在发生单相接地短路故障时,线路的保护装置动作,切除故障。此系统 PE 线上没有电流通过,即使中性点偏移也没有对地电压。所以,TN-S 系统用于对安全要求高、对抗电磁干扰要求高的场所。

(3)　TN-C-S 系统

此低压供配电系统的前一部分为 TN-C 系统,后一部分通常从进户总配电箱开始 PEN 线分开为 PE 线和 N 线,形成 TN-C-S 系统,如图 13-5 所示。该系统兼有 TN-C 系统和 TN-S 系统的特点,也是广泛采用的低压供配电系统。在民用建筑中,许多电源进线采用的是 TN-C 系统,进入建

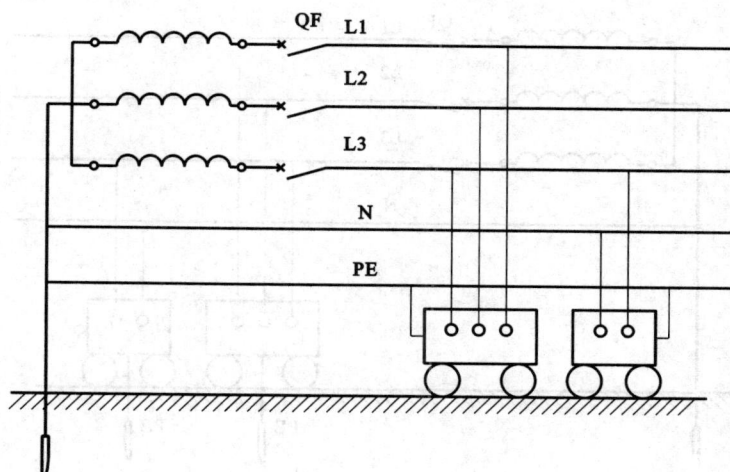

图 13-4　TN-S 系统

筑物内变为 TN-S 系统。应注意的是，PEN 线自分开后，PE 线与 N 线不能再合并，否则将丧失分开后形成的 TN-S 系统的特点。

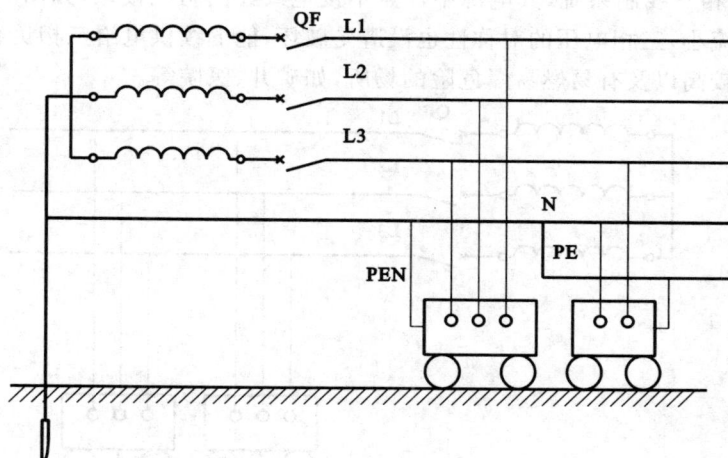

图 13-5　TN-C-S 系统

13.3.4.2　TT 系统

TT 系统的电源中性点直接接地，从电源也引出四根线，分别是 L1、L2、L3、N 线，属于三相四线制系统。设备的外露可导电部分由各自的 PE 线单独接地，如图 13-6 所示。

TT 系统中的接地 PE 线各自独立，相互无电气联系，没有电磁干扰问题。该系统在发生单相接地故障时，通过故障点和工作接地构成回路形成单相短路，线路的保护装置动作，切除故障。

该系统因绝缘不良而漏电时，漏电电流可能较小，无法使线路的过电流保护装置动作。所以该系统要装设灵敏度较高的漏电保护装置。TT 系统也适用于安全性要求较高，抗电磁干扰要求严格的场所。

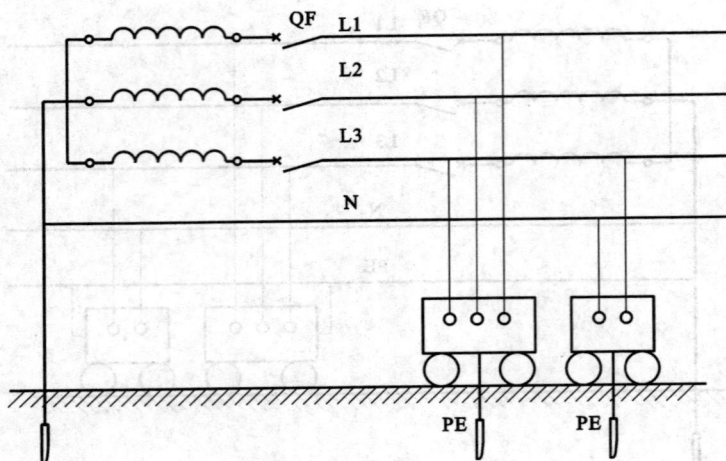

图 13-6　TT 系统

13.3.4.3　IT 系统

　　IT 系统属于三相三线制系统,其电源中性点不接地或经高阻抗接地,如图 13-7 所示。该系统单相接地时接地电流小,三相电压的对称性也没遭受破坏,能继续供电给三相负载。因此其主要用于对连续供电要求较高以及有易燃易爆危险的场所,如矿井、医院等。

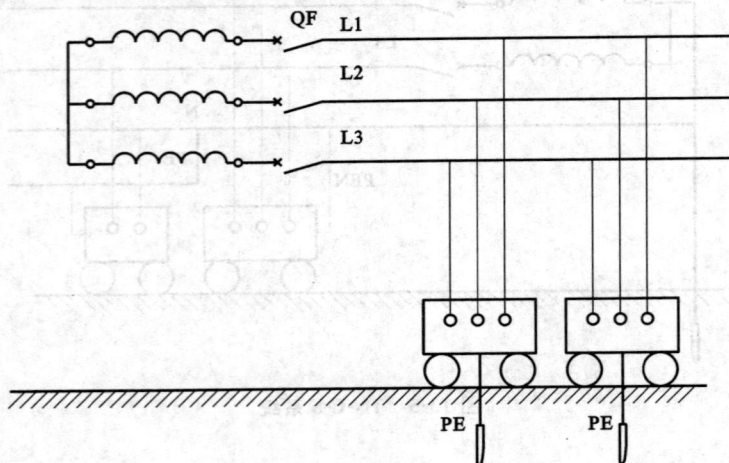

图 13-7　IT 系统

13.3.5　供配电线路的结构形式

13.3.5.1　放射式供电结构

　　(1)单放射式结构

　　这种供电方式的特点是每个用户由变电所(配电所)用一条线路配电,供电的可靠性较高。如图 13-8 所示,当任意一个回路故障时,由变电所内线路首端的保护装置动作,不影响其他回路的供电。

图 13-8　线路单放射式结构

（2）双放射式结构

对于像一级负荷这样的重要用户，单放射式结构不能满足其双电源的供电可靠性要求，要采用双放射式接线。如图 13-9 所示，当双放射式结构采用交叉供电的形式时，可保证用户得到两个电源，以保证一级负荷的供电要求。这种配电结构形式常见于中压和低压供配电系统中。

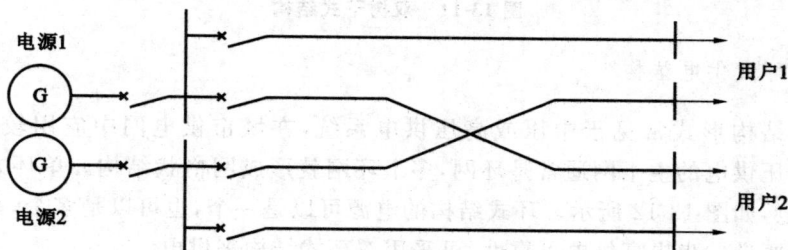

图 13-9　线路双放射式结构

13.3.5.2　树干式供电结构

（1）单树干式结构

如图 13-10 所示，树干式供电结构就是由电源端向负荷端配出主干线，在干线上再引出数条分支线向用户供电。树干式供电结构比放射式供电结构要节省设备和导线。其不足之处在于，一旦干线发生故障，所有支线用户将全部受到影响，所以单树干式结构一般用于向三级负荷供电。

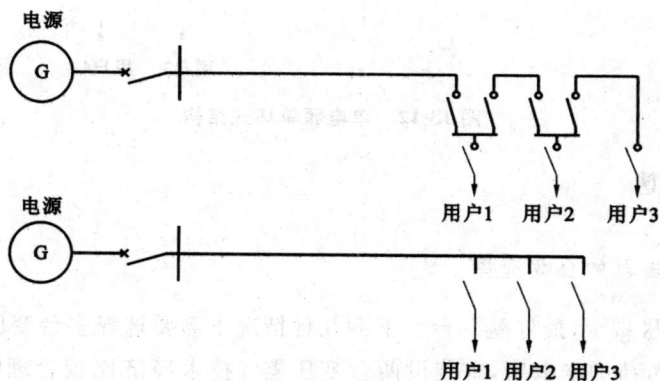

图 13-10　单树干式结构

（2）双树干式结构

对于可靠性要求高的用户，可采用双树干式结构对其送电。两条干线互为备用，可将两个树干支路引自不同的电源，如图 13-11 所示。双树干式结构可以向二级以上负荷供电。这种结构在中压和低压供配电系统中应用广泛。

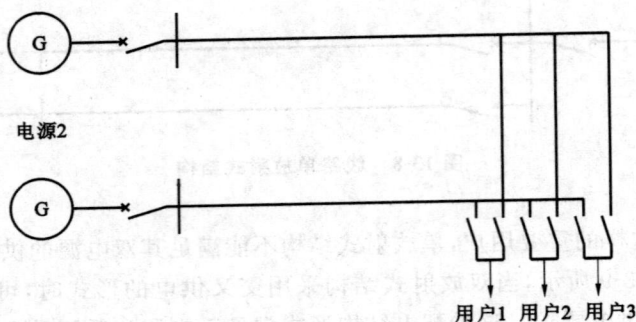

图 13-11　双树干式结构

13.3.5.3　环式供电结构

环式的线路结构形式常见于中压或高压供电系统,在城市供电网中应用较多。例如,城市 10 kV、20 kV 中压供电的主干网通常是环网,多个环网就形成网格状结构。单环式结构可用于对二、三级负荷供电,如图 13-12 所示。环式结构的电源可以是一个,也可以是多个,一般采用开环运行方式。如果需要进一步提高供电可靠性,可采用双环式结构来供电。

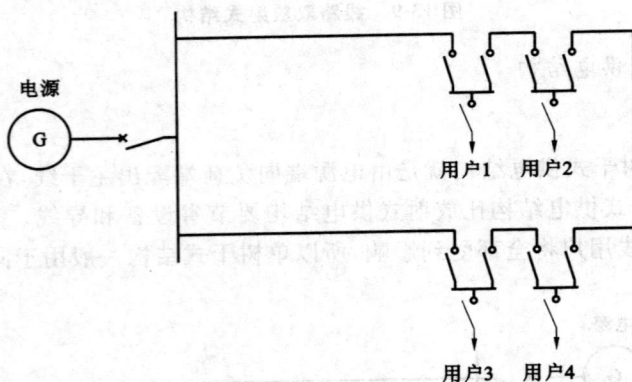

图 13-12　单电源单环式结构

13.3.6　变压器的选型

13.3.6.1　主变压器的台数选择

主变压器的台数尽量少,最好就一台。下列几种情况下需要选择多台变压器:

① 存在一、二级负荷的变电所,宜装设两台变压器(技术经济比较合理时也可装设两台以上的变压器),当一台变压器发生故障或检修时,另一台变压器能对一、二级负荷继续供电。如果变电所可由中、低压侧取得足够的备用电源容量时,可装设一台主变压器。

② 对季节性负荷或昼夜负荷变动较大的变电所,考虑采用经济运行方式时,也可采用两台变压器。

③ 负荷集中且容量相当大的变电所,考虑单台配电变压器容量的限制,也可以采用两台或多台变压器。

除上述几种情况外,一般变电所宜采用一台变压器。另外,在确定变电所主变压器台数时,应考虑负荷的发展,留有 15%～25% 的余量。

13.3.6.2　主变压器容量的选择

(1) 单台主变压器的变电所

主变压器容量 $S_{N·T}$ 必须满足变电所总计算负荷 $S_{\sum m}$ 的需要,即:

$$S_{N·T} \geqslant S_{\sum m} \tag{13-10}$$

(2) 装有两台及两台以上主变压器的变电所

变压器的容量 $S_{N·T}$ 应满足下面几个条件:

① 变压器的总容量必须满足变电所总计算负荷 $S_{\sum m}$ 的需要。

② 当任一台变压器断开时,其余变压器的容量应满足一级、二级负荷的全部需要。

③ 断开一台变压器时,其余主变压器的容量不应小于全部负荷的 60%。

13.3.6.3　变压器选择的其他规定

① 多层或高层主体建筑内的变电所,考虑防火需要,宜选用不燃或难燃型变压器;在严重影响安全运行的多尘或腐蚀性气体存在的场所,应选用防尘型或防腐型变压器。

② 配电变压器宜选用 Dyn11 连接组别的变压器。

③ 共用变压器将严重影响照明质量及光源寿命时,可设照明专用变压器;对严重影响电能质量的冲击性负荷,可设专用变压器。

④ 变压器的容量,应适当考虑今后 5～10 年电力负荷的增长,留有一定的余量。干式变压器的过载能力较弱,宜留有更大的余量。

10 kV 常用配电变压器的主要技术数据见附录 7。

13.3.7　负荷计算

13.3.7.1　概述

(1) 负荷计算的目的

在进行供配电设计以及供配电运行中需要对用电负荷进行计算,负荷计算就是综合考虑负荷实际运行时各种因素,把用电负荷相关的设备功率、线路的损耗通过一定的计算方法,变成供配电系统设计所需要的假想负荷的过程。这个假想负荷就是计算负荷。

计算负荷被用来为选择各电压等级供配电网络形式、变压器容量、导线和开关电气设备规格,选择保护元件及进行保护整定,进行无功补偿,统计电网损耗,进行电能质量控制等提供依据。

进行负荷统计,需要计算的有(30 min 平均)最大负荷,平均负荷,尖峰负荷,功率、电能损耗等。

(2) 用电负荷的工作制

负荷计算需要把所有用电负荷进行分类,以便分别统计。一般其工作制分为 3 类:

① 连续运行工作制。这类工作制的设备运行时间长,设备能在规定的环境温度下连续运行并达到稳定的温升。此类设备有照明、电热设备、空调、通风机、水泵和机床等,一般大部分设备都属于此类。

② 短时运行工作制。这类工作制的设备运行时间很短,停歇时间长,设备在工作时的发热通

常难以达到稳定温升,而在停歇时间内能冷却到环境温度。如控制闸门、风门、阀门的电动机,机床上的进给电动机等。此类工作制的设备数量少且功率小,属于临时用电的性质,所以统计总负荷时一般不计入内。

③ 断续周期工作制。这类工作制的设备以非连续的方式反复运行,好像有周期一样时而工作时而停歇。工作时间 t_g 与停歇时间 t_o 相互交替重复,一个周期一般不超过 10 min。此类设备典型的有行车、吊车等起重设备的电动机以及电焊设备用的变压器。

断续周期工作制的设备用负荷持续率 ε(或暂载率,%)来表示其工作特性,即:

$$\varepsilon = \frac{t_g}{T} \times 100\% = \frac{t_g}{t_g + t_o} \times 100\% \tag{13-11}$$

起重设备的标准负荷持续率有 15%、25%、40%、60%等;电焊设备的标准负荷持续率有 40%、50%、65%、75%、100%等。这类设备如果负荷持续率不是 100%的话,也就意味着不能满负荷连续工作,否则会因过热而损坏。

在进行负荷计算时,断续周期工作制设备要换算到统一负荷持续率下的负荷,负荷持续率换算公式为:

$$P_e = P_N\sqrt{\frac{\varepsilon_N}{\varepsilon}} \tag{13-12}$$

式中　P_e——设备容量,kW;

　　　P_N——设备铭牌额定功率,kW;

　　　ε_N——设备铭牌负荷持续率,%;

　　　ε——需要换算到的负荷持续率,%。

(3)设备容量的计算

负荷计算要用到设备的容量。设备铭牌功率到设备容量的转化,不同工作制的用电设备按下列方法确定。

① 长期运行工作制的设备容量。

这类设备的设备容量等于铭牌标明的额定功率,即:

$$P_e = P_N \tag{13-13}$$

这里要注意的是,设备容量的计算有时要考虑其附加损耗。例如,荧光灯具有镇流器损耗,因此荧光灯功率对于使用电感镇流器要乘以 1.2,电子镇流器要乘以 1.1 才是其设备容量。

② 断续周期工作制的设备容量。

按规定应该将起重设备的负荷持续率统一换算到 $\varepsilon_{25} = 25\%$ 时的功率:

$$P_e = \frac{\sqrt{\varepsilon_N}}{\sqrt{\varepsilon_{25}}}P_N = 2P_N\sqrt{\varepsilon_N} \tag{13-14}$$

电焊设备的负荷持续率统一换算到 $\varepsilon_{100} = 100\%$ 时的功率:

$$P_e = \frac{\sqrt{\varepsilon_N}}{\sqrt{\varepsilon_{100}}}P_N = P_N\sqrt{\varepsilon_N} = S_N\cos\varphi\sqrt{\varepsilon_N} \tag{13-15}$$

式中　S_N——电焊设备的铭牌容量,kV·A;

　　　$\cos\varphi$——电焊设备的铭牌功率因数。

【例 13-4】 一台额定容量为 10 kV·A,功率因数 0.8,铭牌的额定负荷持续率为 50%的电焊机,工作在暂载率 100%状态下。试确定其实际有功容量。

【解】　$P_e = S_N\cos\varphi\sqrt{\varepsilon_N} = 10 \times 0.8 \times \sqrt{50\%} = 5.66(\text{kW})$

（4）与负荷计算有关的物理量

① 年最大负荷。年最大负荷是指一年当中的最大工作班内,以半小时（30 min）为时间间隔统计出的平均功率的最大值。用符号 P_m、Q_m、S_m、I_m 分别表示年有功功率、年无功功率、视在最大负荷、视在最大负荷电流。

② 30 min 最大平均负荷。它是指在一段时间内以半小时（30 min）为时间间隔统计出来的平均功率的最大值,用 P_{30}、Q_{30}、S_{30}、I_{30} 表示。

年最大负荷实质上就是 30 min 的最大平均负荷。

所谓最大工作班,是指一年当中出现最大负荷的工作班次。要求最大负荷最少出现 2～3 次,而不是偶然出现的某一个工作班次。

之所以选择 30 min 作为时间统计单位,是因为大部分载流导体要经过约 30 min(半小时)后方可达到稳定温升值。因此,以 30 min 最大平均负荷按照发热条件选择导体是比较合适的。

③ 年最大负荷利用小时数 T_m。其是一个假想的时间,当用户以年最大负荷持续运行 T_m,所消耗的电能恰好等于全年实际电能的消耗量。

年最大负荷利用小时数 T_m 是反映用户运行、工作特征的一个重要参数,与企业的生产班制和负荷性质有关系。如单班制企业 $T_m \approx 1500～3000$ h;双班制企业 $T_m \approx 3000～4800$ h;三班制企业 $T_m \approx 5000～7000$ h。

④ 平均负荷和负荷系数。平均负荷是指用户在一段时间内负荷的平均值,记作 P_{av}、Q_{av}、S_{av}、I_{av}。

负荷系数又称为负荷率,为平均负荷 P_{av} 与最大负荷 P_m（P_{30}）的比值。负荷波动越大,负荷系数越低。从提高用电效率的角度来说,希望负荷系数越接近于 1 越好。一般企业的负荷系数维持在 0.7 以上为好。

13.3.7.2　需要系数法

需要系数 K_d 反映了设备实际运行的最大功率 P_m（P_{30}）与设备容量 P_e 之间的关系。需要系数法就是用需要系数来折算设备容量,得出计算负荷的方法。用这种方法得出来的计算负荷就是 30 min 最大平均负荷。

（1）单组三相设备（用电设备组）的计算负荷确定

需要系数法计算单组设备的公式为:

$$P_m = K_d P_e \tag{13-16}$$

$$Q_m = P_m \tan\varphi \tag{13-17}$$

$$S_m = \frac{P_m}{\cos\varphi} \tag{13-18}$$

$$I_m = \frac{S_m}{\sqrt{3} U_N} \tag{13-19}$$

式中　$\tan\varphi$——用电设备组功率因数的正切值;

　　　U_N——用电设备的额定电压。

【例 13-5】　一个地下商业区共有三个区,照明全部为荧光灯。第一区等效三相照明负荷为 32 kW,第二区等效三相照明负荷为 28 kW,第三区等效三相照明负荷为 16 kW。试用需要系数法求商业区的三相设备的计算负荷。

【解】　商业区总照明负荷设备容量为:

$$P_e = 32 + 28 + 16 = 76(\text{kW})$$

查附录 4,得 $K_d = 0.6 \sim 0.8$(取 0.8),$\cos\varphi = 0.9$,$\tan\varphi = 0.48$,则计算负荷:

$$P_m = K_d P_e = 0.8 \times 76 = 60.8(\text{kW})$$

$$Q_m = P_m \tan\varphi = 60.8 \times 0.48 = 29.18(\text{kvar})$$

$$S_m = \frac{P_m}{\cos\varphi} = \frac{60.8}{0.9} = 67.56(\text{kV} \cdot \text{A})$$

$$I_m = \frac{S_m}{\sqrt{3}U_N} = \frac{67.56}{\sqrt{3} \times 0.38} = 102.6(\text{A})$$

(2) 多组三相用电设备的计算负荷确定

在统计供配电干线或变电所低压母线的总负荷时,考虑各个用电设备组的最大负荷不可能同时出现,因此,在确定多个组用电设备的总计算负荷时,应把各个用电设备组的最大负荷累加起来再打个折扣,即引入有功与无功的同时系数 $K_{\sum p}$,其中有功同时系数 $K_{\sum p}$ 取 0.8 ~ 0.95,无功同时系数 $K_{\sum q}$ 取 0.85~0.97。

同时系数越靠近电源(变电所)端取值越大,并且同时系数可以累乘。

需要系数法计算多组设备的公式为:

$$P_{\sum m} = K_{\sum p} \sum_{i=1}^{\infty} P_{m \cdot i} \tag{13-20}$$

$$Q_{\sum m} = K_{\sum q} \sum_{i=1}^{\infty} Q_{m \cdot i} \tag{13-21}$$

$$S_{\sum m} = \sqrt{P_{\sum m}^2 + Q_{\sum m}^2} \tag{13-22}$$

$$I_{\sum m} = \frac{S_{\sum m}}{\sqrt{3}U_N} \tag{13-23}$$

式中　　$P_{\sum m},Q_{\sum m},S_{\sum m},I_{\sum m}$——多组用电设备的总计算有功功率、总计算无功功率、总计算视在功率、总计算电流;

$P_{m \cdot i},Q_{m \cdot i}$——第 i 组用电设备的计算有功功率、计算无功功率。

【例 13-6】　例 13-5 中的地下商业区除了照明负荷之外还有通风机 12 台,共 38 kW,水泵 6 台,共 22 kW。采用 220/380 V 的 TN-S 系统配电。试用需要系数法确定该商业区总的三相计算负荷 $P_{\sum m}$、$Q_{\sum m}$、$S_{\sum m}$ 和 $I_{\sum m}$。

【解】　(1) 照明负荷组

由例 13-5 给出数据:

$$P_{m \cdot 1} = K_d P_e = 0.8 \times 76 = 60.8(\text{kW})$$

$$Q_{m \cdot 1} = P_{m \cdot 1} \tan\varphi = 60.8 \times 0.48 = 29.18(\text{kvar})$$

(2) 通风机组

查附录 4 得:$K_d = 0.8$,$\tan\varphi = 0.75$。

$$P_{m \cdot 2} = K_d P_e = 0.8 \times 38 = 30.4(\text{kW})$$

$$Q_{m \cdot 2} = P_{m \cdot 2} \tan\varphi = 30.4 \times 0.75 = 22.8(\text{kvar})$$

(3) 水泵组

查附录 4 得:$K_d = 0.8$,$\tan\varphi = 0.75$。

$$P_{m \cdot 3} = K_d P_e = 0.8 \times 22 = 17.6(\text{kW})$$

$$Q_{m \cdot 3} = P_{m \cdot 3} \tan\varphi = 17.6 \times 0.75 = 13.2(\text{kvar})$$

（4）总负荷

取 $K_{\sum p}=0.9,K_{\sum q}=0.95$ 则

$$P_{\sum m}=K_{\sum p}\sum_{i=1}^{\infty}P_{m\cdot i}=0.9\times(60.8+30.4+17.6)=97.92(\text{kW})$$

$$Q_{\sum m}=K_{\sum q}\sum_{i=1}^{\infty}Q_{m\cdot i}=0.95\times(29.18+22.8+13.2)=65.18(\text{kvar})$$

$$S_{\sum m}=\sqrt{P_{\sum m}^2+Q_{\sum m}^2}=\sqrt{97.92^2+65.18^2}=117.63(\text{kV}\cdot\text{A})$$

$$I_{\sum m}=\frac{S_{\sum m}}{\sqrt{3}U_{N}}=\frac{117.63}{\sqrt{3}\times0.38}=178.7(\text{A})$$

13.3.7.3　单相用电负荷计算

（1）计算原则

低压供配电系统中，除了三相负荷之外，还有大量的电光源、家用电器、办公电器、电焊机、小型电阻炉等单相设备。为了三相电的平衡，这些单相设备在三相线路中应尽量均衡地分配。

我国相关规范中规定：

① 如果三相线路中单相设备的总计算容量不超过三相对称负载总容量的 15%，则不论单相设备如何分配，单相设备应按三相对称负荷计算，即直接把单相设备的负荷统计到三相负荷里。

② 如果单相设备总计算容量超过三相负荷总计算容量的 15%，则应将单相设备容量换算为等效三相负荷容量，再与三相负荷容量相加。

单相负荷等效为三相负荷的原则是：在三相负荷不平衡电路中，以最大负荷相的 3 倍作为等效三相负荷，以满足安全运行的要求。

之所以采取这种等效的方法，是因为计算负荷的目的主要是选择电气设备和导线等，单相负荷的等效三相负荷从选择设备的角度上来说与其等效。

（2）单相设备等效三相负荷的计算

① 相电压单相设备。用系数法计算出 L1、L2、L3 三相各自的单相总计算负荷，再找出最大负荷相，等效三相负荷为最大负荷相计算负荷的 3 倍，即：

$$P_{eq}=3P_{m\cdot\varphi} \tag{13-24}$$

【例 13-7】　已知某照明负荷（荧光灯），L1 相总设备容量为 12 kW，L2 相总设备容量为 11 kW，L3 相总设备容量为 13 kW。试用需要系数法求等效三相照明负荷。

【解】　查附录 4 得：$K_d=0.6\sim0.8$（取 0.8），$\cos\varphi=0.9$，$\tan\varphi=0.48$，则各相计算负荷如下。

L1 相：$P_{m\cdot L1}=K_d P_e=0.8\times12=9.6(\text{kW})$。

L2 相：$P_{m\cdot L2}=K_d P_e=0.8\times11=8.8(\text{kW})$。

L3 相：$P_{m\cdot L3}=K_d P_e=0.8\times13=10.4(\text{kW})$。

最大负荷相为 L3，所以三相等效负荷为：

$$P_{eq}=3P_{m\cdot L3}=3\times10.4=31.2(\text{kW})$$

等效三相的无功功率、视在功率和计算电流可由需要系数法公式算出，此处略。

② 线电压单相设备。单相设备接于线电压下时，负荷应按照一定比例分配到连接的两相中。负荷分配的方法有以下两种。

a. 负荷均分法。即接于线电压下的单相负荷，相关两相各分一半负荷。这种方法只在 $\cos\varphi=1$ 时才完全准确。具体计算公式如下。

接于 L1 和 L2 之间的负荷为 P_{L12}，L2 和 L3 之间的负荷为 P_{L23}，L3 和 L1 之间的负荷为 P_{L31}。假定三个线间负荷 $P_{L12} > P_{L23} > P_{L31}$：

当 $P_{L23} > 0.15P_{L12}$ 时，

$$P_{eq} = 1.5(P_{L12} + P_{L23}) \tag{13-25}$$

当 $P_{L23} \leqslant 0.15P_{L12}$ 时，

$$P_{eq} = \sqrt{3}P_{L12} \tag{13-26}$$

当只有 P_{L12}，$P_{L23} = P_{L31} = 0$ 时，

$$P_{eq} = \sqrt{3}P_{L12} \tag{13-27}$$

【例 13-8】 室外一条照明线路采用 380 V、400 W 高压钠灯，L1、L2 两相间接有 20 盏，L2、L3 两相间接有 21 盏，L3、L1 两相间接有 19 盏。试计算这条照明线路上的等效三相计算负荷。

【解】 查附录 4 得：$K_d = 1$，$\cos\varphi = 0.5$，$\tan\varphi = 1.73$，则各相间计算负荷如下。

L1、L2 两相间计算负荷：

$$P_{m \cdot L12} = K_d P_e = 1 \times 20 \times 400 = 8000(\text{W})$$

L2、L3 两相间计算负荷：

$$P_{m \cdot L23} = K_d P_e = 1 \times 21 \times 400 = 8400(\text{W})$$

L3、L1 两相间计算负荷：

$$P_{m \cdot L31} = K_d P_e = 1 \times 19 \times 400 = 7600(\text{W})$$

取两个最大负荷，得：

$$P_{eq} = 1.5(P_{m \cdot L12} + P_{m \cdot L23}) = 1.5 \times (8000 + 8400) = 24600(\text{W})$$

等效三相计算无功功率为：

$$Q_{eq} = P_{eq}\tan\varphi = 24600 \times 1.73 = 42558(\text{var})$$

等效三相视在功率、等效三相电流计算略。

b. 换算系数法。精确地分配单相线电压负荷，则需用到换算系数法，公式如下。

L1 相：

$$P_{L1} = p_{L12-1}P_{L12} + p_{L31-1}P_{L31} \tag{13-28}$$
$$Q_{L1} = q_{L12-1}P_{L12} + q_{L31-1}P_{L31} \tag{13-29}$$

L2 相：

$$P_{L2} = p_{L12-2}P_{L12} + p_{L23-2}P_{L23} \tag{13-30}$$
$$Q_{L2} = q_{L12-2}P_{L12} + q_{L23-2}P_{L23} \tag{13-31}$$

L3 相：

$$P_{L3} = p_{L23-3}P_{L23} + p_{L31-3}P_{L31} \tag{13-32}$$
$$Q_{L3} = q_{L23-3}P_{L23} + q_{L31-3}P_{L31} \tag{13-33}$$

式中 p_{L12-1}，q_{L12-1}——接在 L1、L2 相间的单相负荷换算到 L1 相的有功系数、无功系数，其余的系数依次类推。

表 13-14 给出了不同 $\cos\varphi$ 下，分配到各相的换算系数。

表 13-14   单相线电压负荷换算为相电压负荷系数

负荷换算系数	功率因数								
	0.35	0.4	0.5	0.6	0.65	0.7	0.8	0.9	1.0
p_{L12-1}、p_{L23-2}、p_{L31-3}	1.27	1.17	1.0	0.89	0.84	0.8	0.72	0.64	0.5

负荷换算系数	功率因数								
	0.35	0.4	0.5	0.6	0.65	0.7	0.8	0.9	1.0
p_{L12-2}、p_{L23-3}、p_{L31-1}	-0.27	-0.17	0	0.11	0.16	0.2	0.28	0.36	0.5
q_{L12-1}、q_{L23-2}、q_{L31-3}	1.05	0.86	0.58	0.38	0.3	0.22	0.09	-0.05	-0.29
q_{L12-2}、q_{L23-3}、q_{L31-1}	1.63	1.44	1.16	0.96	0.88	0.8	0.67	0.53	0.29

【例 13-9】 用换算系数法求例 13-8 的等效三相计算负荷。

【解】 查附录 4 得：$K_d=1$，$\cos\varphi=0.5$，$\tan\varphi=1.73$，则各相间计算负荷如下。

L1 相：

$$P_{L1} = p_{L12-1}P_{L12} + p_{L31-1}P_{L31} = 1 \times 8000 + 0 \times 7600 = 8000(W)$$

$$Q_{L1} = q_{L12-1}P_{L12} + q_{L31-1}P_{L31} = 0.58 \times 8000 + 1.16 \times 7600 = 13456(var)$$

L2 相：

$$P_{L2} = p_{L12-2}P_{L12} + p_{L23-2}P_{L23} = 0 \times 8000 + 1 \times 8400 = 8400(W)$$

$$Q_{L2} = q_{L12-2}P_{L12} + q_{L23-2}P_{L23} = 1.16 \times 8000 + 0.58 \times 8400 = 14152(var)$$

L3 相：

$$P_{L3} = p_{L23-3}P_{L23} + p_{L31-3}P_{L31} = 0 \times 8400 + 1 \times 7600 = 7600(W)$$

$$Q_{L3} = q_{L23-3}P_{L23} + q_{L31-3}P_{L31} = 1.16 \times 8400 + 0.58 \times 7600 = 14152(var)$$

L2 相为最大负荷相，则等效三相负荷：

$$P_{eq} = 3 \times 1 \times 8400 = 25200(W)$$

$$Q_{eq} = 3 \times 1 \times 14152 = 42456(var)$$

等效三相视在功率、等效三相电流计算略。

13.3.7.4 供配电系统的功率损耗

在负荷计算过程中，需要把供配电系统的功率损耗逐步加到总计算负荷中去，如图 13-13 所示。

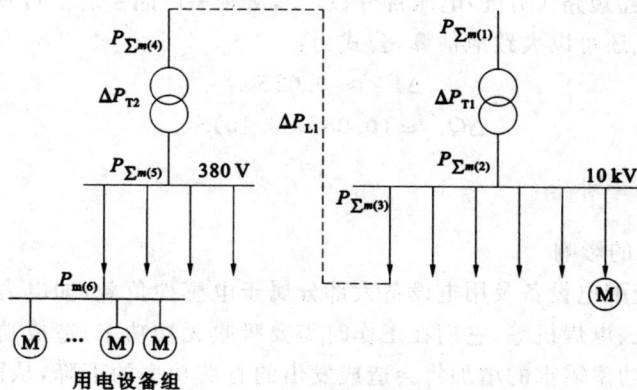

图 13-13 供配电系统各部分计算负荷及损耗

图 13-13 中，$P_{m(6)}$ 是用电设备组（单组设备）的计算负荷，$P_{\sum m(5)}$ 为 380 V 低压母线上的总负荷，由母线上所有计算负荷相加再乘以同时系数得到。$P_{\sum m(4)}$ 等于 $P_{\sum m(5)}$ 加上变压器损耗 ΔP_{T2}，

$P_{\sum m(4)}$ 计入线路损耗 ΔP_{L1} 就是 $P_{\sum m(3)}$。10 kV 母线上的计算总负荷是 $P_{\sum m(2)}$，由母线上所有计算负荷相加并乘以同时系数得到，$P_{\sum m(1)}$ 是用户的总负荷，在 $P_{\sum m(2)}$ 的基础上计入变压器损耗 ΔP_{T1} 得到。

(1) 三相供配电线路的损耗

三相供配电线路的有功功率损耗 ΔP_L，无功功率损耗 ΔQ_L 可按下式计算：

$$\Delta P_L = 3I_m R_\varphi = 3I_m r_0 l \tag{13-34}$$

$$\Delta Q_L = 3I_m X_\varphi = 3I_m x_0 l \tag{13-35}$$

式中　I_m——计算电流；

　　　R_φ, X_φ——每相导线的电阻、电抗；

　　　r_0, x_0——单位长度(km)的电阻、电抗；

　　　l——线路每相的计算长度，km。

用户内部的供配电线路通常比较短，线路损耗大多数可以省略。

(2) 变压器损耗

变压器的损耗包括有功功率损耗 ΔP_T 和无功功率损耗 ΔQ_T。

① 有功功率损耗。变压器的有功功率损耗由两部分组成：一部分为与负荷大小无关的空载损耗，又称铁损，是变压器铁芯中涡流、磁滞产生的有功功率损耗；另一部分是与负荷电流(或功率)平方成正比的短路损耗，又称铜损，是变压器一、二次绕组的电阻产生的有功功率损耗。

变压器有功功率损耗的计算公式：

$$\Delta P_T = \Delta P_{Fe \cdot T} + \Delta P_{cu \cdot N \cdot T} \left(\frac{S_m}{S_{N \cdot T}} \right)^2 \tag{13-36}$$

式中　$\Delta P_{Fe \cdot T}, \Delta P_{cu \cdot N \cdot T}$——变压器铁损和额定负载下的铜损，从相关产品手册中可查到。

　　　$S_{N \cdot T}, S_m$——变压器额定容量和计算容量(计算视在功率)。

② 无功功率损耗。变压器的无功功率损耗一部分是产生磁通引起的无功功率损耗，另一部分是变压器一、二次绕组电抗上产生的无功功率损耗，计算公式为：

$$\Delta Q_T = \frac{I_{0 \cdot T}}{100} S_{N \cdot T} + \frac{\Delta u_{k \cdot T}}{100} \frac{(S_m)^2}{S_{N \cdot T}} \tag{13-37}$$

式中　$I_{0 \cdot T}$——变压器空载电流百分数，%，从相关产品手册上可查到。

　　　$\Delta u_{k \cdot T}$——变压器短路(阻抗)电压百分数，%，从相关产品手册上可查到。

变压器的功率损耗还可以大致地估算，公式为：

$$\Delta P_T \approx 0.02 S_{N \cdot T} \tag{13-38}$$

$$\Delta Q_T \approx (0.08 \sim 0.10) S_{N \cdot T} \tag{13-39}$$

13.3.7.5　无功功率补偿

(1) 功率因数降低的影响

供配电系统中的变配电设备及用电设备大部分属于电感性负载，如电力变压器、电抗器、继电器、接触器、感应电动机、电焊机等，它们在工作时需要吸收无功功率，造成功率因数下降。发电设备在容量一定时，无功功率需求的增加将会造成发出的有功功率的下降，从而影响发电机的出力。同时，无功功率在系统的输送中会造成诸多不利的影响，例如无功功率在电网中流通时，会引起有功损耗、电压损失。另外，在电网输送有功功率不变的前提下，无功增加而使总电流增加，会造成供配电系统中的变压器、开关、导线以及测量仪器仪表等的一次、二次设备的容量、规格尺寸的增大，从而使投资费用增加。

（2）功率因数的相关规定

我国 2024 年发布的《供电营业规则》中规定,除电网有特殊要求的用户外,用户在当地供电企业规定的电网高峰负荷时的功率因数,应当达到下列规定:100 kV·A 以上高压供电的用户功率因数为 0.90 以上;其他用户和大、中型电力排灌站、趸购转售电企业功率因数为 0.85 以上;农业用电功率因数为 0.80。并在《功率因数调整电费办法》中规定了不同功率因数下的电费增收比例。

无功功率应就地补偿平衡。用户应在提高自然功率因数的基础上,按有关标准设计和安装无功补偿装置,及时地自动投切补偿容量,并防止无功倒送。

（3）无功功率补偿的形式

电力用户广泛应用并联电力电容器进行无功补偿。其可根据其装设位置的不同分为三种补偿方式:个别补偿、分组补偿和集中补偿。个别补偿就是将电容器装设在需要补偿的电气设备附近,与电气设备同时运行和退出。分组补偿,即对用电设备组每组采用电容器进行补偿。集中补偿的电力电容器通常设置在变、配电所的高、低压母线上。

如图 13-14 所示,个别补偿位于供电末端的负荷处,从电源端开始补偿的线路最长,有最好的补偿效果。分组补偿,其电容器的利用率比个别补偿高,所以电容器总容量也比个别补偿小,投资比个别补偿小。集中补偿的电力电容器通常设置在变、配电所的高、低压母线上,这种补偿方式投资少,便于集中管理。高压母线的无功补偿可以满足供电部门对用户功率因数的要求,减小主变压器无功功率。电力电容器设置在低压母线上,补偿效果好于高压母线集中补偿。

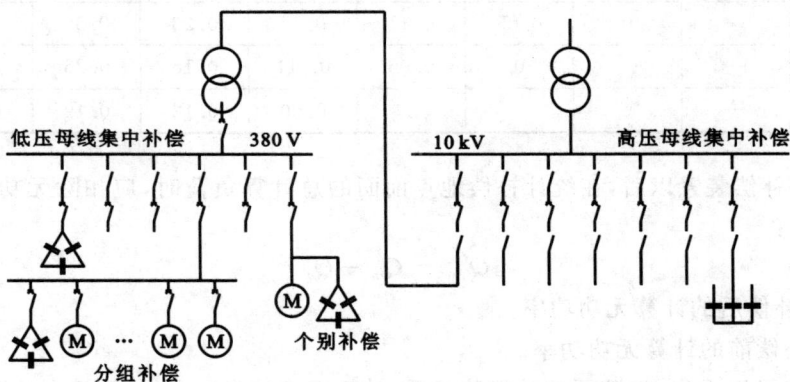

图 13-14　电容器无功补偿位置示意图

供配电系统中电力电容器常采用高、低压混合补偿的形式,互相补充以发挥各补偿方式的特点。

（4）无功补偿的计算

功率因数补偿装置的补偿容量 Q_c 可按下式计算:

$$Q_c = P_{av}(\tan\varphi_1 - \tan\varphi_2) = P_{av}\Delta q_c \tag{13-40}$$

式中　P_{av}——平均负荷,也可用计算负荷 P_m 乘以负荷系数 α 代替,负荷系数 α 可取 0.7~0.8。

$\tan\varphi_1$,$\tan\varphi_2$——补偿前、补偿后功率因数角的正切值。

Δq_c——补偿率,见表 13-15。

表 13-15　　　　　　　　　　　　　　　**无功补偿率**

补偿前的功率因数 $\cos\varphi_1$	补偿后的功率因数 $\cos\varphi_2$								
	0.85	0.86	0.88	0.90	0.92	0.94	0.96	0.98	1.00
0.60	0.71	0.74	0.79	0.85	0.91	0.97	1.04	1.13	1.33

补偿前的功率 因数 cosφ_1	补偿后的功率因数 cosφ_2								
	0.85	0.86	0.88	0.90	0.92	0.94	0.96	0.98	1.00
0.62	0.65	0.67	0.73	0.78	0.84	0.90	0.98	1.06	1.27
0.64	0.58	0.61	0.66	0.72	0.77	0.84	0.91	1.00	1.20
0.66	0.52	0.55	0.60	0.65	0.71	0.78	0.85	0.94	1.14
0.68	0.46	0.48	0.54	0.59	0.65	0.71	0.79	0.88	1.08
0.70	0.40	0.43	0.48	0.54	0.59	0.66	0.73	0.82	1.02
0.72	0.34	0.37	0.42	0.48	0.54	0.60	0.67	0.76	0.96
0.74	0.29	0.31	0.37	0.42	0.48	0.54	0.62	0.71	0.91
0.76	0.23	0.26	0.31	0.37	0.43	0.49	0.56	0.65	0.85
0.78	0.18	0.21	0.26	0.32	0.38	0.44	0.51	0.60	0.80
0.80	0.13	0.16	0.21	0.27	0.32	0.39	0.46	0.55	0.75
0.82	0.08	0.10	0.16	0.21	0.27	0.33	0.40	0.49	0.70
0.84	0.03	0.05	0.11	0.16	0.22	0.28	0.35	0.44	0.65
0.85	0	0.03	0.08	0.14	0.19	0.26	0.33	0.42	0.62
0.86	—	0	0.05	0.11	0.17	0.23	0.30	0.39	0.59
0.88	—	—	0	0.06	0.11	0.18	0.25	0.34	0.54
0.90	—	—	—	0	0.60	0.12	0.19	0.28	0.48

装设了无功补偿装置以后,在统计补偿地点前面的总计算负荷时,应扣除无功补偿容量,即总的无功计算负荷:

$$Q'_m = Q_m - Q_c \tag{13-41}$$

式中　Q'_m——补偿后的计算无功功率。

Q_m——补偿前的计算无功功率。

由式(13-41)可以看出,加装无功补偿装置后,计算无功功率减少,计算视在功率与计算电流亦相应减小。

13.4　照明设计的工程实例

本节内容请扫描下方二维码查看。

(1)电气照明的设计从总体上来说属于建筑电气设计的一部分,分为方案设计、初步设计(扩

大初步设计)、施工图设计、配合施工阶段、施工验收阶段、文件归档等几个阶段。

（2）电气照明施工图上的各个元件与设备用图形符号形式表达，再加上文字符号说明，总体分为系统图与平面图两大类。

（3）电力负荷在供电突然中断时造成的损失及影响程度各不相同，把电力负荷分为三个等级，不同等级的负荷采用不同的供电形式。

（4）我国规定了电力系统和设备的标准电压。电压的质量指标包括电压偏差、电压波动与闪变、电网谐波、三相不平衡性。

（5）我国低压供配电系统，按接地的形式分为 TN-C 系统、TN-C-S 系统、TN-S 系统，TT 系统和 IT 系统。

（6）配电线路的接线形式有放射式供电结构、树干式供电结构、环式供电结构。

（7）变电所主变压器的台数应尽量少，最好就一台。主变压器容量，单台时必须满足变电所总计算负荷的需要；装有两台及两台以上主变压器的，变压器的总容量必须满足变电所总计算负荷的需要，当任一台变压器断开时，其余变压器的容量应满足一级、二级负荷的全部需要，断开一台变压器时，其余主变压器的容量不应小于全部负荷的 60%。

（8）负荷计算就是综合考虑负荷实际运行时各种因素，把用电负荷相关的设备功率、线路的损耗通过一定的计算方法，变成假想负荷的过程。

（9）功率因数补偿，高压供电用户为 0.90 以上；其他用户和大、中型电力排灌站、趸购转售电企业的为 0.85 以上；农业用电为 0.80。

习题与思考题

13-1　什么是一级负荷、二级负荷？供电有哪些要求？

13-2　电压偏差的定义是什么？有什么危害？调整手段有哪些？

13-3　电压波动和闪变的概念是什么？有什么危害？抑制手段有哪些？

13-4　三相不平衡的概念是什么？有什么危害？改善的措施有哪些？

13-5　低压供配电接地形式有哪几种？各有什么特点？

13-6　供配电线路的结构形式有哪几种？各有什么特点？

13-7　叙述主变压器的台数选择原则。

13-8　叙述主变压器的容量选择原则。

13-9　什么是负荷计算？其目的是什么？

13-10　用电负荷按工作制分为哪几类？各有什么特点？

13-11　一台额定功率为 5.6 kW 的吊车电动机，铭牌的额定负荷持续率为 40%，现在负荷持续率 25% 下工作。试确定其实际有功功率。

13-12　名词解释：年最大负荷、30 min 最大平均负荷、年最大负荷利用小时数、平均负荷和负荷率。

13-13　某地铁站 380 V 配电干线上有照明负荷共 68 kW，通风机 22 kW。试用需要系数法计算各组 P_m、Q_m、S_m、I_m 及总计算负荷 $P_{\sum m}$、$Q_{\sum m}$、$S_{\sum m}$、$I_{\sum m}$。

13-14　已知某用电单位的 220 V 照明负荷（荧光灯），L1 相总设备容量为 20 kW，L2 相总设备容量为 21 kW，L3 相总设备容量为 19 kW。试用需要系数法求用电单位等效三相照明负荷。

13-15　功率因数降低对供配电系统有哪些影响？

参 考 文 献

[1] 马中飞,沈恒根.工业通风与除尘[M].北京:中国劳动社会保障出版社,2009.

[2] 王保国,刘淑艳,刘艳明,等.空气动力学基础[M].北京:国防工业出版社,2009.

[3] 龙天渝,蔡增基.流体力学[M].3版.北京:中国建筑工业出版社,2019.

[4] 杨世铭,陶文铨.传热学[M].4版.北京:高等教育出版社,2006.

[5] 孙一坚,沈恒根.工业通风[M].4版.北京:中国建筑工业出版社,2010.

[6] 华自强,张忠进.工程热力学[M].4版.北京:高等教育出版社,2009.

[7] 克鲁姆,罗伯茨.建筑物空气调节与通风[M].北京:中国建筑工业出版社,1982.

[8] 张国枢.通风安全学[M].3版.徐州:中国矿业大学出版社,2021.

[9] 胡汉华,吴超,李茂楠.地下工程通风与空调[M].长沙:中南大学出版社,2005.

[10] 杨艳国.矿井通风与安全[M].徐州:中国矿业大学出版社,2012.

[11] 王德明.矿井通风与安全[M].徐州:中国矿业大学出版社,2007.

[12] 马中飞.工业通风与防尘[M].北京:化学工业出版社,2007.

[13] 支学艺,何锦龙,张红婴.矿井通风与防尘[M].北京:化学工业出版社,2009.

[14] 张荣财.降低矿井井巷通风阻力的方法[J].煤炭技术,2009,28(9):113-114.

[15] 王永安.矿井通风难易程度分级标准的探讨[J].煤炭科学技术,2010,38(4):62-64.

[16] 胡朝仕,王德明,周福宝.矿井通风难易程度评价指标的探讨[J].煤矿安全,2009(10):89-92.

[17] 朱润生,陈继福.通风安全技术[M].北京:化学工业出版社,2006.

[18] 金学易,陈文英.隧道通风及空气动力学[M].北京:中国铁道出版社,1983.

[19] 崔德振,邢金城,凌继红,等.城市道路隧道通风井形式对通风效果的影响[J].现代隧道技术,2014(6):136-141.

[20] 唐小洪.土台铁矿矿井通风系统优化研究[M].重庆:重庆大学,2014.

[21] 张红兵.城市地下空间车行系统的射流式纵向通风设计[J].城市道桥与防洪,2014(2):160-162,15.

[22] 杨超,王志伟.公路隧道通风技术现状及发展趋势[J].地下空间与工程学报,2011(4):819-824.

[23] 张建国.深埋特长隧道通风关键技术研究[M].成都:西南交通大学,2011.

[24] 郝海仙.城市道路隧道顶部竖井通风效果的优化研究[M].天津:天津大学,2012.

[25] 王敏,吴超,王从陆.大型地下洞室施工期间排烟数值分析及需风量计算方法研究[J].安全与环境学报,2014(2):208-213.

[26] 郭小红,甘建国,胡昱.特长公路隧道需风量计算方法研究[J].中南公路工程,2006(1):57-60,70.

[27] 韩星,张旭.不同坡度下柴油车比例对隧道通风需风量计算指标的影响[J].现代隧道技术,2005(6):76-80.

[28] 中华人民共和国住房和城乡建设部.工业建筑供暖通风与空气调节设计规范:GB

50019—2015[S].北京：中国计划出版社，2016.

[29]　地下建筑暖通空调设计手册[M].北京：中国建筑工业出版社，1983.

[30]　耿世彬，郭海林.地下建筑湿负荷计算[J].暖通空调，2002，32(6)：70-71.

[31]　贺平，孙刚.供热工程[M].北京：中国建筑工业出版社，1993.

[32]　李春安，刘露，吴春梅，等.人防工程空调方案优化[J].暖通空调，2012，42(9)：31-34.

[33]　刘亚坤.浅谈地下商场的通风与空调[J].建筑热能通风空调，2002，21(5)：39-40.

[34]　周利娜.地下商场通风设计[J].暖通空调，2004，34(7)：63-65.

[35]　李祥平，闫增峰.建筑设备[M].北京：中国建筑工业出版社，2008.

[36]　朱建明，王树理，张忠苗.地下空间设计与实践[M].北京：中国建材工业出版社，2009.

[37]　杨立新，洪开荣，刘招伟，等.现代隧道施工通风技术[M].北京：人民交通出版社，2012.

[38]　马吉民，朱培根，耿世彬，等.人民防空工程通风空调设计[M].北京：中国计划出版社，2006.

[39]　李国繁，田川平，李宗新.《人民防空工程设计防火规范》修订条文的解读[J].暖通空调，2010，40(10)：8-12.

[40]　姜东.地下商场暖通设计的几点体会[J].设计参考，1999，29(4)：52-53.

[41]　蒋卫艇.玄武湖隧道通风设计[J].地下工程与隧道，2003，38(4)：40-42.

[42]　张忠陵，孙厚坤，宫光明.地下工程防潮施工措施研究[J].山西建筑，2010，36(14)：128-129.

[43]　袁立新.地下商场空调设计问题的探讨[J].制冷，2002，21(1)：65-67.

[44]　焦苍.大别山隧道工程建设独头通风技术[J].建筑与工程，2011(13)：639-640.

[45]　陈建勋，王华牢.高速公路隧道通风设计[J].隧道，1998(9)：32-35.

[46]　潘云钢.高层民用建筑空调设计[M].北京：中国建筑工业出版社，2008.

[47]　赵德申.电气照明[M].北京：高等教育出版社，2006.

[48]　魏明.建筑供配电与照明[M].重庆：重庆大学出版社，2005.

[49]　谢秀颖，孙晓红，王克河，等.实用照明设计[M].北京：机械工业出版社，2011.

[50]　何方文，朱斌.建筑装饰照明设计[M].广州：广东科技出版社，2001.

[51]　谢秀颖.电气照明技术[M].北京：中国电力出版社，2004.

[52]　俞丽华.电气照明[M].2版.上海：同济大学出版社，2001.

[53]　张青文，陈仲林，胡英奎，等.光源色温对隧道及道路照明视觉功效影响的研究[J].照明工程学报，2008，19(2)：24-29.

[54]　黄民德，郭福雁，季中.建筑电气照明[M].北京：中国建筑工业出版社，2008.

[55]　李光耀.室内照明设计与工程[M].北京：化学工业出版社，2007.

[56]　肖辉.电气照明技术[M].北京：机械工业出版社，2004.

[57]　中华人民共和国住房和城乡建设部.建筑照明设计标准：GB/T 50034—2024[S].北京：中国建筑工业出版社，2024.

[58]　中华人民共和国交通运输部.公路隧道照明设计细则：JTG/T D70/2-01—2014[S].北京：人民交通出版社，2014.

[59]　唐定曾，唐海，朱相尧.建筑电气技术[M].北京：机械工业出版社，2008.

附　录

附录